Ganzheitliche Ernährung und ihre spirituelle Dimension

Dr. med. Gabriel Cousens

Titel der Originalausgabe:
SPIRITUAL NUTRITION AND THE RAINBOW DIET
(ISBN 0-96158752-0)
Erschienen bei Cassandra Press, San Rafael, USA

© by Dr. med. Gabriel Cousens, 1986

Deutsche Ausgabe:
© by Edition Sternenprinz
Verlag Hans-Jürgen Maurer
Gutleutstr. 161
60327 Frankfurt
Telefon: 069 - 23 15 00
Telefax: 069 - 23 15 12

Aus dem Amerikanischen von Manuela Pervez
Alle Rechte vorbehalten

Lektorat: Ruth Klingemann
Korrektorat: Udo Bender
Titelbild, Gestaltung, und Typographie: Thomas Holler
Herstellung: Ebner Ulm
Erste Auflage 1995
Dieses Buch wurde auf 100% chlorfrei gebleichtem Papier gedruckt

GANZHEITLICHE ERNÄHRUNG
UND IHRE SPIRITUELLE DIMENSION

Dr. med. GABRIEL COUSENS

Einer alten Überlieferung zufolge soll jeder der sechshunderttausend Menschen, die dabei waren, als Gott Mose auf dem Berg Sinai die Thora (das Alte Testament) übermittelte, mindestens einen Abschnitt zugeteilt bekommen haben, den er selbst interpretieren und seine Brüder und Schwestern lehren sollte. Diese bedeutsamen Weisheitslehren aus alter Zeit wurden von Generation zu Generation weitergegeben.

Mit diesem Buch möchte ich Sie an den Versen aus dem 2. Buch Mose 34, 28 und 29 Anteil haben lassen: „Und er war dort mit dem HERRN, vierzig Tage und vierzig Nächte; er aß weder Brot, noch trank er Wasser ... Und als Mose mit den beiden Tafeln der Gebote in seiner Hand vom Berge Sinai herabstieg, wußte er nicht, daß die Haut seines Angesichtes strahlte, während der HERR mit ihm sprach."

Dieses Buch soll erläutern, welche Beziehung zwischen Ernährung und der erleuchtenden Erfahrung des Einswerdens mit Gott besteht, damit auch wir den Berg besteigen können, um teilzuhaben an der göttlichen Nahrung.

Dieses Buch ist Swami Muktananda Paramahansa gewidmet. Hätte er die Gnade nicht auf mich übertragen und mich nicht in meiner spirituellen Entfaltung angeleitet, hätte dieses Buch nicht geschrieben werden können.

Und es ist Dr. Paavo Airola gewidmet, der mich in das Gebiet der Ernährungswissenschaft einführte und mich persönlich sehr inspirierte.

Außerdem widme ich dieses Buch meiner Familie.

Und dem Einen, den ich liebe: Dir.

Bitte beachten

Nichts in diesem Buch soll eine ärztliche Beratung oder Behandlung ersetzen. Jeder, der einen individuellen Ernährungsplan entwickeln will oder regelmäßig fasten möchte, sollte zuvor einen Arzt für ganzheitliche Medizin aufsuchen. Es ist empfehlenswert, unter ständiger Aufsicht des Arztes zu bleiben, wenn man eine grundlegende Veränderung der Ernährungsgewohnheiten vornimmt oder fastet.

Dr. Gabriel Cousens

Inhalt

Vorwort 9
Einführung 13

1 Warum wir ein neues Ernährungsparadigma brauchen 23
2 Die Grundlagen des neuen Ernährungsparadigmas 37
3 Ungewöhnliche Phänomene
   und wie das neue Paradigma sie erklärt 49
4 Die Frage der Assimilation 65
5 Das System der Chakren 69
6 Die feinstofflichen Körper 85
7 Die Kundalini 91
8 Nährstoffe: die Vielfalt und der Eine 103
9 Die Regenbogen-Ernährung 125
10 Der menschliche Kristall 137
11 Bioenergetische Assimilation 149
12 Betrachtungen zur Ernährungsweise 161
13 Rohe und gekochte Nahrungsmittel 165
14 Soll man viel oder wenig Eiweiß essen? 177
15 Sein oder Nichtsein: Vegetarier oder Fleischesser 185
16 Das ayurvedische Tridosha-System
   und das Zusammenstellen einer individuellen Ernährung 191
17 Ausgewogene Ernährung 209
18 Bewußtsein und Ernährung 225
19 Fasten und spirituelles Leben 245
20 Die wichtigste Regel für spirituelle Ernährung:
   Iß dich niemals satt! 263
21 Die Chelie von Streß, Alchemie und Meditation 269
22 Evolution und höchste Blüte der Kundalini 293
23 Ernährung, Kundalini und Transzendenz 323
24 Zeit der Integration: eine individuelle Annäherung
   an eine entwicklungsfördernde Ernährungsweise 331

Epilog 353
Anhang I: Die Zubereitung biogener Nahrungsmittel 355
Anhang II: Meditation 359
Anmerkungen 365

Vorwort

Ich habe in der Vergangenheit mehrmals versucht, Dr. Gabriel Cousens während meiner Reisen nach Kalifornien zu treffen, doch mußte ich mich gedulden, bis wir denselben Hin- und Rückflug zum Weltkongreß der Vegetarier in Jugoslawien gebucht hatten. Unsere erste Begegnung fand in völliger Stille statt; ich fühlte seine besondere Gegenwart im Flugzeug, ohne daß jemand uns bekannt gemacht hätte. Die Rückreise verlief ganz anders. Hoch über den Wolken verwirrter weltlicher Gedanken tauschten wir Erfahrungen aus, die wir auf dem spirituellen Weg gemacht hatten. Wir sprachen über die Kundalini, die kinetische Mechanik der Liebe, Gott und Bewußtsein. Ich fand es genauso aufregend wie er, daß er gerade ein Buch über spirituelle Ernährung schrieb. Bereits sechs Monate später hielt ich hocherfreut ein Exemplar davon in meinen Händen. Das Inhaltsverzeichnis glich einem aufregenden Menü voller Delikatessen, und mein Verstand konnte kaum erwarten, sie zu verspeisen und zu verdauen. Dieses Buch ist weder ein literarisches „Fast food"-Produkt, noch wird Ihnen darin das altbekannte vegetarische Standardgerede präsentiert. Gabriel Cousens ist nicht nur göttlich inspiriert, sondern im Innersten von Gott transformiert worden. Er kostet Gott, ist eins mit ihm und speist mit ihm.

In den letzten zwanzig Jahren ist eine Unmenge von Büchern über Ernährung auf den Markt gekommen, die sich zwar bei einer bestimmten klinischen Kategorie von Individuen als nützlich erweisen, allgemein jedoch nur zu mehr Verwirrung und weiteren Meinungsverschiedenheiten führen. Endlich haben wir ein Buch, das alle Widersprüche auflöst: Ganzheitliche Ernährung und ihre spirituelle Dimension. *Es wird in der Zukunft das Standardwerk sein, an dem sich alle anderen Bücher werden messen müssen und anhand dessen sich deren relative Bedeutung herausstellen wird. Dieses wirklich aus einer ganzheitlichen Perspektive heraus geschriebene Buch definiert den menschlichen Organismus auf einer prämolekularen Ebene um und zeigt, daß er mit allem, was lebt, in Beziehung steht.*

Es ist nicht zu erwarten, daß ein normaler Sterblicher dieses Buch an einem Tag liest, doch werden viele Leser sich verleitet fühlen, es in einem Zuge durchzulesen. Während des Lesens zu fasten macht den Kopf klar genug, um die Bewußtseins-Quantensprünge von der traditionellen Vollwert- zur göttlichen Ernährung verstehen zu können. Das Buch „*Ganzheitliche Ernährung und ihre spirituelle Dimension*" zu lesen ist, als würde man sich mit Gott über ein Glas Weizensaft unterhalten. Geduldig erklärt

Vorwort

Dr. Cousens dem Leser sowohl exakt wissenschaftlich als auch spirituell und liebevoll das Wesen des Einen und wie wir diesen Einen kennenlernen können. Er erläutert das feinstoffliche und das grobstoffliche Universum und deren Wechselwirkung. Wir kommen in den Genuß einer Vielzahl von Ideen, die er in Form von ewigen Wahrheiten, gründlich geprüften Theorien, Hypothesen, Zitaten historischer Persönlichkeiten und spirituellen Phänomenen vor uns ausbreitet. Dr. Cousens spielt für uns ein Konzert der zeitlosen, ewigen Ganzheit, das unsere Chakren in einem neu entdeckten Glücksgefühl mitschwingen läßt, und zeichnet uns einen natürlichen Weg auf, deren Kräfte zu aktivieren. Wir lernen, uns vorübergehend an grenzenloser Liebe zu erfrischen.

Der Stoff ist feinstofflich und abstrakt. Damit wir mental nicht überfordert werden, streut Dr. Cousens zur Verdeutlichung bestimmter Punkte kleine Anekdoten oder persönliche Poesie ein, die einzelne Augenblicke einfängt. In jedem Kapitel führt er uns in das intellektuelle Terrain, taucht dann in das Abenteuer des Ausdrucks und des Spiels ein, um schließlich die Ideen das Kapitels zusammenzufassen, in eine einheitliche Form zu bringen und aus einer zusätzlichen Perspektive einen Überblick zu vermitteln. Ich hatte nie das Gefühl, daß ich nicht mehr folgen konnte oder daß ich mich in einem intellektuellen Dickicht verirrt hatte. Wie jeder gute Lehrer nimmt er uns bei der Hand und bestätigt uns, und ich glaube, daß die Leser dafür – genau wie ich – dankbar sein werden.

Sein Modell der Feinstofflich Organisierenden Energiefelder (FOEFs) zeigt auf, wie Energien sich strukturieren, wenn sie eine festere Form annehmen, wodurch viele der scheinbar außergewöhnlichen Phänomene aus den Bereichen der Ernährungswissenschaft, des Pneumarismus (Ernährung nur von Luft; d. Ü.), der Wiederauferstehung, der Langlebigkeit, der Chakren, des Bewußtseins und der biologischen Transmutation eine Erklärung finden. Uns wird eine einheitliche Theorie dargeboten, die sich nicht nur auf Ernährung bezieht, sondern das gesamte Dasein umfaßt. Diese Theorie eignet sich für Untersuchungen, die über die begrenzten Konzepte der Ernährungswissenschaft hinaus- und in die Bereiche des Göttlichen hineinreichen. Dr. Cousens beschreibt ein energetisches Kontinuum mit einer Vielzahl von Gesetzen, die für die spezifische Frequenz unserer materiellen Daseinsebene gelten.

Er skizziert eine atomare Theorie der Ernährung. In ihr gibt es Spaltung und Fusion innerhalb enzymatischer Zyklotrone, wodurch neue Elemente entstehen. Diese enzymatischen Zyklotrone steuern die mikronuklearen

Atombomben, die unsere Essenz im Gesamtspektrum des Daseins energetisieren. Wir werden an das Einssein mit der Quelle von allem, was ist, herangeführt: der göttlichen Gegenwart in uns selbst. Dr. Cousens' Poesie ist von der Liebe zum göttlichen Selbst inspiriert und von dem hingebungsvollen Bemühen, diese Liebe durch universelle Liebe zum Ausdruck zu bringen. Seine unverhüllte persönliche Offenbarung des spirituellen Transformationsprozesses im Kontext der FOEFs wird in den Lesern unendliche Dankbarkeit hervorrufen und sie inspirieren, sich selbst der inneren Welt des Abenteuers zu widmen.

Ich werde dieses Buch sicherlich nicht nur einmal lesen, denn es ist spirituelle Geschichte, Wissenschaft und humanistische Phänomenologie in komprimierter Form. Große Denker wurden unterstützt und bauten auf das Wissen anderer großer Denker auf, um weiter und tiefer schauen zu können. Dr. Cousens hat eine intellektuelle Pyramide aus Ideen errichtet und damit ein einheitliches mentales Feld geschaffen.

Dieses Buch ist sehr viel umfassender, als es dem Titel nach zu sein scheint. Wenn die in ihm enthaltenen Ideen im Alltag, in Ashrams und in Klöstern angewendet werden, wird sich die höchste Form dessen manifestieren, was manche Menschen das „Heilige" nennen. Mit Hilfe dieses Buches kann die kritische Masse an Menschen zusammenkommen, die für eine planetarische Transformation hin zu einer friedlichen, liebevollen und humanistischen Welt notwendig ist. Dieses Buch wurde für alle Kinder Gottes geschrieben. Viele werden Jahre brauchen, um es zu lesen, andere werden es verstehen, ohne es lesen zu müssen. Denn dies ist ein Buch, dessen Zeit gekommen ist, um allen die Wahrheit zu offenbaren.

Mir hat das Buch *Ganzheitliche Ernährung und ihre spirituelle Dimension* sehr geholfen, meinen Weg besser zu verstehen und mehr Energie für die Korrektur von Schwachpunkten aufzuwenden. Ich habe seine Sichtweise in mein tägliches Leben integriert, und die FOEFs haben mir dabei geholfen, die alltäglichen Phänomene des Lebens besser zu verstehen. Besonders spannend finde ich, daß dieses Buch dazu beiträgt, den Begriff der „lebendigen Nahrung" zu klären und zu erhellen, wie sich die Verarbeitung von Lebensmitteln auf unser Bewußtsein, unsere Energie und unser spirituelles Streben auswirkt. Das Buch hat mich auch zu einem tieferen Verstehen meiner Erfahrungen mit der Kundalini-Energie geführt: ein Wiedererwachen, das nach siebenmonatiger Ernährung mit lebendiger Nahrung und vielen Jahren sexueller Enthaltsamkeit erfolgte und sich durch Aktivitäten in der Wirbelsäule bemerkbar machte. Ich erlebte die Köstlichkeit des

Vorwort

Geschmacks, ekstatische Dufteindrücke, die Klänge der Schöpfung, das Licht der kristallinen Entstehung sowie die Gabe des Heilens, außersinnliche Wahrnehmungen und Astralreisen. Das wichtigste war jedoch, daß das Ego sich auflöste, ich mich der universellen Liebe hingab und dem Verlangen, allem zu dienen und die Gegenwart Gottes in jeder Manifestation zu erfahren. Es erklärte meine Kindheitserfahrungen des Einsseins. Ein siebenwöchiges Koma half mir rückblickend, die Erfahrung und die Realität der FOEFs sowie der Hologramme und Energiewirbel der wunderschönen, von Gabriel Cousens beschriebenen Strukturen zu bestätigen.

Zum Schluß möchte ich noch den ausgezeichneten pragmatischen Ansatz dieses Buches würdigen. Das Buch bietet uns einen Zugang und die notwendigen Informationen, um unser persönliches spirituelles Ernährungsprogramm zu entwerfen. Es hilft den Novizen und denen, die so alt sind wie die Berge, Klarheit in den Bereich der spirituellen Ernährung zu bringen. Das Potential völliger Verjüngung wirkt inspirierend und weckt Begeisterung, die angebotenen Werkzeuge zu nutzen, um weiter am Abenteuer unserer vollständigen Erfüllung teilzuhaben.

In Hochachtung und Liebe
Bruder Viktoras Kulvinskas,
Magister der Naturwissenschaften

Einführung

Das Wesentliche

Wenn wir uns gesund und harmonisch ernähren, sind wir fähiger, uns auf das Göttliche einzustimmen und mit ihm zu kommunizieren. Aus diesem Blickwinkel heraus schlage ich vor, daß wir nicht „leben, um zu essen" oder „essen, um zu leben", sondern *daß wir essen, um unser Einswerden mit dem Göttlichen zu intensivieren.* Unser Hunger nach dem Göttlichen wird dann zu einem alles übertönenden Verlangen. So gesehen ist es in Ordnung, unersättlich zu sein ... unersättlich nach dem Göttlichen.

Ein neues Paradigma der Ernährung

Es ist ein Abenteuer gewesen, dieses Buch zu schreiben. Um die Beziehung zwischen Ernährung und dem spirituellen Leben vollständig zu erforschen, mußte ich das gegenwärtige mechanistische Ernährungsparadigma weiterentwickeln und die Definition von Nahrung so erweitern, daß sie auch feinstoffliche Energieprinzipien umfaßte. Der Begriff „Nährstoff" wird im Hinblick auf seine materiellen, emotionalen, energetischen und spirituellen Qualitäten erörtert. Obwohl ich an den Pfeilern des in den letzten zweihundert Jahren vorherrschenden materialistisch-mechanistischen Paradigmas rüttele, gebe ich es nicht auf: Das neue Paradigma ist eine umfassendere Weiterentwicklung des alten. Es gibt Antwort auf die Fragen: Welchen Zweck erfüllt Nahrung? Was ist überhaupt Nahrung? Was wird aufgenommen? Wer oder was nimmt Nahrung auf? Welche Beziehung besteht zwischen der aufgenommenen Nahrung und spiritueller Entfaltung?

Die Assimilation von Nahrung bekommt eine ganz neue Bedeutungsdimension, die über die herkömmliche Nährstoffaufnahme hinausgeht. Sie wird gemäß der feinstofflichen Energieprinzipien formuliert. Hierzu wird zunächst ein verfeinertes Modell der zentralen, für Energieaufnahme zuständigen Körpersysteme vorgestellt. Dazu gehört auch eine detaillierte Diskussion des Körpers als „menschlicher Kristall" und wie er als solcher pflanzliche Stoffe und Energie in unsere energetischen und biomolekularen Strukturen aufnimmt.

Die Regenbogen-Ernährung

Mit der Regenbogen-Ernährung haben wir einen Schlüssel in der Hand, der uns einen praktischen, umfassenden Zugang zu einer spirituellen Ernährungsweise öffnet. Diese Ernährungsform baut darauf auf, daß zwischen

Einführung

der Farbe der aufgenommenen Nahrung und den entsprechenden Regenbogenfarben des menschlichen Chakrensystems eine Beziehung besteht. Ausgehend von der Regenbogen-Ernährung erläutere ich auch einige wesentliche Ernährungsfragen, die wichtig sind, damit jeder seine individuelle Ernährungsform entwickeln kann, die seinem sich entwickelnden Lebensstil und seinen spirituellen Praktiken entspricht. Dazu gehört auch eine Diskussion der Fragen: Rohe oder gekochte Nahrungsmittel? Viel oder wenig Eiweiß? Themen wie der Säure-Basen-Haushalt, die Einstellung zur Nahrung und das spirituelle Fasten werden erläutert. Diese Themenbereiche werden von den Standpunkten des neuen, spirituellen Ernährungsparadigmas und gegenwärtiger wissenschaftlich-materialistischer Forschungsergebnisse aus diskutiert und im Kontext der Schriften der Essener und der Bibel betrachtet. Die Beziehung zwischen Nahrung und dem menschlichen Geist wird ebenfalls erörtert. Anschließend stelle ich grobe Richtlinien auf, nach denen man sich eine individuelle Ernährung zusammenstellen kann, die das eigene spirituelle Leben umfassend fördert – unabhängig davon, zu welcher Religion man gehört oder welchen spirituellen Pfad man eingeschlagen hat. Ich beschreibe auch einen Pfad, auf dem intensives Meditieren und Fasten wesentliche Elemente zur spirituellen Entwicklung darstellen. Diese neuen begrifflichen Werkzeuge erweisen besonders bei der Erörterung von Ernährungsformen ihren unmittelbaren und praktischen Nutzen, da sie einen einfachen und beständigen Rahmen für die Entwicklung einer individuellen Ernährung liefern.

Der Aufstieg der Kundalini

Wenn die Kundalinienergie, die als physiologische, psychologische und spirituelle Energie latent im Körper ruht, geweckt wird, verwandelt sie sich in eine aktive und spirituell transformierende Kraft. Es ist ausgesprochen wichtig, diese Energie im Rahmen unserer spirituellen Entwicklung zu verstehen. Ich beschreibe auf leicht verständliche Weise den Aufstieg der Kundalini sowie die Beziehung zwischen Ernährung und der Spiritualisierung, die mit dem Kundaliniprozeß einhergeht. Von meinen eigenen inneren Erfahrungen inspiriert, gehe ich auch ausführlich auf ein neues Modell feinstofflicher Energiewirbel ein. Dieses Modell stellt zwischen den Chakren, der Kundalinienergie und dem transzendenten Potential des menschlichen Organismus eine Beziehung her.

Über den Autor und die Entstehung dieses Buches

Ursprünglich hatte ich meine Aufmerksamkeit darauf gerichtet, herauszufinden, welche Rolle die Ernährung im spirituellen Leben spielt, um meine persönliche Entwicklung voranzutreiben. Viele meiner Klienten fragten mich diesbezüglich auch häufig um Rat. Im Lauf der Zeit wurde immer offensichtlicher, daß ein großer Bedarf besteht, die Beziehung zwischen Ernährung und einem spirituellen Leben umfassend zu verstehen.

Dieses Buch ist das Ergebnis von vierzehn Jahren klinischer Erfahrung, Forschung und Kontemplation über diese Themen. Da der Stoff sehr komplex und mein Hintergrund vielseitig ist, schreibe ich eher allgemein als vom beschränkten Standpunkt eines Spezialisten aus. Ich werde an verschiedenen Stellen des Buches aus unterschiedlichen Perspektiven schreiben:

1. Aus der Perspektive des Arztes, der in der Columbia Medical School ausgebildet wurde und sich um Menschen in Nordamerika und Asien gekümmert hat, von denen viele sowohl an optimaler Gesundheit als auch an spiritueller Entwicklung interessiert waren und kamen, um sich in Sachen Ernährung beraten zu lassen.
2. Als Biochemiker, Ernährungsberater, Forscher im Bereich der Heilkunde, Psychiater, Familientherapeut, Homöopath und ganzheitlicher Gesundheitsberater.
3. Als ehemaliger stellvertretender Direktor der ersten Kundalini-Krisen-Klinik in den USA. Diese Klinik war darauf angelegt, die Öffentlichkeit, Ärzte und Psychologen darüber zu informieren, daß die Menschen in unserer Gesellschaft so etwas wie das Erwachen der Kundalini erlebten, und Menschen zu helfen, die mit einem solchen Erwachen völlig unvertraut waren oder Schwierigkeiten damit hatten.
4. Als Meditationslehrer, der seit 1976 viele Jahre damit verbracht hat, Meditation in den Vereinigten Staaten von Amerika, in Indien und Europa zu lehren.
5. Als ICH BIN.

Dieses Buch ist zum Teil autobiographisch, da es im wesentlichen auf meiner intuitiven und unmittelbaren klinischen Erfahrung aufbaut. Seine theoretischen Grundlagen werden darüber hinaus gestützt von diversen wissenschaftlichen Erkenntnissen, von historischen und kulturellen Belegen sowie von anekdotisch-gehaltvollen Aussagen. Obwohl ich viele Informationen aus dem Bereich der traditionellen Wissenschaft vermittle, ist der wirkliche

Einführung

„Beweis" ein intuitives, unmittelbares Wissen darum, wie sich etwas verhält. Dieses Wissen hat sich über viele Jahre hinweg herauskristallisiert – Jahre, in denen ich mich nach den besprochenen Ernährungsformen, einschließlich der Regenbogen-Ernährung, ernährt habe und Erfahrungen mit einer Vielzahl von Fastenmethoden, einschließlich einer Fastenzeit von vierzig Tagen, gemacht habe. Meine persönlichen und klinischen Beobachtungen der Wechselwirkung zwischen Ernährung, Meditation und dem spirituellen Leben haben dieses Buch beeinflußt. Ich beschreibe auch bestimmte spirituelle Erfahrungen und Wirkungen der Kundalini, die Offenbarungen für mich waren und etwas mehr Licht darauf werfen, wohin sich unser spirituelles Leben entwickeln kann.

Ich möchte den Leser dazu ermutigen, beim Lesen dieses Buches wie der von Einstein beschriebene Fallschirm zu werden, der „dann am besten funktioniert, wenn er offen ist". Durch die neuen Konzepte von Ernährung, Assimilation, der Regenbogen-Ernährung, der Kundalini, der feinstofflichen Anatomie des Körpers, durch Meditation und spirituelles Leben ganz allgemein wird unser Verstand bis an seine Grenzen gedehnt. Arbeiten Sie mit diesen neuen Werkzeugen und Ideen, und nehmen Sie sie nur dann als richtig an, wenn Ihre praktische Erfahrung dafür spricht.

Dieses Buch stellt auch eine Verschmelzung östlicher und westlicher Traditionen dar. Es ist stark von der Thora, der mystischen Bruderschaft der Essener, in der Jesus angeblich großgezogen wurde, und den unmittelbaren Lehren Jesu beeinflußt. Ich berichte auch von meinen Erfahrungen und meiner Ausbildung in einer Yoga-Tradition, durch die ich gelernt habe, meine eigene jüdisch-christliche Tradition viel mehr zu würdigen. Für mich beruhen alle Traditionen auf demselben Einen Gott, der sich als Liebe offenbart. Künstliche Unterschiede verschmelzen so zu einer Einheit, denn dieser Eine Gott ist der Ursprung von allem, was ist.

Sprachliche Form und Herangehensweise an das Thema

Zunächst sollten einige Fragen in bezug auf die sprachliche Form dieses Buches und die Herangehensweise an das Thema geklärt werden. Dr. Philip Callahan, Professor für Entomologie der University of Florida und gleichzeitig ein brillanter Wissenschaftler und Autor, hat darauf hingewiesen, daß seit dem Zweiten Weltkrieg unter Wissenschaftlern der Trend besteht, die eigenen Gedanken nicht mehr zuzugeben und das Wort „ich" zu vermeiden. Eine persönliche Bezugnahme würde ja zu verstehen geben, daß lediglich ein Mensch bei der Arbeit ist.[1] Dadurch, daß das Wort „ich" vermieden wird, entsteht die Illusion, daß es so etwas wie objektive Wahrnehmung und eine Art wissenschaftlicher Unfehlbarkeit gibt, die jenseits aller Subjektivität liegt. Man könnte nun fragen: „Ist es denn möglich, daß ein Arzt und Ernährungsberater mit einem biochemischen Hintergrund Fehlbarkeit und Subjektivität eingesteht?" Ja! Es ist möglich! Ich behaupte sogar, daß dies möglicherweise die ehrlichste wissenschaftliche Herangehensweise darstellt.

Mit dem Aufkommen der Quantenphysik ist deutlich geworden, daß objektive Genauigkeit eine Illusion ist. Der Physiker Fritjof Capra drückt es in seinem Vorwort zu Larry Dosseys Buch „Space, Time, and Medicine" wie folgt aus: „In der Physik des 20. Jahrhunderts sieht man das Universum nicht länger als Maschine, die aus einer Unmenge von separaten Objekten besteht, sondern es erscheint uns als harmonisches, unteilbares Ganzes, als Netz dynamischer Beziehungen, das den menschlichen Beobachter und sein Bewußtsein auf essentielle Weise mit einschließt."[2] Dr. Paavo Airola, der weltweit respektierte Ernährungswissenschaftler, bringt mit seinem Buchtitel *„Are You Confused?"* („Sind Sie verwirrt?"; d. Ü.) auf humorvolle Weise auf den Punkt, welch eine wichtige Rolle das subjektive Empfinden bei Ernährungsfragen spielt.

Die andere, vorgeblich wissenschaftliche Annahme, die in diesem Buch nicht akzeptiert wird, ist die, daß Beweise ausschließlich auf den fünf Sinnen oder den technologischen Erweiterungen derselben in Form von hochentwickelten Meßinstrumenten beruhen müssen. Denken wir nur daran, wie Josef den Traum des ägyptischen Pharaos interpretierte und wie sehr seine Deutungen zutrafen, oder daran, daß die meisten von uns beim Betreten eines Raumes die darin vorhandene Energie wahrnehmen können, oder daran, daß Hunde die bösen Absichten mancher Menschen spüren. All diese Erfahrungen zeigen, daß wir im Alltag ganz selbstverständlich davon ausgehen, auf subjektive Art und Weise Informationen aufzunehmen. Einstein soll wertvolle Informationen für seine Relativitätstheorie bekommen haben, indem er sich vorstellte, wie es wäre, auf einem Lichtstrahl zu reisen, und diese subjektive Erfahrung untersuchte. Daß wissenschaftliche Entdeckungen auf der Grundlage von Traumbildern gemacht werden, ist ganz und gar nichts Ungewöhnliches. Für denjenigen, der davon ausgeht, daß es ausschließlich eine objektive Welt gibt, die nur durch die fünf Sinne erkennbar ist, wird es keinen annehmbaren Beweis für die Materialien in diesem Buch geben. Deshalb bitte ich meine Leser, eine solche Auffassung in Frage zu stellen, während sie dieses Buch lesen.

Einführung

Ausblick

Wer dieses Buch liest, weil er eine vollkommene Ernährungsform sucht, die als spirituelle Praxis zur Selbstverwirklichung führt, der möge bitte seine Anschauungen noch einmal prüfen. Sich auf vollkommene Weise zu ernähren ist nicht gleichbedeutend mit Spiritualität. Ohne den richtigen Kontext, das heißt Meditation, die richtige Lebensweise, die richtige Gemeinschaft, Weisheit und Liebe, wird die Konzentration auf Ernährung zu einer trockenen, gedanklichen, leeren Anbetung des Egos, das zur Ebene des Verstandes und des Körpers gehört. Wir hegen in diesem Fall lediglich beschränkte und selbstgerechte Ideen von Reinheit. Eine derart perfektionistische und materialistische Ausrichtung, die gar nicht so selten vorkommt, kann dazu führen, daß das Ego sehr aus dem Gleichgewicht gerät. Jesus soll gesagt haben (Matthäus 15,11): „Nicht das, was in seinen Mund hineinkommt, verunreinigt den Menschen, sondern das, was aus seinem Mund herauskommt." Für mich ist vollkommen, was auch jenseits des physischen Körpers und des Verstandes existiert. Die Erkenntnis dessen, was die Unvollkommenheit des Körpers und des Verstandes transzendiert, ist die einzig wirkliche Vollkommenheit.

Im richtigen Kontext ist die Ernährung jedoch eine der wichtigen Praktiken, die die Transformation und Transzendenz unseres Körpers, unserer Seele und unseres Geistes fördert und unterstützt. Sri Ramana Maharshi, einer der großen Heiligen Indiens, lehrte, daß eine geregelte Ernährung aus in Maßen zu uns genommenen, reinen Nahrungsmitteln die beste aller Verhaltensregeln ist und daß eine solche Ernährung für die Entwicklung reiner Qualitäten des Geistes äußerst förderlich sei.[3] Dies ist die Antwort auf spirituelle Reinheitsfanatiker, die jegliche Beschäftigung mit körperlichen Belangen und Ernährungsfragen negativ bewerten und als Beweis für niedere Bewußtseinsebenen betrachten. Es ist in Ordnung, gesund zu sein. Es ist in Ordnung und angemessen, sich gesund zu ernähren und spirituell aufbauende Nahrung zu sich zu nehmen. Der Körper ist nicht nur der Tempel der Seele, sondern wir schaffen auch einen klaren, leitenden Kanal, durch den die Kundalinienergie fließen und den Körper spirituell transformieren kann, wenn wir uns richtig um ihn kümmern. Ernähren wir uns auf gesunde und harmonische Weise, wächst dadurch unsere Fähigkeit, uns auf das Göttliche einzustimmen und mit ihm zu kommunizieren. Insgesamt wirkt sich die richtige Ernährung so aus, daß wir körperliche Gesundheit, gedanklichen Frieden und Harmonie mit unserem höheren Selbst erfahren. Wir sind einfach völlig ausgerichtet.

In diesem Buch stelle ich Ihnen eine aufregende neue Auffassung von der Bedeutung der Nahrung und der Assimilation von Nahrung vor. Dieses neue Paradigma fühlt sich intuitiv richtig an und wird von einigen interessanten wissenschaftlichen Daten untermauert. Es mag noch Jahre dauern, dieses Paradigma gemäß den rigorosen akademischen Standards gänzlich zu beweisen, doch ist das nicht der Zweck dieser Arbeit. Es geht vielmehr darum, dem Leser neue Ideen vorzuschlagen, die er als Werkzeuge – und nicht als Fakten – verwenden kann. Der Leser wird aufgefordert, in seinem grundsätzlichen Verständnis von Ernährung eine Paradigmaverschiebung vorzunehmen und zu untersuchen, wer es ist, der die Nahrung assimiliert. Die dargebotenen gedanklichen Werkzeuge können unmittelbar in die Praxis umgesetzt werden, da sie einen einfachen und konsequenten Rahmen für die Entwicklung einer individuellen Ernährung liefern. Wenn wir dieses neue Paradigma verstehen, wird dadurch eine offensichtliche und grundsätzliche Verbindung zwischen Ernährung und dem spirituellen Leben hergestellt. Je mehr wir diese neuen begrifflichen Werkzeuge in den Bereichen Ernährung und Spiritualität in unser Leben integrieren, desto mehr erkennen wir aufgrund unserer positiven Erfahrungen, daß das neue Paradigma und die Regenbogen-Ernährung einen entwicklungsfähigen Ansatz darstellen. Schließlich hoffe ich von ganzem Herzen, daß der Leser angesichts der aufregenden Daten und Ideen die richtige spirituelle Anschauung bei ihrer Anwendung nicht aus den Augen verliert. Die richtige Ernährungsweise ist lediglich ein Hilfsmittel für unsere spirituelle Entwicklung. Dieses Buch zeigt, wie wir unsere Körper darauf vorbereiten können, die zusätzliche Energie zu handhaben, die durch den evolutionären Quantensprung des Bewußtseins freigesetzt wird, den unsere Welt gerade erlebt.

Damit die richtige Ernährungsweise für uns von maximalem Nutzen ist, muß sie – wie ich bereits erwähnte – in ein harmonisches Gleichgewicht aus der rechten Lebensweise, guter Gemeinschaft, Weisheit, Meditation, Gebeten und Liebe eingebettet sein. Vergessen Sie bitte nicht, daß die Informationen und Konzepte in diesem Buch dazu da sind, Sie zu inspirieren und zu stärken. Betrachten Sie sie daher als grobe Richtlinien und Werkzeuge, nicht als starre Regeln. Ich bete darum, daß dieses Buch allen zugute kommt, die es lesen, und daß infolge des inneren Friedens und der Harmonie mit der Natur, die von der Anwendung des Wissens um spirituelle Ernährung herrühren, auch der Frieden in der Welt zunehmen möge.

Danksagungen

Viele Menschen haben mit ihrer Liebe und ihrer Energie zur Entstehung dieses Buches beigetragen. Ich möchte meinem lieben Bruder Kevin Ryerson danken, dessen Liebe und Unterstützung mich ermutigt haben, dieses Buch zu schreiben. Kevin ist ausgesprochen intuitiv, und ihm sind sehr hoch entwickelte Informationssysteme zugänglich. Einige der theoretischen Elemente dieses Buches entspringen der dynamischen Wechselwirkung unserer gemeinsamen Intuition. Kevin und seine Arbeit waren mir auch insofern hilfreich, als sie dazu beitrugen, mein Verstehen der Lebensweise der Essener zu erweitern.

Meine Liebe und dankbare Anerkennung gehen auch an: Ken Cousens, der viele Stunden investierte, um das Manuskript korrekturzulesen und druckfertig zu machen. An Kurt A. Krueger, den Gründer des Institute of Sports Psychology, und Richard Page, Direktor der Conference Coordinating Company, die beide liebevoll viel Zeit für die Verbesserung des Manuskripts opferten. Dr. Jane English, eine Physikerin, bekannte Autorin und Fotografin, die den wissenschaftlichen Teil geprüft, das Buchformat entwickelt und mich ganz allgemein bei der Zusammenstellung des Buches beraten hat. Nan Love, die die Illustrationen anfertigte. Eunice Combs, die das Manuskript lektoriert hat. An Marcel Vogel, berühmter Kristallexperte, der seit 29 Jahren als Wissenschaftler bei IBM arbeitet, für seinen Rat in bezug auf Kristalle und strukturiertes Wasser. Viktoras Kulvinskas, Magister der Naturwissenschaften und bekannter Experte für Rohkost, der ein außergewöhnliches Verstehen von Ernährung und Fasten als spirituellem Weg besitzt und freundlicherweise das Vorwort geschrieben hat. Viktoras und seine Arbeit haben mich sehr inspiriert.

Ganz besonders liebevoll möchte ich folgenden Menschen danken: Lisa Lissant, in deren Küche die Idee der Feinstofflich Organisierenden Energiefelder ihre endgültige Form annahm. Dem Astrophysiker Adam Trombley, der mir half, einige Konzepte der Null-Punkt-Physik zu verstehen. Norm Mikesell, Magister der Naturwissenschaften und Experte für strukturiertes Wasser, der mich Einblick in seine Arbeit nehmen ließ und die diesbezüglichen Abschnitte prüfte. Stephen Levine, Autor von „Antioxidant Adaption: Its Role in Free Radical Pathology" und avantgardistischer, promovierter Biochemiker, der mir seine Anoxia-Hypothese vermittelte und das Buch auf biochemische Genauigkeit durchsah. Lee Sannella, Arzt und Autor des Buches „Kundalini – Psychose oder Transzendenz?", der sich meine

Kapitel über Kundalini anschaute. Pater Dunstan Morissey, vierzigjähriger Benediktinermönch, mit dem ich es genossen habe, über biblische Themen zu diskutieren. Bruce Lipton, Professor für Anatomie der St. George University School of Medicine, der die Kapitel 10 und 11 auf Richtigkeit überprüfte. Dio Neff, metaphysischer Schriftsteller, dessen ursprüngliche Anmerkungen zu den ersten Kapiteln meinem Schreibstil sehr zuträglich waren. Dem stillen Yogi Dick Stehr, der mir bei den drei einfachen Atemübungen geholfen hat.

Meiner Frau Nora bin ich sehr dankbar für ihre Geduld und ihre liebevolle Unterstützung. Sie hat an jeder Phase der Entstehung dieses Buches teilgenommen, mich unterstützt und mir wertvolle Rückmeldungen gegeben. Ihr und unseren beiden Teenagern, Raf und Heather, bin ich auch dafür dankbar, daß sie einen positiven Raum geschaffen haben, in dem ich dieses Buch schreiben konnte.

Mein Dank und meine Liebe gehen an alle Menschen, die mitgeholfen haben. Ich bin dankbar, daß Gottes Gnade es mir gestattet hat, anderen durch dieses Buch zu dienen. Es war sehr inspirierend, Teil dieses kollektiven Vorgangs zu sein.

Dem Einen dienend,
Dr. Gabriel Cousens

1

Warum wir ein neues Ernährungsparadigma brauchen

Um in unsere Diskussion über die Beziehung zwischen Ernährung und spirituellem Leben einzusteigen, müssen wir unsere Vorstellung des menschlichen Organismus so erweitern, daß seine feinstofflich-energetischen und spirituellen Qualitäten mit einbezogen werden. Wir müssen ein neues Ernährungsparadigma oder eine neue Vorstellung von Ernährung entwickeln, die uns gewisse grundlegende Fragen zu beantworten und ungewöhnliche Beobachtungen zu erklären vermag, für die uns das gegenwärtige materialistisch-mechanistische Paradigma keine ausreichende Antwort oder Erklärung liefern kann. In den nächsten vier Kapiteln werden wir uns darauf konzentrieren, ein neues Ernährungsparadigma zu entwickeln, das die folgenden grundlegenden Fragen zufriedenstellender beantwortet:

1. Welchen Zweck erfüllt Ernährung?
2. Was ist Ernährung?
3. Was assimilieren wir?
4. Wer oder was assimiliert?
5. Wie paßt unser Wissen um die feinstofflichen Energiefelder, die den Körper umgeben und durchdringen, in ein Verständnis von Ernährung zur Förderung des spirituellen Lebens?
6. Welche Beziehung besteht zwischen den Nährstoffen, die wir zu uns nehmen, und dem lebendigen System, in das sie aufgenommen werden?
7. In welcher Beziehung stehen die aufgenommenen Nährstoffe zur spirituellen Entfaltung des Menschen, der sie aufnimmt?
8. Was bedeutet Assimilation?
9. Es wird berichtet, daß es Menschen gibt, die sich nur von Luft oder nur von Luft und Wasser ernähren (Nicht-Esser oder Pneumarier). Wie läßt sich das erklären?

Kapitel 1

10. Wie läßt sich biologische Transmutation (ein Vorgang, bei dem ein Element innerhalb eines lebendigen Systems in ein anderes Element umgewandelt wird) erklären?
11. Welche Erklärung gibt es für die belegten Fälle, in denen der Körper sich nach dem Tod nicht zersetzte?

Um diese Fragen umfassend beantworten zu können, müssen wir ein ganzheitliches Ernährungsparadigma entwickeln, das die materiellen, mentalen, energetischen und spirituellen Aspekte des menschlichen Organismus einbezieht. Dieses ganzheitliche Paradigma soll nicht an die Stelle des gegenwärtigen materialistisch-mechanistischen Paradigmas treten, sondern dieses als Teil des Ganzen mit einschließen.

Verwirrung im herkömmlichen Paradigma

Das herkömmliche Paradigma hat sich aus der materialistisch-mechanistischen Betrachtungsweise des Lebens entwickelt. Demnach werden lebendige Organismen als physio-chemische Maschinen betrachtet. Man geht davon aus, daß alle Phänomene des Lebens, einschließlich der Ernährung, einzig und allein in Begriffen der Physiologie und der Chemie erklärt werden können. Obwohl das materialistische Paradigma in einem gewissen Ausmaß erfolgreich die molekulare Struktur unserer Nahrung und unserer Körper erklären konnte, kann man aufgrund der unglaublichen Vielzahl unterschiedlicher Ansichten bezüglich Ernährung darauf schließen, daß wir noch nicht zu einem umfassenden Verständnis der Grundlagen von Ernährung gelangt sind. Der große Mystiker des 20. Jahrhunderts, Ramana Maharshi, sagte einmal, daß neben der Meditation die richtige Ernährung das Wichtigste im spirituellen Leben sei. Das hört sich einfach an, doch wenn wir in unsere Buchläden schauen, gibt es so viele verschiedene Bücher über Ernährung, daß der einfache Akt des Essens uns ziemlich ratlos machen kann. Es sind schon Menschen in meine Arztpraxis gekommen, die bezüglich der richtigen Ernährung völlig verwirrt waren. Die verschiedenen Theorien verwirrten sie so, daß sie bei jeder Mahlzeit in Panik gerieten.

Es gibt im grobstofflichen Bereich nur drei Substanzen, die wir bewußt aufnehmen, um unsere Lebensvorgänge zu unterhalten: feste Nahrung, Luft und Wasser. In der Vergangenheit mußten wir über das Atmen und das Wassertrinken nicht viel nachdenken. Vor der Zeit der Luft- und Wasserverschmutzung ging das ziemlich automatisch vor sich. Auf der anderen

Seite nimmt feste Nahrung viel von unserer Zeit in Anspruch. Auf unserer Nahrungssuche stöbern wir zunächst im Supermarkt oder im Bioladen herum, dann müssen wir alles zusammentragen, die Nahrungsmittel zubereiten, sie segnen, essen und verdauen. Wir müssen die Nahrung auch anbauen oder Geld verdienen, um sie zu kaufen. Wenn dieser Prozeß abgeschlossen ist, sollten wir eigentlich ein einzigartiges Verstehen von und eine ebensolche Beziehung zu unserer Nahrung haben. Zumindest für die meisten von uns ist diese Beziehung in den letzten zweihundert Jahren jedoch rätselhaft geblieben. Das erscheint besonders seltsam, wenn wir Nahrung als etwas betrachten, was unser spirituelles Leben fördern kann. Warum haben wir den Kontakt zu unserer Nahrung verloren? Warum irren wir im Ernährungswald umher und stoßen uns ständig an den Bäumen dieser neuen Ernährung oder jener neuen Supernährstoff-Empfehlung, die all unsere Gesundheitsprobleme lösen wird? Wenn wir uns überhaupt um diese Dinge Sorgen machen, dann vielleicht darüber, daß wir unsere instinktive Beziehung zur Qualität unserer Nahrung und zu Mutter Erde verloren haben. Im Zusammenhang mit der unendlichen Vielzahl neuer Entdeckungen im Bereich der „Ernährungswissenschaft" gibt es so viele verschiedene Detailinformationen, daß wir nicht immer auf dem neuesten Stand sein können, was und wie wir essen sollten. Unser grundlegender konzeptioneller Rahmen, unser intuitives Wissen um die Bedeutung von Ernährung und unsere natürlichen Instinkte sind durcheinandergebracht worden. Wir sehen den Wald vor lauter Bäumen nicht mehr.

Die Grundlagen des herkömmlichen, materialistisch-mechanistischen Paradigmas

Wo haben wir angefangen, unser Verstehen einzuschränken? Eine Hauptursache für die Verwirrung bezüglich des Zwecks und der Aufgaben von Ernährung ist der gegenwärtige materialistisch-mechanistische Standpunkt, der sich im wesentlichen zwischen 1785 und 1790 entwickelte. In dieser Zeit stellte der Chemiker Lavoisier die Lehrmeinung auf, daß das Leben eine chemische Funktion sei und Nahrungsmittel der Brennstoff des Lebens seien. Nahrungsmittel sind das Medium, mittels dessen Kalorien aufgenommen werden. Man betrachtete den ganzen Vorgang der Ernährung als Verbrennungsvorgang, innerhalb dessen Nahrungsmittel als Träger von Wärmeenergie angesehen wurden, die beim Vorgang der Verdauung und in Verbindung mit Sauerstoff Energie freisetzten. Man mußte einfach nur die benötigte Kalorienzahl rechnerisch ermitteln und Nahrungs-

mittel wählen, die die entsprechende Anzahl von Kalorien beinhalteten.
In der Zwischenzeit haben wir herausgefunden, daß der Bereich der Ernährung nicht nur mit Kalorien zu tun hat, sondern sehr viel komplexer ist. Bei unserer Ernährung spielen viele andere Faktoren eine Rolle, zum Beispiel die Eiweiße, Kohlehydrate, Fette, Vitamine, Mineralstoffe, Mikronährstoffe, Enzyme, subtile Hormonfaktoren, Alkaloide, Auxone, Pacifarine (natürliche antibiotische Substanzen) und neue Mikrofaktoren, die sonst noch entdeckt wurden oder in Zukunft entdeckt werden. Diese neuen Entdeckungen haben jedoch nur unsere materialistisch-mechanistischen Vorstellungen von Nahrung und vom menschlichen System bestärkt. Viele Menschen halten sich noch eng an das Kaloriensystem von Lavoisier. Kalorienzähler erfreuen sich auch heute noch großer Beliebtheit.

Lavoisier, der von vielen als Vater der modernen Chemie angesehen wird, steuerte noch ein weiteres Grundprinzip zum gegenwärtig akzeptierten Ernährungsparadigma bei. Es wird das Gesetz der Erhaltung von Materie und Energie genannt. Dieses Gesetz besagt, daß nichts verlorengeht und nichts erschaffen wird – alles wird umgewandelt. Man betrachtete das Atom als kleinstes Teilchen der Materie und als Naturkonstante. Ausgehend von diesem Gesetz nahm man an, daß kein Element erschaffen und kein Atom in der Natur verschwinden würde. Bis auf die vor einiger Zeit gemachte Beobachtung, daß dies für radioaktive Materialien nicht zutrifft, versuchen wir auch heute noch den Bereich der Ernährung von einem ausschließlich materialistisch-mechanistischen Gesichtspunkt aus zu verstehen. Aufgrund dieses gedanklichen Ansatzes konzentrieren wir uns zu sehr und zu einseitig auf einzelne Nährstoffe und ihre Interaktion. Dieses Konzentrieren auf Nährstoffe und Supernährstoffe hat dazu geführt, daß wir in materialistischen Vorstellungen von Nahrungsmitteln, vom menschlichen System und von der Beziehung zwischen beiden gefangen sind.

Der nächste große Schritt in der Entwicklung einer materialistischen Betrachtungsweise von Ernährung fand im Jahr 1847 statt, als vier große Wissenschaftler – Helmholtz, Dubois-Reymond, Brucke und Ludwig – sich in Berlin trafen, um den Bereich der Physiologie auf eine physio-chemische Grundlage zu stellen. Sie entwickelten die Idee, daß die Gesetze der Chemie die physiologischen Vorgänge im menschlichen Körper vollständig beschreiben könnten. Das Gesetz der Erhaltung von Materie und Energie stellt seit diesem historischen Wendepunkt die Grundlage der Physiologie, des Stoffwechsels und der Ernährung dar. Dies hat dazu geführt, daß quantitative Forschungsmethoden etabliert wurden und die Gesetze der

Thermodynamik stillschweigend akzeptiert wurden, um die Funktionsweise des menschlichen Organismus zu beschreiben. Aus diesem Gedankengut stammt der weitverbreitete Glaube an die Aussage Ludwig Feuerbachs, daß „der Mensch ist, was er ißt". Darin wurzelt auch die Konsumhaltung gegenüber Lebensmitteln, die wir heutzutage beobachten können. Die Menschen neigen dazu, übermäßig viele Vitamine, Mineralstoffe und Aminosäuren zu sich zu nehmen, in der Hoffnung, daß ihr Körper dadurch länger leben, mehr leisten und mehr aushalten könne und gesünder würde. „Je mehr, desto besser" ist das Motto. Die gleiche Grundannahme liegt auch dem Kalorienzählen, den Computernährstoffwerten und den Modediäten zugrunde.

Diese Konzentration auf das Ansammeln von „Nährstoffkapital" beruht auf dem irrigen Glauben, daß Nahrung wie ein Baukastensystem funktioniert: Um sicherzugehen, sollte man von allem ein bißchen mehr zu sich nehmen. Das heißt nicht, daß mein Klient am Anfang eines Gesundheitsprogramms nicht zusätzliche Nährstoffe braucht, um Mangelzustände zu beheben und um den Stoffwechsel wieder ins Gleichgewicht zu bringen. Nach ein paar Monaten jedoch, wenn der Gesundheitszustand des Klienten sich verbessert hat, braucht er weniger Nährstoffe, um seine Gesundheit aufrechtzuerhalten. Ich bin nicht gegen die wohlüberlegte Einnahme von Vitaminen und Mineralstoffen, wenn dies in Zeiten geschieht, in denen es dem Gesundheitszustand des Patienten entspricht.

Nicht alle sind dem eingeschränkten materialistischen Ansatz gefolgt. Dr. Paavo Airola, mein Mentor in Ernährungsangelegenheiten und ein Mann, der von vielen als Ernährungsgenie betrachtet wird, legte den Schwerpunkt in seiner Beratung immer auf einen persönlichen und historischen Ansatz, statt sich auf den materialistischen, computerisierten Aspekt zu konzentrieren. Ernährungsgruppen wie zum Beispiel die Rohkost-Bewegung, die Sprossen-Liebhaber, die Bewegung für natürliche Hygiene und auch die gegenwärtige Bewegung für ganzheitliche Gesundheit haben alle zumindest indirekt die engstirnige materialistische Vorstellung von Ernährung widerlegt. In diesen Gesundheitsbewegungen herrscht die stillschweigende Annahme vor, daß wir uns die feinstofflichen Qualitäten der Nahrung und des menschlichen Körpers anschauen müssen. Dieses Bewußtsein finden wir weltweit auch in vielen Heilsystemen. In der alten indischen Wissenschaft des Yoga und der ayurvedischen Medizin wird die feinstoffliche Energie des Körpers und der Nahrung zum Beispiel „Prana" genannt. In der chinesischen Medizin nennt man sie Chi, in Japan Ki, auf Hawaii Mana, in

Tibet Tumo. Reichenbach bezeichnet sie als Od-Kraft, und von Reich wurde sie Orgonenergie genannt.

In diesem Buch geht es um das neue Paradigma. Dieses besagt, daß Nahrung nicht länger als Kalorien oder Proteine, Fette und Kohlehydrate und auch als keine andere rein materielle Substanz betrachtet werden kann. *Nahrung ist die dynamische Kraft, die mit menschlichen Wesen auf der körperlichen, mental-emotionalen, energetischen und der spirituellen Ebene in Wechselwirkung tritt. Wenn wir das Gebiet der Ernährung studieren, studieren wir die Wechselwirkungen und die Assimilation der dynamischen Kräfte der Nahrung seitens der dynamischen Kräfte unseres gesamten Wesens.* Bevor wir dieses neue Paradigma ausarbeiten, ist es wichtig, die Grundlagen des alten materialistischen Paradigmas vollständig zu verstehen.

Das herkömmliche Paradigma wird in seinen Grundfesten erschüttert

Das materialistische Paradigma beruht auf drei Grundprinzipien. Das erste ist Lavoisiers Prinzip, daß nichts verlorengeht, nichts entsteht und alles stets umgewandelt wird. Zusammen mit dem von Mayer und Helmholtz postulierten „Gesetz" der Erhaltung von Energie wurde dieses Prinzip zum „Gesetz der Erhaltung von Materie und Energie" weiterentwickelt. Das zweite Grundprinzip ist unter der Bezeichnung „Zweites thermodynamisches Gesetz" bekannt. Es besagt, daß alle Dinge in der Natur in ihre grundlegendsten und stabilsten Formen zerfallen und daß die Gesamtenergie eines Systems von organisierteren zu weniger organisierten Formen oder Zuständen tendiert. Diesen Prozeß bezeichnet man als Entropie. Dann gibt es noch einen dritten, stillschweigend akzeptierten Glaubenssatz, und zwar, daß es keinen wesentlichen Unterschied zwischen den Wechselwirkungen von Substanzen innerhalb oder außerhalb des menschlichen Körpers gibt.

Jede dieser drei Ideen ist in den letzten hundert Jahren im Westen angefochten worden. Die von Rudolf Steiner gegründete anthroposophische Bewegung zum Beispiel machte sich daran, sie zu hinterfragen. Steiner, der um die Jahrhundertwende lebte, war ein bekannter Philosoph, Lehrer und Wissenschaftler. Er sagte, das größte Hindernis für das Verständnis der Wirkung von Nahrung auf den menschlichen Organismus sei das „Gesetz" der Erhaltung von Materie und Energie. Dieses von vielen akzeptierte Postulat widersprach seinem Empfinden nach der Art und Weise, wie der menschliche Organismus funktioniert und sich entwickelt. In seinen in den frühen zwanziger Jahren gehaltenen Vorträgen bestand er darauf, daß das Zweite thermodynamische Gesetz (das Gesetz der Entropie) und das Gesetz der Erhaltung von Materie und Energie auf die Vorgänge innerhalb des menschlichen Körpers nicht anwendbar seien. Wissenschaftler wie der als Begründer der Wellenmechanik geltende Physiker Louis de Broglie haben diese Position unterstützt. Louis de Broglie sagte: „Es ist voreilig anzunehmen, daß wir die Lebensvorgänge auf die unzureichenden Vorstellungen der Chemo-Physiologie des 19. oder auch des 20. Jahrhunderts reduzieren können."[1]

Das Konzept, dem zufolge das Gesetz der Erhaltung von Materie und Energie auf das lebendige System in vivo oder „innerhalb der Haut" Anwendung findet, wurde unlängst von einer bedeutsamen Arbeit in Frage gestellt. Diese Arbeit stammt von dem brillanten Franzosen Louis Kervan, der seit 1946 Direktor der Industrial Hygiene Services, Vocational Diseases and Industrial Medicine in Paris ist. Kervan ist seit 1963 Mitglied der New York Academy of Science und war im wissenschaftlichen Beirat der UNESCO. Seit 1935 hat er das Phänomen der biologischen Transmutation gründlich untersucht und dokumentiert. *Biologische Transmutation ist der natürliche „alchemistische" Prozeß, der immer dann in größerem oder kleinerem Ausmaß stattfindet, wenn ein Element im Körper in ein anderes Element umgewandelt wird. Dies steht in direktem Widerspruch zum Gesetz der Erhaltung von Materie und Energie.*

Um diesen wichtigen Prozeß besser verstehen und den historischen und praktischen Rahmen dieses Ansatzes eher würdigen zu können, schauen wir uns am besten einige der Untersuchungen an, durch die der Nachweis der Existenz der biologischen Transmutation erbracht wurde. Die moderne Forschung zu diesem Thema geht bis ins Jahr 1799 zurück, als der französische Chemiker Vanquelin ermittelte, wieviel Kalk in dem Hafer war, den er an seine Hennen verfütterte. Er fand heraus, daß die Hennen fünfmal soviel Kalk ausschieden, wie sie zu sich nahmen. Vanquelin mußte daraus schließen, daß die Hennen den Kalk erzeugt hatten, doch konnte er nicht herausfinden, wie. Interessanterweise fand diese Entdeckung nur zwanzig Jahre nach der Veröffentlichung von Lavoisiers Arbeiten statt. Im Jahr 1831 stellte ein anderer Franzose namens Choubard Messungen an, um festzustellen, wie viele Mineralien in Brunnenkressesamen vorhanden waren. Nachdem die Samen in einer unlöslichen Schale gekeimt waren (so daß sie die Mineralien unmöglich aus einer anderen Quelle aufgenommen haben konnten), führte er weitere Messungen durch. Er stellte fest, daß die Keime Mineralien enthielten, die in den Samen ursprünglich nicht vorhanden waren. Im Jahr 1875 ging von Herzeele bei seinen Versuchen mit gekeimten Samen noch einen Schritt weiter, indem er eine kontrollierte Nährlösung benutzte. Er kam zu dem Schluß, daß eine Transmutation von Elementen stattgefunden hatte. Seine Arbeit wurde von Baranger, dem Leiter des Labors für organische Chemie in der Ecole Polytechnique in Paris, überarbeitet. Baranger publizierte Untersuchungsergebnisse bezüglich der Menge von Phosphor und Kalzium in Keimen. Auch er folgerte, daß eine Transmutation von Elementen stattgefunden hatte, verstand jedoch nicht, wie dies vor sich gegangen war.

Biologische Transmutationen

Im Jahr 1962 veröffentlichte Kervan sein Buch „Biological Transmutations". Darin wird das Phänomen der Transmutation als ein ganz anderes erklärt als jenes, das bei der atomaren Spaltung oder Fusion in der Physik beschrieben wird. Für Kervan ist die biologische Transmutation ein Phänomen, dessen Geheimnisse in der modernen Ära der Wissenschaft noch nicht gelüftet worden sind. Die Kräfte, die dabei wirksam sind, stammen nicht aus dem Bereich der Chemie oder der Physik. Kervan betont, daß viele der biochemischen und physiologischen Vorgänge des Lebens durch chemische Reaktionen hervorgerufen werden. Er widerlegt jedoch die Anschauungen, daß im menschlichen Körper ausschließlich chemische Reaktionen stattfinden und daß jede Beobachtung anhand von chemischen Gleichungen erklärt werden muß.[2] Kervan verwirft die Gesetze der Chemie nicht – er wendet sich nur gegen die Meinung, daß diese Gesetze auf jedes Gebiet anwendbar sein müssen.[3]

Damit wir die Bedeutung seiner Arbeit wirklich würdigen und uns geistig auf diese neuen Ideen einstellen können, möchte ich Ihnen einige seiner Forschungsarbeiten nahebringen. Seine ersten Beobachtungen machte er als Kind in der Bretagne, in Frankreich, auf dem Bauernhof seiner Eltern. Ihm fiel auf, daß die Hühner, deren Futter wenig Kalk enthielt, große Mengen Glimmer verspeisten, ein Bestandteil von Kieselerde. Wenn die Hühner geschlachtet wurden, konnte man nie den Glimmer finden, doch hatten sie viel Sand im Körper. Irgendwie konnten sie aus all dem Glimmer kalkhaltige Eierschalen herstellen. Spätere Experimente, bei denen man den Hühnern den Glimmer vorenthielt, zeigten, daß die Eierschalen immer weniger Kalk enthielten und die Hühner schließlich ganz aufhörten, Eier zu legen. Wenn der Glimmer ihrem Futter wieder zugefügt wurde, begannen sie erneut,

Eier zu legen. Das bedeutet, daß Glimmer ein kieselsaures Salz des Kaliums enthält, das durch biologische Transmutation in Kalzium umgewandelt wird.

Bei seinen Forschungen in der Sahara entdeckte Kervan, daß die Arbeiter übermäßig viel Salz zu sich nahmen und wesentlich mehr Kalium ausschieden, als sie zu sich nahmen. Dies betrachtete er als Ergebnis einer endothermischen Reaktion (eine Reaktion, die im Körper Wärme verbraucht und daher kühlend wirkt). Bei dieser Reaktion entstand Kalium aus Natrium und Sauerstoff ($Na_{23} + O_{16}$:=: K_{39}, wobei das Symbol :=: für eine biologische Transmutation steht). Es handelte sich also auch um ein Beispiel für Transmutation.

Auf einen weiteren Fall biologischer Transmutation stieß Kervan in seinem eigenen Haus. Er beobachtete, daß die Kalksteinwände ständig eine gewisse Menge Kaliumnitrat hervorbrachten. Als er dies eingehender untersuchte, stellte er fest, daß das Kalzium in der Kalksteinwand ständig durch enzymatische Abspaltung eines Wasserstoffatoms in Kalium (Kaliumnitrat) umgewandelt wurde – ein Vorgang, den die Bakterien auf der Wand verursachten. Er hatte bei den Hühnern gefolgert, daß das Kalium aus dem Glimmer durch Zusatz von Wasserstoff in Kalzium verwandelt wurde: $K_{39} + H_1$:=: Ca_{40}. Bei der Umwandlung von der Kalksteinwand (Ca) in Kaliumnitrat (K) war die umgekehrte Reaktion zu sehen.

Kervan untersuchte auch die schwarzen Gebilde an den Höhlenwänden und den Tempeln von Banteay Srei in Kambodscha. Er entdeckte, daß die schwarze Schicht zu fünf Prozent aus Mangan und die Tempelsteine zu fünfzehn Prozent aus Eisen bestanden. Auf dieser Entdeckung basierte sein späterer Beweis in einer kontrollierten Versuchsanordnung, daß aus Eisen unter Entzug von Wasserstoff Mangan entsteht. Kervan hat also unterschiedliche Wege entdeckt, wie Kalzium durch Transmutation entstehen kann. Dabei werden jeweils unterschiedliche Atome kombiniert, um ein größeres Kalziumatom hervorzubringen. Es folgt eine Zusammenfassung dieser Reaktionen:

1. Kalium und Wasserstoff – $K_{39} + H_1$ + spezifisches Enzym :=: Kalzium Ca_{40}
2. Magnesium und Sauerstoff – $Mg_{24} + O_{16}$ + spezifisches Enzym :=: Ca_{40}
3. Silizium und Kohlenstoff – $Si_{28} + C_{12}$ + spezifisches Enzym :=: Ca_{40}
4. Natrium und Wasserstoff – $2\,Na_{11} + 2\,H_1$ + spezifisches Enzym :=: Mg_{24} Magnesium. Wiederhole anschließend 2., um Kalzium zu bekommen.
5. Natrium und Sauerstoff – $Na_{11} + O_{16}$ + spezifisches Enzym :=: K_{39} Kalium. Wiederhole anschließend 1., um Kalzium zu bekommen.

Dies führt uns zu einigen klinischen Anwendungsmöglichkeiten seiner Arbeit. Kervan selbst hat untersucht, inwieweit sich Schachtelhalm zur Beschleunigung des Kalkaufbaus bei Knochenbrüchen einsetzen läßt, da Schachtelhalm einen hohen Kieselsäure-Gehalt hat (Reaktion 3). Seine Untersuchungen an Ratten und einigen Menschen deuten darauf hin, daß die erneute Kalkbildung in den Knochen durch Einnahme von Kieselerde effizienter vor sich geht, als wenn Kalzium direkt verabreicht wird. Bei einigen Menschen könnte die fortschreitende Dekalzifizierung (Entkalkung) der Knochen auf einem Mangel des Enzyms beruhen, das Natrium in Magnesium verwandelt (Reaktion 4). Wenn es an dem Enzym fehlt, das Magnesium in Kalzium umwandelt, könnte es angeraten sein, die Knochen durch Kalium (Reaktion 1) und organische Kieselerde zu stärken. Eine Dekalzifizierung könnte bei einigen Menschen auch nach Verschreibung einer salzfreien Ernährung (Reaktion 5) auftreten, da das Salz möglicherweise gebraucht wird, um daraus mittels Transmutation Kalzium herzustellen. Man kann aus der Arbeit über Transmutation auch folgern, daß Mütter, die Kalzium nicht gut aufnehmen können, statt dessen vielleicht die Kieselsäure des Schachtelhalms in ihren Ernährungsplan aufnehmen sollten, da diese eventuell in Kalzium transmutiert wird.

Menschen, denen es schwerfällt, den Eisengehalt ihres Blutes durch Eisenpräparate zu erhöhen, könnten statt dessen vielleicht Mangan nehmen, wie es einige Menschen in Frankreich tun. Das Mangan wird auf einem gesonderten Stoffwechselweg in Eisen umgewandelt. Möglicherweise kann Kervan die Existenz einer Vielzahl von sekundären Stoffwechselwegen nachweisen, die der Körper mittels Transmutation beschreiten kann, wenn ihm die Enzyme oder Nährstoffe fehlen, die auf den Hauptstoffwechselwegen benötigt werden.

Kervan erklärt die biologische Transmutation im wesentlichen wie folgt: Entweder verbinden sich die Teilchen eines Atomkerns durch die Umformungsaktivitäten der Enzyme innerhalb des lebenden Systems mit denen eines anderen Atomkerns, um ein neues Element zu schaffen, oder der Atomkern eines Elements teilt sich, so daß zwei neue Elemente entstehen.[4]

Die biologische Transmutation ist ein Phänomen, das dem Gesetz der Erhaltung von Materie und Energie völlig widerspricht. Bei der biologischen Transmutation handelt es sich um einen Vorgang, der sich gänzlich von dem chemischen Vorgang unterscheidet, bei dem die den Atomkern umgebenden Elektronen verschoben werden. Er unterscheidet sich auch von dem physikalischen Vorgang, bei dem Atome gespalten werden oder mit-

einander verschmelzen und der dem Gesetz der Erhaltung der Energie und der Materie folgt. Die Wissenschaft von der biologischen Transmutation beschäftigt sich mit den Austauschvorgängen, die innerhalb lebender Organismen zwischen den Atomkernen der unterschiedlichen Atome vor sich gehen und die darin resultieren, daß neue Elemente entstehen.[5]

Kervan weist auch darauf hin, daß aufgrund der Aktivität der biologischen Enzymsysteme beim Vorgang der biologischen Transmutation nur ein Millionstel der Energie verbraucht wird, die bei den gleichen Reaktionen in der Nuklearphysik benötigt wird, wenn sie außerhalb eines lebendigen Systems (in vitro) kopiert werden.[6]

Nobelpreisträger Szent-Györgyi sagte einmal, daß die Biologie die Wissenschaft des Unwahrscheinlichen und die Physik die Wissenschaft der Wahrscheinlichkeiten sei.[7] Wir müssen auch die wissenschaftliche Haltung Claude Bernards in Betracht ziehen, der folgende Ansicht vertrat: Wenn man mit einer Tatsache konfrontiert wird, die im Widerspruch zur herrschenden Theorie steht, muß man diese Tatsache akzeptieren und die Theorie aufgeben.[8]

Ich habe das Thema der Transmutation zur Sprache gebracht, weil eine umfassende Ernährungstheorie, die die Rolle von Ernährung im Rahmen der spirituellen Entwicklung einbezieht, auch alle außergewöhnlichen Beobachtungen erklären können muß. Die gegenwärtige, materialistisch-mechanistische Sichtweise kann uns keine Erklärung für die beobachteten Fälle biologischer Transmutation liefern. Vielmehr stellt die mögliche Existenz biologischer Transmutation eine unmittelbare Herausforderung des Gesetzes der Erhaltung von Energie und Materie dar, auf dem das materialistische Paradigma beruht.

Die Existenz biologischer Transmutation kann sich auf viele andere Gebiete auswirken. Kervan meinte, daß die Entdeckung der biologischen Transmutation ein neuer Anhaltspunkt für Geologen, Biologen, Philosophen und Metaphysiker sein könnte; sie könnte ihnen helfen, die Schöpfung und die Evolution unseres Planeten besser zu verstehen.

Für unsere Zwecke müssen wir uns nicht mit der Evolution des ganzen Planeten befassen. Es genügt, wenn wir diese Ideen auf die Entwicklung unseres neuen Ernährungsparadigmas anwenden. Roger Williams' Arbeit über Ernährung, „Biochemical Individuality", aus dem Jahr 1963 wird durch die Idee der biologischen Transmutation wesentlich verständlicher. Williams stellte fest, daß jeder Mensch unterschiedliche biochemische Bedürfnisse und daher auch Ernährungsbedürfnisse hat.[9] Wenn wir eine Verbindung

Kapitel 1

zwischen seiner Arbeit und der Theorie der biologischen Transmutation herstellen, sehen wir, daß diese Ernährungsbedürfnisse von der Menge der Enzyme bestimmt werden, die für biologische Transmutationen zur Verfügung stehen. Williams wirft die These auf, daß die Zellfunktionen eines jeden Menschen ein ganz individuelles Muster darstellen. In meiner medizinischen Praxis habe ich immer wieder die Erfahrung gemacht, daß jemand um so weniger Nahrungsmittelzusätze benötigt, je gesünder er wird. Das bedeutet, je stärker die Lebenskraft (die gesunde Energie) eines Menschen ist, um so mehr Energie steht ihm für Transmutation zur Verfügung und um so mehr ist er dazu in der Lage. Das ist auch ein Hinweis darauf, daß das individuelle Transmutationsmuster und die individuellen Nährstoffbedürfnisse sich ändern können.

Wenn man dieses Prinzip der biochemischen Individualität ganz zu Ende denkt, kann man sich vorstellen, daß es Menschen auf der Erde geben könnte, die gar keine Nahrungsmittel mehr zu sich nehmen müssen. Im weiteren Verlauf dieses Buches werden Sie einige Zeugnisse dafür finden, daß dies wirklich der Fall sein könnte. Die beobachteten Fälle biologischer Transmutation liefern eine Erklärung für das Phänomen des Pneumarismus (der Ernährung einzig und allein durch Luft). Eigentlich sind wir alle Pneumarier, da wir alle Luft atmen. Die korrektere Bezeichnung für einen Menschen, der sich nur von Luft ernährt, ist Nicht-Esser (engl. inedian; d. Ü.). Bevor wir uns mit dem Phänomen des Nicht-Essens detaillierter befassen, müssen wir noch untersuchen, inwieweit das Zweite thermodynamische Gesetz, das Gesetz der Entropie, auf menschliche Systeme anwendbar ist.

Die Rolle der Entropie in lebendigen Systemen

Auf das menschliche System angewandt, besagt das Gesetz der Entropie, daß es dem natürlichen Gang der Dinge entspricht, daß der Körper zerfällt oder altert. Da viele Menschen auf diesem Planeten einen degenerativen Lebensstil haben, ist dies in der Tat der Fall. Doch entspricht dies nicht der natürlichen Ordnung der Dinge. Statt dessen könnte es vielmehr so sein, daß das, was natürlich scheint, unnatürlich ist, und was wundersam erscheint, natürlich ist. Kervan entwickelte bezüglich der Frage der Entropie in lebendigen Systemen die These, daß es sich eigentlich um einen Kampf der Lebensenergien gegen die Degeneration der Materie handele.[10] Rudolf Steiner betonte, eine der wesentlichen Aufgaben eines Nährstoffes sei der, in uns dynamische Kräfte anzuregen, die dem Prozeß der Entropie unmittelbar entgegenwirken. Daraus folgt, daß wir das Phänomen Entropie tatsächlich überwinden können und nicht altern, wenn wir die Lebenskraft unseres Körpers oder unsere körperliche Energie auf einer hohen Ebene halten. Wir haben weltweit einen Grad an Umweltverschmutzung erreicht und einen Lebensstil entwickelt, der es uns bis auf wenige Ausnahmen nur erlaubt, diese Entropie oder den Alterungsprozeß lediglich teilweise umzukehren. Nichtsdestotrotz können wir auf einer rudimentäreren Ebene wahrnehmen, daß Menschen, die ihre körperliche Energie durch einen degenerativen Lebensstil verausgaben, dazu neigen, schneller zu altern. Ich habe bei meinen Patienten bemerkt, daß diejenigen unter ihnen, die sich so ernähren und leben, daß ihre Lebenskraft zunimmt, oft scheinbar jünger werden und ihrer Erscheinung und ihren Funktionen nach vitaler wirken.

Die jüngsten Forschungen von Richard Brewer und Erwin Hahn, von denen im „Scientific American"[11] berichtet wurde, sprechen ebenfalls dafür, daß ein System in der Lage ist, das Phänomen der Entropie umzukehren. Sie zeigen, daß atomare Systeme, die zerfallen sind oder von geordneten Zuständen aus der Entropie anheimgefallen sind, dazu gebracht werden können, ihre ursprüngliche Ordnung wieder anzunehmen. Das bedeutet, daß Entropie rückgängig gemacht worden ist. Man erreicht dies, indem man die Bewegungsrichtung einiger Teilchen in dem aus der Ordnung geratenen System umkehrt, so daß sie sich an ihren ursprünglichen Zustand oder ihr ursprüngliches Muster erinnern können. Man spricht hierbei von einem atomaren Erinnerungsphänomen. Die Untersuchungen von Brewer und Hahn unterstützen die Annahme, daß Entropie unter gewissen Umständen umkehrbar ist, sowohl außerhalb als auch innerhalb lebendiger Systeme.

Der wesentliche Irrtum bei der Anwendung des Zweiten thermodynamischen Gesetzes auf ein lebendiges System ist der, daß es nur für ein geschlossenes System (ein System, dem weder Energie noch Materie zugeführt oder entnommen wird) oder für ein System gilt, das aus voneinander unabhängigen Elementen besteht. Doch ist das menschliche System erstens kein geschlossenes System, und zweitens können wir aufgrund der modernen Quantenphysik (Bells Theorem) sagen, daß es im Universum nichts gibt, was nicht von allem anderen beeinflußt wird. Daraus müssen wir schließen, daß alles ein offenes System ist. Wir können daher behaupten, daß das Zweite thermodynamische Gesetz beziehungsweise der entropische Prozeß nicht hundertprozentig auf menschliche Systeme anwendbar ist. Kervan schreibt, es sei nicht schwer zu erkennen, daß das Leben selbst dem Gesetz der Entropie völlig widerspricht.[12] Er stellt uns

Schlüsselfragen, durch die wir mehr und mehr dahin gelangen, Ernährung als unterstützenden Faktor bei unserer spirituellen Evolution zu verstehen. Warum steht das Leben in völligem Widerspruch zur Kraft der Entropie? Wie können menschliche Systeme Entropie auf natürliche Weise umkehren und so aufhören, Sklaven des entropischen Prozesses zu sein?

Zusammenfassung von Kapitel 1

1. Das herkömmliche materialistisch-mechanistische Ernährungsparadigma legt sein Augenmerk auf die partiellen, additiven und interaktiven Wirkungen materieller Substanzen und Eigenschaften wie zum Beispiel Kalorien, Vitamine, Eiweiße und Mineralstoffe. Es ist auf drei wackelige Säulen aufgebaut: a) die Anwendbarkeit des Gesetzes der Erhaltung von Energie und Materie auf lebendige Systeme; b) die Anwendbarkeit des Zweiten thermodynamischen Gesetzes auf lebendige Systeme; und c) auf die Annahme, daß es keinen essentiellen Unterschied zwischen den Wechselwirkungen von Substanzen gibt, wenn sie sich innerhalb oder außerhalb des menschlichen Körpers befinden.

2. Zeitgenössische wissenschaftliche Entdeckungen wie die Entdeckung der biologischen Transmutation, die Unfähigkeit des konventionellen Paradigmas, „außergewöhnliche" Phänomene zu erklären, und unser eigenes intuitives Bewußtsein stellen das materialistisch-mechanistische Ernährungskonzept als ausschließliche Möglichkeit, Ernährung zu verstehen, direkt in Frage.

3. Das neue Ernährungsparadigma verwirft das physio-chemische Paradigma nicht, sondern trifft sich mit ihm auf der Ebene des materiellen Körpers. Die materialistische Sichtweise erlangt neue Gültigkeit als Bestandteil eines wachsenden, dynamischen Systems.

4. Ein neues Paradigma entwickelt sich, das Nährstoffe als dynamische Kräfte versteht, die mit Menschen auf der körperlichen, emotional-mentalen, energetischen und spirituellen Ebene in Wechselwirkung treten.

5. Wenn wir Ernährung studieren, studieren wir die Wechselwirkung mit den dynamischen Kräften eines Nährstoffes und ihre Assimilation durch die dynamischen Kräfte unseres gesamten Wesens.

6. Das neue Paradigma ist entscheidend für das Verständnis der Beziehung zwischen Ernährung und spirituellem Leben.

2

Die Grundlagen des neuen Ernährungsparadigmas

Feinstofflich Organisierende Energiefelder – ein neues Konzept

Ein Schlüssel zum Verständnis des ganzheitlichen Ernährungsparadigmas ist das Konzept der *Feinstofflich Organisierenden Energiefelder (FOEFs)*. Die Idee der FOEFs ist eine gedankliche Synthese, die zwar intuitiv abgeleitet, jedoch in historischen, kulturellen, spirituellen und wissenschaftlichen Zeugnissen verwurzelt ist. Sie bezieht Ernährung in das spirituelle Leben ein und erklärt all die ungewöhnlichen Beobachtungen, die seitens des materialistisch-mechanistischen Paradigmas unerklärt bleiben. Es ist wichtig, sich bewußtzumachen, daß Energie kein Ding ist, sondern eine Vorstellung, die sich in bezug auf organisierende und kommunikative Phänomene und Erfahrungen als sinnvoll erwiesen hat.

Historisch und kulturell betrachtet gehört die Idee, daß das menschliche System um ein Energiefeld herum organisiert ist, das dessen Funktionen festlegt, seit Tausenden von Jahren zum Wissen der Menschheit. Die Grundlage der chinesischen Wissenschaft der Akupunktur bilden feinstoffliche Energiefelder, sogenannte Meridiane, und die feinstoffliche Chi-Energie. In Indien wird in den Wissenschaften des Yoga und der ayurvedischen Medizin das Wort Prana verwendet, um die feinstoffliche Energie von Körpern und die Lebenskraft anderer lebendiger Felder zu beschreiben. Durch das Buch „The Secret Life of Plants" ist die Idee, daß Pflanzen ein spezielles Energiefeld besitzen, bereits recht weit verbreitet.

Die Entdeckung und Verwendung der Kirlianfotografie hat zu einem umfassenderen Verständnis der Tatsache geführt, daß lebendige Systeme von feinstofflichen Energiefeldern umgeben sind. Diese Art von Fotografie zeigt die Form der FOEFs. Wichtig für unser Verständnis der FOEFs ist, daß sie der Existenz einer physischen Form vorausgehen. Es handelt sich bei den FOEFs nicht um eine Ausstrahlung der physischen Form wie die magnetischen Feldlinien eines Stabmagneten, vielmehr sind die *FOEFs in unserer Hypothese die Vorlagen für grobstofflich-biologische Formen und Strukturen.* Auf dem Foto in Abbildung 1 (siehe S. 38) sehen wir eine ener-

Kapitel 2

getische Struktur, die die Form eines ganzen Blattes hat, obwohl dem eigentlichen Blatt die Hälfte fehlt. Wäre das Feld tatsächlich eine Ausstrahlung der molekularen Struktur des physischen Blattes, wäre dies nicht so. Erst kürzlich kamen weitere Beweise für die Existenz von FOEFs aus dem Labor Marcel Vogels. Vogel führte Experimente durch, bei denen es um die Kristallisation von Cholesterin-Estern ging. Dabei gelang es ihm, mittels eines Polarisationsmikroskops mit einem Ehringhouse-Kompensator eine vollständige blaue Energieform zu fotografieren, die sich den Bruchteil einer Sekunde vor dem Eintritt der unstrukturierten flüssigen Cholesterinschmelze in die strukturierte kristalline Phase zeigte.[1]

Wenn wir die Idee akzeptieren, daß die FOEFs bereits vor den pflanzlichen und menschlichen Systemen existieren, können wir auch Nahrungsmittel von einem erweiterten Gesichtspunkt aus betrachten. Auch Nahrungsmittel haben einen Körper, Lebensenergie und Feinstofflich Organisierende Energiefelder, die denen des menschlichen Systems ähnlich sind. *Es ist wichtig, die dynamische Interaktion dieser menschlichen und pflanzlichen FOEFs zu verstehen, um das neue Paradigma ganzheitlicher Ernährung verstehen zu können.* Die nächste Frage, die wir stellen, ist: Woher stammen diese FOEFs?

Abbildung 1

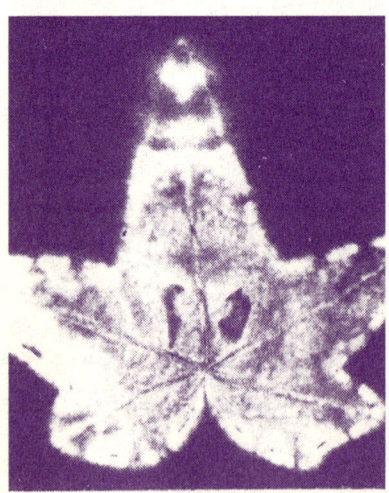 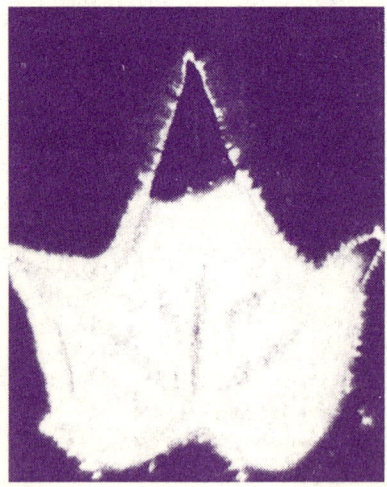

Null-Punkt-Physik und FOEFs

Es gibt eine Theorie über die Manifestation von Materie, die von Größen wie Einstein und von dem relativ unbekannten Physiker Nikola Tesla entwickelt wurde. Diese Theorie wird immer mehr in die „neue" Physik und in das Gedankengebäude der Quantenmechanik mit ihren Feldstrukturen integriert. Sie besagt, daß unsere Körper als eine Art Ausfällung aus einer unsichtbaren, grenzenlosen Ganzheit vollkommener Ordnung existieren. Dieser Theorie beziehungsweise dem entsprechenden vollkommenen Zustand sind verschiedene Namen gegeben worden: Äther, virtuelle Energie, Anergie oder Vakuumzustand. Nach und nach beginnen einige Wissenschaftler zu glauben, daß Materie einfach die Verdichtung einer universellen feinstofflichen Energiegrundlage ist, oder daß sie ein virtueller Zustand oder ein Vakuum in einer Matrix von Raum und Zeit ist, das aus individuellen Formen und verschiedenen Verdichtungsgraden von Energie besteht. Mit anderen Worten: Materie ist die in Erscheinung getretene Struktur der Natur und der Gesetze, die alle physischen Phänomene beherrschen. Die spirituellen Begriffe reines Bewußtsein, kosmische Energie und universales Prana entsprechen diesem unmanifestierten Zustand vollkommener Ordnung. Mit den FOEFs versuchen wir zu beschreiben, wie diese Ausfällung aus der feinstofflichen Energie in die materielle Form vor sich geht und welchen Prinzipien dieser Vorgang unterworfen ist.

Was ist Äther, wenn man es physikalisch auszudrücken versucht? Beardon sagt, daß auf der ätherischen Ebene eine Trennung zwischen Ladung und Masse besteht. Er nennt es Anergie und besteht darauf, daß dies keine Energie ist, sondern ein fundamentaler Bestandteil von Energie, der als Vakuum, virtueller Zustand oder Äther existiert. Der Äther oder virtuelle Zustand hat jedoch keine Masse und ist auch nicht von dieser masselosen Ladung erfüllt, sondern ist Ladung.[2] Diese Ladung scheint fast grenzenlos zu sein.

Die in unserem Universum enthaltene potentielle Energie wird Null-Punkt-Energie genannt – das ist die Energie, die vor der Manifestation der Objekte vorhanden ist. Adam Trombley, ein Astrophysiker und Experte auf dem Gebiet der Null-Punkt-Technologie, erzählte mir in einem Interview, daß die Materialisation eines Objektes im Raum ein Quadrillionstel der Energie darstellt, die in diesem Raumvolumen zur Verfügung steht.[3] Von diesem Null-Punkt-Zustand oder dieser virtuellen Energie aus entsteht unsere physische Form als Ausfällung aus dieser Energie. Die Null-Punkt-

Kapitel 2

Energie in einem Kubikzentimeter Raum soll so groß sein wie die Energie, die in 1 000 000 mal 1 000 000 Tonnen Uran enthalten ist. Dies ist praktisch grenzenlose Energie. Das US-Verteidigungsministerium hat die Existenz und die potentielle Bedeutung der Null-Punkt-Technologie anerkannt, als es 1986 um Erlaubnis zur Durchführung eines Programms ersuchte, innerhalb dessen auch esoterische Energien als mögliche Antriebsquellen untersucht werden sollten. Das Interesse galt dabei auch der dynamischen Null-Punkt-Quanten-Energie des leeren Raumes.[4]

Wissenschaftler haben die Theorie aufgestellt, daß der erste Schritt zur Manifestation dieser virtuellen Energie die Entstehung eines Tachyonenfeld-Raumes ist. Die erste Theorie über Tachyonenfelder wurde von dem hervorragenden deutschen Wissenschaftler Hans Nieper aufgestellt. Man kann sich ein Tachyon als eine leicht verdichtete Form von Anergie oder des virtuellen Zustands vorstellen, der versucht, ein Teilchen zu werden. Ein Tachyonenfeld ist demnach eine Art quasi-materieller Zustand, der aus Quasi-Teilchen besteht. Es existiert an der Schnittstelle zwischen Energie und Materie. Philip Callahan, ein Entomologe, der den ersten experimentellen Beweis für Tachyonen entwickelte, bei dem er eine Trauerfeige mit einer speziellen elektromagnetischen Sensorvorrichtung verband, definiert ein Tachyon als ein Teilchen, das sich mit Überlichtgeschwindigkeit bewegt.[5] Seiner Theorie nach wird die Tachyonenfeld-Energie dann heruntertransformiert und bildet spiralförmige Energiewirbel, die sich im Bereich der Lichtgeschwindigkeit als materielle Teilchen, sogenannte Photonen, niederschlagen. Die Photonen werden anschließend weiter heruntertransformiert und in materielle Formen strukturiert. Auch treten sie energetisch auf unterschiedliche Weise mit materiellen Formen in Wechselwirkung.

Dieses Ineinandergreifen von Forschung und Theorie liefert mir die Matrix für meine *Hypothese der Feinstofflich Organisierenden Energiefelder. Dabei handelt es sich um Felder, die die Vorlage für lebendige Systeme sowohl erschaffen als auch mit Energie versorgen.* Einmal aus dem virtuellen Zustand hervorgekommen, können sie auf jede Ebene des menschlichen Körpers strukturierend einwirken, von der Tachyonenebene über die Zellstruktur bis zur Ebene der Organsysteme. Diese FOEFs schwingen in Resonanz mit der unbegrenzten Energie des virtuellen Zustands und transformieren diese Energie durch verschiedene Schritte herunter, wodurch sie schließlich in die energetischen Felder des menschlichen Körpers überführt wird. Die FOEFs stehen also in Resonanz mit dem Körper-Geist-Gefüge und energetisieren es. Virtuelle Energie ist allgegenwärtig, daher schwingen wir stets in einem gewissen Maß mit dieser kosmischen Energie mit. Unserer bewußten Erfahrung ist dies meist nur indirekt oder für kurze Zeit zugänglich. Auf bestimmten Stufen unserer spirituellen Evolution ist es jedoch möglich, dieses Mitschwingen als unmittelbares Sich-Einschwingen beständig und bewußt zu erfahren. Viele Menschen machen diese Erfahrung erstmals beim Meditieren. Je mehr wir uns dieses virtuellen energetischen Zustands bewußt werden und auf dieser Ebene schwingen, um so mehr wird unser Denken mit diesem Bewußtsein eins, und wir identifizieren uns mit diesem Bewußtsein als der unveränderlichen Wahrheit und unserer wirklichen Realität. Dieses Mitschwingen wird Teil unseres alltäglichen Bewußtseins. Mit der Zeit wird daraus ein ständiges Bewußtsein und eine dauerhafte Einstimmung auf die kosmische Energie. Das ist es, was man als kosmisches Bewußtsein bezeichnet.

Aus der Null-Punkt-Physik ergibt sich noch ein weiterer wichtiger Aspekt für unser neues Ernährungsparadigma: das von Beardon ausgearbeitete Gesetz der Erhaltung der Anergie. Beardons Gesetz besagt, daß die Gesamtheit der Masse, der Energie und der masselosen Ladung erhalten bleibt.[6] Wenn dieses Gesetz sich als gültig erweist, erklärt es, wie der Vorgang der Entropie umgekehrt werden und wie es im menschlichen System zu biologischen Transmutationen kommen kann, ohne daß grundlegende Gesetze gebrochen werden. Letztlich ist es die Umwandlung der praktisch grenzenlosen virtuellen Energie in FOEFs und das Überführen dieser Energie in den menschlichen Körper, was die Entropie und daher den Alterungsprozeß umkehrt. Das erklärt, wie der Körper in der Tat eine mit „freier Energie" betriebene Maschine werden kann, da unsere letztendliche Energiequelle die grenzenlose virtuelle Energie ist. Wenn diese Energie frei fließt, steht uns eine grenzenlose Energiequelle zur Verfügung, mit der wir unsere FOEFs immer wieder neu aufbauen können – auf diese Weise kehren wir den entropischen Prozeß fortwährend um. Infolgedessen wird das Körper-Geist-Gefüge im Verlauf der spirituellen Evolution klarer und ausbalancierter, es kann die Anergie immer besser in Energie umwandeln und wird ein immer besserer Leiter. Je weiter dieser Prozeß fortgeschritten ist, um so größere Mengen dieser höheren Energie kann unser Körper speichern und übertragen. Dieser Vorgang erklärt einige der vielen Wunder, die in der Gegenwart spiritueller Meister geschehen. Spontanheilungen zum Beispiel, die auftraten, wenn Menschen nur das Gewand Jesu berührten. Jetzt verstehen wir, daß diese reine kosmische oder göttliche Energie in jene Menschen floß, wodurch ihre FOEFs reorganisiert oder wieder energetisiert

Kapitel 2

und die Krankheitsprozesse umgekehrt wurden. Durch ihren Glauben waren die Menschen empfänglich für die heilende Energie und konnten sie annehmen.

Die Eigenschaften der FOEFs: ihre Form und Energie

FOEFs haben eine Form. Sie können Energie speichern, aufnehmen, verlieren, mit ihr mitschwingen, sie umwandeln und weiterleiten. Dadurch unterscheiden sie sich von Rupert Sheldrakes Hypothese der morphogenetischen Felder, wie er sie in „Das schöpferische Universum" beschreibt. Seine morphogenetischen Felder beziehen sich nur auf die Form; sie sind weder eine Art Materie noch eine Art von Energie.[7] Sheldrakes Beschreibung der morphogenetischen Felder und seine brillante Hypothese der formativen Verursachung beinhalten eine ausgezeichnete Beschreibung der Form der FOEFs. Nach Sheldrake spielen morphogenetische Felder auf allen Ebenen eine verursachende Rolle bei der Entwicklung und Erhaltung der Formen von Systemen. Den Begriff „morphische Einheit" verwendet Sheldrake, um die Untereinheiten in einem System zu beschreiben. Zum Beispiel gibt es jeweils eine morphische Einheit für Protonen, Atome, Wassermoleküle, Muskelzellen und wieder eine andere für Organe wie die Nieren. Die höheren morphischen Felder koordinieren die Wechselwirkung, die Organisation und die Struktur der niederen morphischen Einheiten. Wie die FOEFs entsprechen diese morphogenetischen Felder dem potentiellen Zustand eines sich entwickelnden Systems und existieren bereits, bevor es sich in seiner endgültigen Form materialisiert.

Wenn der Körper einmal entstanden ist, wird er auf der Ebene von Raum und Zeit zum Brennpunkt der FOEFs, die in ihrer reinsten Form aus dem virtuellen Zustand hervorgehen. Diese reineren FOEFs lassen die weniger vollkommenen FOEFs in den Biogravitationsfeldern des Körpers mitschwingen, führen ihnen so neue Energie zu und steigern deren Organisationsgrad. Das steht im Widerspruch zum materialistischen Paradigma, innerhalb dessen man die lebendige physische Form als Verursacher der sie umgebenden Energiefelder betrachtet. Bob Toben weist in seinem Buch „Space, Time, and Beyond" darauf hin, daß Einstein in seiner einheitlichen Feldtheorie immer wieder betont hat, daß *das energetische Feld die Form hervorbringt*. Das entstehende Teilchen ist einfach eine Raum-Zeit-Verdichtung des nichtlinearen, übergeordneten Feldes (das den FOEFs entspricht).[8] Kurz gesagt: Diese Felder erzeugen Materie. In unserem ganzheitlichen Paradigma ist der Körper eine Form, die von den FOEFs stabilisiert wird.

Ist die Energie eines FOEFs zerstreut, kommt es zu Störungen im organisierenden Feld, wodurch das lebendige System nicht so strukturiert funktioniert. Dies ist ein wichtiger Aspekt, in dem sich die Form der FOEFs wesentlich von den morphogenetischen Feldern Sheldrakes unterscheidet. Diese Zerstreuung, die das System in Richtung Desorganisation treibt, kann man auch als Entropie bezeichnen. Konkrete Beispiele für die Folgen zerstreuter FOEFs sind unter anderem unvollkommene Zellkopien, schlechtere Enzymfunktion, herabgesetzte Fähigkeit zur biologischen Transmutation und eine gesteigerte Tendenz zu chronischen Krankheiten. Man kann das alles auch als Alterungsprozeß bezeichnen. Wenn kaum noch Energie in den FOEFs vorhanden ist, müssen wir, um unsere Nahrung vollständig zu assimilieren, die hereinkommende Nahrung direkt mit unserer eigenen Lebenskraft energetisieren, wodurch wir die Energie unserer FOEFs weiter erschöpfen.

Betrachten wir diesen Prozeß anhand eines konkreten Beispiels. Was passiert, wenn wir Weißbrot aus Auszugsmehl essen? Die Menge an Chrom, die für die Assimilation des Weißbrots in unser System benötigt wird, ist durch die Verarbeitung des Mehls verlorengegangen und muß von unserem Körper zur Verfügung gestellt werden. Mit der Zeit ist im Körper kein Chrom mehr vorhanden. Auf die gleiche Weise verringert sich der energetische Wert der Nahrung, wenn die FOEFs der Nahrungsmittel durch deren Verarbeitung vernichtet werden. Das gilt besonders für die Bestrahlung von Nahrung mit mehr als 10 000 Gray (die Strahlungsmenge für eine Röntgenaufnahme des Brustkorbes beträgt 0,0025 bis 0,005 Gray), denn dann ist die Nahrung nicht mehr in der Lage, die Gesamtenergie unserer FOEFs zu erhöhen. Der energetische Wert von bestrahlter Nahrung ist gleich Null. Wenn wir sehr energetische Nahrungsmittel zu uns nehmen, geschieht das Gegenteil: Die Energie der FOEFs nimmt zu.

Wenn die FOEFs energetisiert werden, entwickeln sie eine strukturiertere und klarere Organisation, die die Form und die Funktion des menschlichen Systems besser aufrechterhält. Diese energetische Auflagung kehrt den Prozeß der Entropie um, und genau diese Fähigkeit der FOEFs vermag auch den Alterungsprozeß umzukehren. Abbildung 2 (siehe S. 44) zeigt ein schönes physikalisches Modell, das diesen Prozeß verdeutlicht. Brauner Zucker wird in ein Glas Wasser getan. Zunächst hat er keine klare Form. Wenn wir spiralförmige Energie in das System geben, indem wir mit einem Löffel umrühren, wird der unstrukturierte Haufen aus braunem Zucker nach oben gezogen und erhält eine klarere Form. Wenn wir aufhören, den Löffel zu bewegen und ihn im Wasser lassen, stört er das spiralförmige Muster. Die Energie im System nimmt ab, die Teilchen aus braunem Zucker verlieren ihre klar umrissene Form, und Entropie tritt auf. Auf die gleiche Weise bringen die spiralförmigen Energiemuster der verschiedenen FOEFs die unterschiedlichen Strukturen der Materie hervor. Wenn die spiralförmige Energie der FOEFs in die Dimension von Raum und Zeit eintritt, beginnt sich eine physikalische Struktur herauszubilden. Je energetischer die FOEFs sind, um so klarer umrissen und um so organisierter sind die physikalischen Strukturen, für deren Organisation sie verantwortlich sind. Die sich umeinander drehenden, spiralförmigen Strukturen der RNA und der DNA sind archetypische physikalische Manifestationen der Spiralform. Sie sind natürlich der Schlüssel zur zellulären Organisation.

Ausgehend von dieser Analogie bezüglich der Spiralform und der These der FOEFs können wir sehen, welche Verbindung es zwischen einem energetisierenden, harmonischen Lebensstil und einer Ernährung gibt, die aus rohen, organischen Nahrungsmitteln voller Lebenskraft besteht. Ein solcher energetisierender Lebensstil kann in Verbindung mit lebendigen Nahrungsmitteln, deren hohe natürliche Energie nicht durch Weiterverarbeitung zerstreut wird, dazu beitragen, den Alterungsprozeß zu verlangsamen und sogar umzukehren. Dieses Buch dreht sich im wesentlichen darum, wie ein energetisierter und organisierter menschlicher Körper zu unserer Gesundheit und spirituellen Entwicklung beiträgt.

Abbildung 2

Strukturiertes Wasser in biologischen Systemen

Strukturiertes Wasser ist ein sehr gutes Beispiel dafür, wie ein biologisches System durch die Zunahme seiner Energie organisierter und gesünder wird. Es wird unserem Verständnis dienen, wenn wir uns das Thema strukturiertes Wasser detaillierter anschauen. In strukturiertem Wasser verändert sich sowohl der Winkel der Bindungen der Wasserstoffatome als auch die Oberflächenspannung des Wassers. Strukturierte Moleküle bilden stabilere Wasser-Hydratationshüllen und verleihen dem Wasser tatsächlich mehr Ordnung und Struktur.[9]

Wenn Wasser dem Sonnenlicht, der Energie von Kristallen oder einer Pyramide ausgesetzt wird (dies alles sind Generatoren, Transmitter und/oder Verstärker feinstofflicher Energien), verändert sich die Anordnung der Wassermoleküle. Diese Bewegung von einer weniger strukturierten zu einer strukturierteren Form stellt eine spezifische Umkehrung der Entropie eines Systems dar. Clegg berichtet, daß strukturiertes Wasser in einer normalen Zelle dazu neigt, sich an der inneren und äußeren Zellmembran sowie an der zytoplasmatischen Matrix der Zelle zu sammeln.[10] Man hat festgestellt, daß die polaren Qualitäten (die elektromagnetischen Felder) von Makromolekülen allgemein und besonders von Enzymen, einer bestimmten Klasse von Makromolekülen, Hüllen aus strukturiertem Wasser um sich herum sammeln. Die Hülle jedes Makromoleküls besitzt ein einzigartiges Muster aus strukturiertem Wasser. Biologen betrachten die Zelle nicht mehr als einen mit Wasser gefüllten, membranumhüllten Sack, in dem Enzyme, andere Makromoleküle und Ionen gelöst sind. Heutzutage stellt man sich Zellen vielmehr so vor, daß sie als Grundsubstanz strukturiertes Wasser enthalten. Darin sind, in einer polarisierten Wasserstruktur, Enzymsysteme und andere Makromoleküle zusammen mit Natrium- und Kaliumionen eingebettet.[11]

Das Wasser scheint tatsächlich auf drei Ebenen unterschiedlicher Dichte strukturiert zu sein.[12] Man geht davon aus, daß, wenn sich an den genannten Stellen an der intrazellulären Membran mehr strukturiertes Wasser befindet, die Konzentration der intrazellulären Enzyme ansteigt, da das strukturierte Wasser der Enzyme von dem strukturierten Wasser an diesen intrazellulären Membranstellen stärker angezogen wird.[13] Dieses Netzwerk aus strukturiertem Wasser, das von den intrazellulären Membranen und den makromolekularen Oberflächen erzeugt wird, bildet eine Matrix, in der ein Großteil des intrazellulären Stoffwechsels vor sich geht.[14]

Wenn in der Zelle mehr Ordnung herrscht und die Enzymkonzentration höher ist, nimmt die Menge strukturierten Wassers in der Zelle zu, und man vermutet, daß dadurch auch die Qualität der enzymatischen Reaktionen steigt.[15] Auf einer praktischen Ernährungsebene strukturiert sich Wasser um Co-Enzyme (Vitamine) herum. Dadurch können sie die Durchlässigkeitsschranken des strukturierten Wassers der extrazellulären Flüssigkeiten und des intrazellulären Systems leichter durchdringen. Die Vitamine kommen daher eher am richtigen Ort an, wo die enzymatischen Reaktionen stattfinden. Das die Enzyme umgebende strukturierte Wasser stabilisiert auch den energetischen Zustand des jeweiligen Enzyms, was ebenfalls die Enzymreaktionen verbessert.[16] Eine wichtige Schlußfolgerung aus diesen Forschungen ist die, daß die Enzymsysteme um so besser funktionieren, je mehr strukturiertes Wasser es in einem System gibt. Durch mehr strukturiertes Wasser gelangen Vitamine leichter in die Zellen, und die Enzyme erfüllen ihre Stoffwechselfunktionen besser.

Diese Forschung ist besonders wichtig, da sie in Übereinstimmung mit der FOEF-Theorie besagt, daß ein System um so gesünder ist und um so besser funktioniert, je energetischer und strukturierter es ist. Untersuchungen im Bereich der magnetischen Kernresonanz haben gezeigt, daß das intrazelluläre Wasser von Krebszellen signifikant weniger Struktur besitzt als das normaler Zellen.[17] Mikesell zeigt, daß es bei einer Verminderung des strukturierten Wassers zu einer Abweichung vom gesunden intrazellulären Verhältnis zwischen Natrium und Kalium kommt.[18] Diese Störung scheint ganz allgemein mit einem schlechteren Gesundheitszustand in Verbindung zu stehen.[19]

Zu den allgemein anerkannten Eigenschaften strukturierten Wassers zählt auch, daß es eine höhere Löslichkeit für Mineralstoffe aufweist als unstrukturiertes Wasser. Mineralstoffe werden wie Vitamine aufgrund ihrer Polarität ebenfalls von einer Hülle aus strukturiertem Wasser umgeben und werden aus ähnlichen Gründen auch leichter absorbiert. Das bedeutet, daß Menschen, deren FOEFs energetischer sind, mehr strukturiertes Wasser in ihrem System haben und die benötigten Mineralstoffe daher besser absorbieren können.

Zusammenfassung des Themas strukturiertes Wasser

Die Forschung auf dem Gebiet des strukturierten Wassers ist für uns wichtig, weil die Untersuchungsergebnisse in Übereinstimmung mit der FOEF-Theorie besagen, daß ein System um so strukturierter ist, um so besser funktioniert und um so weniger der Entropie unterworfen ist, je energetischer es ist. Wenn im intrazellulären Raum zum Beispiel mehr strukturiertes Wasser vorhanden ist, gibt es eine höhere Konzentration und ein ausgewogeneres Verhältnis von intrazellulären Ionen wie Kalzium, Kalium und Natrium. Von diesem neuen Gesichtspunkt aus können wir eine positive Beziehung zwischen energetischeren FOEFs, mehr intrazellulärem und strukturiertem Wasser und einem verbesserten Gesundheitszustand erkennen.

Ganz allgemein gesprochen, gibt es in biologischen Systemen mehr strukturiertes Wasser als in bloßem Wasser. Früchte als biologisches System enthalten prozentual das meiste Wasser, etwa 80 bis 90 Prozent. Da sie über der Erde wachsen, sind sie viel Sonnenlicht ausgesetzt, das bekanntermaßen Wasser strukturiert. Für unser System sind sie die wichtigste Quelle für strukturiertes Wasser. Man kann sagen, daß das strukturierte Wasser einer Frucht das beste Mittel ist, um unser System zu reinigen und um Enzyme, Mineralstoffe und andere Nährstoffe in unsere Zellen zu transportieren.

Da wir uns in diesem Buch jedoch nicht hauptsächlich mit intrazellulärer Physiologie beschäftigen wollen, möchte ich gerne zu der einfachen Aussage zurückkehren, daß mehr feinstoffliche Energie in einem lebendigen System dazu führt, daß mehr strukturiertes Wasser in diesem System vorhanden ist und es deshalb ganz allgemein gesprochen gesünder ist. Orie Bachechi hat acht Jahre lang Untersuchungen mit Kiva-Lampen angestellt, die eine ausgewogene Form des Vollspektrumlichtes abgeben. Dabei wurden interessante Entdeckungen gemacht. Bachechi behauptet, daß man die Menge an strukturiertem Wasser in Nahrungsmitteln und Wasser erhöhen kann, indem man sie Kiva-Lampen aussetzt.[20] Er berichtet, daß viele Krankheiten wie zum Beispiel Arteriosklerose, Bluthochdruck, trockene Haut, Nieren- und Gallensteine, Geschwüre, Infektionen mit Candida albicans, Allergien und Arthritis dadurch gelindert werden.[21] Er hat auch festgestellt, daß Brot, das aus Nährstoffen hergestellt wird, die Kiva-Lampen ausgesetzt waren, 15 Prozent mehr Eiweiß enthält. Seiner Meinung nach kommt dies von einer gesteigerten Nährstoff- und Enzymfunktion in dem Brot. Es liegt nicht in meinem Interesse, dafür zu werben, wie gesund Kiva-Lampen sind. Und es wäre auch schön, wenn unabhängige Forscher die Ergebnisse, die er in acht Jahren klinischer Forschung erzielt hat, bestätigen würden. Seine Ergebnisse bestätigen jedoch, daß eine Zunahme der feinstofflichen Energie und daher auch des strukturierten Wassers in einem System die Funktion und die Gesundheit des Körpers steigert.

Zusammenfassung von Kapitel 2

1. Feinstofflich Organisierende Energiefelder (FOEFs) stellen die Vorlagen für die zahlreichen Organisationsebenen lebendiger Systeme dar.

2. FOEFs haben bestimmte Eigenschaften – sowohl, was ihre Form, als auch, was ihre Energie anbelangt.

3. FOEFs schwingen in Resonanz mit der grenzenlosen virtuellen oder kosmischen Energie und geben diese Energie mittels Resonanz an uns weiter, wobei die Energie in einer Reihe von Schritten heruntertransformiert wird. Je mehr unser Körper-Geist-Gefüge spirituell transformiert wird, um so leichter kann uns diese Energie direkt erreichen, und um so leichter können wir erfahren, was es bedeutet, unmittelbar in Resonanz mit der kosmischen Energie zu schwingen.

4. Alle Nahrungsmittelelemente haben ihre eigenen individuellen FOEFs.

5. Wenn FOEFs energetisiert werden, erhalten und erhöhen sie sowohl ihren eigenen Organisationsgrad als auch den des physischen Körpers. Diese Eigenschaft versetzt uns in die Lage, uns dem Alterungsprozeß, den man auch als Entropie bezeichnet, zu widersetzen oder ihn sogar umzukehren.

6. Das Energieniveau der FOEFs fällt, wenn man Nahrungsmittel zu sich nimmt, die selbst wenig Energie haben, und einen Lebenswandel führt, der Energie kostet. Dadurch sinkt der Organisationsgrad der FOEFs, die Entropie nimmt zu, und der Alterungsprozeß geht schneller vonstatten.

3

Ungewöhnliche Phänomene und wie das neue Paradigma sie erklärt

Damit eine Theorie der Ernährung und der Funktionsweise unseres menschlichen, biologischen, psychischen und spirituellen Systems Gültigkeit besitzt, muß sie in der Lage sein, gewisse *mögliche* außergewöhnliche Phänomene zu erklären. Dazu gehören die Phänomene der extremen Langlebigkeit, der biologischen Transmutation und des Nichtessens, der Ernährung einzig und allein von Luft.

Langlebigkeit: eine Annäherung an physische Unsterblichkeit

Lassen Sie uns mit Zeugnissen beginnen, die dafür sprechen, daß es möglich ist, so außergewöhnlich lange zu leben, daß es eine Annäherung an die physische Unsterblichkeit darstellt. Es gibt gegenwärtig in Indien lebende Yogis, die behaupten, das Geheimnis zu kennen, wie es möglich ist, Hunderte von Jahren zu leben. Der große Seher Sri Nisargadatta Maharaj begegnete einmal einem solchen Mann. Der bot ihm an, ihn das Geheimnis zu lehren, wie er tausend Jahre alt werden könne. Sri Nisargadatta schlug das Angebot beiläufig aus, da für ihn das Ziel des Daseins auf diesem Planeten nicht darin bestand, tausend Jahre alt zu werden.[1] Es gibt Berichte über einen Trailanga Swami, der zu dem Zeitpunkt, als Swami Yogananda im Jahr 1946 über ihn schrieb, bereits 300 Jahre alt gewesen sein soll. Hotema berichtet, daß der Inder Numas de Cugna im Jahr 1565 im Alter von 370 Jahren gestorben sei.[2] Es gibt auch Berichte von einem zeitlosen Meister, der einfach Babaji (verehrter Vater) genannt wird, der behauptet, den im Jahr 788 n. Chr. geborenen großen Heiligen Shankaracharja und Kabir, den 1440 geborenen großen Heiligen der Sufis, eingeweiht zu haben. In dem Buch „Autobiographie eines Yogi" beschreibt der angesehene spirituelle Meister Swami Yogananda, der die letzten dreißig Jahre seines Lebens in Amerika verbrachte, Babaji aus Interviews, die er mit Menschen führte, die diesem Meister tatsächlich begegnet sind. Sie sagten, sein Körper habe ausgesehen wie der eines 25jährigen und er habe nie etwas essen müssen. Babajis außergewöhnlicher körperlicher Zustand, das heißt die Tatsache, daß er seinen Körper über Jahrhunderte hinweg erhalten konnte, wird von Yogananda so gedeutet, daß Babaji uns zeigen will, welche ungeheuerlichen Möglichkeiten in uns stecken, und uns anleiten will, sie zu nutzen.[3] Ich will nicht felsenfest behaupten, daß diese Anekdoten der Wahrheit entsprechen. Ich habe sie angeführt, damit sie unsere Vorstellungskraft anregen. Wie das Sprichwort sagt: „Wo es Rauch gibt, könnte es Feuer geben."

In den taoistischen Lehren wird die Unsterblichkeit als eines der Merkmale der höchsten Stufe der Einheit mit dem Tao beschrieben.[4] Der taoistische Lehrer Mantak Chia behauptet, daß in einigen taoistischen Schriften die Namen von Menschen zu finden sind, die diese Stufe erreicht haben. Seiner Meinung nach sprechen die taoistischen Lehren ganz konkret von Unsterblichkeit und nicht im übertragenen Sinn.[5] Der am besten dokumentierte Fall von Langlebigkeit ist der des chinesischen Professors Li Chung Yun, von dem gesagt wird, er habe 256 Jahre gelebt, von 1677 bis 1933.[6] Es ist dokumentiert, daß ihm im Alter von 100 Jahren eine besondere Ehrenerwähnung für seine außerordentlichen Dienste für sein Land zuerkannt wurde[7] und daß er im Alter von 200 eine Serie von 28 Vorträgen an der Universität von Sinkiang hielt.

Eine weitere Reihe von Zeugnissen, die von einigen vielleicht als Anekdoten oder symbolisch gemeinte Aussagen betrachtet werden (und von anderen als felsenfester Beweis für Fast-Unsterblichkeit), sind die biblischen Referenzen. Sie beziehen sich auf jeweils eine Person in den ersten zehn Generationen nach Adam, der selbst mehrere hundert Jahre gelebt hat. Dem Alten Testament nach sollen Adam 930, Seth 912, Enoch 905, Methusalem 969 und Noah 950 Jahre alt geworden sein.

Hotema führt einige moderne Beispiele für Langlebigkeit auf: Flora Thompson aus North Carolina, die im Jahr 1808 im Alter von 152 Jahren starb; José Calverto aus Mexiko, der 1921 186jährig starb; Thomas Garn aus England, der 1795 im Alter von 207 Jahren starb. Dann gibt es noch den Illyrer Dando, von dem man sagt, daß er mehr als 500 Jahre gelebt haben soll.[8] In dem Buch „Maharaj", einer Biographie des großen Heiligen Shriman Tapasviji Maharaj, der selbst von 1770 bis 1955 lebte und 185 Jahre alt wurde, berichtet Maharaj, daß er zwei Menschen getroffen hat, die zwischen 2000 und 3000 Jahre alt waren und bereits zu Lebzeiten Krishnas gelebt hatten.[9] Einer der Männer hieß Ashvatthaman. Er war einer der Anführer der Kauravas-Armee, die in dem Epos „Mahabharata" beschrieben wird. Er hatte die Gnade der Langlebigkeit von seinem Vater Drona erhalten. Der andere Mann war zweieinhalb Meter groß und hatte im

Verlauf seines einsamen, asketischen Lebens im Himalaja einen Busch mit einem speziellen Kraut entdeckt, das die Lebenserwartung beträchtlich steigert. Möglicherweise handelt es sich dabei um die vielgesuchte Soma-Pflanze. Das sind wundersame Geschichten, die uns mit der Möglichkeit unwahrscheinlich langer Lebenserwartung in Staunen versetzen können.

Diese anekdotischen, biblischen und historisch dokumentierten Beispiele von Langlebigkeit können nicht als hieb- und stichfester Beweis für unser Potential betrachtet werden, doch es sind so viele, daß wir immerhin die Möglichkeit in Betracht ziehen sollten. Schließlich soll es einem Wildschwein in freier Natur möglich sein, ein Alter von 300, und einem Adler, ein Alter von 500 Jahren zu erreichen. Vorausgesetzt, wir würden in Übereinstimmung mit den Gesetzen der Natur leben: Warum sollten wir nicht so alt werden können wie ein Wildschwein? Ich führe all diese Beispiele nicht nur auf, um zu zeigen, was von einer umfassenden Ernährungstheorie erklärt werden muß, sondern auch, um unser Bewußtsein zu dehnen, damit es einige der ehrfurchtgebietenden Möglichkeiten erkennen kann, die uns offenstehen.

Das Phänomen des göttlichen Körpers

Eine umfassende Theorie muß auch das Phänomen des göttlichen Körpers mit einbeziehen – die Entdeckung, daß die Körper von gewissen Heiligen sich nicht zersetzen, nachdem die Seele ihre physische Behausung verlassen hat. Beispiele für diese Entdeckung sind unter anderem folgende:

Jnaneshwar Maharaj, der sich im Alter von 21 Jahren lebendig in einer Höhle begraben ließ. Als er 300 Jahre später von dem großen Heiligen des 16. Jahrhunderts, Eknath Maharaj, entdeckt wurde, hatte er einen strahlenden, lebendig aussehenden Körper. Eknath Maharaj fühlte sich zu der Begräbnisstätte hingezogen, weil er in seiner Meditation Botschaften empfangen hatte, daß sich der Ast eines Baumes um Jnaneshwars Hals gewickelt hatte. Als ihm gestattet wurde, die Höhle zu betreten, wuchs tatsächlich ein Ast um den Hals des heiligen Mannes. Er entfernte ihn und erfüllte so seinen Auftrag.

Als die Nazis den Körper von Baal Schem Tov, dem spirituellen Begründer des Chassidismus, ausgruben, war sein Körper nach 200 Jahren nicht nur völlig intakt, sondern aus seinen Augen strömte ein intensives Licht, das ihnen angst machte und sie in die Flucht trieb.

In dem von Rabbi Shlomo Zevin geschriebenen Buch „A Treasury of Chassidic Tales"[10] steht geschrieben, daß die Nazis beim Versuch, das

Grab des großen Rabbi Elimelech in Lyzhansk zu schänden, einen vollständig erhaltenen, strahlenden Körper fanden und in Panik gerieten. Rabbi Zevin berichtet, daß die gleiche erstaunliche Entdeckung von der jüdischen Gemeinde gemacht wurde, als sie den Körper von Rabbi Avraham von Chechanov ausgruben, um ihn vor einer Entweihung durch die Nazis zu schützen. Sie fanden den heiligen Körper des Zaddik unversehrt, als wäre er gerade begraben worden, obwohl er bereits seit 68 Jahren dort lag.[11]

Als Paramahansa Yogananda seinen physischen Körper verließ, wurde sein Körper 20 Tage lang aufgebahrt, damit Schüler aus der ganzen Welt kommen konnten, um ihm die letzte Ehre zu erweisen. Obwohl ein Körper normalerweise nach ein oder zwei Tagen beginnt, Zersetzungserscheinungen aufzuweisen, schrieb der Direktor der Leichenhalle in einem beglaubigten Brief: „Das Ausbleiben jeglicher Verfallserscheinungen am Leichnam Paramahansa Yoganandas stellt den außergewöhnlichsten Fall in unserer ganzen Erfahrung dar ... Selbst zwanzig Tage nach seinem Tode war kein Zeichen einer körperlichen Auflösung festzustellen ... Die Haut zeigte keine Spuren von Verwesung, und im Körpergewebe ließ sich keine Austrocknung erkennen. Ein solcher Zustand von Unverweslichkeit ist, soweit wir das aus Friedhofsannalen wissen, einzigartig ... Yoganandas Körper befand sich anscheinend in einem erstaunlichen unverweslichen Zustand."[12]

Es gibt Berichte darüber, daß der Körper des heiligen Johannes vom Kreuz 268 Jahre nach seinem Tod, bei seiner Ausgrabung im Jahr 1859, vollständig erhalten war.[13]

Wiederauferstehung

Eine vollständige Theorie der Ernährung muß auch das mögliche Phänomen der Wiederauferstehung erklären können. Der bekannteste Fall von Auferstehung ist natürlich der von Jesus Christus. Im 1. Korinther 15, 54-55 wird betont: „Verschlungen ward der Tod im Sieg. Wo ist, o Tod, dein Stachel? Wo ist, o Grab, dein Sieg?"

Ein weiteres Beispiel eines auferstandenen Meisters finden wir in Yoganandas Bericht über die Auferstehung seines spirituellen Meisters Sri Yukteswar. Vier Monate nachdem Yukteswar gestorben war, verbrachte er im Jahr 1936 zwei Stunden mit Yogananda in einem Hotel in Bombay.[14] Auf Yoganandas erstaunte Fragen, welche Form er – Yogananda – denn nun physisch umarme, erwiderte Yukteswar: „Nun ja, mein neuer Körper ist ein genaues Abbild des alten. Ich materialisiere und entmaterialisiere diese Gestalt nach Wunsch – viel häufiger, als ich es auf Erden tat."[15]

Auch in Verbindung mit Sri Yukteswars Guru, einem Familienvater namens Lahiri Mahasaya, erwähnt Yogananda das Phänomen der Auferstehung. Kurz bevor er starb, sagte der Meister zu seinen Jüngern: „Seid getrost, ich werde wieder auferstehen."[16] Yogananda schreibt, daß Lahiri Mahasaya nach der Verbrennung seines Körpers wieder auferstanden ist. Er sagte zu einem seiner Jünger: „Ich bin es. Aus den zerfallenen Atomen meines verbrannten Körpers habe ich einen neuen Leib erstehen lassen."[17] Um das Ereignis der Auferstehung zu bestätigen, zitiert Yogananda die Zeugenaussagen von drei der größten Schüler Lahiri Mahasayas. Alle drei sagten aus, daß ihnen ihr Guru am Tag nach seiner Verbrennung erschienen sei, jeweils an einem anderen Ort. Einer der Schüler behauptete, Lahiri habe ihn aufgefordert, seinen physischen Körper als Beweis seiner physischen Auferstehung zu berühren.

Leben ohne Essen

Zeugnisse von Pneumariern (Nicht-Essern) gibt es tatsächlich in vielen Traditionen. Unglücklicherweise gibt es hin und wieder Betrüger, die nur behaupten, Pneumarier zu sein, doch scheinen mir die folgenden drei Fälle authentisch zu sein.

Ein Fall ist der von Therese Neumann, einer hingebungsvollen katholischen Frau aus Konnersreuth in Bayern. Bis auf die rituelle Einnahme einer papierdünnen Oblate zu bestimmten Zeiten in der Woche und einen Teelöffel Wasser pro Tag nahm sie weder feste noch flüssige Nahrung zu sich.[18] Mit kirchlicher Erlaubnis stand Therese aufgrund des Phänomens des Nicht-Essens unter wissenschaftlicher Beobachtung. Die bekannteste Untersuchung wurde von Dr. Fritz Gerlach, dem Herausgeber einer deutschen protestantischen Zeitschrift, durchgeführt. Obwohl er die Absicht gehabt haben soll, den „katholischen Schwindel" zu entlarven, schrieb er statt dessen Thereses Biographie.

Ein weiteres Beispiel des Nicht-Essens ist der Fall eines 83jährigen buddhistischen Priesters, der seit 47 Jahren in einer Höhle in den Bergen des Himalaja lebt. Dr. Krishnan Lal, der Leiter eines medizinischen Teams, das den Mönch 43 Monate lang untersuchte, berichtet, daß er anscheinend nur von kleinen Schlucken Wasser lebte.

In der taoistischen Tradition ist laut Mantak Chia die sechste Stufe der spirituellen Entwicklung von Nicht-Essen gekennzeichnet. Er behauptet, daß sein eigener Lehrer diese Stufe erreicht hatte. Zu diesem Zeitpunkt lebte sein Lehrer in den Bergen und war in der Lage, nur von den feinstofflichen Energien von Mutter Natur zu existieren.[19]

Paramahansa Yogananda hat den Fall einer Frau namens Giri Bala dokumentiert, die im Alter von zwölf Jahren aufhörte, zu essen und zu trinken. Als er sie interviewte, hatte sie seit 56 Jahren weder feste Nahrung noch Wasser zu sich genommen.[20] Sie bestätigte, daß sie sich von den feineren Energien der Luft und des Sonnenlichts sowie von der kosmischen Kraft ernährte, die den Körper durch seine höheren Energiezentren auflädt. Wir werden uns in folgenden Kapiteln noch mehr mit diesen Zentren, den sogenannten Chakren, auseinandersetzen.

Langlebigkeit und das neue Ernährungsparadigma

Diese außergewöhnlichen Phänomene passen genausowenig wie die Existenz biologischer Transmutation in die materialistisch-mechanistische Ernährungstheorie. Wenn wir sie jedoch mit unserem neuen Ernährungsparadigma erklären, unterstützen sie das ganzheitliche Konzept von Ernährung, welches besagt, daß es in der Natur der Dinge liegt, daß unsere Körper und unser Geist von ihrem Potential her nahezu unsterblich sind. Es ist nicht ungewöhnlich, sondern natürlich, die Lebenskraft und den Organisationsgrad unseres menschlichen Systems zu erhöhen. Der Grund, warum wir es erfahrungsgemäß nicht als selbstverständlich betrachten, ist, daß sowohl unser persönlicher als auch der allgemeine Lebensstil die natürliche Organisation und die Energie in unserem System tendenziell herabsetzen. Der Alterungsprozeß entspricht einer Verminderung der Energie und des Organisationsgrades der FOEF-Strukturen, die die Funktionen unseres Körpers organisieren. Wenn wir bestrahlte Nahrungsmittel zu uns nehmen, deren FOEFs zerstört worden sind, wenn wir verarbeitete, mit Antibiotika und Pestiziden versehene Nahrungsmittel essen, wenn wir rauchen, trinken, Drogen nehmen und ganz allgemein auf der Arbeit, in der Familie und persönlich ein unharmonisches, unstrukturiertes Leben führen, erhöhen wir dadurch unsere Entropie und vermindern die Funktionsfähigkeit unserer FOEFs. Dadurch, daß wir den universellen Gesetzen der Natur nicht folgen, vermindern wir unsere Lebenserwartung nicht unerheblich.

Für den Vernunftmenschen, der in keinem anderen System als dem Gesetz der Entropie denken kann, mögen sich diese yogischen, mosaischen, chassidischen und christlichen Geschichten wie Produkte der Phantasie anhören. Doch für diejenigen, die verstehen, warum Entropie nicht in vollem Maß als einzige bestimmende Kraft auf lebendige Systeme anwendbar ist, müssen wir uns die Bedeutung dieser Beispiele und ihre Erklärung näher anschauen. Rabbi Moses Maimonides, ein Arzt aus dem 12. Jahrhundert und einer der großen jüdischen Weisen, erklärte zum Beispiel, daß die großen Führer der ersten zehn Generationen (nach Adam) unter anderem deswegen so lange gelebt haben, weil sie mit ihrer Ernährung sehr vorsichtig waren.[21] Sie sollen weder Fleisch noch irgendwelche Tierprodukte gegessen, weder Wein noch irgendein anderes berauschendes Getränk zu sich genommen haben. Man sagt auch, daß sie sexuell sehr maßvoll gelebt haben sollen.[22] Dieselben Quellen, auf die das Buch „Torah Anthology" Bezug nimmt, weisen auch darauf hin, daß die Lebenserwartung nach der Zeit Noahs abnahm, weil die atmosphärische Energie sich veränderte und weil die Menschen anfingen, Fleisch zu essen.[23] Mir ist nicht bekannt, aus welchen Quellen diese Informationen ursprünglich stammen. Manche scheinen uralten Texten entnommen zu sein, manche aus mündlichen Überlieferungen oder Offenbarungen zu stammen. Sie decken sich inhaltlich jedoch völlig damit, so zu leben, daß unsere FOEFs gestärkt werden. Eine solche lebensbejahende Herangehensweise bedeutet, in Übereinstimmung mit den universellen Gesetzen der Natur zu leben.

Wir können ein Leben führen, das eine Annäherung an relative Unsterblichkeit darstellt. Ein Leben gesunder Langlebigkeit ist eine praktische Realität. Die Essener haben die Naturgesetze studiert und in Harmonie mit ihnen gelebt, und auch von ihnen wird gesagt, daß sie normalerweise älter als 120 Jahre wurden.[24] Die ayurvedische Wissenschaft lehrt, daß wir den Zustand der Unsterblichkeit erreichen können, wenn wir völlig in Einklang mit den universellen Gesetzen der Natur leben.

Ein kürzlich erschienenes Buch mit dem Titel „Maharaj" beschreibt, wie Mahatma Shriman Tapasviji Maharaj von 1770 bis 1955 lebte, indem er einen Prozeß anwandte, der Kaya-Kalpa genannt wird.[25] Dieser Prozeß ist im wesentlichen ein intensives Befolgen und eine Verstärkung von natürlichen Gesetzmäßigkeiten, einschließlich eines völligen Wiederaufladens und Reorganisierens der FOEFs. Er führte diesen Verjüngungsprozeß dreimal durch: einmal 90 Tage lang, dann 365 Tage lang im Alter von 150 Jahren und schließlich noch einmal 40 Tage lang.[26] Ein persönlicher Zeuge, der Biograph des Buches, bezeugte das Wachstum neuer Zähne, neuer Haare und eines robusten neuen Körpers während der letzten Kaya-Kalpa-Verjüngungsbehandlung. Als er 185 Jahre alt war, wiederholte er den Vorgang nicht mehr, weil er das Gefühl hatte, daß seine Arbeit auf der Erde beendet und es an der Zeit sei, seinen Körper zu verlassen. Es ist tatsächlich äußerst interessant, welches Potential in uns Menschen steckt. Wir werden in später folgenden Kapiteln auf diese Verjüngungsbehandlung eingehen.

Heutzutage sind die Lebensbedingungen auf unserem Planeten nicht im Gleichgewicht. All die Strahlung, der Smog, die Pestizide, die Unruhe und andere Formen der Verschmutzung wie Haß, Gewalt und Krieg zwischen den Nationen haben zur Folge, daß nur noch selten ein so hohes Alter in einem physischen Körper erreicht wird. Studien von Kulturen, in denen Gesundheit und Langlebigkeit vorherrschen, zeigen Strukturen auf, die FOEFs erhalten und ihre Energie erhöhen. Wissenschaftler haben Kulturen wie die der Hunzas in Pakistan und des Volkes der Vilcabamba in Ecuador untersucht und herausgefunden, daß es normal ist, daß Menschen über 100 Jahre lang ein aktives Leben führen. Nach Paavo Airola sind die wesentlichen Faktoren folgende: eine einfache Ernährung mit wenig Kalorien, wenig Fett und wenig Eiweiß, die zum größten Teil aus pflanzlicher Nahrung besteht; systematisch zu wenig essen; körperliche Bewegung und frische Luft; eine zufriedene, entspannte, liebevolle Atmosphäre und ein positiver Geisteszustand.[27] Der Chinese Li Chung Yun, der den Aufzeichnungen zufolge 256 Jahre alt geworden ist, nennt es „innere Ruhe".[28] Dieser Faktor der inneren Ruhe ist ein wichtiger Punkt, auf den wir in Kapitel 21 näher eingehen werden. Innere Ruhe stärkt die FOEFs, während Streß die FOEFs zerstört und die Lebenskraft aufzehrt. Die Wissenschaftler, die Meditation erforschten, stellten auf dem jährlichen Treffen der Amerikanischen Geriatrischen Gesellschaft im Jahr 1979 eine Untersuchung vor, nach der Menschen, die über einen längeren Zeitraum Meditation praktizierten, physiologisch betrachtet im Schnitt zwölf Jahre jünger waren, als sie chronologisch tatsächlich waren.[29]

Obwohl Langlebigkeit nicht das Ziel einer Ernährung ist, die dem spirituellen Leben dient, ist sie eine häufig auftretende Begleiterscheinung in einem menschlichen System mit sehr energetischen und hochgradig organisierten FOEFs. Langlebigkeit ist nicht notwendigerweise ein Zeichen für Spiritualität. In der Human-Potential-Bewegung und bei Menschen, die sich mit ganzheitlicher Gesundheit befassen, ist die Vorstellung sehr verbreitet, daß wir völlig unabhängig und frei sind, unser Leben selbst zu gestalten. Die unmittelbare Meditationserfahrung des Verschmelzens mit dem universellen Bewußtsein und die Entdeckungen der Physik der Quantenmechanik in den letzten fünfzig Jahren führen uns jedoch zu einem anderen Verständnis der Dinge: Wir sind weder losgelöst noch unabhängig vom Universum. Als Teil des Ganzen sind wir vom Ganzen beeinflußt. Ich glaube, daß wir frei sind, Entscheidungen zu treffen, und daher auch ein gewisses Maß an

Verantwortung tragen, doch wird unser allgemeines Schicksal vom Universum als Ganzem beeinflußt. Konkret ausgedrückt bedeutet das: Wie lange wir leben, liegt nicht völlig an uns und unserer Fähigkeit, den Gesetzen der Natur zu folgen. *In Harmonie mit den universellen Gesetzen der Natur zu leben vergrößert die Qualität unseres Daseins, nicht jedoch die Quantität.*

Der göttliche Körper, physische Unsterblichkeit, Supraleitfähigkeit und das neue Ernährungsparadigma

Was wir wirklich über das Verhältnis zwischen körperlicher Gesundheit und den FOEFs des Körpers verstehen müssen, ist, daß die FOEFs, die die Matrix des physischen Körpers darstellen, um so stärker werden, je mehr die Energie des Systems zunimmt. Je vollkommener ein FOEF an die virtuelle Energieebene angeschlossen ist, um so besser erfüllt es seine Aufgaben. Wenn wir die Funktion unseres Systems, als Akkumulator und Leiter kosmischer Energie zu dienen, durch falsche Ernährung und einen destruktiven Lebensstil beeinträchtigen, kann die kosmische Energie nicht frei fließen. Das System desorganisiert sich, und die Zellreproduktion, die zellulären und die enzymatischen Funktionen werden gestört. Folglich altern wir und werden krank. Am anderen Ende des Spektrums, an dem Pol, der unser höchstes natürliches Potential darstellt, steht der Aufbau unserer FOEFs zu einer solchen Stärke, Leitfähigkeit und Vollkommenheit, daß der physische Körper auf einer molekularen Ebene sogar dann noch als stabiler FOEF-Supraleiter fungiert, wenn die Seele den Körper verlassen hat. Ein göttlicher oder unsterblicher Körper ist im wesentlichen nichts anderes als ein stabiler Supraleiter kosmischer Energie.

Im herkömmlichen Sprachgebrauch wird die Bezeichnung Supraleiter für gewisse Metalle verwendet, die unterhalb einer Übergangstemperatur in der Nähe des absoluten Nullpunkts in einen Zustand übergehen, in dem die Elektronen fließen können, ohne auf irgendeinen Widerstand in Form von Reibung zu stoßen. Da Reibung das unlösbare Problem bei jedem mechanischen Perpetuum mobile ist, kann dort, wo kein Widerstand mehr existiert, um den Fluß der elektrischen Energie aufzuhalten, der ursprüngliche Stromfluß grenzenlos lange existieren, ohne daß weitere Energie zugeführt werden muß. Dies ist eine entscheidende Ausnahme zur herkömmlichen Lehrmeinung, daß ein Perpetuum mobile (beziehungsweise in unserem Fall ein göttlicher oder unsterblicher Körper) eine Unmöglichkeit darstellt.

Die Frage der Stabilität ist wichtig, denn man geht davon aus, daß ein Supraleiter nicht mehr gestört werden kann. Der Elektronenfluß einer supraleitenden Substanz weist spontan jede Art äußeren magnetischen Einfluß zurück und hält auf diese Weise seinen unstörbaren supraleitenden Zustand aufrecht. Dieses Phänomen nennt man den Meißner-Ochsenfeld-Effekt. Little spekuliert in seinem im „Scientific American" veröffentlichten Artikel „Superconductivity at Room Temperature", daß die Natur, wenn sie die im genetischen Code enthaltene Information vor jeglichen Umwelteinflüssen schützen wolle, einfach nur supraleitende biologische Systeme entwickeln müsse.[30] Er weist darauf hin, daß zur Entstehung eines Supraleiters ein hoher Grad interner Organisation erforderlich ist, und stellt die Theorie auf, daß es auch bei Zimmertemperatur ein supraleitendes Molekül geben könnte. Dr. Frank Barr schreibt in seiner Arbeit über die Melanin-Hypothese, daß Melanin ein solcher, bei Zimmertemperatur existierender, Supraleiter sein könnte.[31] Melanin ist eine biomolekulare Struktur, die sowohl im Gehirn als auch im restlichen Körper vorkommt und die vielleicht den Informationsspeicher enthält, der notwendig ist, um den Fluß der Moleküle innerhalb des Gehirns zu steuern.

Eine andere theoretische Diskussion wurde von McClare aufgeworfen, der in seinem Artikel über „Resonance in Bioenergetics" sagt, daß das klassische Zweite Gesetz der Thermodynamik nicht uneingeschränkt auf biologische Systeme anwendbar ist. Seiner Meinung nach wird die durch Resonanz freigesetzte Energie so schnell ausgetauscht, daß sie thermisch gar nicht zur Verfügung steht, sondern statt dessen in einer gewissen Form gespeicherter Energie erhalten bleibt.[32] Das bedeutet im wesentlichen, daß das vollkommen organisierte FOEF in der Lage ist, Energie von der rein kosmischen Ebene auf die biologische Ebene zu bringen, ohne daß Energie verlorengeht. Er weist auch darauf hin, daß das Zweite thermodynamische Gesetz nicht besagt, daß es bei jedem sichtbaren Prozeß zu entropischen Erscheinungen kommen muß; daher steht das Phänomen der Supraleitfähigkeit nicht notwendigerweise im Widerspruch zum Zweiten thermodynamischen Gesetz.

Diese Ausführungen erklären, wie es dazu kommt, daß der physische Körper erhalten bleibt und wir den sogenannten göttlichen Körper wahrnehmen. Beweise für dieses menschliche Potential finden wir in den Geschichten vom heiligen Johannes vom Kreuz, von Baal Schem Tov, Rabbi Elimelech, Rabbi Avraham, Jnaneshwar Maharaj und Paramahansa Yogananda. Ihre Körper waren so vollkommen, daß sowohl ihre FOEFs als auch ihre physischen Körper als stabilisierte Akkumulatoren weiterexistierten, nachdem sich ihre Seelen verabschiedet hatten.

Auferstehung und das neue Ernährungsparadigma

Das Phänomen der Auferstehung, das von Christus, Sri Yukteswar und Lahiri Mahasaya überliefert ist, fügt sich ebenfalls in das ganzheitliche Paradigma ein. Die folgende intuitive Erklärung soll zu weiteren Überlegungen anregen. Diese Menschen hatten einen so hohen Grad spiritueller Verwirklichung erreicht und der Fluß der kosmischen Energie in ihnen war so stark, daß sie aufgrund ihres umfassenden Bewußtseins ihrer Einheit mit der Quelle der Schöpfung tatsächlich ihren auf das Göttliche eingestimmten Geist benutzen konnten, um aus ihren vollkommenen FOEFs reale physische Formen zu materialisieren. Wir werden im letzten Kapitel ausführlicher darauf eingehen.

Biologische Transmutation und das neue Ernährungsparadigma

Durch das, was wir über die Eigenschaften der FOEFs wissen, können wir bereits zu einem intuitiven Verständnis des Phänomens der biologischen Transmutation gelangen. Bei der biologischen Transmutation ist das Muster der Atome, die neu entstehen sollen, bereits in der FOEF-Struktur enthalten. Dadurch werden die für die Transmutation benötigten Atome im richtigen Verhältnis angezogen. Denken wir noch einmal an das Heruntertransformieren der Energie von der Ebene der virtuellen Energie zum allerfeinstofflichsten FOEF, dann an die Teilchen im Tachyonenfeld, die sich mit Überlichtgeschwindigkeit fortbewegen und sich schließlich spiralförmig zu einem materiellen Teilchen zusammenballen. Die spiralförmigen FOEFs stehen in einer konstanten dynamischen Beziehung zur physikalischen Atomstruktur. Lädt die Energie dieses spiralförmigen Feldes ein Atom energetisch auf, das als Komponente für ein anderes dienen soll, beginnt die Achse des Atomkerns schneller zu rotieren – fast mit Lichtgeschwindigkeit, beziehungsweise mit einer Geschwindigkeit, die dem alchemistischen Transmutationspunkt sehr nahe kommt. Je mehr die Rotationsgeschwindigkeit des Atoms zunimmt, um so mehr scheint auch seine Größe – nicht jedoch seine Masse – zuzunehmen. Während seine Größe zunimmt, tritt es mit dem Kern eines anderen Atoms, das ebenfalls Bestandteil des neuen Atoms sein wird und sich ebenfalls an dem gleichen energetisierten alchemistischen Punkt innerhalb des spiralförmigen Feldes befindet, in Wechselwirkung. Die beiden Atomkerne und die beteiligten Enzyme werden von den verstärkten spiralförmigen Feldern energetisiert, und die beiden Atomkerne verschmelzen zu einem neuen. Die Enzyme, von denen Kervan in diesem Prozeß spricht, fungieren als Transmitter und Träger einer Energie, die von einer sehr hohen Ebene stammt. Sie leiten diese Energie am kritischen alchemistischen Punkt weiter, damit die Bindungsenergie des entstehenden Atomkerns die im Gegensatz zu ihr stehenden Bindungsenergien der beiden einzelnen Atome überwinden kann. Sowohl die Enzyme als auch die verschmelzenden Atome werden von dem die Wechselwirkung steuernden FOEF in das Raum-Zeit-Gefüge der biochemischen Struktur gezogen. Man kann sich das bildhaft wie Eisenspäne vorstellen, die mit dem Muster eines magnetischen Feldes in Übereinstimmung gebracht werden. Die Späne sind die Atome und Enzyme, und der Magnet ist das FOEF, das sie in das entsprechende Muster bringt. Die Verfügbarkeit der für den Transmutationsprozeß benötigten Enzyme variiert. Ist ein Mensch krank, benutzt er die Energie, um gegen die Krankheit anzukämpfen und die geschwächten FOEFs zu stärken, statt sie für enzymatische Vorgänge einzusetzen. Je gesünder ein Mensch wird, um so mehr Energie steht den FOEFs für Enzymaktivitäten und Transmutationsvorgänge zur Verfügung.

Göttliches Licht: der elementarste spirituelle Nährstoff

Je mehr unser Körper biologische Transmutation betreibt, um so weniger feste Nahrung müssen wir in unser System aufnehmen. Dieser Vorgang erklärt das Phänomen der „Pneumarier". Diese Menschen können die Nährstoffe, die sie benötigen, vollständig aus den Molekülen der Luft und des Wassers aufbauen. Aber weder das Nicht-Essen noch Langlebigkeit sind das Ziel einer spirituellen Ernährung. Sie zeigen uns nur das außerordentliche menschliche Potential, das von unserem Ernährungsparadigma erklärt werden kann.

Auf einer anderen Ebene hat das Nicht-Essen noch eine weitere Bedeutung. Ich möchte sie durch die folgende Geschichte von Giri Bala veranschaulichen. Im Alter von zwölf Jahren betete Giri zu Gott und bat ihn, ihr einen Guru zu schicken, der sie lehren könne, ohne Nahrung zu leben. Zu ihrem Erstaunen erschien ihr ein Guru und brachte ihr eine Yoga-Technik bei. Dabei sagte er: „Von heute heute an sollst du nur noch von astralem Licht leben, denn die Atome deines Körpers werden vom nie versiegenden kosmischen Strom gespeist werden."[33] Als sie gefragt wurde, warum sie auserwählt worden sei, ohne Essen zu leben, antwortete sie: „Um zu beweisen, daß der Mensch GEIST ist. Um zu beweisen, daß der geistig

Fortgeschrittene allmählich lernen kann, nicht mehr von Nahrung, sondern vom Ewigen Licht zu leben."[34]

Für mich gehört das zur subtileren Bedeutung einiger Vorgänge, von denen die Thora berichtet. Dort werden folgende Ereignisse auf dem Berg Sinai beschrieben: „Vierzig Tage und vierzig Nächte blieb Mose dort mit Gott. Er aß weder Brot, noch trank er Wasser. Als Mose von dem Berg hinabstieg, da wußte er nicht, daß die Haut seines Antlitzes strahlte..." (2. Buch Mose 34, 28-29). Die tiefere Bedeutung dessen ist, daß er sich unmittelbar von der göttlichen Strahlungsenergie ernährte. Enoch ist ein weiteres Beispiel eines Menschen, der sich nur von der göttlichen Strahlungsenergie ernährt hat. Von ihm sagt man, er sei lebendig aufgestiegen, habe die vielen Himmel gesehen und sei dann von Gott unterwiesen worden, für dreißig Tage zurückzukehren und die himmlischen Lehren an seine Kinder weiterzugeben, bevor er wieder aufstieg. Als seine Kinder ihm Nahrung anboten, wies er sie zurück und erklärte, daß er nicht mehr gegessen habe, seit der Herr ihn mit seiner Herrlichkeit gesalbt habe.[35] Diese Beispiele sind ein vollkommener Ausdruck der tieferen Bedeutung von Nahrung für das spirituelle Leben. Die unmittelbare Energie des göttlichen Lichts ist der elementarste Nährstoff. Wir müssen keine Pneumarier werden, doch kann dies jederzeit geschehen, wenn wir im Bewußtsein mit dem Göttlichen eins werden.

Zusammenfassung von Kapitel 3

1. Es wurden Beispiele für Langlebigkeit/Unsterblichkeit, für den göttlichen Körper, für Auferstehung und Nicht-Essen aufgeführt.

2. Wir haben die Theorie der FOEFs verwendet, um zu erklären, wie es zu diesen Phänomenen kommen und wie biologische Transmutation vor sich gehen kann.

3. Das göttliche Licht ist der grundlegende spirituelle Nährstoff.

Allgemeine Schlußfolgerungen aus Kapitel 1, 2 und 3

Um völlig zu verstehen, wie wir uns am besten ernähren, damit es unserem spirituellen Leben zuträglich ist, müssen wir ein umfassendes neues Ernährungsparadigma entwickeln, das die materiellen, mental-emotionalen, energetischen und spirituellen Qualitäten unseres Wesens mit einbezieht.

Kapitel 3

In den ersten drei Kapiteln haben wir die Grundannahmen des materialistischen Ernährungsparadigmas stark in Frage gestellt. Wir haben gezeigt, daß die drei Grundannahmen des materialistisch-mechanistischen Paradigmas – das Zweite thermodynamische Gesetz, das Gesetz der Erhaltung von Masse und Energie und die Idee, daß das, was im Körper vor sich geht, dem gleicht, was außerhalb des Körpers vor sich geht – auf die dynamischen Vorgänge menschlicher Ernährung nicht vollständig anwendbar sind. Wir haben Feststellungen wie zum Beispiel die der biologischen Transmutation, der Existenz des Phänomens des göttlichen Körpers, ungewöhnlicher Langlebigkeit und des Nicht-Essens beschrieben, die nicht angemessen vom materialistischen Paradigma erklärt werden können. In Kapitel 2 und 3 haben wir das Konzept der FOEFs innerhalb des ganzheitlichen Paradigmas von Körper, Verstand, Energie und Geist dargelegt. Dieses Konzept schließt die „außergewöhnlichen" Phänomene mit ein und vermag sie zu erklären. Das ganzheitliche Paradigma lehnt das materialistische Paradigma nicht ab, sondern schließt es vielmehr als Teil einer umfassenden Ganzheit mit ein. Viele anekdotische, historische und wissenschaftliche Untersuchungen unterstützen das neue Ernährungsparadigma, so wie es auch meine eigenen empirischen Entdeckungen und meine intuitiven Einsichten tun.

In bestimmten Traditionen wie zum Beispiel den vedischen Lehren Indiens und in spirituell entwickelten Gemeinschaften wie der der Essener (die die Schriftrollen vom Toten Meer verfaßt haben) hat es über Jahrtausende hinweg ein subjektives Bewußtsein der energetischen Prinzipien und Qualitäten der Nahrung gegeben. Es gibt biblische Hinweise auf diese Ideen, und es gibt große spirituelle Lehrer wie Enoch, Mose und Jesus, deren Leben diese Prinzipien ausstrahlten. Obwohl die Verschmelzung von Wissenschaft und spirituellem Wissen schon bis zu einem gewissen Grad fortgeschritten ist, hat sie noch nicht den nötigen Entwicklungsgrad erreicht, der den Verstand konservativer Wissenschaftler überzeugen würde. Wie ich bereits betonte, kann es für einen Verstandesmenschen, der davon ausgeht, daß es ausschließlich eine objektive Welt gibt, die nur von den fünf Sinnen erkannt werden kann, keinen „akzeptablen Beweis" für dieses Material geben. Von Sir Arthur Eddington, der den ersten Beweis für Einsteins Relativitätstheorie lieferte und der auch wichtige Beiträge zur theoretischen Physik der Bewegung, der Evolution und der inneren Beschaffenheit von Sternsystemen leistete, stammt die folgende vielsagende Schilderung dieser Sackgasse:

„Wahrlich, ein Kamel tut sich leichter damit, durch ein Nadelöhr zu schlüpfen, als ein Mann der Wissenschaft, durch eine Tür zu gehen. Und unabhängig davon, ob es sich dabei um ein Scheunentor oder um ein Kirchenportal handelt: Er täte wahrscheinlich gut daran, zuzugeben, daß er ein ganz gewöhnlicher Mensch ist, und einfach hindurchzugehen, statt zu warten, bis alle Schwierigkeiten, die ein wirklich wissenschaftliches Eintreten mit sich bringen, gelöst sind."[36]

Es gibt immer mehr Beweise, die diese Feststellung unterstützen. Dennoch muß ich Sie daran erinnern, daß ich Ihnen eine Theorie und eine Vorstellung von FOEFs vermittle. Diese Theorie beschreibt sehr umfassend das Kräftespiel im Bereich der menschlichen Ernährung, der Transmutation und gewisser „außergewöhnlicher" Phänomene, die in keine andere Theorie der Ernährung und des menschlichen Lebens hineinpassen. Wenn wir dieses ganzheitliche Paradigma als Orientierungsrahmen verwenden, können wir ein tiefgreifendes Verständnis und praktische Anwendungsmöglichkeiten eines Ernährungssystems entwickeln, das unserer spirituellen Entwicklung förderlich ist. Ich möchte Sie einladen, diese neuen Ideen als Werkzeuge zu betrachten, die Ihnen helfen, Zusammenhänge zu verstehen, und nicht als dogmatische Fakten. Wenn Sie dieses Wissen auf ein praktisches Verständnis von Ernährung und auf die Beziehung zwischen Ernährung und spirituellem Leben anwenden und dies auch in Bezug zu Ihrer eigenen Erfahrung setzen, wird diese Theorie möglicherweise zu einer Erfahrungstatsache für Sie werden.

4

Die Frage der Assimilation

Aus dem ersten Kapitel müssen noch einige Fragen beantwortet werden:
- Welchen Zweck erfüllt Ernährung?
- Was ist Ernährung?
- Welche Beziehung besteht zwischen den Nährstoffen, die wir zu uns nehmen, und dem lebendigen System, in das sie aufgenommen werden?
- Was assimilieren wir?
- Wer oder was assimiliert?
- Was bedeutet Assimilation?
- Wie geht Assimilation vor sich? Und eine neue Frage:
- Wie fügt sich unser Verständnis der FOEFs in unser Verständnis von Ernährung?

Um diese Fragen beantworten zu können, muß unsere Theorie der Assimilation auch den feinstofflich-energetischen Aspekt der Nahrung mit einschließen. Zur Beziehung zwischen unserer Nahrung und dem menschlichen System gehört offensichtlich mehr als das, was beim Aufsummieren von Kalorien, Vitaminen und Mineralstoffen erfaßt wird, die als materielle Bausteine unseres Körpers dienen. Genau wie wir haben auch Nahrungsmittel eine energetische Essenz und FOEFs. Für die Assimilation der Nahrungsmittel sind die Beziehungen zwischen den energetischen Feldern des menschlichen Systems und denen der aufgenommenen Substanzen besonders wichtig. Darauf bezog sich Rudolf Steiner im Jahr 1924, als er sagte, daß wir uns nicht über die Menge der Nahrung Gedanken machen sollten, die wir umsetzen, sondern darum, ob wir in der Lage sind, die Lebenskraft der Nahrungsmittel möglichst effektiv aufzunehmen.[1] Assimilation bedeutet auf einer Ebene, die Fremdheit oder die individualisierten FOEFs unserer Nahrung zu überwinden. Durch den Vorgang der Assimilation gehen wir eine sehr intime Beziehung mit unserer Nahrung ein. Die Nahrungsaufnahme stellt eine wichtige Schnittstelle zwischen uns und unserer physischen Umgebung dar. Die Assimilation von Nahrung stellt für uns eine Möglichkeit dar, Energie aus der Umgebung aufzunehmen.

Wir werden nicht nur von der Umgebung beeinflußt, in der die Nahrung angebaut wird, sondern auch von dem Bewußtsein der Menschen, die unsere Nahrung zubereiten. In Muktanandas Ashrams wurde das Essen stets mit Liebe zubereitet, damit sie den Menschen zuteil wurde, die das Essen zu sich nahmen. Marcel Vogel hat nachgewiesen, daß Wasser, das von dem Gedanken der Liebe durchdrungen ist, anders schmeckt und eine andere feinstoffliche Schwingung hat als normales Wasser.[2] Wenn wir Nahrungsmittel zu uns nehmen, treten wir sowohl auf feinstofflichen Energieebenen als auch auf der materiellen Ebene mit der Nahrung in Wechselwirkung. Dr. Gerhard Schmidt, Arzt und Autor des Buches „The Dynamics of Nutrition", hat darauf hingewiesen, daß Ernährung mit der Assimilation von Energie auf verschiedenen Ebenen zu tun hat, deren Qualität zunimmt, je mehr sie sich der Sonne oder der Energie des Lichts annähern.[3]

Wenn wir essen, gestatten wir den Kräften der Nahrung, uns zu durchdringen. Werden diese Kräfte nicht richtig assimiliert und verdaut, können sie uns krank machen. Würden wir uns unsere Nahrungsmittel direkt in den Körper spritzen, würden die meisten von ihnen Entzündungen hervorrufen. Wenn wir sie jedoch oral zu uns nehmen, passiert dies nicht, da sie einem normalen Assimilationsprozeß unterzogen werden. Das alte arabische Sprichwort, daß man sich krank ißt und sich wieder gesund verdaut, bringt dies auf den Punkt. Verdauen hat damit zu tun, der energetischen Kräfte in unserer Nahrung Herr zu werden, sie zu assimilieren, unsere eigenen inneren Kräfte zu stimulieren und uns zu stärken, indem wir die Entropie überwinden. Hört sich das für Sie nach zuviel Arbeit an, sollten Sie es sich so vorstellen: Wenn wir nicht herumlaufen und uns dadurch stärken, daß wir die Kräfte der Erdanziehung überwinden, fangen unsere Muskeln und Knochen an, Schwächen zu zeigen und abzubauen. So geht es zum Beispiel Astronauten, deren Knochenmasse in einer Umgebung ohne Anziehungskraft abnimmt. Um diesen Punkt noch deutlicher zu machen: In Europa wurde eine Studie durchgeführt, um herauszufinden, wie in Heimen lebende geistig behinderte Kinder leichter ernährt werden könnten.[4] Sie bekamen eine synthetische Mischung aus Vitaminen, Mineralstoffen, Kalorien und Eiweißen, die auf der Grundlage dessen berechnet worden war, was sie bislang in ihren drei täglichen Mahlzeiten auf materieller Ebene zu sich genommen hatten. Die Forscher stellten überrascht fest, daß die Geschmacks- und Verdauungsorgane der Kinder, die eine Zeitlang diese flüssige, synthetische Ernährung bekommen hatten, sich zurückzubilden begannen. Unter anderem kann man daraus schließen, daß die für die

Assimilation zuständigen Organe ohne die stimulierenden Wirkungen roher Nahrungsmittel weder energetisiert noch trainiert werden. Daher beginnen sie, sich zurückzubilden, wie es die Knochenmasse in einer gravitationslosen Umgebung tut. Wir können uns von diesen Experimenten anregen lassen, darüber nachzudenken, welche Langzeiteffekte der gegenwärtig praktizierte Konsum von hochwirksamen synthetischen Vitaminen, Mineralstoffen, Aminosäuren und Eiweißen haben mag. Das soll nicht heißen, daß ich gegen die Verwendung von Nahrungsmittelergänzungsstoffen bin. Ich plädiere dafür, synthetische Zusatzstoffe in dem Bewußtsein zu verwenden, daß Assimilation die Wechselwirkung zwischen unseren dynamischen Kräften und denen der Nahrung mit einschließt und nicht nur eine mechanische Aufnahme von Nährstoffen ist. Man sollte sich deshalb vor einer wahllosen Einnahme von synthetischen Ergänzungsstoffen in acht nehmen.

Ganzheitliche Verdauung hat also mit einer intimen Beziehung zu den aufgenommenen Nährstoffen zu tun; sie schließt die Freisetzung der kosmischen Kräfte, die im Kern der materiellen Nahrung ruhen, mit ein. Der verstorbene Seher von Bombay, Sri Nisargadatta, wies einmal darauf hin, daß die eigentliche Essenz der aufgenommenen Nahrung Bewußtsein ist.[5] Unser Ernährungs- und Assimilationsmodell muß auch die Wahrheit dieser Idee beweisen können.

Zusammenfassung von Kapitel 4

1. Um das Gebiet der Ernährung verstehen zu können, müssen wir die Wechselwirkung zwischen den dynamischen Kräften der Nahrung und den dynamischen Kräften unseres ganzen Wesens untersuchen.
2. Diese dynamische Wechselwirkung stärkt unseren Organismus.
3. Durch den Prozeß der Assimilation gehen wir eine intime Beziehung mit unseren Nahrungsmitteln und daher mit unserer Umgebung ein.
4. Die Essenz von Nahrung ist Bewußtsein.

5

Das System der Chakren

Um verstehen zu können, wie Energie assimiliert wird, müssen wir wissen, von welchen feinstofflichen Energiesystemen sie aufgenommen wird. Als ersten Schritt zur Definition von Nahrung und Assimilation wollen wir uns das erste von drei wichtigen Energiesystemen im menschlichen Organismus anschauen. Dadurch legen wir die Grundlage für ein Verständnis der Beziehung zwischen Ernährung und spiritueller Entwicklung.

Das Chakren-System ist ein feinstoffliches Energiesystem, von dem die spirituellen Traditionen bereits seit Jahrtausenden berichten. Das Sanskrit-Wort „Chakra" bedeutet Rad, doch ist das Wort „Chakra" inzwischen auch im Westen allgemein in Gebrauch, da sich die Yoga-Lehren seit längerer Zeit in unserer Kultur verbreiten. Die Tibeter nennen diese Energiezentren „Khor-Lo", was ebenfalls Rad bedeutet. In der Sufi-Tradition werden sie von einigen als „Latifa" bezeichnet, was soviel heißt wie Feinstoffliches. In der Bibel bezieht sich Johannes auf sie, wenn er von den „sieben Siegeln auf dem Rücken des Buches des Lebens" spricht. Im frühen Christentum wurde oft von ihnen als den „sieben Kirchen" gesprochen. Die Kabbalisten nennen sie „die sieben Zentren in der Seele des Menschen". Es scheint unter vielen der großen Religionen eine historische, kulturübergreifende Tradition zu geben, die die Existenz dieser feinstofflichen Energiezentren bestätigt. Für unsere Zwecke möchte ich den recht verbreiteten Ausdruck Chakren für dieses System feinstofflicher Energiezentren verwenden.

Das Chakren-System ist über die Jahrhunderte hinweg von westlichen Hellsichtigen wie von östlichen Yogis beschrieben worden. Erst vor kurzem haben Mediziner und andere Wissenschaftler angefangen, sein Vorhandensein und seine Funktionen zu erforschen. Ende der 60er und Anfang der 70er Jahre hat der Yoga-Experte und Wissenschaftler Dr. Hiroshi Motoyama, Direktor des Instituts für Religion und Psychologie, der von vielen als einer der führenden Forscher im Bereich der Chakren angesehen wird, mit der Dokumentation der physischen Realität der Chakren wichtige Arbeit geleistet.[1] Er konstruierte einen für Licht undurchdringlichen Raum, der auch gegen von außen kommende elektrische Emissionen abgeschirmt war. In diesen

Raum stellte er ein sogenanntes Chakra-Instrument, das die winzigen Emissionen physischer Energie mißt, die vom menschlichen Körper in Form von Licht, Elektrizität oder elektro-magnetischer Energie ausgehen. Er stellte die Detektoren seines Geräts etwa 12-20 Zentimeter vor dem Bereich auf, in dem sich das Chakra befinden sollte, das die Versuchsperson zu aktivieren versuchte. Das Chakra-Instrument konnte einen meßbaren Unterschied feststellen, wenn die Versuchspersonen sich auf ein spezielles Chakra konzentrierten – jedoch nur, wenn ein Chakra ausgewählt wurde, das die Person auch zuvor schon mental aktiviert hatte. Wenn ein Chakra getestet wurde, bei dem die Versuchsperson vorher nicht geübt hatte, wurde weder vor noch während des Tests eine Veränderung festgestellt. Diese Ergebnisse lassen darauf schließen, daß sich die Chakren an wissenschaftlich meßbaren Orten befinden.

Im Jahr 1973 entdeckte der Arzt W. Brugh Joy diese Energiezentren ganz von selbst. Er stellte fest, daß bestimmte Gegenden des Körpers sich wärmer anfühlten, wenn er seine Hände über den Körper der Patienten hielt. Als er diese Bereiche aufzeichnete, wurde ihm bewußt, daß es sich um die gleichen Stellen handelte, an denen sich den Yoga-Lehren nach die Chakren befinden sollten.[2] Dr. Lawrence Bagley, ebenfalls Arzt, beschreibt im „American Journal of Acupuncture"[3] im Jahr 1984, daß er durch Verwendung des Nogier-Pulses (ein Ohrakupunktur-Pulssystem, das von Dr. Paul Nogier entwickelt wurde) in der Lage ist, den Ort, die Größe, die Form und die Drehrichtung der Chakren im Chakren-System zu bestimmen.

Meine ersten eigenen Erfahrungen mit der physischen Realität des Chakren-Systems machte ich im Jahr 1976. Damals fing ich an zu erforschen, ob zwischen dem geistigen Zustand eines Menschen und dem Chakren-System eine Beziehung besteht. Ich entdeckte, daß ein Kristallpendel sich immer entweder im oder gegen den Uhrzeigersinn drehte, wenn ich es über die Stellen hielt, an denen sich die Chakren befanden. Als das Pendel sich eines Tages über dem Kopf eines Patienten gegen den Uhrzeigersinn drehte, wurden dessen Kopfschmerzen stärker, und der Patient fühlte sich erschöpfter. Als ich den Kristall absichtlich im Uhrzeigersinn drehte, verschwanden die Kopfschmerzen, und er fühlte sich energetischer. Bei weiteren Experimenten wurde mir klar, daß wir feinstoffliche Energien – zum Beispiel solche, die von einem Kristall erzeugt werden – einsetzen können, um Menschen zu heilen und energetisch aufzuladen.

Der Sitz der Chakren

Wie Dio Neff in ihrem Artikel über Chakren im „Yoga Journal"[4] schrieb, herrscht keine völlige Übereinstimmung darüber, wie viele Hauptchakren es gibt. Auch über deren Sitz und Funktionen ist man sich uneins. Es scheint jedoch eine allgemeine Übereinstimmung darüber zu geben, daß es sieben große Körperchakren und ein achtes, transpersonales Chakra über dem Kopf gibt. Diese Chakren liegen den meisten Angaben gemäß auf einer Linie, die an der Basis der Wirbelsäule anfängt und bis zur Schädeldecke, also etwa mitten durch den Körper geht. Das erste Chakra befindet sich an der Basis der Wirbelsäule im Bereich des Damms. Das zweite Chakra befindet sich zwischen dem Schambein und dem Nabel, das dritte zwischen dem Nabel und dem Solarplexusbereich. Das vierte Chakra befindet sich auf der Mittellinie, etwa auf der gleichen Höhe wie das Herz. Das fünfte Chakra sitzt auf der Höhe der Schilddrüse, das sechste zwischen den Augen auf der Höhe der Augenbrauen und das siebte wie eine Kappe auf dem Schädel im Bereich des Scheitels.

Einige westliche Gruppen gehen davon aus, daß sich das zweite Chakra nicht auf der Mittellinie, sondern über der Milz befindet. Meiner Meinung nach beruhen einige der Abweichungen in den Angaben, wo ein spezielles Chakra sitzt, auf kulturellen Unterschieden. Die unterschiedlichen spirituellen Traditionen richten ihre Energien zum Teil verschieden aus. Die Chinesen und Japaner neigen zum Beispiel dazu, sich auf das Hara im Bereich des Nabels oder leicht darunter zu konzentrieren, also auf einen Bereich zwischen dem zweiten und dritten Chakra. Die Theosophen neigen dazu, das zweite beziehungsweise sexuelle Chakra zu vernachlässigen und sich auf die Milzregion als Sitz des zweiten Chakras zu konzentrieren. Das weicht von der Yoga-Tradition ab. Abgesehen von möglichen kulturellen Unterschieden können sich die Größe und der Sitz der verschiedenen Chakren auch aufgrund der besonderen spirituellen Entwicklung eines Menschen unterscheiden. Motoyama fand zum Beispiel heraus, daß die meßbaren Chakren-Energien und die mit ihnen verbundenen Meridian-Energien sich je nach dem Chakra, das ein Mensch am meisten verwendet, unterscheiden. Möglicherweise beschreiben die Yoga-Traditionen das Chakren-System von höher entwickelten spirituellen Schülern, bei denen das Milzzentrum weniger Bedeutung hat als bei Menschen aus dem Westen. Aus meiner Erfahrung aus der Arbeit mit spirituellen Menschen aus dem Westen kann ich nur sagen, daß das zweite Chakra auf der Mittellinie eine wichtigere Rolle zu spielen scheint; das Milz-Chakra hingegen scheint ein untergeordnetes Zentrum zu sein. Dies alles sind Detailfragen. Wichtig ist, daß Wissenschaftler und spirituell Praktizierende von verschiedenen Gesichtspunkten aus darin übereinstimmen, daß es Chakren gibt und daß sie ein wichtiges feinstoffliches Energiesystem des Körpers darstellen.

Man scheint sich auch darüber einig zu sein, daß jedes Chakra spezielle energetische Eigenarten besitzt, was seine Farbe, seinen Ton und seine geometrische Form anbelangt. Jedes Chakra hängt mit bestimmten geistigen Zuständen und mit einem speziellen spirituellen Bewußtseinszustand zusammen. Auch scheint jedes Chakra mit der Physiologie eines bestimmten Drüsensystems, Organsystems und Nervenzentrums in Verbindung zu stehen (siehe Abb. 3 auf Seite 87). Dr. Motoyama gelang es, die Verbindung zwischen Chakren und Organen, Drüsen und Nervenzentren nachzuweisen, indem er ein Instrument entwickelte, das er AMI nennt, „Apparat zur Messung des funktionalen Zustands von Meridianen und den mit ihnen zusammenhängenden inneren Organen".[5] Er ließ ein Gremium von Experten beurteilen, ob ein Mensch ein bestimmtes Chakra aktiviert hatte oder nicht. Bei den aktivierten Chakren war eine Veränderung der Energie des Meridians meßbar, der zu den Organen gehörte, die wiederum mit dem aktivierten Chakra zusammenhingen.

Die grundlegende Funktion der Chakren

Man ist sich darüber einig, welche grundlegende Funktion die Chakren erfüllen. Allerdings bestehen in Detailfragen Differenzen. Der Engländer David Tansley, Praktizierender im Bereich der Radionik und Autor vieler Bücher über feinstoffliche Energien, ist der Meinung, daß das Chakren-System Energien von allen Ebenen des Kosmos aufnimmt. Dazu gehört nicht nur unser physisches, emotionales und mentales Selbst, sondern auch das kollektive Unbewußte unseres Volkes und unseres Planeten. Dr. Brugh Joy ist sich völlig sicher, daß es das Chakren-System gibt, meint jedoch, daß bislang niemand all dessen Funktionen versteht. Er vertritt in seinem Buch die Ansicht, daß das Chakren-System ein interdimensionales Leitsystem darstellt.[6] Seinem Empfinden nach wird es durch Gedanken beeinflußt, kann Materie in verschiedene feinstoffliche Energien umwandeln und diese Energien an unseren Körper weiterleiten. Die Funktionen des Chakren-Systems gehen über die Begrenzungen von Zeit und Raum hinaus.

Einer der ersten westlichen Menschen, die das Chakren-System beschrieben haben, ist Seine Hochwürden C. W. Leadbeater. Leadbeater war ein theosophischer Lehrer, ein bekannter Hellseher, hatte als stellvertretendes Oberhaupt der englischen Kirche gearbeitet und sich intensiv mit der Yoga-Praxis beschäftigt. In seinem Buch „Die Chakren" aus dem Jahr 1927 beschreibt er die Chakren als leitende Zentren des Menschen, durch die die Energie von einem feinstofflichen Körper zu einem feinstofflichen Körper auf einer anderen Ebene fließt. Diese feinstofflichen Körper, die im nächsten Kapitel ausführlicher beschrieben werden, sind die feinstofflichen Energie- und Bewußtseinsschichten, die den physischen Körper umgeben und seine Aura bilden. Nach Leadbeaters Beschreibung drehen sich Chakren unaufhörlich, und die ursprüngliche Kraft aus der höheren Welt fließt ständig in ihre trichterförmige Öffnung hinein. Diese Kraft nahm er als siebenfach wahr, wobei jede Art in jedem dieser Zentren aktiv ist – jeweils eine von ihnen überwiegt jedoch. Seiner Meinung nach kann der physische Körper ohne diese höhere Energie, die von den Chakren aufgenommen wird, nicht überleben. Auch Dr. Motoyama sieht die Chakren als Zwischenstationen für den Energietransfer und die Energieumwandlung zwischen zwei benachbarten feinstofflichen Körpern. In Motoyamas System gibt es zwei feinstoffliche Körper: den astralen und den kausalen. Er meint, daß die Chakren die Energie eines Körpers in die Energie des anderen umwandeln und umgekehrt. Sie können physische Energie in psychische Energie transformieren.

Man ist sich darüber einig, daß diese Chakren spiralförmig rotieren und daß die daraus entstehende Trichterform von einem Punkt auf der Mittellinie des Körpers ausgeht. Durch diesen Trichter wird die Energie in den physischen Körper gebracht. In seinem Buch „Chakra Chrome" beschreibt Dr. Lawrence Bagley, wie diese Chakrenwirbel gemessen werden können, indem man die Nogier-Pulstechnik anwendet. Über die Richtung, in der sich die Chakren drehen, wenn sie gesund sind und sich im Gleichgewicht befinden, herrscht keine Einstimmigkeit, obwohl eine gewisse Übereinstimmung darin besteht – und meine eigenen Forschungen bestätigen dies –, daß eine Drehung im Uhrzeigersinn auf eine gesündere Chakra-Funktion hinweist.

Der Energiefluß in den Chakren

Unsere Chakren sind mehr oder weniger immer aktiv, obwohl man umgangssprachlich häufig von „offenen" oder „geschlossenen" Chakren spricht, wodurch der Eindruck entsteht, daß ein Chakra irgendwie blockiert sein könnte, so daß keine Energie hindurchfließen kann. Chakren sind jedoch weder offen noch geschlossen. Aus meiner Sicht können sich Chakren allerdings insofern unterscheiden, als durch manche weniger Energie fließt. Ich bezeichne sie dann als weniger aktiviert. Das bedeutet: Die Energie, die durch sie hindurchfließt, ist in ihrer Hinabführung durch die feinstofflichen Körper unterbrochen.

Es wird auch stillschweigend gefolgert, daß es besser ist, ein „offenes" Chakra zu haben, durch welches viel Energie fließt. Doch muß das nicht unbedingt so sein. Aufgrund meiner Arbeit mit Menschen, die unter manischer Psychose leiden, habe ich intuitiv den Eindruck, daß ihr Kronen-Chakra weit „geöffnet" oder stark aktiviert ist. Es ist so stark aktiviert, daß das Leben dieser Menschen tatsächlich aus dem Gleichgewicht gerät. Jemand, der eine manische Psychose erleidet, erzählt oft von einem Energieschwall, der vom Kopf aus durch ihn hindurchfließt. Diese Beschreibung entspricht der Erfahrung von Menschen, deren Kronen-Chakra aktiviert ist. Als es gelang, den Energiefluß durch das Kronen-Chakra zu vermindern, konnten bei manchen hypomanischen Klienten die Überaktivität gedrosselt, die Chakren wieder ins Gleichgewicht gebracht und so die Hypomanie gemildert werden.

Wenn wir die Begriffe „offen" und „geschlossen" aufgeben, bedeutet das nicht, daß wir bezüglich des energetischen Niveaus der verschiedenen Chakren keine Unterschiede machen. Dr. Brugh Joy beschreibt, daß er diese energetischen Unterschiede mit seinen Händen fühlen kann. Das ist relativ leicht, und ich möchte Ihnen vorschlagen, selbst damit zu experimentieren, um ein Gefühl für die Chakren-Energie und deren Sitz zu bekommen. Dr. Lawrence Bagley beschreibt, wie man die unterschiedlichen Energiefelder um die verschiedenen Chakren herum in eine Karte eintragen kann. Dr. Motoyama hat mit seinem Chakra-Instrument und seinem AMI-Gerät begonnen, diese Unterschiede zu quantifizieren. Er hat bewiesen, daß ein Chakra, durch das mehr Energie fließt, einen größeren Spielraum im dynamischen Gleichgewicht zwischen dem sympathischen und dem parasympathischen Nervensystem zuläßt. Er hat auch festgestellt, daß mehr Energie durch die Organsysteme fließt, die mit diesen aktivierten Chakren zusammenhängen. Einige seiner vorläufigen Untersuchungsergebnisse weisen darauf hin, daß Menschen mit aktivierten Chakren empfänglicher für Erkrankungen der Organe sind, die mit dem jeweils aktivierten Chakra zusammenhängen.[7] Meine klinischen Erfahrungen mit Hunderten von Menschen mit aktivierten Chakren lassen mich vermuten, daß diese Krankheitsanfälligkeit vielleicht nur ein vorübergehendes Phänomen ist. Möglicherweise hängt sie mit der Zeit zusammen, die benötigt wird, um eine gesteigerte Energieaufnahme harmonisch in das System zu integrieren. Die Krankheitsanfälligkeit könnte auch mit der mentalen Überstimulation eines Chakras zusammenhängen, wodurch es sich nicht mehr in Harmonie mit dem restlichen Chakren-System befindet. Eine weitere mögliche Erklärung ist die, daß zuviel Energie durch die mit einem Chakra verbundenen Organe fließt, wenn dieses mental überstimuliert ist. Als Analogie kann man sich vielleicht einen Draht vorstellen, der durchbrennt, wenn zuviel Strom durch ihn hindurchfließt und keine Sicherung vorhanden ist. Die Sicherung ist in diesem Fall der gesunde Menschenverstand. An diesem Beispiel sehen wir auch, welche Gefahr besteht, wenn man versucht, bestimmte Chakren willentlich mental zu aktivieren, statt abzuwarten, bis sie durch Meditation und die Entwicklung eines höheren Bewußtseins spontan erwachen.

In ein stark aktiviertes Chakra fließt mehr Energie durch das heruntertransformierende System der feinstofflichen Körper. Daher fließt auch dem Körper ganz allgemein und besonders den Organen, die mit dem aktivierten Chakra zusammenhängen, mehr Energie zu. Wenn ich versuche, die Bedeutung eines aktivierten Chakras zu bewerten, frage ich mich zuerst, ob dieser Mensch die zusätzliche Energie in seine Gesamtaktivität integrieren kann. Als nächstes frage ich mich, ob sich das Chakren-System als Ganzes im Gleichgewicht befindet. Wie bereits hervorgehoben wurde, sind die Chakren bei einem Durchschnittsmenschen nicht alle gleichermaßen aktiv. Je nach Lebenssituation und abhängig davon, wie bewußt oder unbewußt der Mensch seine verschiedenen Chakren einsetzt, wird sich ihre Kraft und Aktivität im Lauf der Zeit verändern. Aus meiner klinischen Erfahrung – bei der ich mich mehr auf das energetische Gleichgewicht statt auf ein einzelnes, aus dem Gleichgewicht geratenes Chakra konzentriere – habe ich ein paar zusätzliche Hinweise bekommen, wie das Chakren-System energetisch funktioniert. Mir fiel folgendes auf: Wenn ich ein Chakra durch die Arbeit mit Kristallen ins Gleichgewicht gebracht hatte, paßten sich die restlichen Chakren, die noch nicht im Gleichgewicht waren, beim anschließenden Durchtesten ganz von selbst an. Mir wurde klar, daß die Chakren ein System haben, durch das sie Energie weiterleiten. Das gilt besonders für das erste, zweite und dritte Chakra als Einheit und scheint oft auch bei dem fünften, sechsten und siebten Chakra so zu sein. Diese beiden Gruppen scheinen sich im vierten oder Herz-Chakra zu verbinden. Es ist wie ein Unendlichkeitszeichen, bei dem das Herz in der Mitte liegt.

Ein weiterer Punkt, der uns die Chakren als ein völlig verbundenes System erkennen läßt, ist der, daß es eine Polarität in jedem Chakra-Bereich zu geben scheint. Wenn wir das Basis-Chakra betrachten, scheint die Polarität zwischen den Füßen beziehungsweise der Erde und der Basis der Wirbelsäule zu bestehen. Die Pole des zweiten Chakras sind die beiden Hoden oder die beiden Eierstöcke. Die Pole des dritten liegen im Solarplexus und in der Milz, die des vierten im Herzen und im Thymus (dem früheren Herzen) und die des fünften zwischen der Schilddrüse und der Nebenschilddrüse. Beim sechsten beziehungsweise siebten Chakra besteht die Polarität zwischen der Zirbeldrüse (die mit dem siebten Chakra zusammenhängt) und der Hypophyse (die mit dem Stirn-Chakra in Verbindung steht). Es scheint auch in vertikaler Richtung ein gewisses Maß an Polarität zwischen den Chakren zu bestehen, wie zum Beispiel zwischen dem ersten und dem sechsten und siebten Chakra, dem zweiten und fünften und dem dritten und vierten Chakra. Deshalb beende ich die Arbeit mit einem Patienten, mit dem ich auf der Ebene der Chakren gearbeitet habe, immer damit, spiralförmig all seine Chakren ins Gleichgewicht zu bringen. Eines der häufigsten Ereignisse, durch die die Chakren aus ihrem normalen Gleichgewicht untereinander geraten, ist ein starkes emotionales Trauma. Wenn sich jemand in einer solchen Krise befindet, hilft es ihm sehr, eine Behandlung zu bekommen, bei der die Chakren mit Hilfe von Kristallen wieder ins Gleichgewicht gebracht werden.

Erwachte Chakren

Chakren befinden sich entweder in einem erwachten oder in einem schlafenden Zustand. Das ist nicht dasselbe wie der Aktivitätsgrad eines Chakras, der hauptsächlich mit der Versorgung unseres Organismus mit der nötigen Lebenskraft zu tun hat, damit er seine allgemeinen Funktionen erfüllen kann. Der Aspekt des Erwachens eines Chakras hängt hauptsächlich mit der Entwicklung eines fortgeschritteneren spirituellen Bewußtseins zusammen. Nach den Aussagen von Dr. Brugh Joy operiert ein erwachtes Chakra auf einer anderen Ebene und wird von Hellsichtigen anders empfunden und wahrgenommen.[8] Wenn ein Chakra erwacht ist, nimmt es an einem spirituellen Entwicklungsprozeß teil, bei dem das Wachbewußtsein mit dem höheren Bewußtsein verschmilzt, das in diesem Chakra gespeichert ist. In einigen Fällen werden auch gewisse mit diesem Chakra zusammenhängende übernatürliche Fähigkeiten aktiviert. Übernatürliche Fähigkeiten sind jedoch kein Zeichen für spirituelle Entwicklung oder für das Erwachen eines Chakras, und sie sind auch nicht gleichbedeutend mit spiritueller Bewußtheit. Es ist irreführend, solche Fähigkeiten mit dem spirituellen Bewußtsein in Zusammenhang zu bringen, das im jeweiligen Chakra gespeichert ist und dem Bewußtsein des erwachten Geistes zugänglich gemacht wird.

Man ist sich darüber einig, daß zu jedem Chakra ein bestimmtes spirituelles Bewußtsein gehört, doch findet man weder ein vereinfachtes System, das dieses Bewußtsein verständlich machen würde, noch decken sich in diesem Punkt die Meinungen. Es gibt eine Vielzahl esoterischer Lehren und Beschreibungen von Kräften, die möglicherweise mit dem Erwachen der jeweiligen Chakren zusammenhängen, doch werden wir nicht näher auf sie eingehen. Mit dem Erwachen eines jeden Chakras findet ein bedeutsamer Übergang vom weltlichen zum umfassenderen spirituellen Bewußtsein statt. Ebenso wie die allgemeinen Energien der Chakren untereinander verbunden sind, so wirken auch die erwachten Chakren als Bewußtseinseinheiten zusammen. Das erste bis dritte Chakra stellen eine Einheit dar, wobei das Herz-Chakra eine zentrale, integrierende Rolle spielt. Das fünfte bis siebte Chakra bilden die zweite Einheit, und auch ihre Beziehung zum Herzen ist sehr wichtig.

Die ersten drei Chakren sind Lebenskraftenergien, die hauptsächlich mit den Fragen des Überlebens auf der physischen und emotionalen Ebene zu tun haben. Das spirituelle Bewußtsein, das mit ihrem Erwachen verbunden ist, manifestiert sich als Meisterschaft in allen weltlichen Lebensfragen. Ihr Erwachen ist für die Integration des Wissens, wie man in der Welt mit einem spirituell transformierten Bewußtsein leben kann, äußerst wichtig. Ohne ihr Erwachen können uns die intensiven Energien, die durch das spirituelle Erwachen der oberen Chakren freigesetzt werden, in unserem alltäglichen Leben aus dem Gleichgewicht werfen. Es ist schwierig, stabil in einem höheren Bewußtseinszustand zu sein, ohne die erwachten ersten drei Chakren in unser tägliches Leben zu integrieren.

Das vierte bis siebte Chakra haben in erster Linie mit dem spirituellen Leben zu tun. Ihr Erwachen aktiviert spirituelle Energien und hat zur Folge, daß weltliches Bewußtsein in höheres Bewußtsein umgewandelt wird. Es ist wichtig zu verstehen, daß die Entwicklung eines höheren Bewußtseins in den Chakren nicht unbedingt linear verläuft; statt dessen scheint es sowohl simultan als auch spiralförmig zu verlaufen und wiederum auch nicht. Die Entwicklung eines höheren Bewußtseins geht ganzheitlich vor sich. Das Bewußtsein der verschiedenen Chakren scheint an Knotenpunkten zu verschmelzen und von den anderen Chakren abzuhängen, damit es zu einem spiralförmigen, integrierten, individuellen und simultanen Erwachen auf verschiedenen Intensitätsebenen kommt. Wenn die Kundalini einmal erwacht ist (siehe Kapitel 7), erwachen auch die Chakren immer mehr, auch wenn die einzelnen Chakren zu unterschiedlichen Zeiten unterschiedlich intensiv erwachen. Ein Individuum kann zum Beispiel vorrangig mit dem Prozeß des Erwachens des ersten und zweiten Chakras beschäftigt sein, gleichzeitig jedoch in der Glückseligkeit der Einheit mit dem Göttlichen im siebten Chakra schwelgen. Ein neues Bewußtsein oder die Tatsache, daß ein Erwachen stattgefunden hat, bemerken wir oft dann, wenn dieses Bewußtsein ein bestimmtes Ausmaß stabiler Integration in unser Wachbewußtsein erreicht hat. Das ist der Zeitpunkt, an dem unser Verstand völlig mit dem umfassenden Bewußtsein jenes Chakras verschmolzen ist.

Unsere Kundalini muß nicht erwacht sein, damit wir das Einssein mit dem Göttlichen erfahren können. Diese Erfahrung können wir bei einem Sonnenuntergang machen, wenn der Verstand völlig zur Ruhe gekommen ist, die Zeit stillsteht und man einfach mitten in dieser Einheit ist. Eine meiner ersten Gotteserfahrungen ereignete sich bei einem Footballspiel am College. Es war das letzte Spiel der Saison, es stand unentschieden, und es waren noch zwei Minuten zu spielen. Ich trat in einen Zustand der Glückseligkeit ein und empfand alle auf dem Spielfeld als eins. In diesen zwei Minuten, in denen ich vollkommenes Football spielte, marschierten wir fast dreißig Meter vorwärts und gewannen das Spiel in den letzten zehn Sekunden. In dem Buch „The Psychic Side of Sports"[9] steht geschrieben, daß Erfahrungen wie diese recht häufig vorkommen. Der Geist ist so fokussiert, daß wir in einen meditativen Zustand gelangen.

Wir tragen die Wahrheit jederzeit in uns. Spirituelle Übungen und das Erwachen der Kundalini helfen uns, den Kontakt mit dem Bewußtsein unseres inneren Selbst aufrechtzuerhalten, statt darauf zu warten, spontan durch Interaktion mit unserer Umwelt vollendete Erfahrungen zu machen.

Das *erste Chakra* wird oft das Überlebens-Chakra genannt. In seinem unerwachten Zustand wird es von der falschen Vorstellung beherrscht, daß wir losgelöst von der Natur existieren und die Natur erobern müssen, um sicher zu sein und überleben zu können. Seine Antriebskraft zielt darauf ab, die Kräfte der Materie zu meistern. Als Folge dieses begrenzten Bewußtseins und des mangelnden Verstehens verstricken wir uns in die materielle Ebene, haben Angst vor, zweifeln an und mißtrauen unserer Umgebung. In diesem Zustand ist es schwer zu glauben, daß es einen Gott gibt. Man vergöttert das eigene Ego. Wenn die Kundalini-Energie, die in ihrem potentiellen Zustand im ersten Chakra ruht, erwacht, werden wir oft aus diesem begrenzten Bewußtsein wachgerüttelt und bekommen einen Geschmack vom Einssein mit dem Göttlichen. Wir lernen, daß wir mehr sind als physische Körper und daß unser Leben einen höheren Zweck hat, als Geld zu verdienen und auf der materiellen Ebene zu überleben. Durch diese Verbindung zwischen dem ersten und dem sechsten/siebten Chakra schwingen wir uns auf unsere höhere Vision und unseren höheren Zweck ein. Aus Angst, Zweifel und mangelndem Glauben werden Vertrauen in und ein Glaube an eine höhere Kraft oder Gott. Ausgehend von einer Disharmonie zwischen uns und der Natur keimt der Wunsch in uns auf, ein harmonisches Verhältnis zur Natur herzustellen. Wir beginnen die Elemente der Natur zu verstehen. Unser Empfinden des Getrenntseins nimmt ab, und wir trachten mehr danach, in Übereinstimmung mit der Natur und den sie beherrschenden Gesetzen zu leben, statt sie unterwerfen zu wollen. Vertrauen in die illusionäre Vorstellung der Macht des eigenen Ego verwandelt sich in das Bewußtsein des Einsseins mit einer höheren Kraft.

Das *zweite Chakra* zeichnet sich durch den Fortpflanzungstrieb aus. Wenn es erwacht ist, können wir uns durch eine eintretende Bewußtseinsveränderung von den zwanghaften instinktiven sexuellen Begierden befreien, die unser Leben beherrschen. Das bedeutet nicht, daß wir Sex anschließend ablehnen. Es bedeutet, daß wir Sexualität auf einer höheren Ebene der Verbundenheit, Liebe, Harmonie und Kreativität erfahren. Wir können uns entscheiden, ob wir uns auf der körperlichen Ebene sexuell betätigen möchten. Das ganze Leben wird zu einer kreativen Verbundenheit. Die Energien, die ursprünglich der Fortpflanzung dienten, werden zu kreativen, ästhetischen und künstlerischen Energien sublimiert. Im erwachten Zustand wandeln sich die rohen Fortpflanzungsenergien des zweiten Chakras in verfeinerte spirituelle Energien um. Kreativität ohne Verstehen kann verheerend wirken, da sie zu einem lüsternen Verlangen degenerieren kann, die persönliche Kreativität zum Schaden anderer auszuleben. Wir brauchen das Verstehen des ersten Chakras, um die Kreativität des zweiten Chakras zu erden.

Das *dritte Chakra* zeichnet sich durch ein angeborenes Bewußtsein dessen aus, was auf allen Ebenen des Bewußtseins vor sich geht – sowohl in der Umgebung als auch innerhalb des Menschen auf einer körperlichen, emotionalen, mentalen und spirituellen Ebene. Es ist ein empfindsames, wahrnehmendes Ohr für alle Kräfte, die im jeweiligen Augenblick wirken.

Wenn es erwacht, wachsen wir über unsere instinktiven Reaktionen auf die emotional-psychischen Zustände anderer Menschen hinaus. Uns wird bewußt, daß wir bislang reaktiv mit der rohen psychisch-emotionalen Energie umgegangen sind, um andere anzuziehen, abzustoßen, etwas auf sie zu projizieren, sie zu verherrlichen und sie zu kontrollieren. Wir beginnen nun, von einem ausgewogenen emotionalen Zustand aus zu operieren, in dem wir reflektieren, unterscheiden und sensibel sind. Wir entwickeln bezüglich dessen, was in uns und um uns herum geschieht, eine feinfühlige Wahrnehmung und lernen, die rohen Energien des ersten und zweiten Chakras ins Gleichgewicht zu bringen. Wir hören auf zu reagieren und interagieren statt dessen mehr mit unserer Umwelt.

Während es völlig erwacht, entsteht zwischen dem Solarplexus-Chakra und dem Herz-Chakra eine harmonische Verbindung. Durch diese Verbindung kann die Information, die vom Solarplexus aufgenommen wird, von der Liebe des Herzens interpretiert werden. Das Erwachen führt zu einer Verschmelzung der ausgewogenen Gefühle und der Kraft des dritten Chakras mit der universellen Liebe des vierten oder Herz-Chakras. Die Verschmelzung der Emotionen mit der Liebe und Harmonie des vierten Chakras weckt in uns eine innere Freude, und für einen Augenblick gegenseitigen Empfindens werden wir eins miteinander. Das führt dazu, daß die Menschen sich gegenseitig hilfsbereit dienen. Ann Ree Colton beschreibt diese Verschmelzung auf metaphorische Weise, wenn sie davon spricht, daß der eingeweihte Meister des Solarplexus-Chakras, der Löwe, sich zu dem eingeweihten Meister des Herzens, dem Lamm, legt.[10] Diese Verschmelzung kennzeichnet ein vollständiges Erwachen. Vielleicht ist es das, was Jeremia in 31, 33 beschreibt: „Ich werde mein Gesetz in ihr Inneres legen und ihnen ins Herz schreiben; und ich werde ihr Gott sein, und sie werden mein Volk sein." Hier geht es darum, sich an einem inneren Gewissen oder einer inneren Moral auszurichten, deren man sich bewußt wird, wenn das dritte Chakra völlig erwacht ist. In dem Maß, wie dieses Bewußtsein mit unserem Denken eins wird, verwandelt sich das Urteilen über andere in ein Bewußtsein des Wesens universeller Gesetzmäßigkeit. Wenn das dritte Chakra in Harmonie mit dem Herzen ist, manifestiert sich das Bewußtsein des höheren Chakras leichter in Form von Spiritualität im Alltag. Ein weiterer Aspekt dieses Erwachens ist, daß die ursprüngliche Willenskraft des dritten Chakras so transformiert wird, daß sie sich auf den Willen Gottes ausrichtet. Dies manifestiert sich in dem Bewußtsein, daß alles, was Gott tut, zum höchsten Wohl des Ganzen geschieht. Dadurch können wir die Hilf-dir-selbst-Einstellung des ersten Chakras in selbstloses Dienen verwandeln. Dies ist ein weiterer Schritt in Richtung auf die Entwicklung eines Vertrauens in Gott. Ein so erwachtes Bewußtsein vermindert unser Begehren, unsere Anhaftung an unsere Bedürfnisse und macht uns sensibler. Mit einem erwachten dritten Chakra können wir die Lebenskraft der ersten drei Chakras als starke Heilenergie verwenden; es ist dieselbe Kraft, die Schamanen und Bruhus zum Heilen und bei ihrer magischen Arbeit verwenden. Ich glaube, daß ein gut entwickeltes Hara – das Zentrum für Zentrierung und Erdung, auf das sich viele Kampfkünste und einige Religionen Chinas und Japans konzentrieren – stellvertretend für die vereinte und integrierte Energie der ersten drei Chakras steht.

Durch das Erwachen des *vierten oder Herz-Chakras* öffnen wir uns der Erfahrung jeder Art von Liebe in unserem Leben. Mit der Zeit öffnen wir uns dadurch der Erfahrung universeller Liebe. Das Erwachen dieses Chakras hilft uns, anhaftende Formen der Liebe, die mit Emotionen wie Lust, Gier, Stolz, Neid, Verblendung und sogar Haß zu tun haben, in eine friedvollere, universellere Form der Liebe zu transformieren. Die rohen Selbsterhaltungs- und Überlebensinstinkte werden umgewandelt, so daß wir aus ganzem Herzen eins mit der gesamten Menschheit sind. Das motiviert uns, für einen Frieden ohne Unterdrückung in der Welt zu arbeiten. Diese Form der Liebe geht über die Grenzen unserer eigenen Familie hinaus und umfaßt die große Familie – die Menschheit. Ein erwachtes Herz fungiert als ausgleichender und integrierender Punkt für alle Chakras. Das Gewissen und die Tugendhaftigkeit, die wir durch das Erwachen der übrigen Chakras erwerben, brauchen die Energie der Liebe, damit sie ihre volle Qualität und Kraft entfalten können. Durch das Erwachen des vierten Chakras beginnen wir uns selbst und Gott als Liebe zu erfahren. Viele Menschen haben das Gefühl, daß das göttliche Selbst der ganzen Schöpfung im Herzen zentriert ist. Als das Bewußtsein meines Herz-Chakras heranreifte, nahm ich regelmäßig eine blaue Flamme in meinem Herzen wahr – sowohl beim Meditieren als auch, während ich meinen alltäglichen Aktivitäten nachging. Die Öffnung des Herzens ist etwas ganz Besonderes.

Das Erwachen des *fünften oder Hals-Chakras* hat etwas mit dem Ausdruck und der Kommunikation der erhabeneren Aspekte des Daseins zu tun. Es hat mit der Fähigkeit zu tun, alle Gedanken des Verstandes in eine Form zu bringen und ihnen Gestalt zu verleihen. Das schließt alle Formen der Kommunikation mit ein, auch Ästhetik, Kunst, Sprache, Musik und Tanz. Vertriebsleute, Rechtsanwälte, Werbefachleute und Künstler haben oft gut entwickelte Hals-Chakras. Durch das Erwachen dieses Chakras verwenden wir Kommunikation nicht mehr für unsere eigenen egoistischen Zwecke, sondern für die Kommunikation unserer echten inneren Gefühle, spiritueller Lehren und Wahrheiten. Durch unsere persönlichen Ausdrucksformen vermitteln und manifestieren wir Wahrheit. Unser Wesen verbreitet Frieden und gute Nachrichten.

Das Erwachen des *sechsten oder Stirn-Chakras* bringt uns in einen Zustand, in dem wir eine höhere Vision der Wahrheit bekommen. Der Verstand wird spiritualisiert. Unsere Intuition und unsere Fähigkeit, uns einzustimmen, erreichen einen spirituellen und integrierten Entwicklungsgrad. Dieses Chakra wird manchmal auch als Tor zum Christusbewußtsein bezeichnet. Es ist das „Nadelöhr", und wenn es vollständig erwacht ist, öffnet es das Kronen-Chakra. Durch das Erwachen des sechsten und des siebten Chakras entsteht eine tiefe Verbindung zu unserem „inneren Guru" oder Lehrer. Das vollständige Erwachen des sechsten Chakras scheint mit einem Zustand der Selbsterkenntnis zusammenzuhängen, in dem wir die Wahrheit des universalen Selbst in unserem Inneren erkennen. Auf dieser Stufe stabilisiert sich das „ICH BIN"-Bewußtsein, mit dem wir uns anschließend hauptsächlich identifizieren. Auf dieser Stufe wissen wir, daß wir tatsächlich diese unglaubliche Wahrheit sind. Wir lassen uns nicht mehr von den vielfältigen materiellen Göttern Ego, Macht, Sex oder Form in die Irre führen. Wir treten ein in einen Zustand des Seins statt des Tuns und identifizieren uns im wesentlichen mit diesem Sein. Wir fühlen uns eins mit dem Willen Gottes. Das System ist hinreichend von allen möglichen mentalen Vorstellungen und Ego-Blockaden gereinigt, und wir sind frei, dem Willen Gottes zu folgen.

Das Erwachen des *Kronen-Chakras* hängt stark mit dem Bewußtsein des sechsten Chakras zusammen. Je mehr dieses Erwachen fortschreitet, um so mehr gehen wir über Selbstverwirklichung hinaus und werden eins mit dem Göttlichen. Wir fühlen uns mit der gesamten Schöpfung eins. Das dualistische Denken schwindet, und wir ruhen im Sein eines nicht-dualistischen Bewußtseins. Unser Bewußtsein, daß alles Gott ist, wird immer stabiler. Es gibt keine Trennung. Wir werden zu dem Zweck des Lebens, den wir beim Erwachen des ersten Chakras nur erahnen. Mit diesem Bewußtsein wird klarer, was es mit der Verschmelzung des Herzens und des sechsten/siebten Chakras auf sich hat. Die Debatte, ob das universelle Bewußtsein im Herzen zentriert ist oder im sechsten/siebten Chakra, ist bedeutungslos geworden, da diese Chakren auf der Ebene des spirituellen Bewußtseins miteinander verbunden sind. Wir sind ganz von selbst von einer unermeßlichen, nicht nachlassenden Liebe zu allem, was ist, erfüllt. Dies ist die spontane Erfüllung der Botschaft Christi: „... halte die andere Wange hin." Wir hören nie auf zu lieben, weil es niemanden gibt, der nicht liebenswert ist. Alle Trennung hört auf zu sein, und es gibt nur noch Liebe. Das erfahren wir nicht so sehr bei der Öffnung des Herz-Chakras, sondern wenn wir unser Selbst als Liebe, die Welt als Gott erleben. Dies ist eine noch höhere Ebene der Bedeutung und der Erfahrung von Liebe. Sie ist die Gesamtheit unserer Erfahrung.

Durch das Erwachen des Kronen-Chakras intensiviert sich auch unsere Verbindung zu den höheren Ebenen kosmischer Energie. Wir fangen an, den Fluß dieser Energie direkt zu erfahren, wir fühlen das kosmische Pulsieren der Energie bei ihrem Eintritt in unser System. Diese feinere kosmische Energie scheint uns auszufüllen, als ob die Barrieren zwischen uns und dem Kosmos entfernt worden wären. Das Erwachen des sechsten und siebten Chakras transzendiert unsere linearen Zeit-und-Raum-Begrenzungen und übersteigt unsere Fähigkeit, etwas mit Worten zum Ausdruck zu bringen. Die Bewußtheit, die damit einhergeht, ist einfach und doch völlig anders.

Zusammenfassung von Kapitel 5

1. Es gibt ein feinstoffliches Energiesystem, das im allgemeinen unter der Bezeichnung Chakren-System bekannt ist. Eine seiner Aufgaben ist es, feinstoffliche kosmische Energie herunterzutransformieren und unserem Körper zuzuführen.

2. Jedes der sieben Hauptchakren unterscheidet sich in seiner energetischen Beschaffenheit von den anderen, so daß es mit einer bestimmten Farbe, einem bestimmten Ton und einem bestimmten mentalen und spirituellen Bewußtsein in Verbindung steht.

3. Jedes Chakra hängt energetisch mit der Physiologie eines oder einer kleinen Gruppe von örtlich zusammenhängenden Nervengeflechten, endokrinen Drüsen und Organen zusammen.

4. Chakren sind nie geschlossen; sie sind mehr oder weniger aktiviert.

5. Die Gesundheit eines Chakras hängt mit dem Gleichgewicht aller Haupt-Chakren und mit der Funktion dieses speziellen Chakras zusammen.

6. Ein erwachtes Chakra ist ein Chakra, bei dem das Bewußtsein des Individuums mit dem höheren Bewußtsein eins wird, das in dem betreffenden Chakra gespeichert ist.

6

Die feinstofflichen Körper

Das System der feinstofflichen Körper

Die feinstofflichen Körper sind ein weiteres Energiesystem, das wir untersuchen müssen, um die Idee der spirituellen Ernährung wirklich zu verstehen. Wie bei den Chakren herrscht unter den spirituellen Autoritäten, den Traditionen der Essener, den Yoga-Lehren, den vedischen Schriften und westlichen Wissenschaftlern Einigkeit darüber, daß verschiedene Schichten feinstofflicher Energiekörper existieren. In einigen westlichen Systemen wird von zwei bis hin zu sieben feinstofflichen Körpern gesprochen. Die meisten Systeme der feinstofflichen Körper enthalten ungefähr die gleichen Grundfunktionen und Bewußtseinsebenen. Die Veden sprechen wie die meisten Yoga-Traditionen von vier Körpern: dem physischen, dem feinstofflichen, dem kausalen und dem metakausalen Körper. Zu jeder feinstofflichen Körperebene gehören bestimmte geistige oder verstandesmäßige Strukturen, die auf eine bestimmte Art funktionieren und einem bestimmten Bewußtsein entsprechen.

Die sieben feinstofflichen Körper heißen: ätherischer, emotionaler, mentaler, astraler, spiritueller, kausaler Körper und Körper der Seele. Wenn die feinstoffliche Energie sich aus ihrem kosmischen oder virtuellen Zustand heraus verdichtet, wird sie über die sieben feinstofflichen Körper, die diese Energie individuell einfärben und immer weiter verdichten, abwärts geleitet, bis sie von unserem grobstofflichen Körper aufgenommen werden kann. Meinem Empfinden nach arbeiten diese feinstofflichen Körper bei dem Prozeß des Heruntertransformierens mit dem Chakren-System Hand in Hand. Zu jedem feinstofflichen Körper gehört ein feinstoffliches Chakra, das den Energiefluß in diesem Körper reguliert. Meiner klinischen Erfahrung nach fließt diese Energie nicht nur in eine Richtung, das heißt vom Kosmos in den Körper, sondern kann auch in die umgekehrte Richtung fließen. Wenn zum Beispiel die körperliche Energie eines Menschen zunimmt, nehme ich oft auch wahr, daß dieser Mensch von seiner Psyche her stärker wird. Das bedeutet, daß die zusätzliche körperliche Energie zum Teil in psychologische Energie umgewandelt worden ist. In der Regel fließt die Energie jedoch vom virtuellen Zustand in die verdichtetere Form, die wir schließlich als elektromagnetische Felder (EMFs) wahrnehmen. Diese heruntertransformierte Energie wird von den Energiewirbeln des meßbaren Chakren-Systems aufgenommen, in EMFs umgewandelt und anschließend an unser Gehirn, das zentrale und autonome Nervensystem, die Organe, das Hormonsystem und die Strukturen des Skeletts weitergeleitet. Die Chakren, die mit unserem gegenwärtigen begrenzten wissenschaftlichen Instrumentarium gemessen werden können, sind diejenigen, die eine Schnittstelle zwischen dem System der feinstofflichen Körper und unserem materiellen Körper darstellen. In der Regel ist diese Ebene gemeint, wenn vom Chakren-System die Rede ist.

Die EMFs stellen die letzte Verbindung zwischen dem ätherischen und dem physischen Körper dar. Die erst kürzlich durchgeführten Arbeiten des international bekannten spanischen Neurologen José Delgado beweisen indirekt, welche Wirkung die EMFs auf unsere biologischen Systeme haben können. Die von Delgado verwendeten EMFs besitzen ein Fünfzigstel der Stärke des Magnetfelds der Erde. Diese Felder, die meines Erachtens ihrem Wesen nach denen entsprechen, die vom Chakren-System in den Körper geleitet werden, haben nachweislich die mentalen Funktionen des Nervensystems und die Aktivitäten anderer Körpersysteme bei einer Vielzahl von Wirbeltieren verändert. Indem Delgado zum Beispiel Affen verschiedenen EMFs aussetzte, konnte er einige von ihnen dazu bringen einzuschlafen und andere in einen erregten Zustand versetzen. Wissenschaftler haben EMFs auch schon im Gehirn und in den dichteren Bereichen des Nervensystems nachgewiesen.

Die feinstofflichen Körper

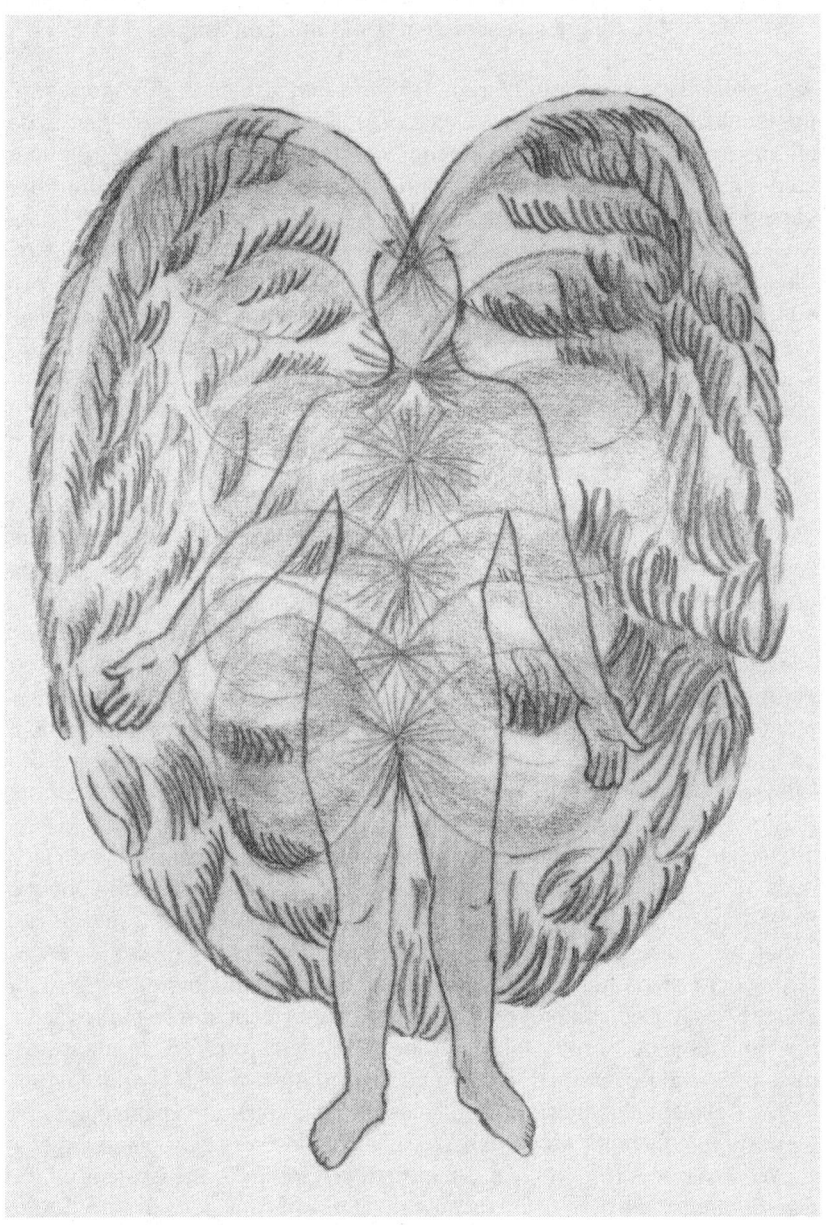

Abbildung 3

Die Aufgaben der sieben feinstofflichen Körper

Aus den sieben feinstofflichen Körpern setzt sich die sogenannte menschliche Aura zusammen. Gemeinsam bilden sie eine Art Prisma, da sie die kosmische Energie in sieben Strahlen brechen. Jeder Strahl lädt vornehmlich eines der sieben Chakren energetisch auf. Die Lehren der verschiedenen Yoga-Systeme stimmen mit der unmittelbaren Erfahrung Hellsichtiger darin überein, daß die Chakren Speichen haben, wie Räder. Diese Speichen, die auch Nadis genannt werden, strahlen von dem Chakra aus. Im wesentlichen handelt es sich dabei um ein feinstoffliches Nervensystem des physischen Körpers. Man sagt, daß es im Körper 72 000 Nadis gibt. Meinem Empfinden nach kreuzen sich die Nadis und die Meridiane des chinesischen Akupunktursystems; an den Überschneidungspunkten befinden sich die Akupunkturpunkte. Obwohl dieser Aspekt durch die Forschung noch nicht geklärt worden ist, habe ich den Eindruck, daß Meridiane und Nadis nicht dasselbe sind. Es genügt jedoch, wenn wir sagen, daß die Nadis die Energie von den Chakren zum Gehirn, zum Nervensystem, zum endokrinen System, zu den Organsystemen, den Strukturen des Skeletts und schließlich bis auf die zelluläre Ebene transportieren.

   Das Chakren-System durchdringt die sieben feinstofflichen Körper und bildet zwischen ihren verschiedenen Ebenen Schnittstellen – das heißt, es ist ein Teil des energetischen Umwandlungssystems. Je nachdem, wie die feinstofflichen Körper aufeinander ausgerichtet sind, fließt die Energie mit mehr oder weniger Widerstand durch sie hindurch auf die meßbare Ebene der Chakren. Diese interdimensionalen Chakren kann man sich bildhaft als Röhren vorstellen, die die feinstofflichen Körper verbinden. Wenn alle feinstofflichen Körper aufeinander ausgerichtet sind, dann synchronisieren sich auch alle sieben interdimensionalen „Röhren", und die kosmische Energie fließt nahezu widerstandslos durch den Körper. In Abbildung 3 (auf S. 87) sehen wir, wie die feinstofflichen Körper meiner Vorstellung nach eine Erweiterung der sich drehenden Energiespiralen der Chakren darstellen. Je mehr Energie durch die spiralförmig rotierenden Chakren fließt, um so mehr wächst der feinstoffliche Körper aufgrund der Zentrifugalkräfte an. Je mehr kosmische Energie zu uns strömt, um so mehr entfalten sich unsere Engelsflügel. Vielleicht sind diese feinstofflichen Körper sogar die Engelsflügel, die Menschen manchmal wahrnehmen. Vielleicht sind wir sogar diese Engel.

   Wenn die rechte und linke Gehirnhemisphäre im Gleichgewicht sind – eine Erfahrung, die man beim Meditieren oft macht –, sind die feinstofflichen

Körper und die Chakren-„Röhren" aufeinander abgestimmt und ausgerichtet, so daß die kosmische Energie reibungslos hindurchfließt. Umgekehrt geht die Ausrichtung der feinstofflichen Strukturen im Chakren-System verloren, wenn wir Zeiten mentaler Unruhe oder Angst durchleben. Dann ist mehr Widerstand vorhanden, und weniger Energie fließt hindurch. In so einer Situation könnte jemand sagen, ein bestimmtes Chakra sei „geschlossen". Dieser verminderte Energiefluß ins System scheint einem eingeengten Bewußtsein und einem Gefühl der Disharmonie zu entsprechen.

Kürzlich durchgeführte Untersuchungen von Bruder Charles der MSH-Bruderschaft in Virginia scheinen die Annahme zu bestätigen, daß eine gesteigerte Synchronisation der rechten und linken Gehirnhemisphäre einem verstärkten Fluß spiritualisierender Energie ins System entspricht.

MSH hat die Kassettenreihe „Synchronicity, the Recognitions Experience" ™ entwickelt, die die spirituelle Entwicklung unterstützen soll. Während des Programms werden die Gehirnhemisphären durch Klangverschiebungen immer mehr synchronisiert. Bei Durchsicht der Berichte von fast tausend Teilnehmern dieses Programms wurde zunächst einmal festgestellt, daß die Teilnehmer mit zunehmender Sychronisation der rechten und linken Gehirnhemisphäre eine stetigere und tiefere Meditation erleben.[1] In den Tagebüchern, die die Teilnehmer nach ihrer Meditation führten, berichteten sie, daß sie sich mehr in Harmonie mit sich selbst und ihrer Umwelt fühlten.

Der ätherische, emotionale und mentale Körper bilden das, was wir normalerweise als den bewußten Verstand oder das Wachbewußtsein bezeichnen. Die sieben feinstofflichen Körper als Ganzes bilden das, was man den umfassenderen Geist nennen könnte. Dieser umfassendere Geist ist die Schnittstelle und der Vermittler zwischen dem physischen Körper oder Unterbewußtsein und der Ebene der virtuellen Energie oder des kosmischen Bewußtseins. Die sieben feinstofflichen Körper fungieren als Umwandlungssystem, das den Energiefluß von der kosmischen Ebene der virtuellen Energie immer mehr verdichtet und persönlich einfärbt, so daß unsere Körper diese Energie schließlich auf der physischen Ebene aufnehmen können.

Zusammenfassung von Kapitel 6

1. Das System unserer feinstofflichen Körper besteht aus sieben feinstofflichen Energieebenen. Aus ihnen besteht unsere Aura oder unser umfassenderer Geist.

2. Dieses aus sieben Schichten bestehende feinstoffliche Körpersystem stellt eine Schnittstelle dar: Es wandelt den Fluß der Energie, der dem sehr reinen virtuellen oder kosmischen Energiezustand entspringt, so um, daß die Energie verdichtet und persönlich eingefärbt wird, damit sie von unseren Körpern als Lebensenergie verwendet werden kann.

3. Wenn alle sieben Körper aufeinander abgestimmt sind, fließt die kosmische Energie intensiver und mit weniger Widerstand durch sie hindurch, um Körper, Geist und Seele zu energetisieren und zu spiritualisieren.

7

Die Kundalini

Die innere Kraft, die uns für die Ekstase, die Liebe und das Gottesbewußtsein öffnet und unzertrennlich mit dem transpersonalen Erwachen verbunden ist, wird häufig als Kundalini bezeichnet. Dieses feinstoffliche Energiesystem ist für die spirituelle Evolution der Menschheit das wichtigste von allen. C.G. Jung sagte in seinem Text „Psychological Commentary on Kundalini": „Wenn es Ihnen gelingt, die Kundalini zu wecken, so daß sie den Bereich der bloßen Potentialität verläßt, nimmt zwangsläufig eine neue Welt ihren Anfang, eine Welt, die sich völlig von unserer normalen Welt unterscheidet. Es ist die Welt der Ewigkeit."[1] Gopi Krishna, der von seiner eigenen Erfahrung des Erwachens der Kundalini inspiriert wurde, hat über die Bedeutung dieses Erwachens viel geschrieben. Er sagt über die Kundalini: „Ein neues Zentrum, das gegenwärtig im normalen Menschen noch ruht, muß aktiviert werden. Ein kraftvoller Strom psychischer Energie muß von der Basis der Wirbelsäule in den Kopf hinaufsteigen, damit das Bewußtsein des Menschen seine normalen Begrenzungen transzendieren kann. Das ist die letzte Phase des gegenwärtigen evolutionären Impulses im Menschen... Wenn dies geschieht, ordnet sich unser verstandesmäßiges Denken der Intuition unter, und Offenbarungen werden die Schritte der Menschheit lenken... Dieser Mechanismus, der als Kundalini bekannt ist, ist die wirkliche Ursache aller echten spirituellen und psychischen Phänomene, die biologische Grundlage der Evolution und der Persönlichkeitsentwicklung, der geheime Ursprung aller esoterischen und okkulten Lehren, der zentrale Schlüssel zum ungelösten Rätsel der Schöpfung..."[2] Ramakrishna, der von vielen als einer der größten indischen Heiligen des letzten Jahrhunderts betrachtet wird, lehrte, daß das spirituelle Bewußtsein eines Menschen nicht erwacht ist, bevor nicht die Kundalini aufgestiegen ist. Swami Muktananda, ein moderner Meister des Kundalini-Yoga, der die Kundalini-Energie in Tausenden von hoffnungsvollen spirituellen Aspiranten geweckt hat, sagte: „Nur wenn die Kundalini erwacht ist, werden wir uns unserer wahren Natur und unserer eigentlichen Größe bewußt."[3] Er betont: „Solange die innere Kundalini noch schläft, spielt es keine Rolle, wieviel Enthaltsamkeit wir uns auferlegen, wieviel Yoga wir praktizieren ... wir werden niemals die Einheit mit unserem inneren Selbst erkennen ... Das Erwachen der inneren Kundalini ist der wirkliche Beginn der spirituellen Reise."[4]

Obwohl hier im Westen die verschiedenen Yoga-Traditionen die Hauptquellen unseres Detailwissens über die Kundalini waren, bestätigen viele Kulturen die Existenz einer spiritualisierenden Energie, die mit der Kundalini übereinzustimmen scheint. Katz beschreibt im „Journal of Transpersonal Psychology", wie das Kung-Volk in der Wüste Kalahari im Nordwesten von Botswana, Afrika, stundenlang tanzte, um die n/um (Kundalini) zu wecken, wodurch sie hofften, in den !kia-Zustand zu kommen. Seinem Empfinden nach entspricht die n/um der Kundalini und !kia einem transzendentalen Zustand.[5] Katz beschreibt, daß es etwa der Hälfte des Kung-Volkes gelingt, die n/um zu erhitzen. Luk beschreibt in seinem Buch „Secrets of Chinese Meditation" einen Prozeß des Erwachens in der taoistischen Tradition Chinas, der eine unmittelbare Parallele zum Erwachen der Kundalini darstellt.[6] In der christlichen Tradition wird berichtet, daß die heilige Therese von Lisieux, als sie im Alter von zehn Jahren einem Karmeliterinnen-Kloster beitrat, mehrere Monate lang spontan Anfälle bekam, die eine „seltsame Mischung von Halluzinationen, Koma und Zuckungen" waren.[7] Manchmal machte sie spontane Bewegungen, zum Beispiel sprang sie von den Knien auf und stand auf dem Kopf, ohne ihre Hände zu benutzen. Ihre Geschichte entspricht den Beschreibungen von klassischen Fällen des Erwachens der Kundalini sowie denen, die Dr. Lee Sannella in seinem Buch „Kundalini – Psychose oder Transzendenz?" beschreibt.[8]

Die wissenschaftliche Anerkennung der Kundalini

In der Kundalini-Krisen-Klinik, die ich ursprünglich zusammen mit Dr. Sannella leitete, wurde uns bewußt, daß es in unserer westlichen Gesellschaft immer häufiger zu einem Erwachen der Kundalini kommt. Einige dieser Fälle sind in Dr. Sannellas Buch dokumentiert. Der Physiker und Meditierende Izak Bentov, der ursprünglich das Modell des physiologischen Kundalini-Zyklus prägte, entwickelte dieses Modell aus seinen Beobachtungen und Niederschriften dieser steigenden Anzahl von Fällen in Amerika, in denen es zu einem Erwachen der Kundalini kam. Dieser Zyklus ist ein erster wissenschaftlicher Versuch, den beginnenden Prozeß des Erwachens der Kundalini von einem physiologischen und klinischen Standpunkt aus zu beschreiben. Die Details dieses Prozesses werden in Dr. Sannellas Buch dargelegt.[9]

Das Modell scheint bis auf einige Abweichungen in bezug auf den genauen Pfad des Energieflusses, nachdem er beim Kronen-Chakra angelangt ist, grundsätzlich mit den im klassischen Yoga beschriebenen Anfangsstadien übereinzustimmen. Der genaue Pfad ist jedoch von geringer Bedeutung im Vergleich zu der umfassenden Bewußtseinsveränderung, die mit dem vollständigen Erwachen einhergeht. Wie bei den Details der anderen feinstofflichen Systeme ist es schwierig, volle Übereinstimmung zwischen allen Forschern zu erreichen. Wichtiger ist, daß dieser physiologische Kundalini-Zyklus wissenschaftliche Gültigkeit bekommt. Damit hätten Menschen, die klinisch tätig sind, einen Anhaltspunkt, um zu erkennen, daß dieser Prozeß möglicherweise vonstatten geht.

Dr. Sannella beschreibt den physiologischen Kundalini-Prozeß in seinem Buch als einen „dynamischen, selbstgesteuerten, selbstbegrenzten Prozeß mentaler und physiologischer Reinigung, der zu einem gesünderen und entwickelteren Zustand führt als der, den wir gewöhnlich als normal ansehen."[10] Das Modell des physiologischen Kundalini-Zyklus hat jedoch auch seine Grenzen. Es liefert keine Beschreibung der feinstofflichen Transformation und des Erwachens des menschlichen Bewußtseins, wozu es jedoch im Lauf der Zeit kommt. Dr. Sannella weist auf diese ungelösten Fragen hin, wenn er sagt: „... alle charakteristischen Elemente des physiologischen Kundalini-Komplexes sind in der klassischen Beschreibung enthalten. Und doch gibt es relativ gewöhnliche Menschen, die den physiologischen Kundalini-Zyklus innerhalb weniger Monate abschließen, wohingegen die yogischen Schriften davon sprechen, daß es mindestens drei Jahre dauert, bis selbst die fortgeschrittensten Eingeweihten den Höhepunkt des vollständigen Kundalini-Erwachens erreichen. Das scheint dafür zu sprechen, daß zu einem vollständigen Erwachen der Kundalini noch mehr gehört und der physiologische Kundalini-Prozeß nur einen Teil darstellt."[11] Aus meiner persönlichen und klinischen Erfahrung heraus kann ich sagen, daß der physiologische Kundalini-Prozeß im wesentlichen eine Beschreibung der ersten Stufe des Erwachens der Kundalini ist. Diese erste Stufe kann sich fast von einem Augenblick auf den anderen ereignen, mehrere Monate oder auch zwei oder mehr Jahre benötigen. Es gibt viele Menschen, die das Erwachen der Kundalini erlebt haben, sich jedoch mangels Bemühung, Disziplin, Interesse oder Erkenntnis des großen Potentials oder gar aus Angst vor der Entfaltung der Kundalini nicht einer permanenten Transformation unterzogen haben. Am Anfang des physiologischen Kundalini-Zyklus erleben die Menschen unter Umständen bewegende Augenblicke eines umfassenderen

Bewußtseins, doch wenn sie sich nicht fortwährend und spirituell diszipliniert bemühen, die sich entfaltende Energie dieser spiritualisierenden Kraft zu erhalten, werden aus diesen bewegenden Momenten Erinnerungen. Der Prozeß scheint sich dann zu verlieren.

Die Poesie und die Kraft der Kundalini

Die Entfaltung der Kundalini ist der wichtigste Prozeß in unserer spirituellen Evolution. Ihn mit der begrenzten wissenschaftlichen Terminologie zu beschreiben bedeutet, dem Leser die Poesie und Bedeutsamkeit dieser Erfahrung vorzuenthalten. Sicherlich ist Ihnen schon aufgefallen, daß dieses Buch eine Synthese der traditionellen linkshemisphärischen Wissenschaft mit rechtshemisphärischen intuitiven und unmittelbaren Erfahrungswerten darstellt. Jetzt scheint es angemessen, die Ebene der technischen Ausführungen zu verlassen und einen poetischeren Stil zu wählen, um multidimensionaler kommunizieren zu können.

Die Kundalini ist die Kraft des Bewußtseins. Wie Muktananda es sehr schön zum Ausdruck bringt: „Sie ist die höchste kreative Kraft des Absoluten Wesens ... Sie wohnt im Zentrum des Universums, hält dieses zusammen und erhält es am Leben. Ähnlich ... wohnt sie auch im Zentrum des menschlichen Körpers, im Muladhara-Chakra (ersten Chakra), und steuert und erhält unser ganzes physiologisches System über das Netzwerk der 72 000 Nadis ... sie sorgt dafür, daß alles in unserem Körper funktioniert ... unser Verstand, unsere Sinne, unsere Bewegungsfähigkeit ..."[12]

Die Kundalini-Energie wird auch als Prana bezeichnet. Im Yoga wird der Ausdruck Prana verwendet, um drei unterschiedliche Manifestationen derselben universellen Energie zu beschreiben. Das eine Prana ist das, was intelligent und sich seiner selbst bewußt ist und die gesamte Schöpfung in Form der höchsten Schöpferkraft des Absoluten Wesens durchdringt. Dies ist auch unter dem Ausdruck kosmisches, alles durchdringendes oder universelles Prana bekannt. Die yogischen Schiften lehren, daß sich das universelle Bewußtsein zu Prana weiterentwickelt und daß das ganze Universum aus Prana entsteht. Ein wissenschaftlicher Terminus, den wir verwendet haben, der dem universellen Prana entspricht, ist der der virtuellen Energie. Wie bereits in Kapitel 1 erklärt, ist dies der alles durchdringende Energiezustand, von dem aus sich Energie (mit Überlichtgeschwindigkeit) verdichtet und zu Tachyonenfeld-Teilchen wird. Letztlich werden hieraus die Materieteilchen, die sich mit Lichtgeschwindigkeit bewegen. Der Begriff Prana wird auch verwendet, um die Lebenskraft im Körper zu bezeichnen, die sogenannte weltliche Kundalini. Auf diese Form bezog sich Muktananda, als er davon sprach, daß sie unser ganzes physiologisches System steuert und erhält. Wenn sie auf der Ebene ist, wo sie den Körper energetisiert, wird die Kundalini als bereits erwacht betrachtet. Obwohl es nur eine Lebenskraft, das heißt ein Körper-Prana gibt, sind im Körper fünf verschiedene Formen des Körper-Pranas aktiv: Apana, die Form, die Ausscheidungsprodukte aus dem Körper schafft; Samana, die die Nährstoffe im Körper verteilt; Uyana, die uns die Fähigkeit verleiht, uns zu bewegen; Udana, die die Energie im Körper nach oben bringt; und Prana, der Atem. Die meisten Menschen denken an Prana, den Atem, wenn sie das Wort Prana hören, obwohl es eigentlich nur eine von mehreren Bedeutungen des Wortes ist.

Der Aspekt der Kundalini, auf den wir uns beziehen, wenn wir von der erwachenden Kundalini sprechen, wird Kundalini-Shakti genannt. Man sagt, daß diese latente spirituelle Energie an der Basis der Wirbelsäule im ätherischen Körper gespeichert ist. Wenn sie genug Energie akkumulieren kann, tritt sie aus ihrem potentiellen Zustand heraus in Erscheinung und beginnt, sich in dem aus 72 000 Nadis bestehenden feinstofflichen Nervensystem zu bewegen. Sie bewegt sich im Chitrini-Nadi innerhalb des zentralen Nadi (Sushumna) aufwärts. Wenn sie einmal aktiviert worden ist, setzt ein Reinigungsprozeß ein.

Die Erfahrung des Erwachens der Kundalini

Aufgrund meiner direkten Erfahrung als Zeuge des Erwachens der Kundalini habe ich begonnen, die Kundalini liebevoll als die Kraft Gottes zu betrachten, die uns zu Gott führt. Das Erwachen der Kundalini ist ein so unglaubliches Ereignis, eine so tiefgreifende ekstatische spirituelle Geburt, daß ich es am besten vermitteln kann, indem ich Ihnen von den Freuden und den Geheimnissen des Erwachens meiner eigenen Kundalini erzähle. Es fand während meines zweiten Treffens mit Swami Muktananda statt. Wir hatten uns für zwei Tage zum Meditieren zurückgezogen, zu einem sogenannten Meditations-Retreat, das dafür gedacht war, die Kundalini zu wecken. Muktananda weckte die Kundalini in anderen durch eine spirituelle Übertragung, die Shaktipat genannt wird. Dabei überträgt ein Mensch, dessen Kundalini bereits erwacht ist, Energie der erwachten Kundalini auf den spirituell Suchenden. Diese mächtige Energie aktiviert die im ersten Chakra gespeicherte „schlafende" Kundalini-Energie. Dies ist nicht die einzige Methode, mit der man die Kundalini wecken kann, doch sie ist kraft-

Kapitel 7

voll, effektiv und wird von vielen als die direkteste Methode empfunden. Außerdem handelt es sich dabei – historisch betrachtet – um eine traditionelle Methode. Im Alten Testament wird auf die Kundalini im fünften Buch Mose 34, 9 Bezug genommen: „Und Joshua, der Sohn Nuns, war erfüllt vom Geist der Weisheit, da ihm Mose seine Hand aufgelegt hatte." Im Neuen Testament gibt es im Johannes-Evangelium 20, 22 einen Bezug auf die Kundalini. Dort steht, daß Jesus „sie anhauchte und ihnen sagte: ‚Empfangt den Heiligen Geist.'" In den yogischen Traditionen ist die Methode des Shaktipat eine sehr anerkannte Herangehensweise, um die Kundalini zu wecken.

Meine Kundalini begann während der ersten Meditation des zweitägigen Meditations-Retreats zu erwachen. Muktananda gab mir Shaktipat, indem er mich mit seinem Pfauenfederstab schlug. Anschließend legte er seine Hand trichterförmig auf meinen Mund und blies direkt in meinen Mund hinein. Danach kniff er meine Nase und schob meinen Kopf zurück. Nach einer gewissen Zeit – ich glaube, es waren ein paar Minuten – fiel ich in eine tiefe Meditation. Mitten in der Meditation öffnete sich plötzlich mein Mund, und meine Zunge streckte sich so weit wie möglich nach draußen. Solche ungewöhnlichen Bewegungen sind als Kriyas bekannt; sie können sich auf einer emotionalen, mentalen, körperlichen und spirituellen Ebene ereignen. Es können ein leichtes Pulsieren oder wirbelnde Gefühle über einem Chakra, sehr kraftvolle körperliche Bewegungen, plötzliche Veränderungen im emotionalen Befinden, spontanes Weinen, rasches Hervorbringen von Gedanken oder spirituelle Visionen sein. Sie zeugen vom reinigenden Feuer der Kundalini auf ihrem Weg, den sie spontan durch die Nadis nimmt, wobei sie sich durch Gebiete mit blockierter Energie hindurcharbeitet. Häufig bringt die Kundalini den Körper in eine bestimmte Position, damit sie eine spezielle Energieblockade entfernen kann. Ich entdeckte später, daß die Position, bei der ich meine Zunge herausgestreckt hatte, Löwenstellung genannt wird. Während ich mich in der Löwenstellung befand, empfand ich eine friedvolle, wogende Glückseligkeit. Etwas später hatte ich eine Vision von Muktananda, in der er mich in eine Vereinigung mit meinem inneren göttlichen Selbst und zu dessen Bewußtsein führte. Anschließend begann die Erfahrung der Einheit meiner inneren Welt und des Universums in meinem Bewußtsein aufzutauchen.

Etwas später im Verlauf der Meditation hatte ich die Vision, daß mein drittes, viertes und fünftes Chakra dort, wo sie sich anatomisch befanden, in intensivem goldenem Licht gebadet wurden. Während die Energie sich in meinem Körper aufwärts bewegte, richteten sich meine Augen auf mein Stirn-Chakra. Dort sah ich Nityananda (Muktanandas Guru) im Lotossitz sitzen und auf mich herabschauen. Mein innerer Blick wandte sich weiter nach oben, und ich sah das Kronen-Chakra funkeln wie tausend Lichter. Während der Meditation bekam ich irgendwann starke Schmerzen im Kreuzbein- und Lendenbereich. Diese Rückenschmerzen sind bei vielen Menschen mit dem Erwachen der Kundalini verbunden.

Nach diesem Erwachen wurden meine Meditationserfahrungen zu Hause sehr intensiv. Bestimmte emotionale Fragen tauchten sehr heftig auf und verschwanden rasch wieder. Ich hatte auch weiterhin körperliche Kriyas, zum Beispiel atmete ich spontan in einem rhythmischen Wechsel, mal schnell, mal langsam. Später fand ich heraus, daß diese Atemfolgen Pranayama genannt werden. So wie ich geatmet hatte, handelte es sich um eine Atemübung, die Yogis einsetzten, um die Kundalini-Energie zu aktivieren. Etwa zehn Tage nach diesem Erwachen bekam ich vom unteren Rücken ausgehend einen roten Ausschlag auf dem Rücken. Er kreuzte zweimal von rechts nach links und umgekehrt die Wirbelsäule und schwenkte dann hinüber zu meiner linken Schulter. Nach etwa einer Woche war er wieder verschwunden. Dr. Sannella und ich dachten, es könne vielleicht ein Stigma gewesen sein, das den spirituellen Pfad der Kundalini die Wirbelsäule hinauf dargestellt hatte. Ich fing während meiner Meditation auch an, hochtonige Geräusche zu hören, von denen ich später erfuhr, daß man sie Nada nennt. Diese Geräusche gehen mit der Öffnung höherer Zentren einher.

Ein paar Wochen nach der ersten intensiven Sitzung zog ich mich wieder zu einem Meditations-Retreat mit Muktananda zurück, da ich das Gefühl hatte, daß es die Energie der frisch erwachten Kundalini noch steigern könnte. Während des Retreats kanalisierte Muktananda wieder seine aktivierte Kundalini-Energie in mich hinein. Daraufhin bewegte sich die Kundalini-Energie noch intensiver in meinem Körper und die Wirbelsäule hinauf. Stechende heiß-kalte Schmerzen traten in meinem oberen Rücken und im Nacken auf, und ich empfand brennende Schmerzen im Bereich der Schilddrüse und im Hals. Mein Kopf und mein Hals machten spontan die verschiedensten Bewegungen. Obwohl mir dies alles sehr seltsam vorkam, empfand ich bei alldem einen tiefen Frieden und ein Gefühl der Liebe. Im weiteren Verlauf unseres Zusammenseins begann ich Farben und Lichtblitze um die Menschen und besonders um Muktananda herum zu sehen. Mein Stirn-Chakra begann sich zu drehen und zu pulsieren. So viele Dinge schienen sich zu ereignen, daß das Ganze recht lustig anmutete. Während der letzten Meditation des Retreats begann sich die Energie mit großer Hitze meine Wirbelsäule hinaufzubewegen, und der Höhepunkt war eine Explosion weißen Lichts in meinem Kopf. Es kam mir vor, als würde ich vor Energie platzen. Innerlich konnte ich sehen, daß mein Kronen-Chakra aus goldenem Licht war, manchmal sah es aus wie eine umgedrehte goldene Untertasse, manchmal wie tausend goldene Lichter. Nach dieser Explosion erlebte ich einen Zustand tiefen inneren Friedens und Wissens. Ich nahm im Bereich des Stirn-Chakras eine goldene, helleuchtende Lotosblume mit zwei Blütenblättern wahr. Sie strahlte ein reines, wunderschönes Licht aus. Dabei durchdrang ein tiefes Gefühl der Zugehörigkeit und der totalen Freiheit mein Bewußtsein. Dieses Gefühl war von dem Wissen begleitet, daß ich unabhängig von meiner Lebenssituation jederzeit mit diesem Bewußtsein verschmelzen und auf ewig zufrieden sein konnte. Mein Körper pulsierte in vollkommener Glückseligkeit. Ich bin frei! An diesem Punkt erkannte ich, daß der Tod für das Selbst nicht existiert. Der physische Körper kann zwar sterben, doch die Wahrheit, das „Ich Bin", ist unsterblich.

Ich habe diesen Erfahrungsbericht eingefügt, um Ihnen eine Vorstellung von der Macht und dem ehrfurchtgebietenden Wesen der erwachten Kundalini zu vermitteln. Die Kundalini hat mein Leben unwiderruflich verändert. In Dr. Sannellas Buch wird im Rahmen eines Fallbeispiels von diesem Erwachen berichtet. Es deckt vieles von dem ab, was sich beim Erwachen der Kundalini ereignen kann, und auch viel von dem, was nach Dr. Sannellas und meiner Ansicht zum physiologischen Kundalini-Kreislauf und zur taoistischen Idee der „mikrokosmischen Umlaufbahn" gehört. Für mich war es nur der erste Schritt der Entfaltung meiner Kundalini. Etwas später im Verlauf dieses ersten Erwachens schienen einige der Phänomene, die mit der aktivierten Kundalini zusammenhingen, sich über meinen Kopf hinweg und hinab zum Magenbereich zu bewegen. Das paßt auf die im physiologischen Kundalini-Modell beschriebene Kreisbewegung. Meiner Meinung nach stellt dies die Aktivierung des zentralen Meridian-Kreislaufs dar. Verglichen mit dem Aufstieg der Energie zum Kronen-Chakra schien diese Bewegung eher zweitrangig zu sein.

Die Ernährung der Kundalini – ein zentrales Thema,
wenn die Ernährung unserer spirituellen Verwirklichung dienen soll

Da dieses Erwachen ein so tiefgreifendes Erlebnis für mich war, motivierte es mich sehr, alle möglichen Mittel zu finden, um den Fluß spiritualisierender Energie in meinem Körper zu steigern. Das zweite Meditations-Retreat bestätigte mir klar, wie sehr die transformierende Kraft der Kundalini intensiviert wurde, indem die optimale Situation für eine Verstärkung der spiritualisierenden Energie geschaffen wurde, die Körper, Geist und Seele zur Verfügung stand. Daraus entwickelte sich die Grundfrage: *Wie müssen wir uns ernähren, damit die Kundalini geweckt und genährt wird und ihr spiritualisierender Energiefluß intensiviert wird?*

Die erwachte Kundalini transformiert den Körper im wahrsten Sinn des Wortes und versetzt ihn in die Lage, die intensiveren und feinstofflicheren Energien zu leiten, die eine spirituelle Evolution mit sich bringt. Muktananda betont, daß die spirituelle Energie der Kundalini erst mit voller Kraft wirken kann, nachdem der Körper gereinigt wurde. Er sagt, daß „die Unreinheiten, die den Fluß des Prana in den Nadis blockieren, die Grundlage aller Krankheiten und Schmerzen sind. Diese Blockaden werden durch ein Ungleichgewicht und ein Durcheinander der drei Körpersäfte hervorgerufen ... was wiederum durch undisziplinierte Eßgewohnheiten und einen maßlosen Lebensstil verursacht wird."[13] Ich zitiere nicht deshalb aus der Terminologie des yogischen und ayurvedischen Medizinsystems, um die Grundlage aller Krankheiten zu beschreiben, sondern um einen wichtigen Zusammenhang herzustellen zwischen einer Ernährungsweise, die das spirituelle Leben fördert, und der entfaltenden, reinigenden und transformierenden Aktivität der Kundalini. In den folgenden Kapiteln werden wir noch detaillierter darauf eingehen.

Wenn die feinstofflichen Energiekanäle gereinigt werden, wird auch der Verstand von negativen Denkstrukturen gereinigt, wodurch es zu einer subtilen Bewußtseinsveränderung kommt. Die erste Stufe der Reinigung scheint sehr stark mit Dr. Sannellas physiologischem Kundalini-Prozeß übereinzustimmen. Meinen Beobachtungen an Hunderten von Menschen zufolge scheint es nach dem Erwachen der Kundalini etwa ein bis zwei Jahre zu dauern, bis dieser physiologische Kundalini-Prozeß abgeschlossen ist. Das trifft auf die Aspiranten zu, die sich normalen spirituellen Disziplinen unterwerfen, wozu Meditation, die Hingabe an Gott, gute Gesellschaft und ein ausgewogenes, harmonisches Leben gehören und natürlich auch eine Ernährung, die das Erwachen und den Fluß der Kundalini fördert. Die zweite Stufe auf dem Weg zur permanenten Bewußtseinstransformation und zum höchsten Bewußtsein erfordert nicht nur die Gnade, daß die Kundalini geweckt wird, sondern noch mutigere und hingebungsvollere Bemühungen. Darum berichtet Dr. Sannella, daß zwar viele Menschen den physiologischen Kundalini-Zyklus erleben, jedoch keine Berichte von Menschen vorliegen, die den vollständigen klassischen Zyklus vollendet haben.

Während des Vorgangs der vollständigen spirituellen Transformation unseres Bewußtseins durch die Kundalini arbeitet die Kundalini daran, jedes Chakra zu wecken, damit unser Geist mit dem höchsten Bewußtsein verschmelzen kann. Die Kundalini-Energie arbeitet so lange als spiritualisierende Kraft in der physischen Anatomie und den feinstofflichen Strukturen, bis sie zusammen mit dem Bewußtsein des Suchenden mit dem Göttlichen und dem Bewußtsein des Kronen-Chakras eins wird. In diesem großartigen Augenblick ist der spiritualisierende Prozeß der Kundalini abgeschlossen. Eine Ernährung, die das spirituelle Leben fördert, soll im wesentlichen dazu beitragen, daß die Kundalini sich entfalten kann.

Zusammenfassung von Kapitel 7

1. Die innere Kraft des transpersonalen Erwachens, die uns zur Ekstase, zur Liebe und zum kosmischen Bewußtsein führt, wird Kundalini genannt. Auch in anderen Kulturen und spirituellen Richtungen gibt es Beschreibungen derselben Kraft. Dabei handelt es sich um das wichtigste feinstoffliche Energiesystem für die spirituelle Evolution der menschlichen Rasse.

2. Das Erwachen der Kundalini wird von vielen als ein notwendiger Schritt in Richtung auf höhere Stufen spiritueller Evolution betrachtet.

3. Wenn die Kundalini einmal erwacht ist, bewegt sie sich durch das feinstoffliche Nervensystem oder die Nadis und entfernt dabei alle existierenden Blockaden. Wenn die Nadis gereinigt sind, kann die spiritualisierende Energie der Kundalini mit voller Kraft agieren.

4. Durch die richtige Ernährung geht die transformierende und reinigende Aktivität der Kundalini leichter vonstatten.

5. Eine angemessene Ernährung, die das spirituelle Leben fördert, steigert die Fähigkeit des Körpers, die spiritualisierende Kraft der Kundalini, die sehr intensiv und kraftvoll sein kann, auszuhalten und weiterzuleiten.

6. Die ungehinderte Kundalini bewegt sich durch den physischen und die feinstofflichen Körper und spiritualisiert dabei das Bewußtsein des Aspiranten, bis die Kundalini und der Aspirant mit dem Göttlichen im Kronen-Chakra eins werden.

7. Eine Ernährung, die das spirituelle Leben fördert, soll im wesentlichen dazu beitragen, die spiritualisierende Kraft der Kundalini zu steigern.

Die Kundalini

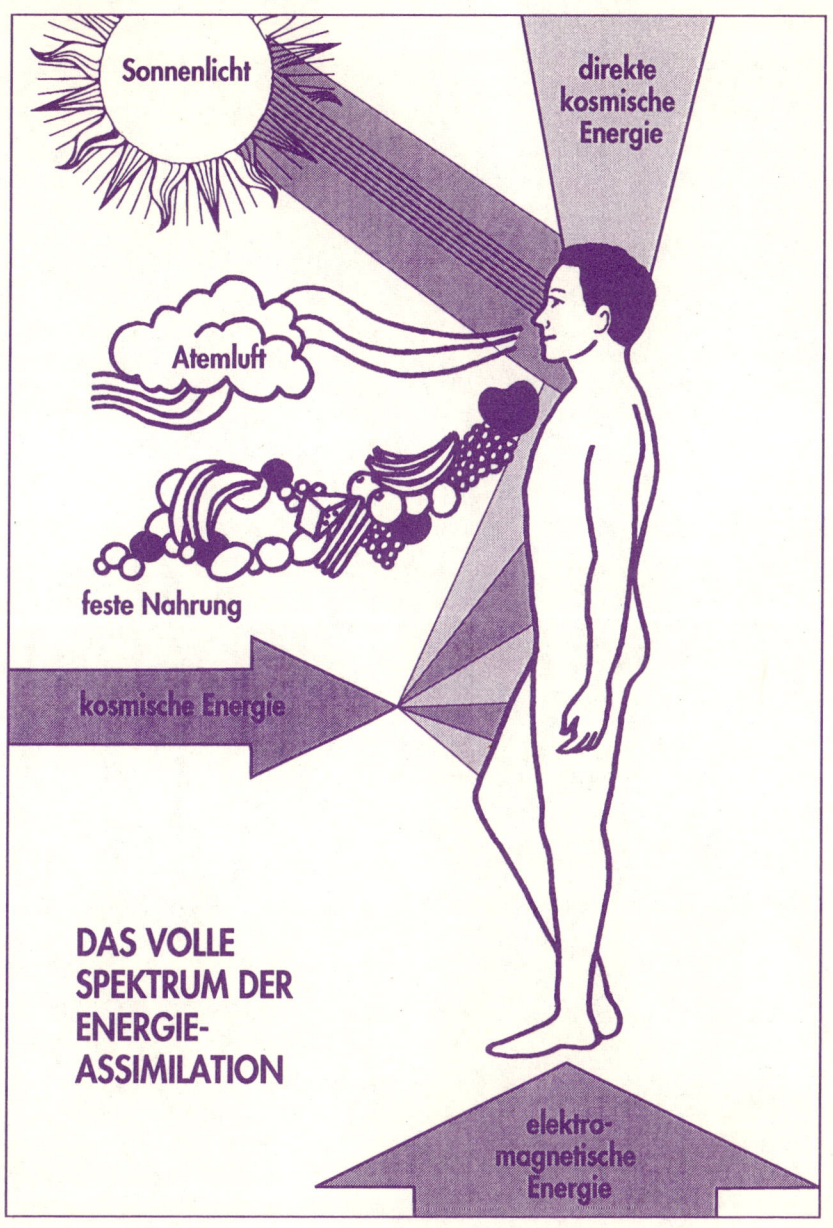

Abbildung 4

8

Nährstoffe: die Vielfalt und der Eine

Eine neue Definition des Wortes „Nährstoff"

„Am Anfang war das Wort, und das Wort war bei Gott, und das Wort war Gott." (Johannes 1, 1) Dieses bekannte Zitat aus dem Johannes-Evangelium ist ein Schlüssel zum Verständnis einer spirituellen Ernährungsweise. Eine seiner Bedeutungen ist die, daß alles von Gott stammt und von Gott oder der kosmischen Energie genährt wird. Dies ist die letztendliche Quelle jeder Art von Nahrung. Grundsätzlich ernähren wir uns von kosmischer Energie oder Prana in verschiedenen Dichtegraden. In diesem Zusammenhang wird jede Form von Energie, auf jeder uns zur Verfügung stehenden Ebene, als Nährstoff betrachtet. Das umfaßt auch das Sonnenlicht und alle irdischen Reiche – das mineralische, pflanzliche und tierische. Wenn wir einmal verstanden haben, daß die verschiedenen Dichtegrade von Prana die grundlegenden Nährstoffe für alle Lebensfunktionen sind, können wir unsere Definitionen von Ernährung und Assimilation erweitern. Wir erkennen jetzt den Wert eines Ernährungsparadigmas, das materielle Nahrung nur als einen Dichtegrad im Rahmen eines größeren Spektrums von Nährstoffen betrachtet, die für unsere spirituelle Entwicklung wichtig sind. Mit diesem Wissen können wir nun Sri Nisargadattas Lehre verstehen, daß Bewußtsein die Essenz der Nahrung ist, die wir verdaut haben. In den jüdisch-christlichen Überlieferungen gibt es mehrere Hinweise auf Menschen, die sich von den weniger dichten Energien ernähren konnten. In „The Forgotten Books of Eden", im Kapitel über die „Secrets of Enoch", wird zitiert, was Enoch sagte, nachdem er von seinem Besuch im Himmel zurückgekehrt war: „Höre, mein Kind, von dem Zeitpunkt an, als der Herr mich mit seiner Herrlichkeit salbte, gab es keine Nahrung mehr für mich, und meine Seele kann sich weder an weltliche Vergnügen erinnern, noch sehne ich mich nach etwas Irdischem."[1] Im 2. Buch Mose 34, 28 wird von Mose gesagt: „Vierzig Tage und vierzig Nächte war er dort mit dem Herrn; er aß weder Brot, noch trank er Wasser." In Johannes 4, 31 steht, daß Jesus auf die Aufforderung seiner Schüler: „Rabbi, iß" antwortete: „Ich habe eine Speise zu essen, die ihr nicht kennt ... Meine Speise ist, den Willen dessen zu tun, der mich gesandt hat ..." Zu den in jüngster Zeit dokumentierten Fällen des Nicht-Essens gehören mehrere Beispiele von Menschen, die ihre Körper allein – bis auf Wasser – durch die weniger verdichteten, nichtmateriellen Energien am Leben erhalten konnten.

Eine Grundlage des ganzheitlichen Paradigmas ist folgende: *Nahrung ist das, was wir in Körper, Geist und Seele von den verschiedenen Verdichtungsebenen aufnehmen, die eine Ausfällung der kosmischen Energie darstellen.* Anhand dieses Prinzips können wir erklären, wie es möglich ist, daß das System weder dem Gesetz der Erhaltung von Masse und Energie noch dem Zweiten thermodynamischen Gesetz beziehungsweise der Entropie vollständig unterworfen ist. Diese beiden Pfeiler des alten Paradigmas lassen sich hauptsächlich auf ein energetisches System anwenden, das auf der Assimilation von fester Nahrung als alleiniger Nahrungsquelle beruht. Durch Kervans Arbeit über biologische Transmutation haben wir entdeckt, daß diese Gesetze nicht gelten. Das bedeutet nicht, daß wir das materialistisch-mechanistische Paradigma abschaffen sollten, denn auf der rein materiellen Ebene vermag es viele Dinge zu erklären. Statt dessen sollten wir es als begrenzten Teil unseres ganzheitlichen Paradigmas mit einbeziehen.

Reine kosmische Energie als Nährstoff

Es gibt viele Wege, über die Energie verschiedener Dichtegrade in das System aufgenommen wird. Auf dem höchsten Punkt des Kopfes befindet sich das Kronen-Chakra. Dies ist die einzige Stelle im ganzen System, durch die wir reine, unverdichtete kosmische Energie direkt aufnehmen können. Anfangs spielt dieser Assimilationsort für die Energetisierung des Körpers nur eine untergeordnete Rolle, doch wird diese Energiequelle auf den fortgeschritteneren Stufen des Spiritualisierungsprozesses immer wichtiger. Wenn die Kundalini mit dem Kronen-Chakra verschmolzen ist, erreicht diese Quelle ihre größte Bedeutung. Muktananda spricht diesbezüglich von der Sushumna-Atmung und meint damit, daß er in Wirklichkeit durch das Kronen-Chakra „atmet". Das reine Prana bewegt sich vom Kronen-Chakra abwärts und energetisiert zuerst das Gehirn, das zentrale Nervensystem, die Zirbeldrüse und die Hypophyse. Wissenschaftler haben interessanterweise festgestellt, daß das Sonnenlicht in die Schädel von Hühnern eindringt und dort direkt ihre Zirbeldrüsen stimuliert. Dr. Richard Wurtman erklärt in einem Artikel im „Scientific American" mit der Überschrift „Effects of Light on the Human Body", daß Licht in der Lage ist, in das Gehirn von lebenden Schafen vorzudringen.[2] Wenn Sonnenlicht das kann, ist es auch möglich, daß das reinere kosmische Prana das Innerste unserer Gehirnstrukturen durchdringt und beeinflußt. Von dort aus bewegt es sich im Rückgrat und im Sushumna-Nadi abwärts. Es hat sowohl einen spiritualisierenden Effekt auf Körper, Geist und Seele als auch eine energetisierende Wirkung auf die Chakren und die mit ihnen zusammenhängenden Nervenzentren, Hormondrüsen und Organe. Diese sich abwärts bewegende spiritualisierende Energie wird spirituelle Kundalini genannt. Wenn das System zu einem reinen Leiter dieser Energie wird, kann sie das System immer besser energetisch aufladen. Dadurch sammelt sich das energetische Potential zur Erweckung der Kundalini an, die in einem inaktiven Zustand an der Basis der Wirbelsäule ruht.

Heruntertransformierte kosmische Energie

Die anderen Eintrittspforten sind Wege für heruntertransformierte kosmische Energie. Bei dieser Energie handelt es sich in erster Linie um die Lebensenergie, welche die Lebensfunktionen des Körpers aktiviert und reguliert. Die Lebenskraft gelangt im wesentlichen über das Chakren-System ins System, nachdem die Energie beim Durchgang durch die sieben Körper heruntertransformiert wurde. Je mehr die feinstofflichen Körper synchronisiert sind, um so leichter kann die kosmische Kraft durch sie hindurchfließen und das System energetisieren. Der umfassendere Geist beziehungsweise das Ego als Ganzes ist die Summe der Funktionen der sieben feinstofflichen Körper. Wenn er in einem harmonischen Zustand ist, zum Beispiel während einer Meditation, wird mehr kosmische Energie in das System aufgenommen. Wir können daher indirekt sagen, daß Meditation der wichtigste Verdauungsprozeß ist, durch den wir Lebenskraft in das System aufnehmen.

Unser köstliches Sonnenlicht

Eine weitere wichtige Quelle der Lebensenergie ist das Sonnenlicht. Licht ist die Form von Prana in unserem Universum, welche die geringste Dichte besitzt. Es bringt das ganze Spektrum der Regenbogenfarben in unser System, das dadurch stimuliert wird. Das Licht wird durch die feinstofflichen Körper gefiltert und von den Rezeptoren des Nervensystems in den Augen und in der Haut aufgenommen. Die Nervenrezeptoren im Auge übersetzen diese Information des ganzen Spektrums in optische Nervenimpulse, die sie an die verschiedenen Zentren im Gehirn weiterleiten: an die Zirbeldrüse, die Hypophyse und das restliche endokrine System. Durch diese Systeme energetisiert und aktiviert das Licht auf indirekte Weise unseren gesamten Organismus und steuert Körperrhythmen und -zyklen. Früher ging man davon aus, daß der Mensch immun sei gegen die zyklische hormonelle Steuerung durch das Licht, wie sie bei niederen Tieren beobachtet wird. Bei ihnen reguliert das sichtbare Lichtspektrum den Fortpflanzungszyklus sowie andere tägliche und jahreszeitliche Rhythmen. Durch die Forschungen von Dr. Alfred Lewy, einem Psychiater beim National Institute of Mental Health, ist nachgewiesen worden, daß diese Annahme falsch ist. Er hat gezeigt, daß die Melaninausschüttung bei Menschen abgestellt werden kann, wenn man sie hellem Licht aussetzt.[3] Er und andere haben aufregende Untersuchungen durchgeführt, die zeigen, daß bei jahreszeitlich bedingter depressiver Verstimmung (engl. „Seasonally Affective Disorder" oder SAD; d. Ü.) Lichttherapie indiziert ist.[4] Menschen, die unter SAD leiden, leiden in dem Maß, wie die Tage kürzer werden, zunehmend an Depressionen. Sie werden leicht irritierbar, müde, ängstlich, ziehen sich sozial zurück und interessieren sich immer weniger für Arbeit und Spiel. Setzt man sie drei bis vier Tage lang morgens und abends drei Stunden lang oder nur abends fünf Stunden lang sehr hellen Lichtquellen aus, kann man auf diese Weise die Symptome zum Verschwinden bringen. Erste Untersuchungen weisen darauf hin, daß Arbeiter, die nicht genug Licht oder nicht die richtige Art von Licht erhalten, Probleme bekommen. Sie leiden zum Beispiel zunehmend unter Müdigkeit, erbringen schlechtere Arbeitsleistungen, ihre Immunabwehr verschlechtert sich, und sie sind körperlich nicht so fit. Dr. Blackwell von der Ohio State University entdeckte, daß die Produktivität der Arbeiter aufgrund eines verbesserten Gesundheitszustandes um 11,7 Prozent anstieg, wenn die Arbeiter unter Vollspektrumlampen arbeiteten, deren Licht dem des Sonnenspektrums ähnelt.[5] Dr. Hollwich von der Universitäts-Augenklinik in Münster, Westfalen, entdeckte bei einer Gruppe von fünfzig Menschen, die an grauem Star erblindet waren, daß die Schwingungsamplituden der Nebennieren- und Blutzellrhythmen und die Aktivität des Systems der Grundregulation einschließlich des Hypothalamus, der Hypophyse und des Nebennierenkortex verringert waren.[6] Entfernte man den grauen Star, verschwanden auch diese Anomalitäten. Andere Wissenschaftler, wie zum Beispiel Dr. Alain Reinberg in Paris, haben einige starke Anzeichen dafür gefunden, daß der Menstruationszyklus der Frau ebenfalls von Licht beeinflußt wird.[7]

Kliniker und Forscher, wie zum Beispiel Dr. John Downing (dessen Spezialgebiete Wahrnehmungspsychologie, Optometrie und die Erforschung des

Gesichtssinns allgemein sind), entdecken auch gerade, daß Licht, das in verschiedene Wellenbereiche oder Bänder des Spektrums gebrochen wird, jeweils eine unterschiedliche Heilqualität besitzt. Dr. Downing hat mir selbst berichtet, daß das Spektrum den grundlegenden Spektralfarben der Chakren entspricht und daß jede dieser Farben unterschiedliche Teile des Körpers aktiviert.[8] Seiner Meinung nach können diese Entdeckungen klinisch am besten so umgesetzt werden, daß man einer Person eins von mehreren speziellen Bändern im Rot-Spektrum ins Auge strahlt, um so unterschiedliche Aspekte des sympathischen Nervensystems zu aktivieren und zu heilen. Auf das parasympathische Nervensystem, so fand er heraus, wirken die verschiedenen Bänder des blauen Farbspektrums heilend. Welches spezielle Band aus den beiden Spektren für den jeweiligen Menschen das richtige ist, ist von Mensch zu Mensch verschieden. Die Reihenfolge: Sonnenlicht – Auge – Sehnerv – Gehirn – endokrines System stellt eine Kette dar, die durch farbiges Licht aktiviert wird, wobei die zu wählende Farbe der des jeweiligen Chakras und des mit ihm verbundenen Systems entspricht. Wie es sich mit dieser Farb-Organ-Verbindung und mit dem damit zusammenhängenden Chakra verhält, veranschaulicht ein Artikel im „Scientific American", der von dem Lichtforschungspionier Dr. Richard Wurtman veröffentlicht wurde.[9] Er skizziert den spezifischen Weg, den das Licht nimmt, wenn es die Funktion der Eierstöcke von Ratten beeinflußt. Das umgewandelte Sonnenlicht bewegt sich durch den optischen Nerv; ein Teil davon wandert in die optischen Zentren im Kortex, ein anderer gelangt in den Hypothalamus und den superchiasmischen Nukleus, die interne Uhr des Körpers. Von dort aus wandert es zum Rückenmark und das obere zervikale Ganglion hinauf zur Zirbeldrüse, die hormonelle Botschaften an den Hypothalamus schickt, der seinerseits wieder eine hormonelle Botschaft an die Hypophyse sendet. Schließlich setzt die Hypophyse ein luteinisierendes Hormon frei, um die Eierstöcke zu stimulieren (siehe Abb. 5 auf S. 108). Wissenschaftler haben entdeckt, daß speziell das Licht im orange-roten Wellenbereich den ovarialen Zyklus stimuliert. Interessanterweise hängt die Sexualfunktion mit dem zweiten Chakra zusammen, dessen vorherrschende Farbe Orange ist.

Die Rezeptoren unserer Haut nehmen das Licht direkt auf. Das Melanin der Haut kann, ähnlich wie die Stäbchen und Zäpfchen des Auges, die strahlende Sonnenlichtenergie absorbieren, sie in Töne oder Schwingungsenergie umsetzen und wieder zurückverwandeln.[10] Diese Energie kann als schwingende Energie übertragen oder in eine ausreichende Menge Wärmeenergie umgewandelt werden, um auf Stoffwechselprozesse einzuwirken.

Kapitel 8

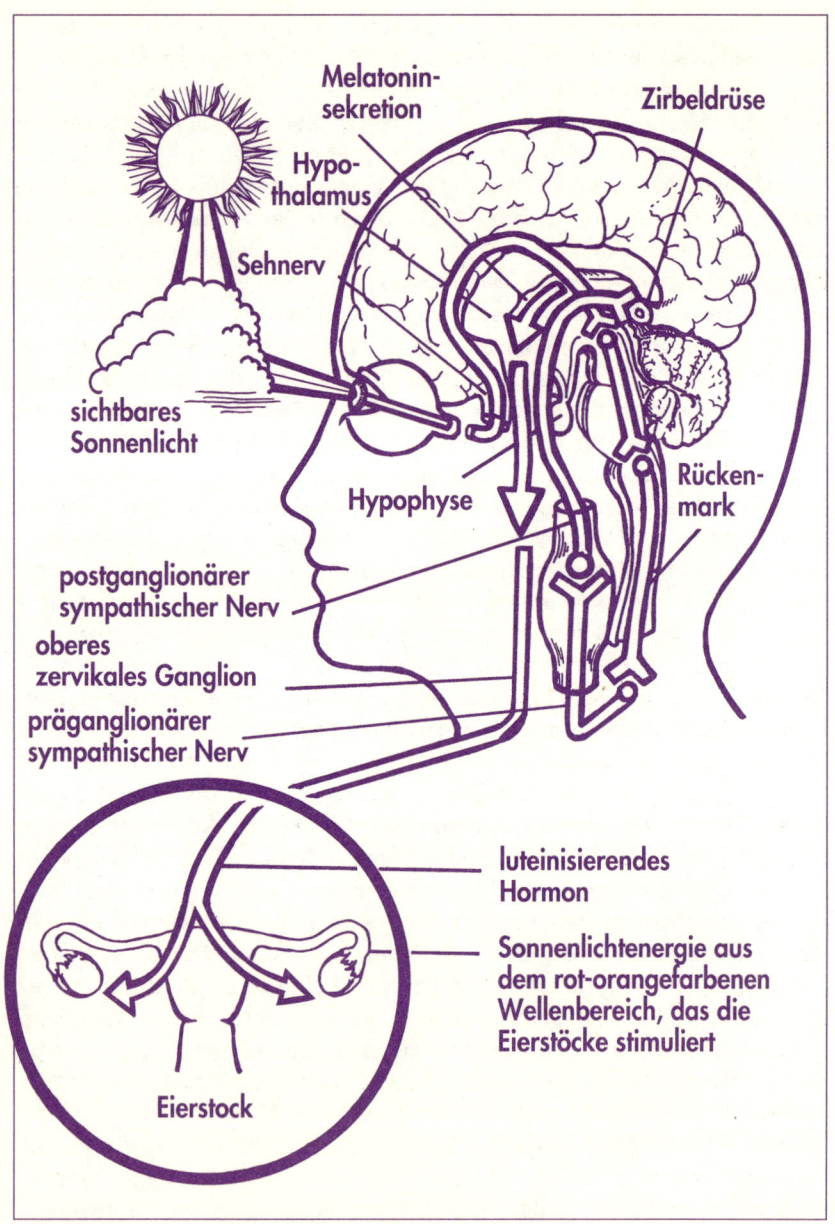

Abbildung 5

Die Sonnenlichtenergie kann natürlich auch den uns wohlbekannten Sonnenbrand hervorrufen. Die Energie des Sonnenlichts wird benötigt, um Vitamin D zu produzieren, und sie steuert auch die Produktion von Melatonin, ein Nervenhormon, das von der Zirbeldrüse produziert wird. Die Forschungen weisen darauf hin, daß Melatonin Schlaf herbeiführt, den Eisprung hemmt und modifizierend auf die Sekretion anderer Hormone einwirkt.[11] Dr. Frank Barr hat die These aufgestellt, daß Melanin eine zentrale Rolle bei der Steuerung fast aller physiologischen und psychologischen Aktivitäten spielt.[12] Es braucht kaum gesagt zu werden, daß der Nährstoff Sonnenlicht auf viele unterschiedliche Arten energetisierend auf uns einwirkt. Möglicherweise wird das Sonnenlicht auf kaum merkliche Weise zu einer immer wichtigeren unmittelbaren Quelle für Lebensenergie, je mehr wir unsere Ernährungsgewohnheiten verfeinern und läutern. Gegenwärtig wird geschätzt, daß Menschen etwa 30 bis 60 Minuten Mittagssonne täglich benötigen, um gesund zu bleiben. Da die Augen einen wichtigen Zugang für das Sonnenlicht in unser System darstellen, ist es am besten, während dieser Zeit keine Sonnenbrille zu tragen. Trotz dieser wichtigen Rolle der Augen nehmen wir um so mehr Sonnenenergie auf, je vollständiger wir unsere Haut im Sonnenlicht baden. Möglicherweise nimmt sogar das Hämoglobin der roten Blutkörperchen in den Kapillaren an der Hautoberfläche das Sonnenlicht direkt auf, so wie es das Chlorophyll der Pflanzen tut, und möglicherweise transportieren diese energetisierten biomolekularen Hämoglobinstrukturen die Energie des Sonnenlichts direkt in den Rest unseres Systems.

„Vitamin O"

Ein weiterer wichtiger Nährstoff, der uns Energie zuführt, ist Sauerstoff. In einigen modernen Yoga-Lehren wird gesagt, daß etwa 90 Prozent der vom Körper verwerteten Energie vom Sauerstoff stammt, der über das Lungen- und das Hautsystem aufgenommen wird. Ohne Sauerstoff kann unser physischer Körper nur wenige Minuten lang überleben, während wir es ein paar Wochen lang ohne Wasser und monatelang ohne feste Nahrung aushalten. „Vitamin O" ist unser wichtigster Nährstoff. Wenn von Prana gesprochen wird, ist meistens diese Form der Energieaufnahme gemeint. Diese vitale Energie empfinden viele Menschen, wenn sie einen Wald betreten und sich über die pulsierende, erfrischende Luft dort freuen. In Wäldern und unverschmutzten Gewässern wird das energetische Feld der Luft verstärkt. Das Sauerstoffmolekül wird in seiner Schwingung angeregt.

Atmen wir solche Luft ein, wird ihre Energie über unsere Lunge auf unseren Körper übertragen. Wenn die Luft durch Klimaanlagen oder Luftschächte geleitet wurde, keinen Kontakt mit dem Sonnenlicht hatte, verschmutzt oder bestrahlt wurde, hat sie Energie eingebüßt, und uns steht weniger von dieser schwingenden Lebenskraft zur Verfügung. Diese Energie des Sauerstoffs gelangt in die Lungen, die das Herz-Chakra umgeben, und trägt dazu bei, die Energien der oberen und unteren Chakren ins Gleichgewicht zu bringen. Yogis und Menschen im Westen, die im Gesundheitsbereich tätig sind, haben beobachtet, daß der Verstand sich beruhigt, wenn der Atem gleichmäßig fließt. Diese Beobachtung deutet darauf hin, daß eine wichtige Verbindung zwischen dem Verstand und der Atmung besteht. 80 Prozent des Sauerstoffs, den wir aufnehmen, wandert ins Gehirn. Diese große Menge Sauerstoff, die ins Gehirn wandert, unterstützt den Abwärtsfluß der Kundalini-Energie. Möglicherweise kann dieses Phänomen zum Teil auch als Erklärung dafür herangezogen werden, warum die Kundalini durch verschiedene Pranayama-Übungen geweckt werden kann.

Wir nehmen Sauerstoff auch direkt aus der Nahrung in unser System auf. Dr. Stephen Levine hat vor kurzem eine Hypothese aufgestellt, wonach chronische Krankheiten mit Sauerstoffmangel in den Geweben (Anoxie) zusammenhängen und Gesundheit mit einer hohen Sauerstoffaufnahme im Verhältnis zur Nahrungsmittelaufnahme.[13] Als Analogiebeispiel verwendet er eine Batterie: Er erklärt, daß der Sauerstoff der positive Pol dieser Batterie ist und daß die Nahrungsmittel, die wir aufnehmen, eine Quelle von pulsierenden, negativ geladenen Elektronen sind. Die Elektronen bewegen sich vom negativen Nahrungsmittelpol zum positiven Sauerstoffpol. Spurenelemente, Eisen, Mangan, Zink und andere Elektronenträger sind für die Leitung dieser Bioelektrizität durch das zytochrome Oxidasesystem und unser Antioxidantiensystem lebensnotwendig. Die Vitamine A, C, E, Selen und verschiedene andere antioxidante Enzyme wie zum Beispiel Hyperoxiddimutase und Glutathionperoxidase dienen dazu, diesen Energiefluß davor zu schützen, daß er von freien Radikalen unterbrochen wird, die dem System Elektronen rauben. Diese freien Radikale kommen von der Umweltverschmutzung und von inneren Verunreinigungen, die das Ergebnis einer falschen Ernährung sind, wozu zum Beispiel auch bestrahlte Lebensmittel gehören. Während dieser Elektronenbewegung und des Transfers zum Sauerstoffpol wird Stoffwechselenergie freigesetzt, die für unseren normalen Stoffwechsel verwendet wird. Damit es zu diesem lebendigen Strom kommt, ist einerseits eine optimale Menge Sauerstoff nötig. Auf der anderen

Nährstoffe: die Vielfalt und der Eine

Seite ist es wichtig, daß wir frische, natürliche Nahrungsmittel zu uns nehmen, deren Elektronen stark schwingen und daher sehr energetisch sind. Solche Nahrungsmittel haben noch hochenergetische Kohlehydratverbindungen, die aktivierte Elektronen in ihrem Verbund haben, die wiederum die Folge einer Elektronenaktivierung durch Photosynthese sind. Diese Energie des Sonnenlichts ist als aktivierte Elektronenenergie in den Kohlehydratverbindungen gespeichert, die wir in organischen, vollwertigen und vegetarischen Nahrungsmitteln finden. Diese Nahrungsmittel rufen in Verbindung mit dem Sauerstoffpol den stärksten Fluß hervor. Die letzte Aussage bedeutet genaugenommen, daß pflanzliche Nahrungsmittel höherwertig sind als tierische. Es ist sehr wohl möglich, daß die direkte Energie der Photosynthese, die normalerweise in Kohlehydratverbindungen vorhanden ist, für Menschen entweder in veränderter Form vorliegt oder gar verloren ist, wenn die Nahrung zuerst von einem Tier verstoffwechselt wird. Möglicherweise kommt das Tier in den Genuß der ganzen direkten Sonnenlichtenergie der Pflanze. Angesichts unserer gegenwärtig beschränkten Fähigkeit, die Freisetzung von Wärmeenergie aus pflanzlichen und tierischen Kohlehydratverbindungen zu messen, können wir möglicherweise auf der materiellen Ebene keinen wahrnehmbaren Unterschied in der Freisetzung von Energie feststellen. Subjektiv ist dieser Unterschied jedoch leichter wahrnehmbar.

Wenn der Sauerstoff in einem System abnimmt, hat der Sauerstoffpol im bioelektrischen Stromkreis weniger Kraft, Elektronen anzuziehen, so daß der bioelektrische Stromfluß nachläßt. Wir sollten daher zusehen, in unserem Gewebe stets ein hohes Sauerstoffniveau aufrechtzuerhalten. In unserer verschmutzten und streßreichen Umgebung ist das allerdings nicht so einfach. Je mehr wir die Isolierung in unseren Bürogebäuden verbessern, um Energiekosten zu sparen, um so mehr leiden wir unter Sauerstoffmangel. Durch die rasch fortschreitende Abholzung unseres Planeten nimmt die örtliche Versorgung mit Sauerstoff ab; ungewöhnliche Verbindungen entstehen in verschmutzter Luft, die den sonst freien Sauerstoff an sich bindet; die Abgase unserer Autos und Fabriken rauben uns den Sauerstoff in den erdnahen atmosphärischen Schichten. Auch Streß verursacht einen Sauerstoffmangel im Organismus. Wird Streß zum Beispiel durch giftige Substanzen in unserer Atemluft, unserem Wasser und unserer Nahrung verursacht, wird Sauerstoff benötigt, um den Körper zu entgiften. Aufgrund der chemischen Umweltgifte, des Chlors im Wasser und der Autoabgase, die durch die Verbrennung von Petrochemikalien entstehen, müssen wir unseren Sauerstoffvorrat im Körper verwenden, um uns zu schützen. Durch emotionalen Streß entsteht ein Übermaß an Adrenalin und mit Adrenalin verwandten Hormonen, für deren Verstoffwechselung Sauerstoff benötigt wird. Körperliche Traumen beeinträchtigen die Durchblutung, daher verringert sich die Sauerstoffmenge, die zu den Zellen gelangt. Im Fall einer bakteriellen, viralen oder Pilzinfektion müssen die Abwehrzellen des Körpers, die Phagozyten, in gewissen Mengen sauerstoffhaltige freie Radikale produzieren, um die Mikroben zu bekämpfen. Diese zellvermittelte Aktivität ist unsere wichtigste Verteidigungsmaßnahme gegen viele pathogene Mikroben einschließlich des Hefepilzes Candida albicans.[14] Die aktivierten phagozytären Zellen unseres Immunsystems steigern ihren Sauerstoffverbrauch um bis zu 50 Prozent, wenn sie fremde Eindringlinge in unserem System zerstören.[15] Das zieht natürlich Sauerstoff von seiner Hauptfunktion ab: unsere Nahrung zu oxidieren, um Stoffwechselenergie zu produzieren.

Mangelhafte Ernährung ist ein weiterer Sauerstoff-Streßfaktor. Nahrungsmittel, die extrem sauer wirken, wie zum Beispiel Fleisch, Kaffee, alkoholfreie Getränke, mit Kohlensäure versetzte Getränke und Alkohol, führen zu einer Übersäuerung des Systems. Übersäuerung ist nichts anderes als ein Überfluß an Wasserstoffionen (H+) im System, die den Sauerstoff aufbrauchen, indem sie sich mit ihm zu Wasser verbinden. Dabei schließen sie das System kurz, so daß die vollständige, Energie produzierende Bewegung der Elektronen auf dem Weg zum Sauerstoffpol abnimmt. Wenn dem Stoffwechsel weniger Sauerstoff zur Verfügung steht, wird mehr Milchsäure produziert, und die zelluläre Umgebung übersäuert zunehmend, was dazu führt, daß die Zellen ihre Funktionen nicht mehr ausführen können. Nach Dr. Levine ist Hypoxie oder Sauerstoffmangel eine wesentliche Ursache für alle chronisch-degenerativen Krankheiten.[16] Sauerstoffmangel im Gewebe wurde bereits mit Candida-albicans-Infektionen und mit der degenerativen Krankheit Krebs in Verbindung gebracht.[17]

Gute Gesundheit scheint davon abhängig zu sein, daß wir Nahrungsmittel zu uns nehmen, die viel Sauerstoff beinhalten. Da Wasser zu 85 Prozent aus Sauerstoff besteht, ist es gut für uns, Wasser zu trinken und Nahrungsmittel zu essen, die einen hohen Wassergehalt haben, wie zum Beispiel Obst, das bis zu 90 Prozent aus Wasser bestehen kann. Den nächsthöchsten Sauerstoffgehalt weisen Kohlehydrate auf, die vom Gewicht her einen Anteil von etwas mehr als 50 Prozent Sauerstoff haben. Das läßt sich leicht mit der chemischen Formel der Kohlehydrate errechnen: CH_2O. Das Moleculargewicht von Kohlenstoff ist 12, von Wasserstoff 1 und von

Sauerstoff 16. Zu solchen Nahrungsmitteln gehören Gemüse, Körner, Samen und Nüsse. Obwohl Samen und Nüsse Fette und Proteine enthalten, die den Sauerstoffgehalt senken, haben sie dennoch einen hohen Anteil an komplexen Kohlehydraten. Sesamsaat hat zum Beispiel einen dreimal so hohen Kohlehydratanteil wie Rotkraut, Mungbohnensprossen, grüne Bohnen und viele andere Früchte und Gemüsesorten.[18] Eiweiße enthalten etwa 25 Prozent Sauerstoff, und Fette haben den niedrigsten Sauerstoffgehalt, nur etwa 12 Prozent. Obwohl wir einige ungesättigte Fettsäuren benötigen, um daraus Zellmembranen herzustellen, sind sie Sauerstoffräuber. Ein weiteres Problem mit Fetten und besonders mit tierischen Fetten ist, daß die meisten Pestizide, Herbizide und andere Umweltgifte fettlöslich sind, daher vergrößern sie unsere Belastung durch Umwelttoxine und zweigen Sauerstoff für die Entgiftung aus dem Körper ab. Aus diesen Gründen ist es besser, Nahrungsmittel zu essen, die essentielle Fettsäuren enthalten, statt solche, die wir im Körper selbst herstellen können. Avocados und Sesamsamen beinhalten zum Beispiel viele essentielle Fettsäuren. Wir sollten uns zu 10 bis 15 Prozent von Nahrungsmitteln ernähren, die größere Mengen an ungesättigten, freien Fettsäuren enthalten.

Es ist wichtig, das richtige Verhältnis zwischen Sauerstoff und dem Dichtegrad der Nahrung hinzubekommen. Dichte Nahrungsmittel sind solche mit einem hohen molekularen Gewicht, die daher im Verhältnis zu ihrer Größe ein hohes Gewicht haben. In diesem Kontext bezieht sich der Ausdruck dichte Nahrungsmittel auch auf Nahrungsmittel wie Fette, die viel Sauerstoff brauchen, wenn sie für unseren aeroben Energiestoffwechsel vollständig aufgespalten werden sollen. Fetthaltige Nahrungsmittel sind nach diesen Kriterien die dichtesten Nahrungsmittel. Konzentrierte Nahrungsmittel wie zum Beispiel Fleisch, Fisch und Geflügel sind die nächstdichtesten. Wenn man sie ißt, ist es so, als würfe man einen großen Baumstamm ins Feuer, denn sie benötigen viel Energie, um Feuer zu fangen und zu verbrennen. Essen wir zu viele dichte Nahrungsmittel, geht uns der Sauerstoff aus, und wir können sie nicht mehr wirksam oxidieren, wodurch mehr freie Radikale als Nebenprodukte im Stoffwechsel entstehen.[19] Gibt es im System einen Fettüberschuß, das heißt mehr Fett als Sauerstoff, reißt dies ein Loch in unseren Sauerstoffvorrat. Sauerstoff wird abgezweigt, und es bilden sich toxische Sauerstoffverbindungen, sogenannte „Oxitoxine", wozu auch freie Radikale und Lipidperoxide gehören. Lipidperoxide sind freie Radikale im Anfangsstadium. Dieser Mechanismus scheint zu erklären, wie es bei einer sehr fetthaltigen Ernährung zu kardio-vaskulären Störungen kommt. Zu viele Proteine im System sind gleichbedeutend mit „verschmutztem Brennstoff". Dann werden große Mengen Sauerstoff benötigt, um die durch sie entstehenden stickstoffhaltigen Nebenprodukte abzubauen. Proteine sind nicht wirklich dafür gedacht, Energie zu produzieren, und doch brauchen wir ihre essentiellen Aminosäuren. Wieder geht es darum, ein ausgewogenes Verhältnis herzustellen. Wenn wir 10 bis 15 Prozent Proteine zu uns nehmen, könnte das sehr wohl ausreichen, um ein optimales Verhältnis zwischen Proteinen und Sauerstoff herzustellen. Kohlehydrate eignen sich am besten, um Energie zu produzieren, weil sie gleichmäßig verbrennen und nur wenig Sauerstoff nötig ist, um ihnen Stoffwechselenergie zu entziehen. Sie sind die kleinen Holzscheite im Feuer, die leicht brennen. Dieses Bewußtsein hat sich bereits im Leistungssport etabliert. Leistungssportler nehmen regelmäßig große Mengen Kohlehydrate zu sich, um ihre Energie für Wettkämpfe zu maximieren.

Dr. Kazuhiko Asai aus Japan hat erst kürzlich festgestellt, daß ein ungewöhnliches Mineral mit dem Namen „organisches Germanium" die Sauerstoffversorgung im System in außergewöhnlichem Maß steigert und als Katalysator für viele der Entgiftungsfunktionen des Sauerstoffs wirkt.[20] Asai hat herausgefunden, daß Germanium bei der Behandlung von Krebs, Bluthochdruck, hormoneller Insuffizienz, Asthma und der Raynaudschen Krankheit sehr nützlich ist.[21] Eine Gruppe von Ärzten, die mit dem Entdecker von Dr. Asais Arbeit, Dr. Levine, zusammenarbeitet, importiert nun organisches Germanium, um es in einem Komplex mit der Bezeichnung „Pro-Oxygen" zu verwenden. Dieses Pro-Oxygen hat bereits in Situationen geholfen, wo nur eine begrenzte Menge Sauerstoff zur Verfügung steht, zum Beispiel in Fällen von Jetlag (Probleme durch die Zeitumstellung nach langen Flugreisen), bei Flugreisen in sauerstoffarmen Flugzeugen und auf verschmutzten Flughäfen.

Wir können die Sauerstoffmenge in unserem System zum Beispiel dadurch steigern, daß wir mehr Grünpflanzen zu Hause und am Arbeitsplatz halten und fünfmal in der Woche leichte aerobische Übungen machen. Das kann alles mögliche sein, angefangen bei einem 20minütigen schnellen Spaziergang bis hin zu dem 20minütigen Besuch einer Aerobic-Gruppe. Nehmen Sie Antioxidantien zu sich, oder essen Sie Nahrungsmittel, die große Mengen der antioxidantischen Vitamine A, C und E sowie die wichtigen antioxidantischen Co-Enzyme Zink und Selen beinhalten. Zu solchen Nahrungsmitteln zählen unter anderem blaugrüne Algen, Weizengras, Samen, Nüsse und komplexe Kohlehydrate.

Atemübungen

Eine der bedeutsamsten Möglichkeiten, die Sauerstoffmenge im System zu steigern, sind Atemübungen. Yogis haben über die Jahrtausende hinweg Atemübungen (Pranayama) entwickelt, um das System zu energetisieren, den Verstand für die Meditation zur Ruhe zu bringen und um die Kundalini-Energie direkt zu aktivieren. Obwohl das Thema den Rahmen dieses Buches sprengt, gibt es doch einige einfache Atemübungen, die dazu beitragen, daß wir wesentlich mehr „Vitamin O" aufnehmen. Diese Übungen sollen uns bewußtmachen, wie sich eine vollständige Ein- und Ausatmung und eine vollständige Sauerstoffmahlzeit anfühlen. Obwohl wir den ganzen Tag lang atmen, um am Leben zu bleiben, nutzen die meisten Menschen nur etwa zehn Prozent ihrer Atmungskapazität. Wenn es so ist, daß wir etwa 90 Prozent unserer Stoffwechselenergie aus der Atmung beziehen, verdient die Atmung doch zumindest einen Teil der Aufmerksamkeit, die wir dem Essen fester Nahrung zukommen lassen.

Übung 1
Die Tigeratmung

1. Knien Sie sich hin, und stützen Sie Ihre Hände auf.
2. Neigen Sie Ihren Rücken beim Einatmen abwärts, indem Sie Ihre Brust und Ihren Bauch in Richtung Boden bewegen. Neigen Sie Ihren Kopf nach hinten, und heben Sie Ihr Gesicht mindestens 30 Prozent über die horizontale Ebene. Strecken Sie sich so weit nach hinten, wie Sie es bequem tun können.
3. Atmen Sie langsam durch die Nase aus, wölben Sie Ihren Rücken dabei nach oben, und bewegen Sie Ihr Kinn nach unten, bis es den oberen Bereich des Brustbeins berührt oder in dessen Nähe kommt.
4. Bewegen Sie beim nächsten Einatmen Ihren Rücken wieder abwärts und Ihren Kopf wieder nach hinten.
5. Halten Sie Ihren Atem weder nach dem Einatmen noch nach dem Ausatmen an. Die Ein- und die Ausatmung sollen fließend aufeinander folgen. Atmen Sie genauso lange ein wie aus. Die Zeitspanne sollte möglichst lang, aber noch angenehm für Sie sein.
6. Drei Minuten sind eine gute Zeit für diese Übung.

Übung 2
AUM-Atmung: tiefes Atmen in alle Lungensegmente hinein

1. Legen Sie Ihre Hände so auf Ihre Brust, daß Ihre kleinen Finger auf den unteren Enden Ihres Brustkorbs liegen. Atmen Sie in den Bereich hinein, der von Ihren Händen bedeckt wird. Manchmal denken die Menschen, daß eine Bauchatmung, bei der sie das Zwerchfell nach innen und außen bewegen, die unteren Lungen füllt. Das ist jedoch nicht der Fall, da die unteren Lungenlappen nur bis dorthin reichen, wo der Brustkorb aufhört – nicht bis in den Bauchraum hinein. Um die unteren Lungen zu füllen, konzentriert man sich am besten auf den unteren Brustkorbbereich.
2. Atmen Sie ein, und denken Sie dabei an den Laut AAH. Atmen Sie mit dem hörbaren Laut AAH aus.
3. Wiederholen Sie das dreimal.
4. Legen Sie Ihre Hände über Ihren Brustbereich, und atmen Sie ein. Fühlen Sie die Schwingungen in Ihren Lungen, während sich die mittleren Lungenlappen füllen.
5. Atmen Sie ein, und denken Sie dabei an den Laut OOH. Atmen Sie mit dem hörbaren Laut OOH aus.
6. Wiederholen Sie dies dreimal.
7. Legen Sie die Daumenregion Ihrer Hände über die Schlüsselbeine, und atmen Sie in den Bereich unter Ihren Händen ein, wobei sich die oberen Lungenlappen füllen.
8. Atmen Sie ein, und denken Sie dabei an den Laut MMM. Atmen Sie mit dem hörbaren Laut MMM aus ...
9. Wiederholen Sie dies dreimal.
10. Versuchen Sie jedesmal beim Einatmen, Ihre Lungen so weit wie möglich auszudehnen.
11. Wenn Sie jede Art zu atmen dreimal durchgeführt haben, machen Sie drei Atemzyklen in Folge, so daß ein vollständiger AUM-Klang entsteht (3 x hintereinander die Folge: 1 x AAH, 1 x OOH, 1 x MMM).
12. Wenn wir mit unserem Atem arbeiten, können gewisse Emotionen hochkommen. In einigen ayurvedischen Medizinlehren wird gesagt, daß Ärger, Haß und Neid in den unteren Lungenlappen festgehalten werden. Gier und anhaftende Emotionen sollen in den mittleren Lungenlappen und Angst, Traurigkeit und Gram in den oberen Lungenlappen gespeichert sein.

Übung 3
Ein vollständiger, rhythmischer Atemzyklus

Dies ist die Anwendung der AUM-Atmung auf einen Atemzyklus. Sie können die Übung zwischen 6 und 20 Minuten lang machen, eine gute mittlere Zeit sind 15 Minuten. Auf diese Weise führen Sie sich eine volle Sauerstoffmahlzeit zu. Da viele Menschen sich durch diese Übung energetisch sehr aufgeladen fühlen, führt man sie am besten morgens durch oder wenn man von der Arbeit nach Hause gekommen ist. Wenn Sie die Übung machen, bevor Sie ins Bett gehen, können Sie vielleicht vor lauter Energie nicht gleich einschlafen. Die Übung ist auch nützlich, um sich wieder mit Sauerstoff aufzutanken, wenn man längere Zeit in einer sauerstoffarmen Umgebung verbracht hat, zum Beispiel im Flugzeug.

1. Setzen Sie sich bequem und aufrecht hin, und halten Sie Ihre Wirbelsäule gerade.
2. Beginnen Sie mit der AUM-Atmung, wobei Sie bei jeder Lungenposition bis zwei zählen. Am Ende der Einatmung halten Sie den Atem an, zählen bis drei und zählen dann beim Ausatmen bis sechs. Wie beim Einatmen sollten Sie dabei bei jeder Lungenposition bis zwei zählen.
3. Zählen Sie nach dem Ausatmen bis drei, und beginnen Sie den Zyklus wieder von vorn.
4. Der Zyklus ist also: Einatmen 1 – 2 – 3 – 4 – 5 – 6, anhalten 1 – 2 – 3, ausatmen 1 – 2 – 3 – 4 – 5 – 6 und anhalten 1 – 2 – 3. Wenn der Zeitrhythmus natürlich geworden ist, brauchen Sie nicht mehr zu zählen.
5. Forcieren Sie bei dieser Übung Ihren Atem nicht. Es ist besser, entspannt ein- und auszuatmen.
6. Am besten führt man die Übung im Freien durch, sofern die Luft nicht zu verschmutzt ist.
7. Denken Sie beim Einatmen daran, positive Energie in sich aufzunehmen. Denken Sie beim Ausatmen daran, negative Energie oder negative Gedanken aus Ihrem System hinausfließen zu lassen.

Zwei besondere energetische Tore

Die Thymusdrüse und die Milz stellen eine besondere Art von Energieaufnahmesystem dar. Sie nehmen Prana auf, das zwar durch die feinstofflichen Körper heruntertransformiert wurde, aber in seinem ganzen Spektrum erhalten ist. Sie spalten dieses Prana in all die unterschiedlichen Farben auf und schicken sie individuell an jedes Chakra. Leadbeater beschreibt diesen Prozeß sehr ausführlich in seinem Buch über Chakren.[22] Das ist unter anderem ein Grund, warum das Milz-Chakra in seinem System anstelle des Sexual-Chakras als eines der Haupt-Chakren aufgeführt wird. Von der Intuition her bin ich der Ansicht, daß sich das Milz-Chakra diesbezüglich der Thymusdrüse unterordnet, wenn ein Mensch sich spirituell weiterentwickelt. Das könnte der Grund sein, warum Yogis, die bereits bis zu einem gewissen Grad spirituell entwickelt waren, die Milz nicht als ein Haupt-Chakra betrachtet haben. Möglicherweise können die beiden Organe deshalb das volle Spektrum der kosmischen Energie aufnehmen, weil die Schnittstellen zwischen den Energiewirbeln des Herzens und des Solarplexus offene Stellen in der feinstofflichen Körperstruktur schaffen, so daß die kosmische Energie im vollen Spektrum erhalten bleibt, obwohl sie heruntertransformiert wird.

Sexuelle Energie

Eine der wichtigsten Energien, mit der wir uns befassen müssen, ist die sexuelle Energie. Es handelt sich dabei sowohl um eine innere als auch um eine äußere Energie. Einerseits ist das Thema zu umfassend, um es in diesem Buch nicht zu erwähnen, andererseits kann es auch nicht in aller Ausführlichkeit behandelt werden. Einige Punkte müssen jedoch erläutert werden, damit wir eine ausgewogene Perspektive entwickeln. Als innere Energie ist sie in ihrer rohen, physischen Form im Samen und in der Eizelle gespeichert. Im Tao wird diese Energieform als „Ching" bezeichnet. Sexuelle Energie ist eine spezielle Form der Energie, die die Taoisten „Chi" oder Prana nennen. Sie ist mächtig genug, einen ganzen menschlichen Organismus neu zu erschaffen. Man schätzt, daß ein gesunder Mann in seinem Leben genug Samen produziert, um eine Billion Menschen zu erzeugen.[23] Wenn diese Energie aktiviert ist, ist die sinnliche Wahrnehmung erweitert, und Männer wie Frauen empfinden die sexuelle Energie in Form von Macht oder Lust. Das Sperma und die Eizellen beginnen zu schwingen und erzeugen ein stärkeres Feld sexueller, magnetischer Energie. Die meisten von uns haben das schon erlebt. Im Frühling, wenn Mutter Natur ihre kreative Energie ausstrahlt, schwingen die Geschlechtszellen und die sexuelle Energie in Resonanz mit ihr, wodurch diese Energiefelder noch stärker werden.

Wenn wir gesund sind, regeneriert sich die sexuelle Energie immer wieder, damit wir von ihr Gebrauch machen können. Nach den taoistischen Lehren werden 25 bis 40 Prozent der Rohenergie, die wir durch Nahrung, Sonne, Erde, Luft und andere feinstoffliche Systeme aufnehmen, in sexuelle Energie umgewandelt oder für die Produktion sexueller Zellen verwandt. Jedes Organ und jede Drüse trägt mit Nährstoffen und Energie aus ihren FOEFs dazu bei, den sexuellen Samen zu produzieren. Besonders bei Männern wird der Körper als Ganzes seiner wertvollsten Nährstoffe beraubt, wenn es zu einem exzessiven Verlust von Samen kommt. Obwohl man in diesem Punkt den Männern meist mehr Aufmerksamkeit schenkt, habe ich in meiner klinischen Praxis eine enge Beziehung zwischen der Gesundheit der Frauen, die in meine Praxis kommen, und dem Niveau ihrer sexuellen Energie beobachtet. Physisch erschöpfte Frauen beklagen sich auch häufig über mangelnde sexuelle Energie.

Sexuelle Beziehungen zwischen Menschen, die sich lieben, besonders wenn es dabei nicht zu einem exzessiven Verlust von Samen kommt, stellen eine kraftvolle Art und Weise dar, um die sexuelle Energie wieder zu erneuern und im Gleichgewicht zu halten. Zu diesem Thema existiert eine Vielzahl von Büchern. In dem Buch „Tao – Geheimnisse der Liebe" von Mantak Chia wird dieses Thema sehr klar dargestellt. Es ist wichtig für uns, unser Ching beziehungsweise unsere sexuelle Energie zu vermehren, weil sie in kreative oder spirituelle Energie umgewandelt werden kann. In unserer freudianisch-reichianischen Kultur sind sich viele Menschen bewußt, daß sexuelle Energie in kreative Arbeit oder gar in spirituelle Energie transformiert werden kann. Die Taoisten lehren, daß die Energie des Spermas sehr fein mit dem Prana oder Chi der vitalen Organe vermischt und zu spiritueller Energie verfeinert wird. Diese Energie wird stets automatisch und spontan in schöpferische und spirituelle Energie umgewandelt. Yogis lehren, daß sexuelle Enthaltsamkeit die evolutionäre Kraft der Kundalini unterstützt. Aus meiner Erfahrung kann ich sagen, daß es während der Entfaltung der Kundalini Zeiten gibt, in denen sexuelle Enthaltsamkeit wichtiger ist als in anderen. Während der Entfaltung der Kundalini wissen die Menschen in der Regel ganz von selbst, wann die richtige Zeit gekommen ist, um enthaltsam zu sein. Selbstauferlegte Unterdrückung von Sexualität, wie sie von so unterschiedlichen Gruppen wie christlichen und hinduistischen Mönchen, entsagungsvollen Yogis und strebsamen, äußerst disziplinierten Paaren auf dem spirituellen Weg praktiziert wird, kann die spirituelle Entfaltung tatsächlich körperlich, emotional, psychisch und mental blockieren. Viele Paare, die sich diese äußerliche Praktik als Disziplin selbst auferlegt haben, erfahren dadurch Streß und Beziehungsstörungen, die mehr Energie verschwenden, als dadurch vielleicht gewonnen wird. Bei den Mönchen, Priestern und Entsagenden ruft die Unterdrückung der sexuellen Energie oft Störungen der Persönlichkeit und scheinheilige sexuelle Aktivitäten hervor.

Es gibt einen Weg, um den natürlichen Fluß der Liebesenergie auf der spirituellen, mentalen, emotionalen und körperlichen Ebene aufrechtzuerhalten, ohne daß Probleme sexueller Unterdrückung oder sexuellen Ungleichgewichts entstehen. Dazu müssen wir unsere falschen Vorstellungen loslassen, wie die Dinge sein oder nicht sein sollten, was auch das Thema Zölibat mit einschließt. In einer kürzlich von Jack Kornfield durchgeführten Untersuchung stellte sich heraus, daß 39 von 54 Lehrern unterschiedlicher Traditionen sexuelle Beziehungen pflegten.[24] Der große neuzeitliche Heilige Sri Ramana Maharshi wies seine Schüler darauf hin, daß das Zölibat zwar eine Hilfe sein kann, es jedoch im Grunde darum geht, worauf unser Geist ausgerichtet ist. Er lehrte, daß das wahre Zölibat bedeutet, in Gott zu leben; dies ist ein Leben in dem Bewußtsein der Glückseligkeit des Selbst. Das wichtigste sei die Ausrichtung unseres Geistes. Er scherzte, daß es zwischen einem Mönch, der im Wald lebt und darüber nachdenkt, wie es ist, verheiratet zu sein, und einem verheirateten Mann, dessen Idealvorstellung es ist, ein Mönch zu sein, der im Zölibat lebt, keinen großen Unterschied gebe.[25] Es geht also gar nicht um die Frage, ob die Idee des Zölibats richtig oder falsch ist. Es geht darum, welcher Weg der beste ist, um seinen Geist auf das transzendentale Selbst gerichtet zu halten. Für Menschen, die in ihrem Sexualleben sehr undiszipliniert sind, kann das Zölibat eine Praktik sein, die ihnen hilft, etwas mehr Kontrolle in ihr spirituelles und persönliches Leben zu bekommen. Es mag Zeiten geben, in denen es für die Entfaltung der Kundalini-Energie gut ist, vorübergehend sexuell enthaltsam zu sein. Dies ist dann nicht so sehr eine Praktik, von der man meint, sie sei gut, sondern eine Ausrichtung auf die eigene Energie und die eigenen Bedürfnisse.

Für einen verheirateten Menschen ist Maßhalten der Weg. Sex im Übermaß kann unsere körperlichen Energien erschöpfen oder aus dem Gleichgewicht bringen. Der andere Schlüsselbegriff ist Ausgewogenheit. Es gibt Menschen, die aufgrund ihrer konstitutionellen Bedürfnisse durch zu wenig Sexualität aus dem Gleichgewicht geworfen werden. Bei einigen Paaren mag sich ein häufiger Austausch sexueller Energien ausgleichend auf die beiden Individuen und harmonisierend auf alle Ebenen ihrer Beziehung auswirken. Die mittelalterlichen Alchemisten betonten wie die traditionellen Lehren der Kabbala, wie wichtig die Ehe ist, da durch die sexuelle Vereinigung ein vollständiger kosmischer Kreis entsteht, der dazu beiträgt, das energetische und spirituelle Gleichgewicht der Suchenden aufrechtzuerhalten. Der ausgewogene Austausch sexueller Energie zwischen zwei gleichermaßen entwickelten spirituellen Partnern kann ein kraftvoller Weg sein, gemeinsam die Verschmelzung mit dem Göttlichen zu erfahren. Sowohl der Mann als auch die Frau werden durch einen solchen göttlichen Austausch energetisch aufgeladen. Bestimmte taoistische oder tantrische Ansätze, die zwar den Austausch sexueller Energie gestatten, jedoch dazu raten, den Samen zurückzuhalten, mögen hier der goldene Mittelweg sein. Den taoistischen Lehren gemäß werden solche Praktiken am besten von zwei Menschen in einer langfristigen Beziehung als Ausdruck ihrer Liebe zueinander vollzogen und nicht als eine sexuelle Technik, die angewandt wird, um die spirituelle Energie zu steigern.

Ein wesentlicher Unterschied zwischen sexueller Energie und roher Energie in Form von fester Nahrung und Sonnenlicht ist der, daß sexuelle Energie von unserem eigenen Körper produziert und dort auch gespeichert wird. Wir können jederzeit davon zehren. Sexuelle Energie ist eine verfeinerte Energieform, da sie von unserem eigenen System produziert wird und daher leichter absorbiert und nutzbar gemacht werden kann als rohe Energiequellen, die erst in unser energetisches System aufgenommen werden müssen. Die Transmutation und Verfeinerung der sexuellen Energie scheint bei der Energie des Spermas und der Eizellen zu beginnen, von wo aus sie in Meridian-Energie umgewandelt und den Chakren zugeführt wird. Diese verfeinern die Energie und lassen sie in die Kundalini-Energie einfließen, die sich im Sushumna-Nadi bewegt.

Energie von den geomagnetischen Feldern der Erde

Das elektromagnetische Energiefeld der Erde ist eine weitere Quelle, von der aus Energie in unser System fließt. Wir nehmen diese Energie normalerweise durch die Fußsohlen auf. Die Taoisten beschreiben einen Punkt auf der Fußsohle, in der Nähe der oberen Mitte des Fußes, den sie Yung-Chuany nennen, durch den diese Energie besonders nach oben gezogen wird. Man kann sich auch wieder aufladen, indem man sich auf den Boden legt. In den Traditionen der Essener und der Taoisten betrachtet man die irdischen Kräfte als Ausgleich zu den himmlischen Kräften. Sie sind die Wurzeln des Lebensbaumes, die in die Erde oder in die Yang-Energie hinabreichen, während seine Äste sich zu der himmlischen oder Yin-Energie hinaufstrecken. Die Verbindung zur Erde hat die wichtige Eigenschaft, uns zu erden. Ich empfehle Menschen, deren Kundalini-Energie zu stark zu sein scheint, oft Gartenarbeit. Wenn man meditiert, sollte man jedoch am besten etwas Isolierendes zwischen sich und die Erde legen, zum Beispiel eine Wolldecke, da sonst die in der Meditation erzeugte Energie in die Erde gezogen wird. Erst in jüngster Zeit haben Wissenschaftler ein elektromagnetisches, irdisches Pulsieren entdeckt, die sogenannte Schuman-Resonanz. Die Frequenz dieses von der NASA entdeckten Pulsierens liegt bei 7,83 Hertz pro Sekunde. Sie installierten elektromagnetische Pulsationsgeräte, die die Schuman-Resonanz erzeugten, in den Raumschiffen, woraufhin die Astronauten seltener krank wurden. Einige Menschen haben das Gefühl, daß das Jetlag unter anderem auch darauf zurückzuführen ist, daß wir zu schnell durch das elektromagnetische Feld der Erde fliegen. Untersuchungen zufolge, bei denen mit Hilfe von Pulsationsgeräten ein dauerhaftes, der Schuman-Resonanz entsprechendes elektromagnetisches Pulsieren erzeugt wurde, kam es dabei weniger häufig zu einem Jetlag als sonst. Ich versuche jeden Tag eine gewisse Zeit lang barfuß Übungen auf dem Gras zu machen. Wir würden davon profitieren, wenn wir mehr über diese Kraft der Natur wüßten. Jüngste russische Forschungen über geomagnetische Energien haben ergeben, daß das Wachstum von Kindern je nach dem geomagnetischen Gebiet, in dem sie leben, verschieden ist.[26] Möglicherweise haben die geomagnetischen Kräfte mehr Einfluß auf uns, als wir uns vorstellen können.

Unsere dichtesten und schmackhaftesten Nährstoffe

Obwohl unsere physische Nahrung die dichteste Form von Nahrung ist und vielleicht nur etwa zehn Prozent unserer energetischen Bedürfnisse erfüllt, nimmt sie viel von unserer Aufmerksamkeit in Anspruch. Vor der Lektüre dieses Buches könnte der Leser der Meinung gewesen sein, daß feste Nahrung unsere einzige Nährstoffquelle ist. Seit Jahrtausenden spielen wir schon mit den verschiedensten Vorstellungen über Nahrung. In den nächsten Kapiteln werden wir unser Augenmerk darauf richten, wie wir unsere individuelle Ernährung zusammenstellen können, um unser spirituelles Leben zu unterstützen.

Zusammenfassung von Kapitel 8

1. Der letztendliche Nährstoff ist die Energie Gottes oder die kosmische Energie.
2. Eine Grundlage des ganzheitlichen Paradigmas ist, daß unter dem Begriff „Nährstoff" all das zu verstehen ist, was wir von den unterschiedlich dichten energetischen Ebenen in Körper, Geist und Seele aufnehmen. All diese unterschiedlich dichten Ebenen sind Ausfällungen der reinen kosmischen Energie.
3. Die reine kosmische Energie ist der Urnährstoff. Wir nehmen sie über das Kronen-Chakra in unser System auf. Je mehr unser Körper spirituell transformiert wird, um so mehr öffnen wir uns dieser reinen Energie.
4. Diese reine kosmische Energie wird ständig von unseren sieben feinstofflichen Körpern heruntertransformiert, wobei sie auch in sieben Energiespektren gebrochen wird. Auf diese Weise kann die passende Energiefrequenz an jedes der sieben Chakren weitergeleitet werden. Sie sind die wichtigsten Eintrittspforten für die verdichtete kosmische Energie und werden von ihr auch energetisch aufgeladen.
5. In unserem Universum ist Sonnenlicht die am wenigsten verdichtete Form kosmischer Energie. Sonnenlicht wird hauptsächlich über die Augen und die Haut absorbiert.
6. „Vitamin O" ist wichtig für die grundlegende Erhaltung unseres physischen Körpers.
7. Die Milz und die Thymusdrüse sind zwei energetische Pforten besonderer Art.
8. Sexuelle Energie nehmen wir im liebevollen Austausch mit einem anderen Menschen auf.
9. Geomagnetische Kräfte sind eine Energiequelle, die wir nur wenig verstehen. Sie gelangen im wesentlichen über unsere Füße oder jeden anderen direkten Kontakt mit der Erde in unser System. Sie tragen dazu bei, uns zu erden. Auch die unterschiedlichen Dichtegrade der geomagnetischen Felder der Erde haben Auswirkungen auf uns, die uns noch unbekannt sind.
10. Die schmackhafteste und dichteste Form von Energie, die wir aufnehmen, ist feste Nahrung. Vor der Lektüre dieses Buches dachten wir gewöhnlich an feste Nahrung, wenn von Nährstoffen die Rede war.

9

Die Regenbogen-Ernährung

Die allgemeine Idee der Regenbogen-Ernährung

Jetzt wenden wir uns dem energetischen Dichtegrad zu, der am wohlschmeckendsten ist: den festen Speisen. Wir nehmen die Schwingungen unserer Nahrung zunächst mit den Augen auf. Die Farben und die Anordnung der Speisen führen in uns zu einer gewissen mentalen und physiologischen Bereitschaft. Zum Beispiel verändert sich die Zusammensetzung unseres Speichels entsprechend den Speisen, die wir gezeigt bekommen. Durch unsere bewußten Reaktionen auf das Aroma und den Geschmack der Nahrung wird dies noch verstärkt. Je nachdem, welche Nahrungsmittel wir von der Qualität her gerade benötigen, fühlen wir uns bewußt und unbewußt zu den Geschmacksrichtungen, Gerüchen und Farben der verschiedenen Nahrungsmittel hingezogen. Bei der Regenbogen-Ernährung geht es in erster Linie darum, was die Farben der Lebensmittel bedeuten und wie wir unser Bewußtsein in bezug auf diese Farben erweitern können.

Um ein Bewußtsein für die Regenbogen-Ernährung zu entwickeln, führen wir uns zunächst einmal vor Augen, daß alles von Gott stammt und von der göttlichen Kraft erhalten wird. Diese Kraft hat viele Namen, unter anderem OM, universelles Prana, universelles Bewußtsein, kosmische Kraft und virtueller Energiezustand. Es handelt sich dabei um die ursprüngliche Schwingung, aus der die gesamte Schöpfung hervorgegangen ist. Alles, einschließlich unserer Nahrung, steht über ein System natürlicher Harmoniken mit dieser ursprünglichen Schwingung in Verbindung. Bei der Regenbogen-Ernährung sieht dieses System so aus, daß alle Nahrungsmittel schwingungsmäßig auf die sieben Chakren und deren Farben ausgerichtet sind und daß sich in diesen Farben das Spektrum des Regenbogens widerspiegelt.

Die vier zentralen Prinzipien der Regenbogen-Ernährung

1. Jedes Nahrungsmittel kann entsprechend seiner äußeren Farbe, das heißt seiner reflektierenden Oberfläche, mit der spezifischen Farbe und Energie eines bestimmten Chakras in Verbindung gebracht werden.

2. Nahrungsmittel, die verschiedene Farben besitzen, können die Chakren, mit denen sie ihren Farben nach in Verbindung stehen, energetisieren, ins Gleichgewicht bringen und heilen.
3. Jedes Nahrungsmittel kann die Drüsen, Organe und Nervenzentren energetisieren, reinigen, aufbauen, heilen und wieder ins Gleichgewicht bringen, die mit dem Chakra verbunden sind, das seiner Farbe entspricht.
4. Der Zweck der Regenbogen-Ernährung besteht darin, auf einer regelmäßigen, täglichen Basis jedes einzelne Chakra, die mit ihm zusammenhängenden Organe, Drüsen und Nervenzentren sowie das Chakren-System als Ganzes zu harmonisieren.

Wenn wir uns unsere vegetarische Nahrung als kondensiertes, farbiges Sonnenlicht vorstellen, bekommen wir allmählich ein besseres Gespür für das Konzept der Regenbogen-Ernährung. Es läßt sich nicht auf tierische Nahrungsmittel anwenden, die hauptsächlich das erste Chakra stimulieren, und ebensowenig auf „Junk food", „Fast food", tiefgefrorene und bestrahlte Nahrungsmittel. Rote Bonbons sind nicht das gleiche wie ein roter Apfel. Auf der physischen Ebene sind Nahrungsmittel die zentrale Schnittstelle zwischen uns und der Natur, und ihre Farben sind die Botschaften oder Hinweise der Natur auf die Energie und den biomolekularen Inhalt der jeweiligen Nahrungsmittel, die sie uns schenkt. Durch das neue Paradigma sind wir bei dem Konzept angelangt, daß Nahrungsmittel sowohl Energie als auch materielle Form sind. Die Farben der Nahrungsmittel sind der Schlüssel zu ihrer Energiestruktur und weisen darauf hin, wie ihre speziellen biomolekularen Nährstoffe in spezifische Zellen und Gewebe in unserem Körper eingebunden werden. Die Farbe eines Nahrungsmittels ist sein charakteristisches Merkmal. Je sensibler wir für die Bemühungen der Natur werden, durch ihre wundervollen Farben mit uns zu kommunizieren, um so empfindsamer werden wir auch dafür, zu welchen Farben wir uns bezüglich unserer Nahrung an einem bestimmten Tag hingezogen fühlen. Das zeigt uns, welche Nahrungsmittelenergien und Nährstoffe wir benötigen, um unseren Körper ins Gleichgewicht zu bringen. Durch die Regenbogen-Ernährung erkennen wir die Bemühungen der Natur an, mit uns zu kommunizieren. Sie stellt auch eine strukturierte Umsetzung der Bedeutung dieser Information dar, die uns täglich bei unserer Nahrungsaufnahme zugute kommt. Ich werde jetzt eingehender die Grundlagen der Regenbogen-Ernährung erläutern.

Das autonome vaskuläre Signal (AVS) ist eine Technik, die entwickelt wurde, um die Auswirkungen feinstofflicher Energiefelder auf den biologischen und den ätherischen Körper zu messen. Durch den Einsatz des AVS gelang es mir, meine intuitive Idee zu untermauern, daß die Regenbogenfarben der Nahrungsmittel aus der Natur einen Bezug zu den Schwingungen der Regenbogenfarben unserer Chakren haben. Entwickelt wurde die Methode des AVS-Pulses von Dr. Paul Nogier, dem Urheber der Ohr-Akupunktur. Das AVS ist eine sanfte Reaktion unserer Gefäßmuskeln, die vom Hypothalamus im Gehirn hervorgerufen wird. Diese Reaktion läuft relativ unabhängig von den Gehirnzentren ab, die der willentlichen Kontrolle unterstehen, und wird daher von weniger subjektiven Faktoren beeinträchtigt als andere populäre Körpertest-Systeme wie zum Beispiel der kinesiologische Muskeltest. Wenn das Energiefeld einer Substanz für den Körper gut ist, ist das AVS positiv, und der Tonus der Arterienwand steigt. Diese Tonussteigerung wurde von Dr. Nogier als das „autonome vaskuläre Signal" bezeichnet. Grundsätzlich besagt es nichts anderes, als daß eine Veränderung im arteriellen AVS-Puls auftaucht, wenn ein positives Energiefeld in das Energiefeld des Körpers eintritt.

Jedes Nahrungsmittel hat eine spezielle Energiefrequenz und ein spezielles Resonanzfeld, das wir bereits als die spiralförmige Manifestation seines FOEFs beschrieben haben. Das Energiefeld des Körpers und das jeweilige rotierende, resonierende Energiefeld jedes Chakras sind sensibel gegenüber den Feldern lebendiger Substanzen, die sich in ihrer Nähe befinden. Ihre Reaktionen auf solche Felder können sofort über das AVS gemessen werden. Dr. Lawrence Bagley hält es für eine einfache Methode, eine Substanz, zum Beispiel ein Kraut, ein Nahrungsmittel, ein Medikament oder ein Zellsalz, in das körperliche Energiefeld zu stellen und das AVS zu beobachten, das als Antwort kommt.

Indem ich Nahrungsmittel verschiedener Farben über jedes Chakra hielt, konnte ich feststellen, welche Farben den einzelnen Chakren am besten taten. Ich fand heraus, daß es eine direkte Entsprechung zwischen den Farben der Nahrungsmittel und denen der Chakren gab – rote Nahrungsmittel waren für das rote oder Wurzel-Chakra gut; orangefarbene Nahrungsmittel für das sexuelle oder orangefarbene Chakra und so weiter. Ich beobachtete auch, daß die vom jeweiligen Nahrungsmittel hervorgerufene AVS-Reaktion im Bereich des Chakras am intensivsten war, das farblich eine ähnliche Schwingung hatte wie das Nahrungsmittel. Eine weniger ausgeprägte, aber dennoch positive AVS-Reaktion riefen die Nahrungsmittel bei den Chakren über und unter dem spezifischen Chakra hervor, mit dessen Farbe sie jeweils in Resonanz standen. Diese interessante Entdeckung unterstützt meine frühere Aussage, daß die Chakren als ganzes System miteinander verbunden sind. Sie deutet auch darauf hin, daß Nahrungsmittel mit verschiedenen Farbtönen eine etwas unterschiedliche Wirkung auf das System haben werden. Außerdem ist das Spektrumphänomen allgemeinerer Art und nicht auf die exakte Frequenz der grundlegenden Farbe eines jeden Chakras begrenzt.

Da ich schon beim Testen die Ideen der Regenbogen-Ernährung im Kopf hatte und genügend Untersuchungen durchgeführt wurden, die darauf hinweisen, daß sogar in Doppelblind-Studien die Gedanken der Testperson und desjenigen, der die Untersuchungen durchführt, die Ergebnisse beeinflussen können, kann ich nicht behaupten, daß der AVS-Ansatz die Idee der Regenbogen-Ernährung beweist. Dennoch stärkt er unser intuitives Gefühl, daß die Herangehensweise der Regenbogen-Ernährung „richtig" ist. Sie haben damit ein weiteres wichtiges Werkzeug in der Hand, um die Beziehung zwischen Nahrungsmitteln und Ihrem Körper zu verstehen, damit Sie Ihre individuelle Ernährung entwickeln können.

Nahrungsmittel, die unterschiedliche Farben haben, energetisieren und harmonisieren die Chakren, die der Farbe nach zu ihnen passen. Wenn man sich wie anschließend beschrieben nach einem bestimmten Muster gemäß der Regenbogen-Ernährung ernährt, kommt es regelmäßig zu einem harmonischen Ausbalancieren des ganzen Chakren-Systems. Die Heilung der Chakren und der mit ihnen in Verbindung stehenden Systeme mittels Farben ist nichts Neues. Bereits in der Blütezeit des alten Griechenland, in den Licht- und Farbheiltempeln in Heliopolis im alten Ägypten sowie in frühen Zeiten in China und Indien heilte man mit Farben.[1] Das Buch von Dr. Edwin Babbitt „The Principles of Light and Color" und der erst kürzlich erschienene Klassiker „Health and Light" von Dr. Ott haben in Amerika eine allgemeine Grundlage für die Prinzipien der Farbtherapie geschaffen. In Kapitel 8 habe ich beschrieben, daß es bei Dr. Wurtmans Forschungen, bei denen er orangefarbenes Licht in die Augen von Ratten strahlte, zu einer Stimulation der Eierstockfunktionen dieser Ratten kam, die mit dem zweiten, orangefarbenen Chakra zusammenhängen. Farbbehandlungen werden seit Jahrhunderten durchgeführt, wobei verschiedene Methoden eingesetzt wurden, um das Licht zu transportieren. Zum Beispiel wurde direktes Sonnenlicht verwendet oder Wasser, das durch einen Farbfilter mit Sonnenlicht aufgeladen wurde. Bei anderen Behandlungsmethoden kamen andere Lichtquellen zum Einsatz, die Licht durch einen Farbfilter auf die Haut oder in die Augen strahlten. Weitere Möglichkeiten sind die Verwendung von farbigen Metallen und Kristallen sowie natürlich auch von Nahrungsmitteln, die bestimmte Farben besitzen. Nahrungsmittel mit bestimmten Farben wurden verwendet, um Menschen von verschiedenen Leiden zu kurieren. Rot wird zum Beispiel benutzt, um Menschen mit geringer Vitalität zu behandeln, was einem niedrigen Energieniveau im ersten Chakra entspricht. Rote Nahrungsmittel werden auch eingesetzt, um Menschen zu behandeln, die anämisch sind oder sonstige Blutmangelerkrankungen haben, was ebenfalls mit dem ersten Chakra zusammenhängt. Bei der Regenbogen-Ernährung geht es jedoch nicht hauptsächlich darum, mit Farbtherapie Krankheiten zu behandeln. Wir wollen sie vielmehr als natürliche Methode bei unserer täglichen Ernährung einsetzen, um den Körper, die einzelnen Chakren und das Chakren-System als Ganzes ins Gleichgewicht zu bringen und zu kräftigen. Die Regenbogen-Ernährung ist für die Erhaltung der Gesundheit auf allen Ebenen gedacht.

Die Tatsache, daß jedes Nahrungsmittel mit einem bestimmten Chakra in Beziehung steht und dieses samt den mit ihm zusammenhängenden Drüsen, Organen und Nervenzentren energetisiert, heilt, reinigt, aufbaut und wieder ins Gleichgewicht bringt, unterscheidet sich von der Heilung von Chakren mit farbigem Licht, die im wesentlichen einen energetisierenden und ausbalancierenden Effekt hat. Hagebutten zum Beispiel, die rot sind und daher besonders wichtig für das erste Chakra, enthalten sehr viel Vitamin C. Vitamin C ist wichtig für den Aufbau und die Erhaltung des Bindegewebes, das wir für unsere Fortbewegung, für den Herzmuskel, die Funktion unserer Sehnen und Bänder, die Unversehrtheit unserer Blutgefäße und für die Funktion der Nebennieren benötigen. Die Nebennieren, die unseren Kampf-oder-Flucht-Reflex auslösen, haben im Körper den höchsten Vitamin-C-Gehalt. Unser Muskelsystem versorgt uns mit der lebensnotwendigen Bewegungsfähigkeit. Das erste Chakra, dessen Farbe rot ist, hängt mit diesen überlebensbezogenen Organ- und Drüsensystemen zusammen. Ein weiteres Beispiel sind grüne Blattpflanzen, die zum Herz-Chakra passen. Sie enthalten viel Kalzium, Magnesium und Kalium, die für die Herzfunktion sehr wichtig sind.

Die Regenbogen-Ernährung in der Praxis

Wie im vierten Prinzip bereits gesagt, ist Ausgewogenheit der Schlüssel zur Regenbogen-Ernährung. Die Umsetzung der Ernährung beruht auf der Idee, daß sämtliche Chakren – auch wenn sie verschiedene Schwingungsfrequenzen haben und mit verschiedenen Bewußtseinsformen zusammenhängen – gleichberechtigt erschaffen wurden. Sie müssen alle ernährt werden. *Die Regenbogen-Ernährung fordert das ganze Spektrum der Nahrungsmittel für das ganze Spektrum der Chakren über das ganze Spektrum des Tages.*

Morgens beginnen wir mit den ersten drei Chakren: rot, orange und goldgelb. Mittags befassen wir uns mit dem dritten bis fünften Chakra: goldgelb, grün und blau. Der Abend steht für das fünfte bis siebte Chakra: blau, indigo und violett/purpur. Diese Reihenfolge entspricht dem allgemeinen Plan für das Erwachen der Chakren. Wenn wir unsere Chakren täglich durch die Aufnahme von Nahrungsmitteln mit den entsprechenden Farben stimulieren und harmonisieren, halten wir ein Gleichgewicht aufrecht, das für unser spirituelles Leben wichtig ist. Wenn wir lediglich versuchen, die höheren Chakren zu stimulieren, ist es über eine längere Zeit betrachtet möglich, feinstofflich die eigene Mitte zu verlieren oder nicht mehr gut geerdet zu sein.

Es gibt Ausnahmen zu diesem Spektralmuster. Eine Ausnahme ist, eine begrenzte Zeit lang Nahrungsmittel einer bestimmten Farbe zu essen, um ein besonders geschwächtes Chakra oder die mit ihm zusammenhängenden Organe, Drüsen und Nervenzentren zu energetisieren. Es gibt auch Zeiten, in denen man ein bestimmtes Chakra kurzzeitig auf sanfte Art und Weise aktivieren möchte. Man nimmt dann Nahrungsmittel zu sich, die dieses Chakra stimulieren werden. Das ist möglicherweise vorteilhaft während eines Obst-Fastens.

Die Regenbogen-Ernährung ist keine Technik, die zur Erleuchtung führt. Sie trägt einfach zu einer harmonischen und zentrierten spirituellen Entfaltung bei, da sie als Ansatz den ganzen Menschen und alle Chakren berücksichtigt. Sie ist ein strukturierendes Prinzip und stellt eine Ebene des Nahrungsbewußtseins dar, die uns hilft, für unser spirituelles Leben eine individuelle Ernährung zusammenzustellen. Die Prinzipien der Regenbogen-Ernährung können auf jede Art der Ernährung mit Gemüse, Früchten, Nüssen, Samen, Körnern, Eiern und Milchprodukten angewandt werden. Wenn Sie sich gemäß dieser Diät ernähren, können Sie weiße Nahrungsmittel, die das gesamte Spektrum repräsentieren, zu jeder Mahlzeit essen. Dazu gehören auch Soja-Produkte wie Tofu und Gemüse wie Blumenkohl. Obwohl die Farbzuordnung nicht für Fleischprodukte gilt, kann man vorübergehend Vegetarier sein oder sich lakto-ovo-vegetabil (die Farbe der Eierschale ist dann der Zuordnungsschlüssel), lakto-vegetabil oder nur von Gemüsen oder nur von Früchten ernähren. Die Grundlagen dieser Ernährungsform erfüllen ihren Zweck auch dann sehr gut.

Werfen wir jetzt einen Blick auf die Grundlagen der Regenbogen-Ernährung und auf die Essenszeiten:

Morgens

Morgens essen wir rote, orangefarbene und goldgelbe Nahrungsmittel, um das erste, zweite und dritte Chakra zu unterstützen. Dazu gehören die meisten Früchte, zum Beispiel Äpfel, Orangen und Bananen. Früchte reinigen den Körper sehr gut und tragen zu etwaiger unabgeschlossener Verdauung vom Vortag bei. Zu den goldenen Farben gehören alle goldenen und braunen Körner, zum Beispiel Weizen, Reis, Mais, Buchweizen, Hafer und Roggen.

Auch die meisten Nüsse und Samen wie Sesamsaat, Sonnenblumenkerne, Kürbiskerne und Mandeln fallen unter die Farbkategorie Goldgelb. Wenn aus den Nüssen und Samen durch Einweichen und Keimung kleine Sprossen geworden sind, beginnen sie im Körper alkalisch zu wirken und lassen sich gut mit Früchten kombinieren. Ganz allgemein sollte man sich morgens überwiegend von Früchten ernähren. Sie lassen sich gut mit ganzen oder gemahlenen eingeweichten Samen und Nüssen kombinieren. Derart eingeweichte Nüsse und Samen sind morgens besonders für jene Menschen gut, die zu einem unausgewogenen Blutzuckerhaushalt neigen.

Mittags

Mittags werden goldgelbe, grüne und blaue Nahrungsmittel gegessen, um das dritte, vierte und fünfte Chakra zu unterstützen. Die vorherrschende Farbe der Mittagsmahlzeit ist Grün. Dies ist die richtige Zeit, um Salate und andere vegetarische Mahlzeiten zu sich zu nehmen – Sprossen, Avocados, Blattsalat und dunkelgrüne Gemüse. Man kann auch Früchte-Mahlzeiten aus grünen Äpfeln, Wassermelone und anderen Früchten mit den Farben des dritten bis fünften Chakras zu sich nehmen. Auch wenn die Hauptfarbe Grün ist, bedeutet dies nicht, daß Sie nicht auch kleinere Mengen andersfarbiger Speisen essen können, zum Beispiel Tomaten. Auch Mohrrüben, die zum orange-goldenen Spektrum gehören, passen sehr gut dazu.

Abends

Blaue, indigofarbene, purpurne und weiße Nahrungsmittel stärken das fünfte, sechste und siebte Chakra. Auch goldene Nahrungsmittel werden abends gegessen, da Purpur und Gold sich ergänzen und das Kronen-Chakra sowohl mit purpurfarbenem wie mit goldenem Licht in Zusammenhang steht. Die hauptsächlichen Abendfarben sind Purpur, Weiß und Gold. Wenn Sie morgens früh aufstehen, um zu meditieren, sollten Sie abends leichte Mahlzeiten zu sich nehmen, am besten noch vor Sonnenuntergang. Ein Früchte-Abendessen könnte zum Beispiel aus Papayas und Mangos bestehen. Diese beiden Früchte sind sowohl von der Form als auch von der Farbe her der Hypophyse und der Zirbeldrüse zuzuordnen, die in direktem Zusammenhang mit dem sechsten und siebten Chakra stehen. Bekannte purpurfarbene Nahrungsmittel aus dem Pflanzenreich sind unter anderem die Aubergine, Blaukraut, Speise-Rotalgen und rote Bete. Rudolf Steiner sagte, daß rote Bete die mentalen Funktionen und das Gehirn stimulieren und ausgezeichnete Blutreiniger sind. Wir können auch ein paar Grünpflanzen und Sprossen hinzufügen. Zu den goldenen Nahrungsmitteln zählen auch goldene Körner wie Weizen, Reis, Hirse und Hafer. Goldene Nüsse und Samen, zum Beispiel Sonnenblumenkerne, Kürbiskerne, Cashewnüsse, Sesamsaat und Mandeln, passen ebenfalls gut dazu.

Ich habe absichtlich nicht viele Nahrungsmittel für morgens und mittags aufgezählt, da diese Farben leicht zu finden sind. Es ist auch wichtig, sich nicht zu viele Schranken und Zwänge aufzuerlegen, deshalb habe ich die Listen kurz gehalten. Mit Nahrungsmitteln aus dem Blau-Purpur-Gold-Spektrum tun wir uns schon schwerer, daher habe ich eine Liste von einigen angefügt.

Gold-weiße Nahrungsmittel

Getreide: verschiedene Weizensorten, Roggen, Hafer, Gerste, Mais, Reis, Sorghum (indianische Hirse), Triticale (eine Kreuzung aus Roggen und Weizen), Hirse und Quinoa

Früchte: Datteln, Ahornsirup, goldene Äpfel, verschiedene goldgelbe bis hellgelbe Birnen, Aprikosen, goldene Pampelmusen, Kumquat (kleine japanische Orangen), Loquat (japanische Mispel), Ölpalme, kleinfruchtige Bananen, die Frucht des Brotbaums, Netzmelone, Mango, Papaya und Ananas

Nüsse und Samen: Sonnenblumenkerne, Sesamsaat, Sojabohnen, wilde Haselnüsse, Lambertsnüsse, Mandeln, europäische Walnüsse, Schwarznüsse, Butternüsse (große Walnüsse), Pistazien, Paranüsse, Macadamianüsse, Erderbsen, Kürbiskerne

Hülsenfrüchte: Linsen, Langbohnen (chinesische Bohnenart), Erdnüsse

Gemüse: goldener Kürbis, 40 Pilzsorten, Blumenkohl, Jamsbohne, weißer Spargel, weißer Rettich und Daikon (ostasiatischer Rettich)

Kräuter: Zimt, Meerrettich, Kümmel, Koriander, Dill, Winterlauch (Porree), Winterzwiebeln, Knoblauch und Ingwer

Purpurfarbene Nahrungsmittel

Getreide: blauer Mais und Amarant

Früchte: Heidelbeeren, Blaubeeren, schwarze Johannisbeeren, dunkle Kirschen, schwarze Feigen, Spartan-Äpfel (engl. Sorte), alle Arten purpurner Backpflaumen und Pflaumen, Brombeeren, Ackerbeeren (Brombeersorte, die auf dem Boden wächst), Rosinen, alle Sorten roter Weintrauben, Maulbeeren, Passionsfrüchte und Holunderbeeren

Hülsenfrüchte: Feuerbohne (türk. Bohne), kanadische Wunderbohne, schwarze Bohnen aus Mexiko, dunkle Mungbohnen, dunkle Schminkbohnen, dunkle Stangenbohnen und Vanilleschoten

Gemüse: Aubergine, rote Zwiebeln, Blaukraut, roter Brokkoli, Kohlrabi, Steckrüben, Spargel, Speise-Rotalgen und viele purpurfarbene Meeresgemüse, hellpurpurne Bambussprossen, Artischocken-Blütenblätter, Winterrettich, König-Eduard-Kartoffel, Oliven, Wasserkastanie (ostasiatische Knollenpflanze), Topinambur (Erdartischocke), Süßkartoffeln, Trüffel und viele purpurfarbene Pilzsorten

Kräuter: Malvenblüten, Basilikum, Heidekraut, Rosmarin, Salbei, Zehrkraut, Thymian, wilde Passionsblume, Majoran, schwarzer Pfeffer und Distelblüten

Blaue Nahrungsmittel

Getreide: blauer Mais

Früchte: blaue Pflaume, Blaubeeren, Heidelbeeren, Cabernet-Trauben

Kräuter: Chicoréeblüten, Borretsch, Ysop, Schlehdorn und Bachehrenpreis

Diese Liste ist nicht allumfassend, doch regt sie sicherlich die Phantasie an. Es ist wichtig zu wissen, daß einige Pflanzen beim Heranreifen ihre Farbe verändern, zum Beispiel die Ananas. In ihren frühen Entwicklungsphasen fällt der AVS-Test am intensivsten bei dem grün schwingenden

Herz-Chakra aus. Je mehr sie sich golden färbt, um so positiver fällt der Test bei dem golden schwingenden Kronen-Chakra aus. Einige Pflanzenfarben stimmen nicht ganz mit der vorherrschenden Farbe eines speziellen Chakras überein. Sie stellen eine Farbmischung dar oder fallen farblich in die Mitte zwischen zwei Chakren. Sesamsaat und Sonnenblumenkerne rufen die stärksten AVS-Reaktionen zwischen dem zweiten und dritten Chakra und am Kronen-Chakra hervor. Diese Befunde weisen darauf hin, daß die Spektralfarben der Chakren allmählich ineinander übergehen. Möglicherweise kann man mit dem AVS-System Nahrungsmittel aussuchen, die zu den 32 Wirbeln der Wirbelsäule und den ihnen zugehörigen Organen, Drüsen und Chakren passen. Ein solches System wäre aber nicht so einfach und klar wie die Regenbogen-Ernährung.

Die Regenbogen-Ernährung ist eine natürliche und einfache Herangehensweise an das Thema der Ernährung, die sich am 24stündigen Tagesrhythmus orientiert. Mir fällt es leicht, morgens Früchte und eingeweichte und gemahlene Körner und mittags einen grünen Salat zu essen. Abends esse ich dann entweder Mangos, Papayas, purpurne Feigen oder Blaubeeren als Früchte-Mahlzeit oder einen Salat, der überwiegend aus roten Beten oder Rotalgen besteht. Für Menschen, die am Tag nur eine oder zwei Mahlzeiten zu sich nehmen, wäre es gut, den Regenbogenzyklus in kleine Zwischenmahlzeiten einzubauen. Wenn Sie nur eine Mahlzeit essen und die anderen Farben nicht in Zwischenmahlzeiten einbauen möchten, sollten Sie sich auf Ihre Intuition verlassen, wenn es darum geht, welche Gruppe von Chakren am ehesten ins Gleichgewicht gebracht werden muß. An einigen Tagen werden Ihnen gewisse Farben zusagen, mit denen Sie an anderen Tagen vielleicht gar nichts zu tun haben möchten.

Das gleiche gilt auch für jemanden, der nur zwei Mahlzeiten zu sich nimmt. Wenn Sie keine Zwischenmahlzeiten essen wollen, um das Farbspektrum zu vervollständigen, können Sie das gesamte Spektrum in einem zweitägigen Rhythmus zu sich nehmen. Nahrungsmittel nach deren Farben zu sich zu nehmen ist, als ob man eine bestimmte Farbe des Sonnenlichts ißt. Es bringt uns den Kräften der Natur näher.

Zusammenfassung von Kapitel 9

1. Alles steht über ein System natürlicher Harmoniken mit der ursprünglichen Schwingung der kosmischen Energie in Verbindung. Das trifft auch auf unsere Nahrungsmittel zu.

2. Alle Nahrungsmittel haben über ihre Farben eine schwingungsmäßige Beziehung zu unseren sieben Haupt-Chakren sowie zu den Drüsen, Organen und Nervenzentren, die mit diesen Chakren verbunden sind.

3. Jedes Nahrungsmittel kann seiner äußeren Farbe entsprechend in Beziehung zu dem gleichfarbigen Chakra und seiner Energie gebracht werden.

4. Jedes Nahrungsmittel steht mit einem bestimmten Chakra in Verbindung, da es die mit ihm in Verbindung stehenden Drüsen, Organe und Nervenzentren energetisiert, heilt, reinigt, aufbaut und harmonisiert.

5. Die Regenbogen-Ernährung nutzt im Lauf des Tages das ganze Farbspektrum der Nahrungsmittel für das ganze Spektrum der Chakren.

6. Die Regenbogen-Ernährung ist ein strukturierendes Prinzip, das uns hilft, eine individuelle Ernährung für unser spirituelles Leben zu entwickeln. Sie kann sinnvoll auf jede Form der Ernährung mit Früchten, Gemüse, Nüssen, Samen, Körnern und Milchprodukten angewandt werden.

10

Der menschliche Kristall

Kristalline Eigenschaften des Körpers

Der Schlüssel zum Verständnis der Assimilation von Energie in unsere physische Struktur ist die Vorstellung, daß unser Körper aus mehreren synchronen kristallinen Strukturen besteht, die miteinander in Wechselwirkung stehen. So gesehen ist der menschliche Körper eine Verbindung von oszillierenden festen und flüssigen Kristallen, die ein umfassendes energetisches Muster für den gesamten Körper bilden. Jedes Organ, jede Drüse, jedes System von Nerven, jede Zelle und jede Eiweißstruktur – sogar die Gewebssalze des Körpers – weisen ein gewisses Organisationsniveau auf, das zu einem bestimmten Grad eine kristallähnliche Funktion erfüllt. Der berühmte Kristallexperte Marcel Vogel hat erklärt, daß das menschliche Energiefeld als Anordnung oszillierender Energiepunkte existiert, die in Schichten aufgebaut sind und eine festgelegte Symmetrie besitzen. Seinen Ausführungen zufolge erfüllen diese Eigenschaften die Definition eines normalen materiellen Kristalls.[1]

Unsere Knochenstruktur wurde schon vor langer Zeit als feste kristalline Struktur mit piezoelektrischen Eigenschaften erkannt. Ein piezoelektrischer Effekt ist die Erzeugung eines Pulsierens im elektromagnetischen Feld, wenn eine kristalline Struktur physisch unter Druck gesetzt oder aus ihrer normalen Form gepreßt wird. Obwohl verschiedene esoterische Traditionen angedeutet haben, daß die Hypophyse und die Zirbeldrüse feste kristalline Strukturen besitzen, ist die knöcherne Struktur unseres Skeletts bislang die einzige nachgewiesene kristalline Struktur in unserem Körper. Als ein massiver Kristall hat sie die Fähigkeit, Schwingungsenergie wie zum Beispiel Töne oder Licht in elektromagnetische oder elektrische Energie umzuwandeln. Kristalle können diese Schwingungsenergien aufnehmen, speichern, verstärken, umwandeln und weiterleiten. Wissenschaftler wie Dr. Glen Rein vom Soma Psyche Institute International in New York City haben auch gezeigt, daß feinstoffliche elektromagnetische Heilenergien und Kristalle ähnliche biologische Wirkungen auf den Körper haben. Weitere Untersuchungen, die Dr. Rein durchführte, weisen darauf hin, daß geistige

Heilenergien die meßbare elektromagnetische Struktur eines Kristalls verändern, was bedeuten könnte, daß feinstoffliche Energien in der Lage sind, die physische Struktur eines Kristalls zu verändern. Seine Forschungen lassen darauf schließen, daß feinstoffliche und elektromagnetische Energien von einem Kristall umgeformt, verstärkt und übertragen werden können in eine Form von Energie, die biologische Wirkungen hat.[2] Diese Eigenschaften eines Kristalls helfen uns sehr, ein Modell zu entwickeln, wie es dem Körper als komplexe kristalline Struktur möglich ist, Energie aus unserer Nahrung aufzunehmen.

Von den Knochen ausgehende piezoelektrische EMFs

Wenn physischer Druck oder ein elektromagnetisches Feld (EMF) auf einen piezoelektrischen Kristall einwirkt, verändert der Kristall seine Form und erzeugt ein EMF.[3] Knochen, Quarzkristalle und Turmaline gehören zu den wenigen Kristallformen, die piezoelektrische Eigenschaften besitzen. Studien weisen darauf hin, daß die kristallähnlichen Bestandteile der extrazellulären Matrix der Knochen, zum Beispiel Kollagen und Proteoglykane, piezoelektrische Eigenschaften besitzen.[4] Man hat auch festgestellt, daß mineralisierte Gewebe, wie zum Beispiel Knorpel, Dentin, Zähne überhaupt, und im Verhältnis dazu relativ wenig mineralisierte Gewebe wie das Keratin der Haut, Elastin, arterielles Gewebe, Bindegewebe (Sehnen und Bänder) und sogar einige Aminosäurekristalle (Glyzin, Prolin, Hydroxyprolin) alle piezoelektrische Eigenschaften aufweisen.[5]

Die wesentlichen Kräfte, die im Knochen pulsierende piezoelektrische EMFs hervorrufen, sind die gegen die Schwerkraft arbeitenden Muskeln, das Herz-Kreislauf-System, die willentlich gesteuerten Muskeln und Zusammenstöße mit der Umgebung. Wir hatten auch bereits erwähnt, daß projizierte elektromagnetische Felder in der Lage sind, piezoelektrische Reaktionen in einem Knochen hervorzurufen. Wichtig ist, daß die pulsierenden piezoelektrischen EMFs, die von dem auf den Knochen ausgeübten Druck hervorgerufen werden, biologisch aktiv sind.[6] Die Untersuchungsergebnisse lassen darauf schließen, daß die erzeugte Piezoelektrizität ein EMF von genügender Stärke erschaffen kann, um eine große Bandbreite von Wirkungen auf lebende Systeme zu haben. Theoretisch könnten sich diese piezoelektrischen Felder auf „die Zellernährung, die lokale Steuerung des pH-Werts, die Enzymaktivität und die Unterdrückung derselben, die Orientierung von intra- und extrazellulären Makromolekülen, die Migrations- und Proliferationsaktivität der Zellen, die Synthesefähigkeit und die spezialisierten Funktionen der Zellen, die Kontraktibilität und Permeabilität der Zellmembranen und den Energietransfer" auswirken.[7]

Die Auswirkungen von pulsierenden EMFs auf die Physiologie der Knochen werden schon seit über 30 Jahren erforscht. Erst vor kurzem wurden viele interessante Untersuchungen von bekannten Wissenschaftlern wie Dr. Andrew Bassett vom College of Physicians and Surgeons von der Columbia University (einer meiner Professoren von der Medizinschule) bezüglich der physiologischen und klinischen Anwendungsmöglichkeiten von pulsierenden EMFs an Knochen durchgeführt. Dr. Bassett machte mich im Jahr 1968 mit den piezoelektrischen Eigenschaften der Knochen und der Auswirkung elektrischer Felder auf Knochenwachstum und Knochenabbau vertraut. Er stellte die Hypothese auf, daß Veränderungen in der elektrischen Umgebung einer Zelle eine Veränderung im physiologischen Verhalten der Zelle hervorrufen würde. Er zeigte, daß pulsierende EMFs in der Lage waren, in experimentell erzeugten osteoporösen Rattenknochen den Knochenabbau bis zu einem fast normalen Niveau zu vermindern und das Ausmaß des Knochenaufbaus so zu steigern, daß dieser fast dem von frei herumlaufenden, gesunden Ratten entsprach. Er entdeckte, daß unter der Einwirkung dieser pulsierenden Felder mehr Kollagen produziert wurde.[8]

Dr. Bassett berichtet auch davon, daß Zellen, die verschiedenen EMF-Pulsfeldern ausgesetzt waren, in Abhängigkeit vom EMF-Pulsmuster unterschiedliche biologische Reaktionen zeigten.[9] Eine ganze Serie von Pulsen erhöht zum Beispiel den Kalziumgehalt des Knochens, während ein einziger Puls ihn senkt. Was man aus diesen Untersuchungen schließen kann, ist, daß pulsierende EMFs die Knochenfunktionen beeinflussen und daß man durch Veränderung der Schwingung des EMFs, des Pulses und der Intensität ein anderes EMF-Muster und folglich eine andere intrazelluläre und extrazelluläre Reaktion des Knochens erhalten wird. Jede Art von Zelle kann durch schwache EMFs schon im Bereich von 2×10^{-10} Ampere beeinflußt werden.[10]

Von den Knochen erzeugte EMFs, die auf Strömungspotentiale zurückzuführen sind

Wir finden in der Knochenstruktur auch noch ein anderes Feld elektrischer oder elektromagnetischer Natur. Dieses elektrische Feld, das man Strömungspotential nennt, wird vom Ionenfluß, vom Fluß geladener gelöster Teilchen und Zellen wie den roten Blutzellen durch die Gewebe hervorgerufen. Sie werden von Extrazellulärflüssigkeiten wie dem Blut durch die extrazelluläre Matrix transportiert. Auch wenn ein Knochen nur ganz geringfügig durch Druck gebogen wird, zum Beispiel beim Gehen oder sogar vom Pulsieren unserer Arterien, werden die extrazellulären Flüssigkeiten durch den Knochen gepumpt. Ein elektrisches Potential entsteht als Folge der elektrostatischen Wechselwirkung zwischen den elektrisch aufgeladenen Flüssigkeiten, die sich an der festgefügten Ladung in der kristallinen Knochenstruktur vorbeibewegen. Diese elektrischen Flüssigkeiten können auch mit den piezoelektrischen Feldern des Knochens interagieren.[11]

Elektromagnetische Felder (EMFs) können auch infolge der Halbleiter- oder Festkörpereigenschaften des Knochens entstehen. Sie treten auf, wenn sich der Druck verändert, der auf die Knochenstruktur ausgeübt wird. Diese Veränderung ist mit einer Zunahme der elektrischen Leitfähigkeit in Verbindung gebracht worden, was gleichzeitig bedeutet, daß EMFs entstehen.

Das Wesen der vom Knochen erzeugten Energie

Je nachdem, wovon das EMF erzeugt wird, wie stark es ist, welche Charakteristika sein Pulsieren aufweist und welche Kombination von elektrischen Wechselwirkungen innerhalb der Knochenstruktur und der Knochenflüssigkeiten vorliegt, entsteht im Knochen ein spezielles EMF. Diese Eigenschaften spielen in unserer Theorie der Assimilation der Schwingungsenergie der Nahrung eine wichtige Rolle.

Es ist ebenfalls wichtig zu verstehen, daß wir nicht über einen mechanischen Transfer von Energie, Hitze und Elektronen sprechen. Wie McClare in „Resonance in Bioenergetics" erläutert, gibt es eine Organisationsebene in biologischen Systemen – eine aufeinander abgestimmte Resonanz zwischen den Energieebenen in verschiedenen Molekülen –, die bioenergetische Systeme in die Lage versetzt, rasch und dennoch effizient zu operieren.[12] Er betont, daß Energie, die mittels Resonanz freigesetzt wird, so schnell ausgetauscht wird, daß sie thermisch gar nicht zur Verfügung steht, aber dennoch eine Form von gespeicherter Energie darstellt. Das bedeutet, daß 100 Prozent der Resonanzenergie transferiert wird und daß bei derart durch Resonanz übertragener Energie kein Entropiezuwachs stattfindet. Das ist ein wesentlicher Unterschied zum Energietransfer in einem mechanistischen System, in dem immer eine gewisse Menge Energie verlorengeht.

Flüssigkristallstrukturen im menschlichen System

Es gibt noch andere Formen kristalliner Systeme im Körper, und eine der wichtigsten ist der Flüssigkristall. Ein flüssiger Kristall ist technisch so definiert, daß er eine Form hat, Eigenschaften einer Flüssigkeit besitzt, Informationen gespeichert hat und ein meßbares elektromagnetisches Feld besitzt. Von unserem Gesichtspunkt aus betrachtet hat er auch ein FOEF, das sich darin widerspiegelt, daß er Informationen gespeichert hat und ein EMF besitzt. Ein Flüssigkristall kann sich gleichzeitig als Flüssigkeit und als Kristall verhalten. Zu den größeren Flüssigkristall-Systemen gehören unter anderem das Fettgewebe, das Muskel- und Nervengewebe, das lymphatische System, die weißen Blutkörperchen und die verschiedenen pleuralen und peritonealen Häute.

Die Flüssigkristall-Systeme des Muskelgewebes und des Nervengewebes werden vom Knochen- und vom Hautsystem in Form gehalten. Die Muskeln haben aufgrund der Eigenarten ihrer Struktur ebenfalls nachweislich einige piezoelektrische Qualitäten. Auf einer zellularen Ebene betrachtet man sämtliche Zellen und Zellmembranen als Flüssigkristalle. In dem Buch „Liquid Crystals and Ordered Fluids", das von J. F. Johnson und R. S. Porter herausgegeben wurde, wird deutlich gemacht, daß die verschiedenen Zellmembranen, Membranbestandteile und intrazellulären Membranen als Flüssigkristallstrukturen fungieren.[13] Dazu gehören auch die Plasmamembran, die mitochondriale Membran, das glatte und das rauhe endoplasmatische Retikulum, die Kernmembranen und die Chloroplastmembranen.

Die Körperflüssigkeiten haben ebenfalls kristalline Qualitäten. Das Wassermolekül enthält in seiner primären Tetraederform potentiell die Formen aller Kristalle. Wasser kann alle möglichen Formen von Ionen in einen kristallinen Zustand versetzen und gelöst halten. Hinzu kommt, daß mit zunehmender Strukturiertheit des Wassers auch die mögliche Ionenkonzentration im Wasser steigt. Eine der wichtigsten Arten gelöster Ionen sind in Lösung befindliche Zellsalze. Norm Mikesell weist in seiner Arbeit über strukturiertes Wasser auf folgendes hin: Wenn die Zellen und Gewebe des Körpers erkranken oder krebsartig wuchern, sind die kristallinen Eiweißstrukturen nicht mehr richtig angeordnet, um das Wasser in einem optimal strukturierten Zustand zu halten. Ionen und andere gelöste Stoffe werden dann nach dem neuen Muster des unstrukturierten Wassers umverteilt.[14] Wird das Wasser in der Zelle, in der extrazellulären Flüssigkeit oder im Blutplasma wieder strukturiert, kann es aufgrund der Muster seiner Hydratationshüllen mehr Ionen anziehen und halten. Wenn strukturiertes Wasser sich um ein spezielles Ion lagert, wie dies bei Zellsalzen der Fall ist, kann es die Ionen leichter in das noch stärker strukturierte zytoplasmatische Wasser innerhalb der Zelle bewegen. Befindet sich das um die

Ionen strukturierte Wasser in der Zelle, so trägt es dazu bei, das gleiche Zellsalz oder Ion in die Zelle hineinzuziehen. Wahrscheinlich hilft das Zellsalz Ferrum phosphoricum auf diese Weise anämischen Menschen, mehr Eisen in ihre intra- und extrazellulären Flüssigkeiten zu ziehen.

Der Körper als eine Reihe von sich synchron verstärkenden kristallinen Resonanzfeldern

Ich glaube, daß der grundlegende Mechanismus, durch den das strukturierte Wasser der Zellsalze und deren vergrößerte Hydratationshüllen in der Lage sind, zusätzliche gleichartige Ionen anzuziehen, mit der Erzeugung eines verstärkten kristallinen Resonanzfeldes durch das Zellsalz und das strukturierte Wasser zu tun hat. Dieses verstärkte Feld kann die zwar schwächer, aber ähnlich schwingenden Kristallfelder der einzelnen Ionen anziehen. Sie werden in dieses verstärkte Feld hineingezogen und fügen sich synchron in das größere mitschwingende Feldmuster des Zellsalzes mit seinem strukturierten Wasser ein.

Diese Dynamik des strukturierten Wassers samt seinen Zellsalzen stellt ein wichtiges Prinzip dar. Identische kristallartig mitschwingende Felder, die von Mikronährstoffen ausgehen, werden von den größeren Resonanzfeldern der größeren kristallinen und flüssigkristallinen Strukturen des Organismus angezogen. Das bezieht sich auf das gesamte System mit seinen Organen, Drüsen, seinen zellulären, subzellulären und molekularen Strukturen. Es erklärt, wie Mikronährstoffe durch ihre schwingenden kristallinen Felder von den Stellen angezogen werden, die von ihrer kristallinen Struktur her genauso schwingen.

Indirekte Unterstützung für diese Idee des gesamten lebendigen Systems als Komplex synchron schwingender kristalliner Strukturen ist von der Gemeinschaft der Wissenschaftler Stück für Stück zusammengetragen worden. In „An Atlas of Cellular Oscillators" von P. R. Rapp werden Forschungsergebnisse aus mehr als 450 Arbeiten zitiert bei der Katalogisierung dieses Kartenwerks biologischer und biochemischer Oszillatoren von einer Periodizität von maximal einer Stunde.[15] Dazu gehören Schwingungen von Reaktionen, die von Enzymen katalysiert wurden, wie zum Beispiel der Photosynthese (molekulare kristalline Subsysteme), Schwingungen bei der Proteinsynthese und die Schwingungen von Zellmembranen, Sekretionszellen, Nervenzellen, Zellen des Skeletts, glatten Muskelzellen, Herzmuskelzellen und der Zellbewegungen. Im gesunden Zustand besteht der Körper aus einer Reihe vielschichtiger Systeme und Subsysteme, die miteinander in Wechselwirkung stehen und in Harmonie miteinander schwingen. Unter diesem Blickwinkel kommt es dann zu einer Krankheit, wenn diese Synchronizität verlorengeht und Disharmonie eintritt. Mit Hilfe eines Kristalls das gesamte System über die Chakren oder Subsysteme mit einem bestimmten Organ oder einer bestimmten Drüse ins Gleichgewicht zu bringen, kann sich auf die Heilung dieser Disharmonie sehr positiv auswirken.

Der menschliche Organismus als Überträger von heilenden Schwingungen

Diese Thematik hängt auch mit dem Gebrauch menschlicher Gedankenkraft, der Schwingungsenergie der Edelsteine und Kristalle und ihrem Heilwasser zusammen. Jedes Organsystem oder -subsystem erzeugt ein spezielles, meßbares elektromagnetisches Feld. Die EMFs sind meßbare, feinstoffliche Schwingungsfelder, die sich stark auf das Verhalten eines Organismus auswirken. Das zeigte die Arbeit von Dr. Delgado, auf die ich schon hingewiesen habe. Jeder Kristall oder Edelstein besitzt ebenfalls ein spezielles EMF, das von seiner piezoelektrischen Struktur ausgeht. Rubine und Smaragde schwingen zum Beispiel in Harmonie mit den Flüssigkristallstrukturen des Herzmuskelsystems. Wenn man die Energien dieser Edelsteine mit Licht, Tönen oder mit unseren heilenden Gedanken verstärkt, aktiviert man dadurch ein stabilisierendes, mitschwingendes EMF. Bei meiner Arbeit mit Kristallen und beim Meditieren ist mir intuitiv klargeworden, daß Gedanken eine Form von Schwingungsenergie sind. Sie haben in derselben undifferenzierten kosmischen Energie ihren Ursprung. „Am Anfang war das Wort, und das Wort war bei Gott, und das Wort war Gott." (Johannes 1, 1) Die FOEFs sind Schwingungsmuster aus derselben Quelle, und auf diesem Weg sind Gedanken und FOEFs miteinander verwandt. Wenn man sich geistig auf die FOEF-Struktur einstimmen kann, ist es möglich, resonierende Schwingungsenergie in einer Gedankenform auszusenden, um das zerstreute FOEF-System neu zu organisieren. Kristalle und Edelsteine verstärken diese speziellen resonierenden Schwingungen. Dieses projizierte, stabilisierende EMF kann dazu beitragen, den disharmonischen Herzmuskel (in unserem Beispiel) und sein FOEF wieder in seinen normalen, gesunden Schwingungszustand zurückzuführen. Die Edelsteine oder Kristalle tragen dazu bei, die heilenden Schwingungen der Gedankenwellen fein einzustimmen, zu stabilisieren und zu verstärken, die für die Erzeugung des heilenden resonierenden EMFs benötigt werden, mit dessen Hilfe das System wieder ins Gleichgewicht gebracht und geheilt wird.

Unter Anwendung desselben Prinzips können wir auch bestimmte Edelsteine und mit ihnen hergestelltes Heilwasser verwenden, um die einzelnen Chakren zu energetisieren und wieder ins Gleichgewicht zu bringen. Dunkle Opale und Tigeraugen können dazu beitragen, das Wurzel-Chakra auszubalancieren. Feuerachat kann man für das zweite Chakra nehmen, und der Solarplexus beziehungsweise das dritte Chakra werden von Quarz und Perlen unterstützt. Rubin und Smaragd stimulieren das Herz-Chakra, und Lapislazuli ist gut für das Hals-Chakra. Quarzschwingungen resonieren sowohl mit der Hypophyse als auch mit der Zirbeldrüse, das heißt mit dem sechsten und siebten Chakra, und der Diamant tut dem Kronen-Chakra gut.[16]

Der menschliche Organismus und der menschliche Verstand können als kristalline Transmitter betrachtet werden. Wenn wir ein klarer Kanal für die bedingungslose göttliche Liebe werden, werden wir auf ähnliche Weise zu deren Übermittler wie ein Edelstein oder ein Kristall, der von unseren Gedankenformen aktiviert wird. In diesem erhabenen Zustand wird ein starkes mitschwingendes Feld geschaffen, das die FOEFs, die Chakren und Organsysteme eines kranken Menschen neu programmieren kann. Indem man die FOEF-Energie der kristallinen Struktur eines Menschen erhöht, erzeugt man ein neues und gesundes Feld, das diesen Menschen dann auf einer spirituellen, mentalen, emotionalen und physischen Schwingungsebene neu organisiert. Diese höhere und intensivere Form der Liebe trägt dazu bei, negative Gedankenformen aufzulösen, die als dissonante Schwingungen auf jeder dieser vier Systemebenen eines Menschen gespeichert sind. Ein klares Beispiel hierfür ist die Heilkraft Christi, dessen bloße Anwesenheit oder die Berührung dessen Gewandes bereits Heilung brachte. Die Projektion liebevoller Gedankenformen heilt, da durch sie die Energie eines oder aller FOEFs erhöht wird. Heilgruppen, die mit diesem Prinzip arbeiten, fungieren als erweiterte kristalline Resonanzkörper für den Menschen, der geheilt wird. Gegenwärtig stellen Wissenschaftler wie Marcel Vogel erste Untersuchungen an, um herauszufinden, welche Verbindung zwischen Liebe als Schwingung und ihrer Wirkung beim Heilen besteht.

Wenn die Kundalini erwacht ist, fungiert auch sie als innere Heilkraft, indem sie das Energieniveau der FOEFs erhöht. Wenn das gesunde FOEF-Muster auf eine integriertere und reinere Ebene gehoben wird, werden Entropie erzeugende, negative Gedankenmuster und Emotionen hinausgedrängt. Sie scheinen ins Bewußtsein zu treten und aufgelöst zu werden.

In einer von mir geleiteten Meditationsgruppe berichtete eine Frau Ende Sechzig, daß sie eine Vision von einem bestimmten gelben Haus gehabt hatte. Während sie davon sprach, fühlte sie eine ungeheure Erleichterung, da dieses Haus immer mit dem Schmerz verbunden gewesen war, den ihr der Tod ihrer Mutter vor 60 Jahren bereitet hatte. Seit das Bild des gelben Hauses beim Meditieren an die Oberfläche gekommen war, war sie frei von Angst und von ihrer Trauer geheilt. Auf einem Wochenendseminar über Meditation und Ernährung erfuhr kürzlich eine übergewichtige Person, die viele Jahre lang versucht hatte, ihren Heißhunger unter Kontrolle zu bekommen, ein Erwachen ihrer Kundalini. Eine Woche später berichtete sie, daß ihr intensives Bedürfnis nach Essen verschwunden war. Diese beiden Beispiele zeigen, wie Meditation und eine erwachte Kundalini spontan dissonante Strukturen auf verschiedenen Ebenen unseres Wesens auflösen können.

Dieses Kapitel bringt ans Licht, was wir im Grunde schon die ganze Zeit über wußten – Menschen sind kostbare Edelsteine.

Zusammenfassung von Kapitel 10

1. Der Schlüssel zum Verständnis der Assimilation von Energie in unsere physische Struktur ist ein Bewußtsein unseres Körpers als eine Reihe von synchronen, miteinander in Wechselwirkung stehenden Kristallstrukturen.

2. Unsere Knochenstruktur ist das zentrale feste Kristallsystem unseres Körpers. Von der kristallinen Knochenstruktur geht ein spezielles EMF aus. Welcher Art es ist, hängt davon ab, welchen Ursprung es hat (einen piezoelektrischen, Strömungspotentiale oder Festkörper-Aktivität), wie stark die Energie ist, welche Pulsationseigenschaften es besitzt und wie all diese Merkmale innerhalb der Knochenstruktur interagieren.

3. Das andere wesentliche kristalline System im Körper besteht aus den Flüssigkristallstrukturen, die in jeder Zellmembran, jedem Organ-, Drüsen-, Nerven- und Muskelsystem vorhanden sind.

4. Körperflüssigkeiten haben ebenfalls kristallähnliche Eigenschaften, da es in ihnen Ionen gibt und ihr Wasser strukturiert sein kann.

5. Eine mögliche Erklärung dafür, wie Mikronährstoffe zu den richtigen Stellen im Körper gelangen, ist die, daß sie von ihren schwingenden EMFs zu den entsprechend resonierenden kristallinen Orten im System hingezogen werden.

Kapitel 10

6. Wenn uns die kristalline Natur des menschlichen Körpers deutlich wird, liefert uns das eine physische Basis für ein Verständnis der Wirkungsweise von menschlichen Gedankenschwingungen, Edelsteinen, Kristallen, Blütenessenzen, Edelstein-Heilwasser und der Homöopathie beim Heilen.
7. Wenn wir die FOEF-Energie der kristallinen Struktur eines Menschen erhöhen, erschaffen wir ein erneuertes und gesundes Feld, das diesen Menschen auf einer physischen, emotionalen, mentalen und spirituellen Schwingungsebene reorganisiert.
8. Wir sind in der Tat kostbare Edelsteine.

Der menschliche Kristall

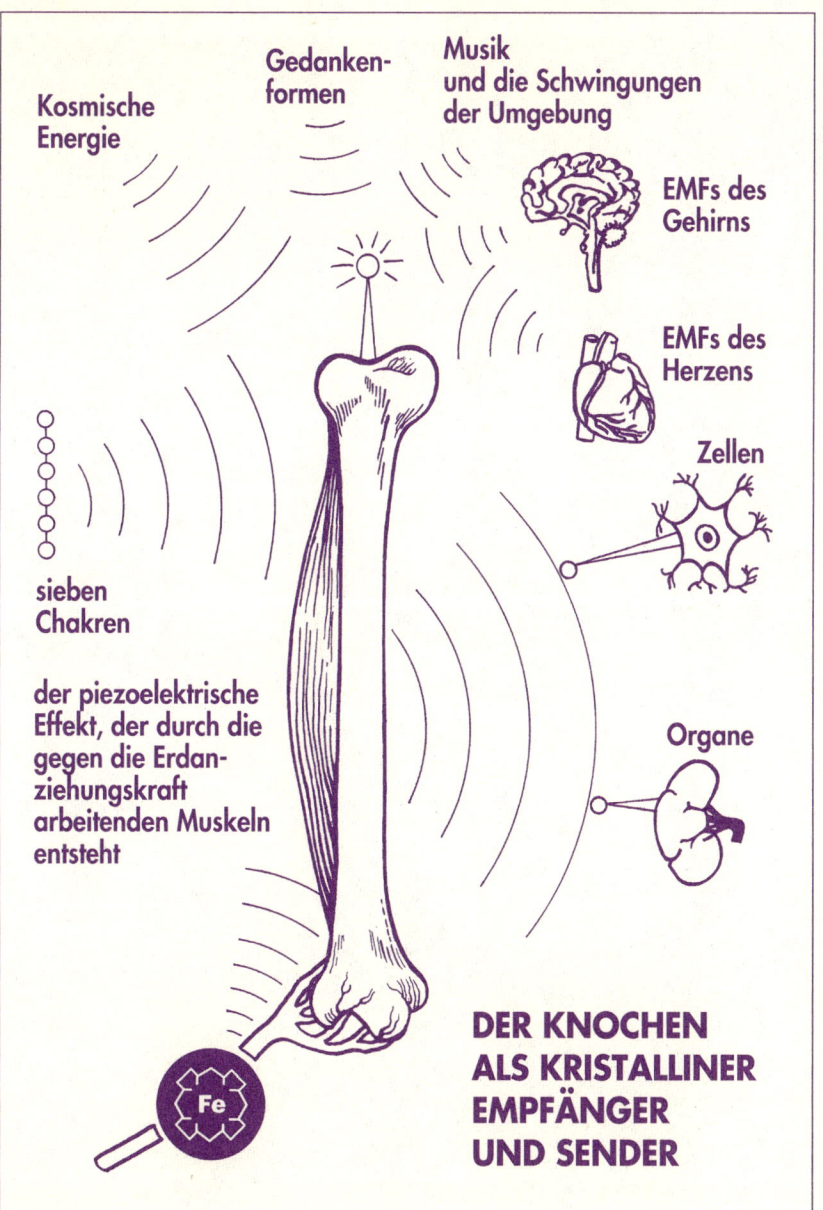

Abbildung 6

11

Bioenergetische Assimilation

Wenn kosmische Energie genug verdichtet ist, gelangt sie in Form von Nahrung auf unsere Teller. Als festes, ganzes, rohes Nahrungsmittel bleibt sein FOEF erhalten. Um ein neues Paradigma des Vorgangs der Nahrungsaufnahme zu entwickeln, müssen wir die Assimilation sowohl auf der physischen als auch auf der energetischen Ebene verstehen. Ganz allgemein kann man sagen, daß jedes Gemüse und jede tierische Substanz eine einzigartige arteigene Schwingung von seinem Energiefeld abstrahlt. Obwohl dies auf Pflanzen und Tiere zutrifft, werde ich mich im weiteren Text immer nur auf pflanzliche Nahrungsmittel beziehen, weil sie sich in der Nahrungsmittelkette auf einer ursprünglicheren Ebene befinden als Tiere. Bei der Assimilation müssen wir unter anderem die Nahrung – für uns zunächst ein Fremdkörper – so umbauen, daß sie unserer eigenen Körperchemie und -schwingung ähnlich wird, besonders auf der physischen, ätherischen und astralen Ebene. Um Nahrung erfolgreich zu assimilieren, müssen wir die Gesamtheit ihrer Energien in unsere eigenen aufnehmen. Während des Prozesses der Assimilation tritt die kristalline Schwingung dieser Nahrungsmittel in Wechselwirkung mit unserem gesamten oszillierenden kristallinen System. Jeder, der mit der Wissenschaft der Kinesiologie vertraut ist, weiß, daß, wenn man ein bestimmtes Nahrungsmittel in das Schwingungsfeld des Körpers bringt, dieses den Menschen unmittelbar schwächt, stärkt oder auch gar nicht spürbar beeinflußt.

Die kristalline Knochenstruktur und die Aufnahme von Energie

Die Schwingungen der Nahrungsmittel resonieren mit unserer Knochenstruktur, die sie verstärkt und auf den ganzen Körper überträgt. Dabei wandelt der Knochen die Schwingung der Pflanze in eine resonierende Frequenz um, die mit unserem lebendigen System kompatibel ist. Unsere kristalline Knochenstruktur verhält sich dabei wie ein Radiokristall in einem Radio, der Radiowellen aufnimmt und in hörbare Signale umwandelt. Die Schwingungen der Töne resonieren mit den Gehörknöchelchen in unseren Ohren, die diese Schwingungen in elektrische Schwingungen oder Impulse umwandeln, die an unsere Hörnerven weitergeleitet werden.

In der pflanzlichen Struktur gibt es unterschiedliche kristallähnliche Substrukturen, die den vielfach oszillierenden kristallähnlichen Substrukturen unseres Körpers ähneln. Sie resonieren mit dem Knochen und den anderen kristallinen Strukturen unseres Körpers. Als einziges festes Kristallsystem unseres Körpers sind die Knochen die „Hauptantenne" für die Aufnahme von Informationen in den Körper und die Übermittlung derselben an den restlichen Körper mittels ihrer kristallinen Eigenschaften. Durch die resonierenden Schwingungen des Knochens werden die EMFs der Pflanzen in spezielle Schwingungen umgeformt, die den resonierenden Substrukturen des Körpers ähneln und daher Informationen und Energien an sie weitergeben können. Auf diese Weise energetisieren und nähren spezielle Schwingungseigenschaften der Pflanze bestimmte Organ-, Drüsen- und Zellsysteme. Die Wurzel des Löwenzahns wirkt zum Beispiel im wesentlichen auf die Leber ein. Seine Blätter hingegen haben kaum eine Wirkung auf die Leber – sie werden am besten in Salaten als leichtes, reinigendes Tonikum gegessen. Von einer anderen Bewußtseinsebene aus betrachtet, könnte es sein, daß nur gesunde Organe die richtigen Nährstoffe anziehen und unangemessene Nährstoffe abstoßen. Die resonierenden EMFs kranker Zellen und Organe scheinen sich von denen gesunder zu unterscheiden, daher ziehen sie möglicherweise nicht die richtigen Nährstoffe an, um sich gesund zu erhalten oder zu werden. Es gibt Aufzeichnungen darüber, daß sowohl die Kristallstruktur als auch das EMF eines arthritischen Knochens sich von denen eines normalen Knochens unterscheiden.[1]

Allgemein betrachtet fungiert unsere kristalline Knochenstruktur als Antenne für sämtliche externen und internen Informationen und Schwingungsenergien des Körpers, einschließlich der unmittelbaren Energie von Gedankenformen. Sie schwingt mit allen Ebenen der Nährstoffenergie mit, die sie entweder unmittelbar empfängt (Musik, Gesang) oder mittelbar durch die von den Chakren übertragenen EMFs. Die Chakren übertragen diese EMFs während des Vorgangs, bei dem virtuelle Energie, die durch die sieben feinstofflichen Körper in das System gelangt ist, heruntertransformiert wird. Das Gehirn, das Nervensystem und das Herz erzeugen ebenfalls EMFs, die mit unserer kristallinen Knochenstruktur und anderen kristallinen Strukturen resonieren. Die kristalline Knochenstruktur verstärkt und strahlt diese Energie und Information dann in das restliche System aus, bis hinein in die ebenfalls kristallinen zellulären und subzellulären Strukturen. Diese Form der direkten Informations- und Energieübertragung ist ein bedeutsamer Weg, auf dem Energie und Informationen direkt an alle Zellen des ganzen Körpers übertragen werden – sowohl von den Chakren als auch durch die geradlinige kosmische Verbindung Energie-Gehirn-Nervensystem.

Dr. Glen Rein hat die These aufgestellt, daß es ein zusätzliches System der direkten Energie- und Informationsübertragung an die Zellen geben könnte.[2] Dieses System beruht auf der Tatsache, daß sich die Zellen in einer extrazellulären Matrix befinden, die aus makromolekularen, kristallähnlichen Bindegewebssubstanzen besteht. Diese Matrix ist voll strukturiertem Wasser, das auch kristalline Eigenschaften besitzt. Das Wasser im Extrazellulärraum und die kristallähnliche Matrix nehmen die resonierende Energie und die Informationen auf. Während der Energieaufnahme verändert sich die elektrochemische Information der Matrixstruktur. Diese Veränderung wird dann in Form von elektrischem Strom weitergeleitet und bringt die Energie und Information ins ganze System. Dieses Übertragungssystem stellt einen weiteren Weg dar, auf dem die resonierende Knochenstruktur biologisch umgewandelte Schwingungsinformationen auf direktem Weg auf die zelluläre Ebene schicken kann. Obwohl es noch andere kristalline Subsysteme gibt, die über Resonanz Energie aufnehmen und weiterleiten, bleibt die Knochenstruktur doch der Hauptumsetzer, da sie der einzige feste Kristall im System ist. Ihr fester Zustand ermöglicht ihr, Gedächtnisstrukturen länger in Form von EMF-Frequenzen im Knochen gespeichert zu halten. Besonders Knochen- und Wirbelsäulentraumata können in der Knochenstruktur gespeichert sein, und Kristallheilung kann bei diesen Traumen oft große Erleichterung bringen. Marcel Vogel nennt den Knochen den Speicher des Verstandes.[3] Auch in den kristallähnlichen Strukturen des tiefen Bindegewebes werden Erinnerungen gespeichert. Auf dieser biomolekularen Grundlage bauen Therapien auf, die beim tiefen Bindegewebe ansetzen. Die Knochen schwingen auch in Resonanz mit anderen Schwingungsquellen wie zum Beispiel Kristallen, Edelsteinen, Mantras, Gesängen und Musik. So können wir die mächtige Wirkung religiöser Musik wie zum Beispiel der gregorianischen Gesänge erklären. Als kristalline menschliche Systeme schwingen wir in vollkommener Einheit, Harmonie und Liebe mit dem Puls des Kosmos.

Das Wechselspiel zwischen dem sogenannten Tri-System und unserer kristallinen Knochenstruktur

Auf einer anderen Ebene wird die Energie der Pflanzen auch durch das dynamische Wechselspiel zwischen der kristallinen Knochenstruktur und dem dreifachen System unseres Kreislauf-, Nerven- und Meridiansystems

Kapitel 11

assimiliert. Die Chinesen kennen dieses Tri-System und die Beziehungen der einzelnen Systeme untereinander schon seit Tausenden von Jahren. Mit Hilfe der Pulsdiagnose am vaskulären System können sie Aussagen über den Zustand der verschiedenen Meridiane, Organe, Drüsen, Nerven und Knochen treffen. Das Buch von Gurudas „Heilung durch die Schwingung der Edelsteinelixiere" (Band II) liefert eine theoretische Erklärung dafür, wie die heilenden Schwingungen in den Körper aufgenommen werden, und geht auch auf das Wechselspiel dieses synchron arbeitenden Tri-Systems ein.[4] Es trägt zu unserem Verständnis bei, wie Energie von der physischen Ebene in das ätherische System der Chakren übertragen wird. Bei dieser Übertragung fungieren die Meridiane als mitschwingendes 2-Weg-Transfersystem zwischen diesen beiden Ebenen.

Das Meridiansystem ist auch direkt mit dem Nervensystem und dem Kreislaufsystem verbunden, da es den Bauplan für diese beiden Systeme und den Körper als Ganzes darstellt. Von allen Energiesystemen, die als Vorlage für den physischen Körper dienen und von den FOEFs organisiert werden, ist das Meridiansystem das stärkste, da in den kristallinen Strukturen der Meridiane die meiste Lebenskraft fließt. Im 1. Buch Mose 4, 10 steht, daß Abels Blut von der Erde aus zu Gott sprach. Das kann man so verstehen, daß die kristalline Lebenskraft eine Botschaft aussendet. Die wichtigsten resonierenden Kräfte im Blut sind das Hämoglobin der roten Blutzellen und die Mineralien im Plasma. Über das Nervensystem fließen im wesentlichen die bewußten mentalen Kräfte durch die elektromagnetischen Felder (EMFs). Es trägt dazu bei, das zelluläre Wachstum anzuregen und zu steuern, wozu auch die Steuerung und das Wachstum der Blutgefäße im System gehören. Unsere Knochenstruktur ist auch von Nerven durchwachsen. C-Fasern und knaufförmige Nervenrezeptoren sitzen in den verschiedenen Arten des Knochengewebes. Wenn das Nervengewebe Nervenimpulse weiterleitet, erzeugen die mit diesen Impulsen zusammenhängenden physiologischen Veränderungen ein externes EMF.[5] Diese EMFs können mit den EMFs der Knochen in Wechselwirkung treten.

Obwohl das Ganze noch sehr theoretisch ist, gibt es doch einige Hinweise darauf, daß das Meridian-, Nerven- und Kreislaufsystem insgesamt ein stabiles System darstellt, das die transformierte und verstärkte Energie des Knochens zu den restlichen Subsystemen des Körpers bis hin zur zellularen Ebene weiterleitet. Die Schwingungen der Knochen könnten auch zur Energetisierung und Stabilisierung des Meridiansystems beitragen. Es ist allgemein bekannt, daß die piezoelektrischen Energien, die im

Knochen durch das Laufen hervorgerufen werden, ein EMF erzeugen, das in dem Knochen möglicherweise ein stabilisierendes Versorgungs-EMF aufbaut.[6] Dr. Bassett betont, daß die EMFs vom kardio-vaskulären System möglicherweise eine wesentliche Rolle als eine Art stabilisierendes Signal spielen, während sie mit den örtlich erzeugten piezoelektrischen und Strömungspotentialen interagieren.[7] Obwohl die Beweise für eine derartige Beziehung nicht schlüssig sind, unterstützen sie dennoch unsere Hypothese.

Die Theorie der Assimilation

Unsere Assimilationstheorie beginnt damit, daß die Sonne das Chlorophyll in den Pflanzenzellen aktiviert. Das energetisierte Chlorophyll, in dem sich eine holographische Schwingung der ganzen Pflanze befindet, kann seine resonante Energie und seine Information auf das elektromagnetische Feld des Eisens in den roten Blutzellen übertragen. Chlorophyll und Hämoglobin unterscheiden sich lediglich durch ein einziges Atom: In der Struktur des Chlorophylls befindet sich Magnesium anstelle des Eisens beim Hämoglobin. Die mit frischer Energie aufgeladenen und programmierten roten Blutzellen zirkulieren nach ihrer Interaktion mit dem Chlorophyll zurück zum Knochensystem. Die roten Blutzellen übertragen ihre neue EMF-Energie und -Information direkt durch Resonanz und das Strömungspotential oder durch den Effekt des elektrischen Fluidums auf den Knochen. Der Knochen verstärkt die Energie und gibt sie an den Rest des Systems weiter (siehe Abb. 6 auf S. 147). Das rote Blutkörperchen und das Hämoglobin übertragen resonierende Pflanzenenergie auch direkt durch schwingungsmäßige Übertragung ihrer eigenen EMFs auf Zellen und Gewebe.

Zusätzlich zu den EMFs der roten Blutkörperchen übertragen auch die mineralischen Bestandteile des Blutplasmas, das von den EMFs der Pflanzen und des Körpers und von anderen hereinkommenden EMFs aufgeladen wurde, elektromagnetische Felder. Diese EMFs der kristallinen Plasmabestandteile werden auf den Knochen übertragen und gleichzeitig von dem neuen Muster des Knochens aufgeladen und neu programmiert. Anschließend verlassen sie die Knochenstruktur wieder mit der Information, die sie benötigen, um mittels ihrer eigenen EMFs zum richtigen Ort im System hingezogen zu werden. Die roten Blutkörperchen und das Plasma tragen dazu bei, die allgemeinen Strukturen des Körpers zu stabilisieren. Wenn ihre Ladung nachläßt, lädt ein Zirkulieren durch den Knochen sie wieder auf. Genaugenommen programmieren die roten Blutkörperchen und das Plasma den Knochenkristall und werden gleichermaßen von ihm programmiert. Die programmierten EMFs der Plasmaionen tragen auch dazu bei, das Meridiansystem zu stabilisieren, das seinerseits dazu beiträgt, das Nervensystem zu programmieren und zu harmonisieren (siehe Abb. 7). Der Knochen sendet dann ein Muster aus, das sich in Harmonie mit dem gesamten Organismus befindet. Die roten Blutkörperchen und das Plasma verlassen den Knochen, tragen bestimmte Schwingungsmuster an bestimmte Orte im Körper und leisten ihren Beitrag zur Stabilisierung der allgemeinen EMFs des Körpers. Dieses Tri-System und die kristallähnlichen Energien der Knochen sind ein multiples Feedbacksystem, das sich selbst stabilisiert und Energie leitet. Die drei Systeme und die kristalline Knochenstruktur stehen in synchroner und simultaner Wechselwirkung miteinander.

Die Rolle der Zellsalze bei der Assimilation

Zellsalze spielen in diesem System eine interessante Rolle. Auf einer Ebene sind sie Mikronährstoffe, aber wichtiger ist, daß sie auf einer resonanten Ebene von dem Meridiansystem so programmiert werden, daß sie als Vorlage dafür dienen, die Formation von Mikronährstoffen zu organisieren, damit diese Muster bilden, aus denen Gewebe entstehen können. Durch die Rolle, die sie beim strukturierten Wasser spielen, verbessern sie auch das Schwingungsmuster des Systems, damit es besonders benötigte Mineralien anziehen kann. Jedes einzelne Zellsalz trägt möglicherweise zum Energiefluß des mit ihm verbundenen Meridians bei. Insgesamt tragen die kristallähnlichen Schwingungen der Zellsalze im Plasma dazu bei, das Meridiansystem zu stabilisieren. Es gibt zwölf grundlegende Zellsalze, von denen jedes mit einem der zwölf Hauptmeridiane zusammenzuhängen scheint. Man kann das Allgemeinbefinden eines Menschen verbessern, indem man ihn einmal jeden Monat ein bestimmtes Zellsalz zu sich nehmen läßt. Man kann die Zellsalze dafür nach ihrem Atomgewicht ordnen. Zum Zeitpunkt der Wintersonnenwende fängt man mit dem Zellsalz an, dessen Atomgewicht das höchste ist: Ferrum phosphoricum. Nach ihrem Atomgewicht absteigend geordnet, gibt es folgende Zellsalze: Ferrum phosphoricum, Calcium phosphoricum, Natrium phosphoricum, Natrium sulfuricum, Magnesium phosphoricum, Kalium sulfuricum, Kalium phosphoricum, Calcium sulfuricum, Calcium fluoratum, Kalium chloratum, Silicea und Natrium chloratum. Am 21. eines jeden Monats nimmt man jeweils das nächst leichtere zu sich. Auf diese Weise können die Zellsalze sowohl zur Aufnahme von Mineralstoffen beitragen, als auch den Energiefluß der Meridiane fördern.

Bioenergetische Assimilation

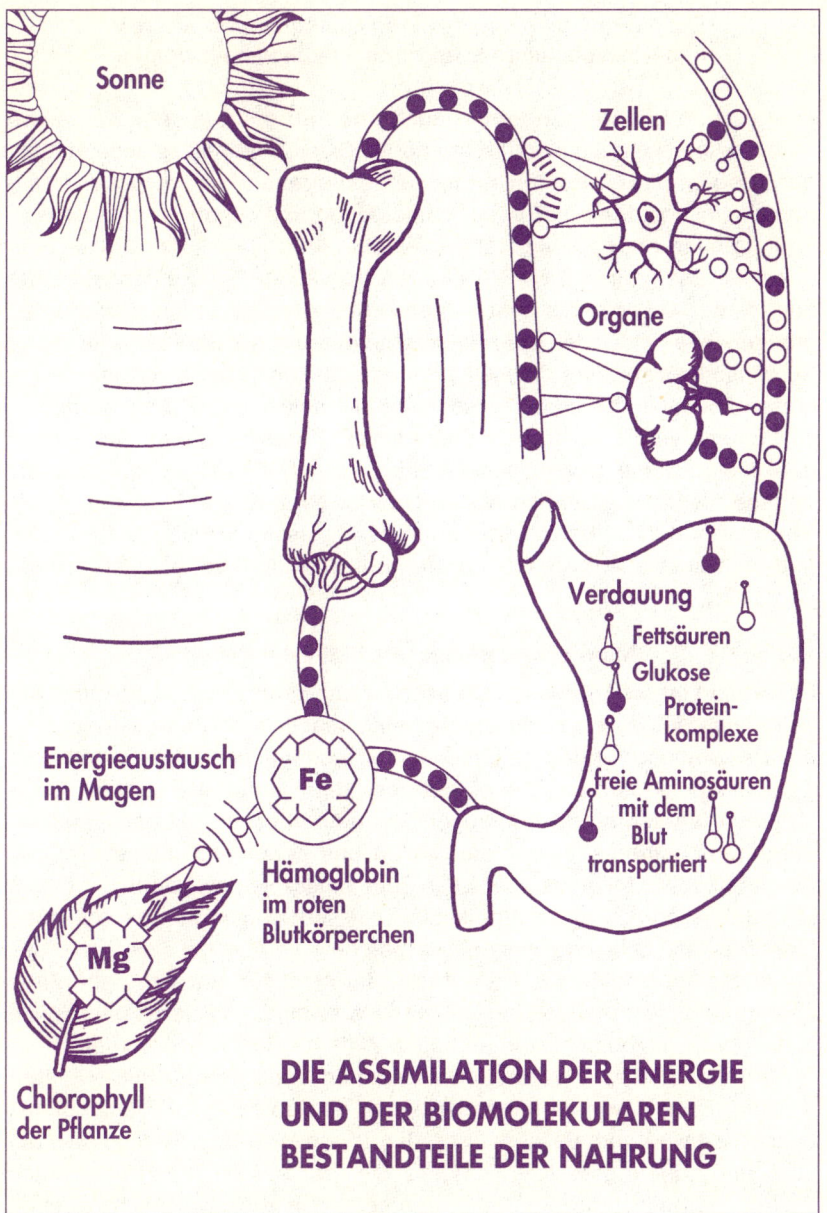

Abbildung 7

Die Energieübertragung durch molekulare Strukturen und wie molekulare Strukturen aufgenommen werden

Energie und Substanzen gehen auch noch auf eine andere Weise von unserer Nahrung auf unseren Körper über. Diese Übertragung findet mittels der aus komplexen Kohlehydraten abgespaltenen Einfachzucker sowie kristallähnlicher Proteine, freier Aminosäuren und negativ geladener Fettsäuregebilde statt. Diese Nährstoffe sind kristallähnliche Gebilde, die spezielle Energien und EMF-Strukturen aufweisen. Sie werden zu einem bestimmten Organ, einer bestimmten Drüse oder Zelle hingezogen, deren energetische Felder den speziell programmierten Nährstoff über ähnliche Schwingungen anziehen. Diese Nährstoffe passen sich schwingungsmäßig und molekular in das größere, resonierende molekulare Feld ein, wobei sie ihre Energie in dieses größere Feld einfließen lassen, um es energetisch aufzuladen. Dadurch wird auch die Energie des FOEFs aufgeladen, das die Vorlage für diesen Bereich bildet. Das ist eine Möglichkeit, wie FOEFs Nährstoffe in ihre Matrix ziehen, um die physische Struktur aufzubauen, und es erklärt auch, wie Nährstoffe im Körper dorthin gelangen, wo sie gebraucht werden.

Mikronährstoffe und die EMFs der Zellen

Dr. Bruce Lipton, Anatomieprofessor an der medizinischen Fakultät der St. George University in Grenada, hat eine sehr schöne Theorie entwickelt, die vollkommen auf den aktuellen wissenschaftlichen Daten im Bereich der Zellbiologie aufbaut. Sie erklärt noch detaillierter, wie speziell aufgeladene Mikronährstoffe als Träger der energetischen Muster eines bestimmten Nahrungsmittels, das wir zu uns genommen haben, mittels Resonanz zum EMF einer speziellen Zelle hingezogen werden. Dort bilden sie tatsächlich eine Schnittstelle zur Zelle, übertragen ihr energetisches Muster auf die Zelle und bringen ihre materielle Form in die Zelle ein. Diese Theorie erklärt auch, wie Nährstoffe, die nicht für eine spezielle Zelle programmiert wurden, sondern von den extrazellulären Flüssigkeiten in die Nähe der Zelle gebracht wurden, in die Zelle hineingezogen werden.[8]

Um diese Theorie verstehen zu können, muß man gewisse Fakten kennen. Einer davon ist folgender: Wenn ein Protein einer Energiequelle ausgesetzt wird, zum Beispiel Licht, den Tönen einer Radiowelle, EMFs der gleichen Frequenz oder einer Frequenz, die harmonisch mit dem kristallinen Protein schwingt, wird dieses Proteinmolekül in eine gleichschwingende

Resonanz mit dieser Quelle treten. Diese neue, resonierende Schwingung kann eine Veränderung der elektromagnetischen Energie des Proteins hervorrufen, die in der Lage ist, dessen physische Form zu verändern. Diese Veränderung kann eine neue Funktion des Proteins aktivieren oder vorübergehend verhindern, daß es seine augenblickliche Funktion erfüllt. Proteine, die auf diese Weise ihre Form verändern können, nennt man allosterische Proteine. Kurz gesagt: Proteine können wie kristalline Strukturen EMF-Energien aufnehmen und sie in biologisch aktive Signale umwandeln. Ein bekanntes Beispiel hierfür ist Rhodopsin, das kristalline Protein, das sich als Lichtenergierezeptor in den Pigmenten der Stäbchen in den Augen befindet. Es nimmt Lichtenergie auf und wandelt sie in Nervenimpulse um, welche die Energie in die visuellen Zentren des Gehirns befördern. Ein weiteres bekanntes Beispiel ist das Melanin, ein kristallines Protein, das in der Lage ist, Lichtenergie aufzunehmen und sie in Töne und in elektromagnetische Energie umzuwandeln.

Dr. Lipton baut seine Theorie weiter auf Beweisen auf, die zeigen, daß Proteine fähig sind, sich selbst in die Zellmembran einzubauen. In den Zellmembranen haben Proteine mehrere unterschiedliche Funktionen zu erfüllen. Es gibt Rezeptorproteine, die mit dem Aufspüren und der Aufnahme hereinkommender elektromagnetischer Schwingungen zu tun haben. Hierzu gehören unter anderem die EMFs von verschiedensten Nährstoffen, Hormonen, gelösten Ionen, Neurotransmittern, Glukosemolekülen, freien Aminosäuren, freien Fettsäuren oder sonstigen Nährstoffen, die für die zellularen Funktionen benötigt werden und der Zelle über die extrazelluläre Flüssigkeit zugetragen werden. Diese kristallinen Proteine sind auch für sehr niedrige energetische Impulse empfänglich, wie sie zum Beispiel von einzelnen Ionen, Elektronen, Photonen und Protonen ausgehen. Wenn sie diese hereinkommenden EMFs empfangen, wandeln die Rezeptorproteine sie in spezielle biologische Signale um, die die Funktionen der Zellmembran steuern. Diese Signale beeinflussen unmittelbar drei weitere funktionale Proteinarten in der Zellmembran. Rezeptorproteine können die hereinkommende Energie auf Enzymproteine übertragen, die dadurch aktiviert werden können, intrazellulär oder extrazellulär enzymatische Reaktionen durchzuführen. Die Rezeptorproteine können diese Energie auch auf Transportproteine übertragen, die sie in elektro-chemische Aktivitäten umsetzen. Diese steuern einige der Tor- und Kanalsysteme, durch die spezielle Nährstoffe in die Zelle gelangen, die von außen an die Tore der Zellmembran klopfen. Schließlich arbeiten die Rezeptorproteine auch auf direkte physische Weise mit den Strukturproteinen innerhalb der Zellwände zusammen. Indem die Rezeptorproteine ihre Form verändern, bewirken sie eine Veränderung der physischen Konfiguration des mit ihnen verbundenen Strukturproteins. Wenn sich die Konfiguration des Strukturproteins verändert, kann dies auch dazu führen, daß sich ein bestimmtes Tor in der Zellmembran öffnet oder schließt.

Zusammenfassend kann man sagen, daß Rezeptorproteine kristallähnliche Energieumwandler sind, die die Information der zahlreichen, auf das Zellsystem einwirkenden EMFs aufnehmen und sie in energetische Signale umwandeln, auf die die Zelle reagieren kann. Diese Rezeptorproteine sind ein weiteres System, durch das wir uns auf die Energie von Nährstoffen, aber auch auf die subtileren geomagnetischen Schwingungen, die Schwingungen der Erdatmosphäre (wie die Schumansche Resonanz), die lunaren, solaren und kosmischen Resonanzfelder einstellen, die auf das biologische Leben auf diesem Planeten einwirken.

Die Zellmembran schwingt als Ganzes in Resonanz mit den hereinkommenden EMFs. Ihre resonierende Schwingung kann eine harmonische Resonanz der intrazellulären Membranen und der Proteinkomplexe der RNA und DNA herbeiführen. Durch diesen Transfer harmonischer, resonierender Energie schickt die Zellmembran Informationen an die intrazellulären Strukturen und wirkt daher auch regulierend auf sie ein. Meiner Meinung nach kann die resonierende Informationsenergie des Kosmos, der Erde, der Nahrung und des Knochens auch direkt Energie an die intrazellulären Kernstrukturen wie die RNA und die DNA übertragen. Ich glaube, daß dies besonders dann zutrifft, wenn wir uns durch die richtige Ernährung und Meditation spirituell entwickeln. Im Verlauf unserer spirituellen Entwicklung werden wir zu immer besseren Supraleitern kosmischer Energie, und es gibt immer weniger hemmenden Widerstand zwischen dem Mikrokosmos und dem Makrokosmos, was wir als Erweiterung unseres Bewußtseins erfahren.

Es gibt noch ein weiteres Mosaiksteinchen zu diesem System. Die intrazellulären kristallinen Schwingungsmuster können durch Resonanz ihre Informationsenergie an die Zellmembran weiterleiten und daher auch die Funktion der Zellmembran beeinflussen. Das Ganze funktioniert in beiden Richtungen. Wenn sie harmonisch mit ihren intrazellulären Strukturen resoniert, schickt die Zellmembran EMFs an die extrazellulären Flüssigkeiten, die wiederum die speziellen Nährstoffe anziehen, die intern benötigt werden. Dadurch schließen sich die vielfältigen Feedback-Zyklen im Gesamtsystem der auf verschiedenen Körperebenen schwingenden kristallinen Systeme des Körpers.

Ich habe verschiedene Mechanismen der Übertragung von Informationsenergie im System umrissen. Keiner von ihnen ist mit den anderen unvereinbar. Unser komplexes System der Assimilation von Informationsenergie enthält viele Kontrollen und Gegensteuerungsmechanismen, die uns in Einklang halten.

Abschließende Gedanken

In dieser Theorie der Assimilation sind Nahrungsmittel nicht nur Nährstofflieferanten, sondern auch spezielle Energien, die alle Ebenen unserer FOEFs energetisch wieder aufladen. Wenn wir uns die Entwicklung des menschlichen Organismus analog zur Entwicklung eines Kristalls vorstellen, wird uns noch eine weitere Erkenntnis zuteil. Sobald der ausgewachsene Kristall, der menschliche Körper, sein Wachstum abgeschlossen hat, brauchen wir nur noch wenige Nährstoffe, um die Homöostase des Systems aufrechtzuerhalten. Ab diesem Punkt ist der Zweck von Ernährung im wesentlichen der, Energie zur Erhaltung der FOEFs des Systems zu liefern. Können wir den Appetit nicht zügeln, der uns während unserer Wachstumsphase gute Dienste geleistet hat, sammeln wir Übergewicht an. Wir sollten nur die Mindestmenge zu uns nehmen, die nötig ist, um die Energie und die Leitfähigkeit des Körpers auf maximaler Höhe zu halten. Wenn wir zunehmend weniger stark verdichtete Nahrung zu uns nehmen, werden wir immer unabhängiger von fester Nahrung, sogar was die Energiezufuhr für unseren Organismus betrifft.

Zusammenfassung von Kapitel 11

1. Um Nahrungsmittel erfolgreich zu assimilieren, müssen wir die gesamten Energien der Nahrungsmittel in unsere eigenen Energien aufnehmen.

2. Die Schwingungen unserer Nahrungsmittel resonieren mit unserer Knochenstruktur. Die Knochenstruktur verstärkt die resonierende Energie und überträgt sie auf den ganzen Körper.

3. Unsere Knochenstruktur resoniert auf allen Ebenen mit den Nährstoffenergien, ob diese nun mittels Resonanz von den Chakren, dem Gehirn, dem Verstand, dem Nervensystem, dem Herzen oder irgendeiner äußerlich resonierenden Frequenz wie zum Beispiel Musik, Gesang oder Gedanken übertragen werden.

Kapitel 11

4. Pflanzliche Energien werden durch eine dynamische Wechselwirkung der kristallinen Knochenstruktur mit dem Kreislaufsystem, dem Nervensystem und dem Meridiansystem assimiliert.

5. Pflanzliche Energien werden auch direkt vom Chlorophyll auf das Hämoglobin der roten Blutzellen und auf die Ionenstrukturen im Blutplasma übertragen. Die roten Blutkörperchen und das Plasma übertragen die Energie der Pflanze direkt auf die Zellen und auf die Knochenstruktur, die sie an den Körper weiterleiten.

6. Die Zellsalze im Gewebe tragen zur Leitung der Meridianenergie bei, welche die Mikronährstoffe für das Gewebswachstum strukturiert. Sie helfen auch, die Energiemuster der Meridiane zu stabilisieren.

7. Einzelne kristalline Einfachzucker, Proteine und freie Aminosäuren sowie die negativ geladenen Fettsäurestrukturen sind ebenfalls Träger spezieller Energien und EMF-Strukturen.

8. In diesem theoretischen System der Assimilation sind feste Nahrungsmittel nicht nur Lieferanten von Nährstoffen, sondern auch von Energien, die alle Ebenen unserer FOEFs wieder mit Energie aufladen.

12

Betrachtungen zur Ernährungsweise

In den nächsten Kapiteln werden wir uns mit bestimmten Ernährungsfragen auseinandersetzen, die dem Leser helfen werden, eine individuelle Ernährung für sich zu entwickeln, die seiner spirituellen Entfaltung zuträglich ist. Wir suchen dabei nicht nach der perfekten Ernährung, da das einzige, was vollkommen ist, jenseits des Körper-Geist-Gefüges liegt. Damit meine ich die Wahrheit des Selbst, die Wahrheit, daß Gott in allem ist und Gott alles ist. Wir sind schon jetzt diese Vollkommenheit, doch halten uns unsere Blockaden davon ab, diese Wahrheit ständig zu erfahren. Eine vollkommene Ernährung wird uns noch nicht einmal völlig gesund machen, denn obgleich die Art, wie wir uns ernähren, Körper und Geist beeinflußt, betrifft sie hauptsächlich den physischen Körper. Damit eine Ernährung wirklich erfolgreich ist, muß sie im Kontext eines gänzlich spirituellen Lebens stehen, zu dem Meditation, gute Gesellschaft, richtige Lebensführung, die Liebe zum Nächsten als unserem wahren Selbst und eine beständige, liebevolle Einheit mit Gott gehören. Auf der einen Seite ist eine Ernährung eine kraftvolle Disziplin, die uns helfen kann, unseren Körper, unseren Verstand, unser Herz und ganz allgemein unser Leben ins Gleichgewicht zu bringen. Auf der anderen Seite ist die Art, wie wir uns ernähren, ein Ausdruck unseres Seinszustandes und des Ausmaßes unserer Übereinstimmung mit den universellen Gesetzen der Schöpfung.

Ich möchte Ihnen gerne genügend Perspektiven liefern, um Ihr Interesse zu wecken, sich eine individuelle Ernährung zusammenzustellen, in der sich Ihr höchster Bewußtseinszustand widerspiegelt und die Ihrer Funktion in der Welt völlig angemessen ist. Das ist gar nicht so einfach, denn Nahrung stellt auf der physischen Ebene die Hauptschnittstelle zwischen uns und der Natur dar. Eine angemessene Ernährung befähigt uns zwar, auf harmonische Weise Energie aus unserer Umgebung aufzunehmen, doch ist heutzutage die Beziehung zwischen uns und der Natur zusammengebrochen, wird mystifiziert und ist verworren. Wie hätten wir sonst auf einer nationalen Ebene der Bestrahlung von frischem Obst und Gemüse als Möglichkeit, diese „frisch zu halten", zustimmen können? Das ist ein völliger Bruch mit der Natur. Was normal erscheint, ist anormal und umgekehrt. Es ist gerade so, als ob wir mit dem Kopf ständig gegen die Wand stoßen, und wenn wir damit aufhören, stellen wir fest, daß unsere Kopfschmerzen verschwinden und es uns leichter fällt, zu meditieren. In der Zwischenzeit beschäftigt sich die moderne Technologie damit, wie es physiologisch möglich ist, normal zu leben, während wir mit dem Kopf gegen die Wand stoßen. Weil die meisten Menschen normalerweise mit dem Kopf gegen die Wand stoßen, betrachtet man uns als anomal, da wir uns entscheiden, damit aufzuhören. Wir sind die komischen Käuze, die sich von „Körnern und Sprossen" ernähren. Es ist schwer, angesichts dieses sozialen Drucks und unserer althergebrachten Gewohnheiten und Glaubenssysteme unsere Programmierung zu ändern. Trotzdem ist es notwendig, diese Muster zu untersuchen und bereit zu sein, diejenigen hinter uns zu lassen, die nicht dazu beitragen, unsere Erfahrung der Glückseligkeit des Einsseins mit Gott und unser Wohlergehen aufrechtzuerhalten, uns die Erfahrung einer ausgewogenen Körperenergie machen zu lassen und die spiritualisierende Kraft der Kundalini-Energie in uns zu nähren. Ernährung an sich ist kein Schlüssel zum spirituellen Leben, doch trägt sie dazu bei, die Tür für die Verschmelzung mit dem Göttlichen zu öffnen. Wir sollten uns darauf konzentrieren, auf eine Art zu leben und zu essen, die dieser Einswerdung dienlich ist.

Vom Standpunkt der spirituellen Ernährung aus betrachtet ist eine Ernährung keine Religion und keine zwanghafte Form der Suche nach Gott. Sie ist einfach Bestandteil eines harmonischen, ausgewogenen Lebens, das in Übereinstimmung mit den universellen Gesetzen gelebt wird. Der Hauptzweck einer das spirituelle Leben fördernden Ernährung ist weder ein gesunder Körper noch Langlebigkeit – das sind Begleiterscheinungen. Das Hauptziel besteht darin, so zu essen, daß wir unsere Fähigkeit entfalten, als Supraleiter der kosmischen Energie zu fungieren. Diese Fähigkeit wollen wir aufrechterhalten und verstärken, damit es uns leichter fällt, die spiritualisierende Kraft der Kundalini mit Energie zu versorgen und dadurch die Ekstase der Göttlichkeit in uns und in all unseren Beziehungen im Leben zu erfahren. Wir üben uns in spiritueller Ernährung, damit wir, wenn Gott uns ruft, nicht um einen weiteren Becher Eiscreme bitten.

Beim Zusammenstellen unserer individuellen Ernährung sollten wir kunstvoll und intelligent das neue Ernährungsparadigma und die allgemeinen Prinzipien, die ich vermittelt habe, anwenden. Dieser Prozeß ist etwas Reales und Grundlegendes und nichts besonders Esoterisches. Wir verwenden das Prinzip „Versuch und Irrtum", um herauszufinden, was für uns funktioniert. Das Kriterium ist einfach: Essen Sie, was Ihre Erfahrung von Liebe und Einheit verstärkt, und lassen Sie weg, wodurch sich dieses Einheitsgefühl verringert. Dazu müssen wir unseren alltäglichen Bedürfnissen und dem allgemeinen Zweck der spirituellen Ernährung gegenüber sensibel und aufmerksam sein. Der allgemeine Zweck der spirituellen Ernährung ist: Statt zu essen, um zu leben, oder zu leben, um zu essen, essen wir, um unsere Einheit mit dem Göttlichen zu verstärken. Möge unser Hunger nach dem Göttlichen die treibende Kraft unseres Appetites sein und möge er uns bei der Wahl unserer Ernährungsform anleiten.

13

Rohe und gekochte Nahrungsmittel

Wie sich das Kochen auf unsere Nahrung auswirkt

Ob wir unsere Nahrungsmittel kochen sollten oder nicht, ist ein kontroverses Thema. Vielen geht es so, wie es mir bis vor zehn Jahren ging: Es stellte sich mir gar nicht als Problem dar, da ich davon ausging, daß es normal sei, alle Nahrungsmittel zu kochen. Einige sagen, man sollte alles kochen, andere sagen, man sollte Früchte oder Körner kochen, wieder andere sagen, der beste Weg sei, alles roh zu essen. Indem wir das neue Paradigma auf allen Ebenen – einschließlich der materiellen – anwenden, können wir einige Einsichten in dieses Thema gewinnen. Wir müssen uns anschauen, wie sich das Kochen von Nahrungsmitteln auf uns und auf die Nahrung auswirkt. Während des normalen Kochens werden Enzyme zerstört, die aktiven Formen der Vitamine und Mineralstoffe werden teilweise zerstört, die Pestizide und Fungizide zerfallen in toxische Bestandteile, und die Anzahl der freien Radikale nimmt zu. Außerdem gerinnt das Eiweiß beim Kochen. Hinzu kommt, daß das Verspeisen von Nahrungsmitteln, die zu heiß sind, zur Zerstörung der Verdauungsenzyme in der Magenschleimhaut führen kann. Das Essen von gekochten Nahrungsmitteln führt unmittelbar zu einem Anstieg unserer weißen Blutkörperchen.

Die Wichtigkeit von biologisch aktiven Enzymen in unserer Ernährung

Auf der physischen Ebene hängen all unsere Lebensprozesse von Enzymfunktionen ab. Sie sind die Kräfte des Lebens im biologischen Bereich. Sie sind für die Verdauung, für die Entsorgung der Gifte, die durch interne und externe ökologische Verschmutzung angefallen sind, für die Aufrechterhaltung unseres Immunsystems und all unserer Stoffwechsel- und Regenerationsprozesse verantwortlich. Man schätzt, daß es im Körper 75 000 bis 100 000 verschiedene Enzymsysteme gibt.[1] Dr. Ann Wigmore bezeichnet die Bewahrung der Enzyme als das Geheimnis des Lebens.[2] Dr. Howell, ein hiesiger Pionier im Bereich der Nahrungsenzyme, sagt, daß die Menge an Enzymen, die wir in unseren Systemen haben, dem entspricht, was wir als

Lebensenergie oder Vitalität bezeichnen, und betrachtet unseren Enzymspiegel als Indikator unseres Gesundheitszustands.[3] Es gibt ein paar interessante Beweise für die Verbindung zwischen unserem Enzymvorrat und Langlebigkeit beziehungsweise Vitalität. Die Amylase im menschlichen Speichel ist bei einem durchschnittlichen 25jährigen zum Beispiel 30mal so hoch wie bei einem durchschnittlichen 81jährigen Menschen. Der Gesamtenzymspiegel in jungen Käfern ist doppelt so hoch wie in alten Käfern. Fruchtfliegen, Grashüpfer und Ratten haben alle mehr Enzyme, wenn sie jung sind.[4] Nach chronischen Krankheiten ist der Enzymvorrat bei Menschen erschöpft.[5]

Rohe, naturbelassene Nahrungsmittel scheinen eine Fülle der Enzyme zu enthalten, die für einen Großteil ihrer Verdauung notwendig sind. Sie werden in dem Augenblick freigesetzt, in dem wir anfangen, die Nahrung zu kauen und die Zellwände zu zerstören. Das weist Ähnlichkeit mit der Entdeckung auf, daß unverarbeitete Kohlehydrate, wie zum Beispiel Getreidekörner und rohes Zuckerrohr, die richtige Menge Chrom enthalten, damit dieser als Co-Faktor bei ihrer Assimilation dienen kann. Wenn diese Naturprodukte technisch zu weißem Zucker und weißem Mehl verarbeitet werden, geht viel Chrom verloren. Um sie assimilieren zu können, müssen wir daher das Chrom aus unseren körpereigenen Chromvorräten nehmen.[6] Mit der Zeit werden dadurch die Chromvorräte im Gewebe erschöpft, genauso wie das Essen gekochter Nahrungsmittel zu einem Enzymmangel führt.

Wenn wir Nahrungsmittel verarbeiten, indem wir sie mehr als eine halbe Stunde lang über 48 °C erhitzen, werden 100 Prozent der Enzyme zerstört.[7] Nach Howell ist es unerheblich, ob die Nahrung schnell oder langsam erhitzt wird oder ob die Hitze feucht ist. Allerdings berichtet er, daß die Enzyme in trockener Hitze bis 65 °C nicht zerstört werden.[8]

Die Enzyme, die durch Kochen zerstört werden, sind jene, die die Nahrung in den ersten 30 bis 60 Minuten im oberen Bauchraum vorverdauen. Wenn man überwiegend rohe Nahrung zu sich nimmt, nimmt die Vorverdauung zu. Das bedeutet, daß weniger unserer eigenen (endogenen) Verdauungsenzyme des Magens, des Pankreas, der Leber und des Dünndarms benötigt werden, um die Verdauungsarbeit zu leisten, denn es gibt Beweise dafür, daß die endogene Enzymsekretion je nach benötigter Enzymmenge zu- oder abnimmt.[9] Das ist wichtig aufgrund dessen, was Dr. Howell das „Gesetz der adaptiven Sekretion von Enzymen"[10] nennt. Nach diesem Gesetz fließt die Enzymenergie im Körper immer dahin, wo sie benötigt wird. Dr. Howell glaubt genau wie ich, daß Enzyme nicht nur eine bestimmte

Menge an Enzymmolekülen darstellen, sondern auch eine gewisse Energiemenge. Wenn weniger Enzymenergie für die Verdauung benötigt wird, steht mehr für andere körperliche Prozesse zur Verfügung. Sind wir zum Beispiel verletzt oder krank, haben wir häufig weniger Appetit, da die Enzymenergie hauptsächlich für die Bekämpfung der Krankheit oder für die Regeneration des Körpers benötigt wird.

Dadurch, daß wir Nahrungsmittel zu uns nehmen, deren Enzyme nicht zerstört worden sind, können wir eine ständige Zufuhr an Enzymen ins System aufrechterhalten und so den endogenen Verbrauch von Enzymenergie senken. Es gibt überzeugende Beweise, daß die zusätzlichen, von den rohen Nahrungsmitteln freigesetzten Enzyme oder gar zusätzlich eingenommene Enzyme vom System absorbiert werden können, um unseren Enzymspiegel und unsere Enzymenergie zu steigern. Daher kann eine Ernährung, die aus naturbelassenen Nahrungsmitteln besteht, unserem System tatsächlich Enzymenergie und Enzymmoleküle zuführen. Es gibt drei wesentliche Methoden, um die Enzymenergie auf einer physischen Ebene aufrechtzuerhalten oder zu steigern: naturbelassene, rohe Nahrungsmittel zu essen, Enzyme als Nahrungsmittelergänzung zu sich zu nehmen und zu fasten. Wenn wir die Enzymenergie im Verdauungsbereich erhalten oder vermehren, hat das folgenden Effekt: Mehr Enzymenergie steht uns als Vitalität, zur Entgiftung des Körpers, für den Stoffwechsel, zur Auflösung von Narbengewebe und kristalliner Depots im Gewebe, zur Verdauung von übermäßigem Fettgewebe und zur Regeneration zur Verfügung. Durch die gesteigerte Vitalität und Gesundheit fließt mehr Energie in unser spirituelles Leben, und mehr davon kann in spirituelle Energie umgewandelt werden. Auf diese Weise fördern rohe Nahrungsmittel unser spirituelles Leben. Obwohl gewisse Krankheiten in eine wichtige spirituelle Wachstumszeit verwandelt werden können, habe ich in der Regel beobachtet, daß Menschen mit einer geringen Vitalität weniger Energie besitzen, um sich spirituell auszurichten.

Eins der dramatischsten Beispiele dafür, wie wichtig eine Rohkost-Ernährung für die Gesundheit und die Vitalität ist, ist die berühmte Studie von Dr. Francis Pottenger.[11] 900 Katzen wurden 10 Jahre lang in vier Generationen beobachtet. Die Hälfte der Population wurde mit rohem Fleisch und roher Milch, die andere Hälfte mit gekochtem Fleisch und pasteurisierter Milch ernährt. Die Katzen, die gekochte Nahrung bekamen, entwickelten degenerative Krankheiten, die denen in unserer Gesellschaft ähnelten. Mit jeder Generation nahmen die angeborenen Knochenkrankheiten und andere

Anomalitäten zu, so daß die Katzen, die nur gekochte Nahrung erhielten, in der dritten Generation steril und bereits von Geburt an deformiert waren. Daraus wurde gefolgert, daß einige hitzeempfindliche Qualitäten in der gekochten Nahrung oder in der pasteurisierten Milch fehlten. Die einzigen Faktoren, die wir kennen, die durch Pasteurisierung völlig zerstört werden, sind biologisch aktive Enzyme. Die Studie weist darauf hin, daß die fehlenden Enzyme in der gekochten Nahrung den Unterschied ausmachen.

Vom neuen Ernährungsparadigma aus betrachtet, werden die physischen Strukturen der Enzyme und anderer Nährstoffe durch Kochen, Einfrieren und Bestrahlungen zerstört, und die ätherischen FOEFs werden desorganisiert. Um diese Nährstoffe wieder zu vitalisieren, damit sie ins System aufgenommen werden können, müssen ihre FOEFs reorganisiert und wieder mit Energie aufgeladen werden. Die dafür benötigte Energie muß aus dem Gesamtsystem der FOEFs genommen werden, doch wenn wir Energie aus unseren FOEFs abziehen, erhöht sich die Entropie, und unser System altert vermehrt. Enzyme stellen, wie in Kapitel 3 besprochen, besondere hochenergetische, sich spiralförmig drehende Fokuspunkte dar, durch die Energie aus den FOEFs auf die physische Ebene gebracht wird, damit sie für alle allgemeinen Funktionen sowie für biologische Transmutation zur Verfügung steht. Je mehr lebensfähige Enzymsysteme wir besitzen, um so mehr Wege stehen uns offen, derart energetisiert und revitalisiert zu werden.

Anomale Veränderungen der weißen Blutkörperchen durch gekochte Nahrungsmittel

Im Jahr 1930 veröffentlichte Dr. Paul Kouchakoff auf dem ersten internationalen Kongreß der Mikrobiologie eine Arbeit mit dem Titel „The Influence of Food Cooking on the Blood Formula of Man". Er hatte entdeckt, daß das Essen roher Nahrung keine Leukozytose (Zunahme der weißen Blutkörperchen) hervorrief.[12] Das besonders Bedeutsame an seiner Entdeckung war, daß man seit 1846 gedacht hatte, eine Leukozytose nach dem Verzehr der gewohnheitsmäßig gekochten Speisen sei normal. Sie wurde von Größen wie Virchow als „Verdauungsleukozytose" bezeichnet (ein wundervolles Beispiel dafür, wie Wissenschaftler die Physiologie des Vorgangs studieren, mit dem Kopf gegen die Wand zu stoßen). In unserer physiologischen Realität erzeugt der Verzehr gekochter Nahrung eine pathologische Reaktion im Körper. Wenn Nahrungsmittel gekocht werden, können die Energiefelder nicht sofort mit dem Körper resonieren, daher reagiert der Körper mit einer Verteidigungshaltung, bis er die FOEFs der gekochten Nahrung reorganisiert hat, so daß sie Strukturen aufweist, mit denen er in Resonanz treten und die er absorbieren kann. Kouchakoff fand auch heraus, daß kommerziell verarbeitete und anschließend gekochte Nahrungsmittel nicht nur einen Anstieg der weißen Blutkörperchen verursachten, sondern auch das Verhältnis der verschiedenen weißen Blutzellarten zueinander veränderten.

Er entdeckte, daß die kritische Temperatur, bei der eine Leukozytose hervorgerufen wurde, etwa bei 88 °C lag, wenn die Nahrung 30 Minuten lang gekocht wurde. Die höchste Temperatur, bei der noch keine Leukozytose auftrat, stellte er bei Feigen fest; sie betrug etwa 96 °C. Interessanterweise wird die Leukozytose schon von 50 Milligramm gekochter Nahrung ausgelöst. Eine zusätzliche Entdeckung, die auch von Interesse sein und einige erleichtern dürfte, war, daß wenn Menschen das gleiche Nahrungsmittel im Verhältnis 50:50 roh und gekocht zu sich nahmen, keine Leukozytose auftrat. Darüber hinaus stellte er fest, daß dies auch auf eine Mischung roher und gekochter Nahrungsmittel zutraf, die nicht die gleichen waren, so lange die kritische Temperatur, bei der Leukozytose auftritt, bei den rohen Nahrungsmitteln höher lag als bei den gekochten. Vom Gesichtspunkt des neuen Paradigmas aus betrachtet, können diese Ergebnisse dadurch erklärt werden, daß die FOEFs der naturbelassenen Nahrungsmittel ihre Energie durch Resonanz übertragen, um die zerstörten FOEFs der gekochten Nahrungsmittel neu zu energetisieren und zu organisieren.

Die Auswirkung des Kochens auf Vitamine und andere Nahrungsmittelbestandteile

Die Untersuchungsergebnisse fallen zwar etwas unterschiedlich aus, doch geben die meisten Wissenschaftler an, daß mindestens 50 Prozent der B-Vitamine durch das Kochen verlorengehen. Wenn die Nahrung lange gekocht wird, können die Verluste beim Thiamin bis zu 96 Prozent betragen. Vom Biotin können bis zu 72 Prozent, von der Folsäure bis zu 97 Prozent, vom Insitol bis zu 95 Prozent und vom Vitamin C 70 bis 80 Prozent verlorengehen.[13] Viktoras Kulvinskas schätzt, daß die Gesamtmenge der zerstörten Nährstoffe oder des Verlustes der Bioaktivität durch das Kochen etwa 85 Prozent beträgt.[14] Hinzu kommt, daß das Max-Planck-Institut für Ernährungsforschung in Deutschland festgestellt hat, daß gekochte Proteine im Verhältnis zu ungekochten nur noch zu 50 Prozent biologisch verwertbar sind.[15] Ganz allgemein kann man sagen, daß das Kochen der

Nahrungsmittel dazu führt, daß die chelatierten Mineralformen der bioaktiven Proteine gerinnen, die RNA- und DNA-Struktur zerstört wird und in den Fetten und Proteinen freie Radikale erzeugt werden.

Dem ersten Buch des „Friedensevangeliums der Essener" zufolge, das von den Schriftrollen vom Toten Meer übersetzt wurde, soll Jesus gesagt haben: „Denn wahrlich, ich sage euch, lebt nur durch das Feuer des Lebens und bereitet eure Speisen nicht mit dem Feuer des Todes, das eure Nahrung tötet, eure Körper und eure Seelen auch."[16]

In unserer heutigen Zeit birgt das Kochen von Nahrungsmitteln noch zusätzliche Gefahren. Dr. William Newsome vom Canadian Department of Health and Welfare, im Büro für chemische Sicherheit der Abteilung für Ernährungsforschung, entdeckte, daß in mit Fungiziden behandelten Tomaten, die gekocht worden waren, 10- bis 90mal mehr ETU enthalten war als in rohen Tomaten aus demselben Garten. ETU ist ein Mutagen und eine krebserzeugende Verbindung, die entsteht, wenn EBDC-Fungizide erhitzt werden. Seiner Ansicht nach ist der ETU-Gehalt in chemisch behandelten und gekochten Gemüsen 50mal so hoch wie in den gleichen Gemüsen in roher Form.[17] Angesichts der enormen Mengen an chemisch behandelten Nahrungsmitteln, die wir kochen und zu uns nehmen, sollten wir wirklich über die Bedeutung dieser Forschungsergebnisse nachdenken.

Die Temperatur von Nahrungsmitteln und die Körperfunktionen

Wenn wir unsere Nahrungsmittel zu heiß essen, können sie tatsächlich die Enzymsysteme in unserer Magenschleimhaut zerstören und darüber hinaus auch die Magenschleimhaut verletzen. Eine Studie, die in „Lancet", dem bekannten britischen Medizinjournal, veröffentlicht wurde, zeigte, daß 15 Prozent der Menschen, die Tee mit einer Temperatur von 50 °C tranken, und 77 Prozent der Menschen, die Tee mit einer Temperatur von 58 °C tranken, enzymatische Anomalitäten im Magen aufwiesen.[18] Dr. McCluskey berichtete in einer anderen Studie im „Lancet", daß eine beständige Irritation des Halses und der Zunge durch heiße Speisen, heiße Getränke und Alkohol mit einem erhöhten Vorkommen von Hals- und Zungenkrebs einherginge.[19] Er schlägt vor, man solle zehn Sekunden lang seinen kleinen Finger in das heiße Getränk halten. Wenn man sich den kleinen Finger dabei nicht verbrenne, könne man es trinken. Das andere Extrem ist, daß eisgekühlte Getränke und kalte Speisen die Enzymfunktion und die Peristaltik verlangsamen. Es liegt an uns, das harmonische Mittelmaß zu wählen und Nahrungsmittel und Getränke in Zimmertemperatur zu uns zu nehmen oder in Temperaturen, die nicht heißer als – wie Jesus sagte – „das Feuer des Lebens" sind, das heißt nicht heißer als die Temperaturen in der Natur. Harmonie bedeutet, den Plan der Natur zu akzeptieren und uns ihm unterzuordnen.

Kommentar aus dem ersten Buch des „Friedensevangeliums der Essener"

„Und Jesus fuhr fort: ‚Gott befahl euren Vorvätern: „Ihr sollt nicht töten." ... Aber ich sage euch: Tötet weder Mensch noch Tier, noch die Nahrung, die euer Mund aufnimmt. Denn wenn ihr lebendige Nahrung eßt, wird sie euch beleben, aber wenn ihr eure Nahrung tötet, wird euch die tote Nahrung ebenfalls töten. Denn Leben kommt nur von Leben, und vom Tod kommt immer nur Tod. Denn alles was eure Nahrung tötet, tötet auch euren Körper. Und alles, was eure Körper tötet, tötet auch eure Seelen [die Verbindung zur spirituellen Ernährung]. ... Eßt darum nichts, was Feuer oder Frost oder Wasser zerstört hat. Denn gekochte, gefrorene und verfaulte Nahrung wird euren Körper ebenso verbrennen, erfrieren und verfaulen lassen. Seid nicht wie der dumme Bauer, der auf seinem Feld gekochten, erfrorenen und verfaulten Samen aussäte. Und der Herbst kam, und seine Felder trugen nichts. Und seine Not war groß.'"

Die Anwendung der Ernährungsprinzipien der Essener

Eines der größten menschlichen Experimente mit einer Rohkost-Ernährung wurde von Dr. Edmond Bordeaux Székely durchgeführt, der über einen Zeitraum von 33 Jahren mehr als 123 600 Menschen bei einer solchen Ernährung anleitete. Dabei erzielte er nach seinen eigenen Angaben im Vergleich mit Kontrollgruppen erstaunliche Resultate in der Verbesserung der Gesundheit dieser Menschen.[20] Im Kommentar zu seinem Experiment schrieb Székely, daß er das Gefühl habe, gerade die großen biochemischen Geheimnisse des Lebens zu lüften, die die Essener schon vor tausend Jahren kannten. Aus dem Buch „The Essenes by Josephus and His Contemporaries" konnte ich zwei grundlegende Richtlinien der Essener in bezug auf die Nahrungszubereitung und das Essen herauslesen.[21] Sie sind die Schlüssel zu den „großen Geheimnissen der Essener". Der erste Schlüssel ist der, daß die Essener sich von rohen, lebendigen, ganzen und naturbelassenen Nahrungsmitteln ernährten. Der zweite ist, daß sie nur eine minimale Zeit zwischen dem Ernten der Nahrung und dem Essen verstreichen ließen. Das nennt man in Harmonie mit den Gesetzen der Natur essen. Die Essener haben die Bedeutung der Naturgesetze intensiv erforscht und durchdrungen, und infolge ihres Verstehens entwickelten sie ihre Ernährungsgewohnheiten. Nahrungsmittel wurden nicht gelagert, nicht verarbeitet, nicht eingefroren, nicht getrocknet, nicht in Dosen konserviert und nicht bestrahlt. Die Nahrung wurde in ihrem völlig vitalen Zustand gegessen. Die Essener wußten, daß lebendige Nahrung noch eine gewisse Zeit, nachdem sie aus dem Kontext ihrer irdischen, solaren und kosmischen Umgebung gepflückt worden war, voller Lebenskraft war. Nach einer gewissen Zeit und durch Verarbeitung geht diese Lebenskraft verloren. Die FOEFs verlieren ihre Energie, und ihre Strukturen beginnen sich aufzulösen. Unsere modernen, von der Wissenschaft anerkannten Meßinstrumente können diese subtilen Unterschiede nicht feststellen. Es gibt zwar Geräte, mit denen diese feinstofflichen Energien gemessen werden können, doch werden sie von Wissenschaftlern noch nicht als akzeptabel betrachtet. Aufgrund der Begrenztheit der Meßinstrumente wäre die tatsächlich meßbare Energie, die von den Kohlenwasserstoffverbindungen lebendiger, ganzer Nahrungsmittel und von den Kohlenwasserstoffverbindungen verarbeiteter, denaturierter Nahrung freigesetzt wird, bezüglich der produzierten Kalorien wahrscheinlich gleich groß. Unsere Körper bekommen von den verarbeiteten, gekochten Nahrungsmitteln zwar Kalorien, aber keine Lebenskraft. Rohe, lebendige Nahrungsmittel bauen unsere FOEF-Strukturen auf. Gekochte Nahrungsmittel entziehen ihnen Energie. Dieses Miteinbeziehen der FOEFs ist der wesentliche Unterschied zwischen dem materialistisch-mechanistischen Paradigma und dem Paradigma der spirituellen Ernährung. Wenn wir eine rohe, saftige Karotte essen, die gerade im Garten geerntet wurde, und sie mit einer gekochten Karotte und sogar mit der Qualität einer ein paar Tage alten, rohen organischen Karotte aus dem Bioladen vergleichen, steht uns nur ein Meßinstrument zur Verfügung: unser subjektives Empfinden.

Beim Entwickeln seiner Diät zur Wiederherstellung der Gesundheit entwickelte Dr. Székely auch eine Methode zur Klassifizierung von Nahrungsmitteln, in der sich, in den Begriffen des neuen Ernährungsparadigmas ausgedrückt, sein Verständnis der energetischen Qualitäten der Nahrungsmittel widerspiegelte. Er sah, daß es sehr beschränkt war, Nahrungsmittel nur im Rahmen des materialistischen Paradigmas zu betrachten, innerhalb dessen sie lediglich Kalorien, Proteine, Fette und Kohlehydrate beinhalten. Nach seinem Empfinden gab es ihren zellerneuernden und lebenspendenden Eigenschaften gemäß vier Kategorien von Nahrungsmitteln: Die erste Kategorie bezeichnete er als *biogen*.[22, 23] Diese Nahrungsmittel sind hochgradig lebens- und energiespendend. Sie sind Basenbildner, energetisch aufgeladen und enthalten viele Enzyme, vorverdaute vollständige Proteine, chelatierte Mineralstoffe, Nukleinsäuren, Vitamine, RNA, DNA und B_{12}. Sie besitzen seinen Erkenntnissen nach die Fähigkeit, den menschlichen Organismus zu regenerieren und zu revitalisieren. Zu dieser Kategorie gehören sämtliche Sprossen. Dazu zählen auch eingeweichte und gekeimte Nüsse und Samen, gekeimte Körner und Hülsenfrüchte sowie die jungen Sprossen von Weizengras und anderer Gräser, die entweder als Ganzes oder in Form von Saft verspeist werden. Das Ziehen von Sprossen ist nichts Neues. Nicht nur die Essener haben diese Technik benutzt – die Geschichte der Sprossen geht bis 3000 v. Chr. zu den alten Chinesen zurück, die Aufzeichnungen zufolge bereits Bohnensprossen verwendeten. Die Körner und Keime werden eingeweicht, weil dadurch die Proteasen aktiviert werden, die die Enzymhemmer neutralisieren, welche wiederum die Samen, Hülsenfrüchte und Körner davon abhalten, zum falschen Zeitpunkt zu keimen.[24] Durch das Keimen und Sprossen steigt der Enzymgehalt auf das 6- bis 20fache.[25] Pflanzenhormone werden ebenfalls aktiviert, Phytate werden abgespalten, und es kommt zu einem gewaltigen Anstieg der Stoffwechselaktivität. Stärken werden zu Einfachzuckern aufgebrochen, Proteine zu leicht assimilierbaren freien Aminosäuren vorverdaut, und Fette werden in lösliche Fettsäuren gespalten. Auch der Vitamin- und Mineralstoffgehalt steigt in den Sprossen: Dies war einer der ersten Hinweise auf das Phänomen der biologischen Transmutation. Der Gehalt an Vitamin B_6 steigt um 500 Prozent, B_5 um 200 Prozent, B_2 um 1300 Prozent, Biotin um 50 Prozent und Folsäure um 600 Prozent.[26] Diese biogenen Nahrungsmittel sind in der Lage, einen völlig neuen Organismus hervorzubringen. Und genau diese Lebenskraft wird auf die Menschen übertragen und hilft ihnen bei ihren Heilungsprozessen und Regenerationsvorgängen.

Die zweite Kategorie von Nahrungsmitteln wird *bioaktiv* genannt.[27] Diese Nahrungsmittel können die Lebenskraft gesunder Menschen erhalten und leicht steigern. Zu den bioaktiven Nahrungsmitteln gehören frische, unverarbeitete, rohe Früchte und Gemüse.

Die dritte Kategorie sind biostatische Nahrungsmittel.[28] Diese Nahrungsmittel erhalten weder das Leben, noch sind sie lebenspendend, sie vermindern die Qualität der Körperfunktionen. Diese Nahrungsmittel sind lebensverlangsamend und treiben den Prozeß des Alterns langsam voran. Hierzu gehören unsere gekochten Nahrungsmittel und solche, die zwar roh, aber nicht mehr frisch sind.

Die vierte Kategorie nannte er *biosaure*[29] oder lebenszerstörende Nahrungsmittel. Diese Nahrungsmittel sind durch viele Verarbeitungsprozesse gegangen und sind voller Zusätze und Konservierungsmittel. Sie bauen die Lebensfunktionen rasch ab.

Im spirituellen Ernährungsparadigma steigern biogene Nahrungsmittel die Gesamtenergie der FOEFs des Systems und erhöhen dadurch das Organisationsniveau der FOEFs auf allen Ebenen. Dadurch kommt es zu einer Umkehrung der Entropie und des Alterungsprozesses. Bioaktive Nahrungsmittel bringen ihre eigene hochwertige FOEF-Energie in das System, die auf die speziellen FOEF-Strukturen unseres Systems übertragen wird. Auf diese Weise wird die FOEF-Struktur des Organismus aufrechterhalten und langsam energetisch aufgeladen. Für die richtige Assimilation biostatischer Nahrungsmittel muß der menschliche Organismus Energie aufbringen, um die FOEFs der gekochten Nahrungsmittel zu reaktivieren. Man kann das durch andere Aktivitäten ausgleichen, die die FOEFs aufladen, zum Beispiel durch Meditieren, doch ist das die beste und effektivste Art, mit unserer FOEF-Energie umzugehen? Biosaure Nahrungsmittel stören und entladen die FOEF-Strukturen, analog zu Kouchakoffs Studie, in der mehrfach verarbeitete Nahrungsmittel nicht nur eine Leukozytose hervorriefen, sondern auch eine Veränderung in der Verteilung der weißen Blutkörperchen bewirkten.

Allgemeine Empfehlungen bezüglich roher und gekochter Nahrungsmittel

Wenn es um die Behandlung von Krankheiten geht, empfehlen Székely, Paavo Airola, Ann Wigmore und Viktoras Kulvinskas eine 100prozentige Rohkost-Diät. Wenn ein Mensch sich im allgemeinen einer guten Gesundheit erfreut – so entdeckte Székely in seiner Studie –, kann er sich dadurch gesund erhalten, daß er sich von 25 Prozent biogener, 50 Prozent bioaktiver und 10 bis 25 Prozent biostatischer Nahrung ernährt. Diese 10 bis 25 Prozent biostatische Nahrung sind ein Zugeständnis seinerseits, doch sollten dies seiner Meinung nach nur leicht gekochte Knollengewächse und harte Gemüse sein.[30] Der weltberühmte Dr. Paavo Airola hat zum Ausdruck gebracht, daß eine 100prozentige Rohkost-Diät der Idealfall sei, da es den meisten Menschen jedoch offensichtlich sehr schwer falle, einer solchen Ernährung zu folgen, empfiehlt er zur Förderung der allgemeinen Gesundheit ein Verhältnis von 80 Prozent rohen und 20 Prozent gekochten Nahrungsmitteln. In einem kälteren Klima könnte der Prozentsatz an rohen

Nahrungsmitteln noch ein bißchen gesenkt werden.[31] Nach Viktoras Kulvinskas, einem der führenden Rohkost-Experten, ist eine Rohkost-Diät aus 50 Prozent biogenen und 50 Prozent bioaktiven Nahrungsmitteln die Voraussetzung für optimale Gesundheit. Für Stadtbewohner und andere, die gerade ihre Ernährung umstellen, würden jedoch 80 bis 90 Prozent Rohkost mit 10 bis 20 Prozent gekochter Nahrung ausreichen, um den Gesundheitszustand zu erhalten.[32]

Die Schlußfolgerungen des neuen Ernährungsparadigmas, die Lehren der Essener, in Harmonie mit den Gesetzen der Natur zu essen, die Botschaft Jesu im Evangelium der Essener, die Information darüber, wie wichtig es ist, Enzyme nicht durch Kochen zu zerstören, der Verlust der biologischen Verfügbarkeit der Proteine, der Verlust von Vitaminen und Mineralstoffen durch das Kochen, die Gefahr, daß Pestizide und Fungizide beim Erhitzen in toxische Bestandteile aufgespalten werden, die Zunahme der freien Radikale sowie meine eigenen Beobachtungen, wie eine Ernährung, die hauptsächlich aus Rohkost besteht, das spirituelle Leben fördert, sind der Grund, warum ich eine Ernährung nur dann als grundsätzlich angemessen für die Förderung des spirituellen Lebens empfehlen kann, wenn sie zu 80 Prozent aus Rohkost (davon 25 bis 30 Prozent aus biogenen Nahrungsmitteln) besteht.

Zusammenfassung von Kapitel 13

1. In gekochten Nahrungsmitteln werden 100 Prozent der Enzyme und schätzungsweise 70 bis 85 Prozent der Vitamine zerstört, Pestizide und Fungizide werden in toxische Substanzen gespalten, das Eiweiß ist, da es gerinnt, zu 50 Prozent weniger assimilierbar, und die Zahl der freien Radikale nimmt zu.

2. All unsere Lebensprozesse sind von Enzymfunktionen abhängig. Wenn unsere Enzyme zur Neige gehen, geschieht das gleiche mit unserer Lebenskraft und unserer Gesundheit.

3. Das Essen von gekochten Nahrungsmitteln verursacht eine pathogene Leukozytose.

4. Wenn Nahrungsmittel zu heiß sind, können sie unsere Verdauungsenzyme zerstören.

Kapitel 13

5. Wenn Nahrungsmittel durch Kochen auf der physischen Ebene zerstört werden, werden die Energie und die Organisation ihrer FOEFs teilweise zerstört.

6. Die Geheimnisse der Essener bezüglich der Nahrungsmittelzubereitung und des Essens von Nahrung sind: rohe, lebendige, ganze, frische und naturbelassene Nahrungsmittel zu essen und möglichst wenig Zeit zwischen der Ernte der Nahrungsmittel und dem Essen verstreichen zu lassen.

7. Nahrungsmittel können in vier Kategorien unterteilt werden, je nach ihren zellerneuernden und regenerierenden Eigenschaften: biogene Nahrungsmittel (rohe Sprossen von Nüssen, Samen, Gräsern und Körnern), die regenerierend auf die Zellen wirken; bioaktive Nahrungsmittel (rohe Früchte und Gemüse), welche die Zellenergie auf einem hohen Niveau halten; biostatische Nahrungsmittel (gekochte, aber organische Nahrung), durch welche die Zellenergie langsam abnimmt; und biosaure Nahrungsmittel (alte und verarbeitete Speisen), die zu einer Degeneration der Zellen führen.

8. Ganz allgemein wird zur Erhaltung der Gesundheit und zur Förderung des spirituellen Lebens eine Ernährung empfohlen, die zu 80 Prozent aus rohen und zu 20 Prozent aus gekochten Nahrungsmitteln besteht, wobei 25 bis 30 Prozent biogene Nahrungsmittel sein sollten.

9. Wenn es um eine Heil-Diät geht, wird empfohlen, sich ausschließlich von Rohkost zu ernähren.

14

Soll man viel oder wenig Eiweiß essen?

Fakten und Befürchtungen

Bei der Frage, ob man viel Eiweiß zu sich nehmen soll oder wenig, sind mehr Ängste und Verwirrungen im Spiel als Tatsachen. Der Ansatz, der empfahl, viel Eiweiß zu essen, beruhte ursprünglich auf deutschen Untersuchungen aus dem 19. Jahrhundert, nach denen erklärt wurde, ein Mensch müsse mindestens 120 Gramm Protein pro Tag zu sich nehmen. Diese Vorstellung eines hohen Proteinbedarfs existiert heute noch, auch wenn der Bedarf jetzt von konventionellen Ernährungswissenschaftlern auf 60 bis 90 Gramm pro Tag geschätzt wird. Die Forschungen von Experten aus der ganzen Welt weisen jedoch darauf hin, daß der tatsächliche Proteinbedarf wohl eher bei 25 bis 35 Gramm liegt, sofern wir rohes Protein zu uns nehmen. In unabhängigen Forschungsprogrammen kamen Dr. Ragnar Berg, der weltbekannte schwedische Ernährungswissenschaftler, und D.V.O. Siven in Finnland beide zu dem Schluß, daß 30 Gramm Eiweiß täglich ausreichen, um uns bei guter Gesundheit zu halten.[1] Dr. Hegsted von der Harvard University und Dr. Kuratsuen aus Japan fanden unabhängig voneinander, daß 25 bis 30 Gramm ausreichen.[2] Dr. K. Eimer entdeckte, daß sich die Leistungen von Athleten, die ihren Proteinverzehr von 100 Gramm tierischem Eiweiß auf 50 Gramm pflanzliches Eiweiß reduzierten, verbesserten.[3] Das bestätigt, was wir in Kapitel 8 sagten, daß Nahrungsmittel, die viel Sauerstoff und komplexe Kohlehydratverbindungen beinhalten, den Eiweißen vom Verbrennungswert her überlegen sind. Dr. Chittenden hat in ausgedehnten Studien mit Soldaten und Athleten herausgefunden, daß 30 bis 50 Gramm pro Tag ausreichen, um eine maximale physische Leistungsfähigkeit sicherzustellen.[4] Es ist auch interessant festzustellen, daß der durchschnittliche Eiweißgehalt der Muttermilch nur 1,4 Prozent beträgt – und das reicht aus, um den menschlichen Organismus mit allen essentiellen Aminosäuren und Eiweißen zu versorgen, die während seiner schnellsten Wachstums- und Gehirnentwicklungsphase notwendig sind.[5] Menschenaffen, die um einiges kräftiger sind als Menschen, ernähren sich von Früchten. Diese Ernährung versorgt sie täglich etwa mit 0,2 bis 2,2 Prozent Proteinen, was der Proteinkonzentration in der menschlichen Muttermilch entspricht. Diese Tatsachen führen einen zu der Frage: Wieviel Protein brauchen wir wirklich?

Proteinüberschuß und degenerative Krankheiten

Das überschüssige Eiweiß aus unserer Ernährung „verbrennt nicht sauber" in unserem Stoffwechsel, wie wir bereits aus Kapitel 8 wissen. Man hat diesen Eiweißüberschuß schon mit der Übersäuerung des Systems in Verbindung gebracht, weil sich beim Verstoffwechseln toxische Eiweißabfallprodukte im Gewebe ansammeln, zum Beispiel Harnsäure und Purine. Airola weist darauf hin, daß eine zu hohe Eiweißzufuhr „dazu beiträgt, daß sich viele unserer verbreitetsten und ernsthaftesten Krankheiten entwickeln, zum Beispiel Arthritis, Nierenschäden, Pyorrhöe, Schizophrenie, Osteoporose, Arteriosklerose, Herzkrankheiten und Krebs", und daß „eine Ernährung, die viel Protein enthält, die Menge des in den Zellen abgelagerten Amyloids steigert."[6] Amyloid ist ein Nebenprodukt des Proteinstoffwechsels, das im Bindegewebe und in den Organen abgelagert wird. Es gibt eindeutige Beweise dafür, daß ein Zusammenhang zwischen Amyloid und der Degeneration von Geweben und Organen sowie frühzeitigem Altern besteht.

Die Russen haben interessante Erfolge bei der Behandlung von Schizophrenie mit Fasten und einer Ernährung erzielt, die nur sehr wenig Eiweiß enthält und sonst vegetarisch ist. Obwohl es eine deutliche Verbindung zwischen einer Ernährung, die reich an tierischen Eiweißen ist, und verschiedenen Arten von Schizophrenie gibt, sind die genauen Ursachen noch nicht klar. Ein Teil der Dysfunktion des Gehirns könnte mit bestimmten Mineral- und Vitaminmangelzuständen zusammenhängen, die von einer Ernährung hervorgerufen werden, die viel tierisches Eiweiß enthält. Eine solche Ernährung enthält 20mal mehr Phosphor als Kalzium, was den Kalziumvorrat im System erschöpft, was wiederum zu Osteoporose und zunehmendem Kalziummangel in den Zähnen führt.[7] Der schizophrene Zustand könnte mit B_3-, B_6- und Magnesiummangel zusammenhängen, die ebenfalls von einer Ernährung verursacht werden, die viel tierisches Eiweiß enthält.[8] Die gesichteten Daten weisen darauf hin, daß die meisten Menschen viel zuviel Eiweiß zu sich nehmen und daß überschüssiges Eiweiß, besonders wenn es in Form von Fleisch gegessen wird, unserer Gesundheit schadet.

Die Wendt-Doktrin

Die Wendt-Doktrin, das Ergebnis der 30jährigen Forschungen von Wendt, Wendt und Wendt, einer medizinischen Forscherfamilie, ist jetzt von deutschen Ernährungswissenschaftlern offiziell anerkannt worden. Sie erklärt den Zusammenhang zwischen dem Verzehr von zu viel Eiweiß und einigen chronisch-degenerativen Krankheiten.[9] Die Wendts konnten mit Elektronenmikroskopfotografien beweisen, daß überschüssiges Protein die Basalmembran verstopft. Die Basalmembran ist eine Filtermembran, die sich zwischen den Kapillaren und den Zellen befindet. Sie trägt dazu bei, den Fluß der Nährstoffe und der Abfallprodukte zwischen den Kapillaren und den Zellen und Gewebsflüssigkeiten zu regulieren, durch die sie fließen. Je mehr überschüssiges Eiweiß wir zu uns nehmen, um so mehr Eiweiß wird in der Basalmembran untergebracht, was zu einer Verdickung der Basalmembran und zu verstopften Poren führt. Für die Proteine, andere Nährstoffe und sogar für Sauerstoff wird es schwieriger, zu den Zellen vorzudringen, und für Abfall- und Abbauprodukte wird es schwieriger, aus den Zellen hinauszugelangen. Mit der Zeit verstopft die Basalmembran durch die überschüssigen Proteine so sehr, daß die Zellen auf der Innenseite der Kapillarwände anfangen, das überschüssige Protein in unlöslicher Form zu speichern und zu sekretieren. Diese unlöslichen Proteine stauen sich auf der Innenseite der Kapillar- und Arteriolenwände derart an, daß es zu Arteriosklerose, Bluthochdruck und Diabetes mellitus bei Erwachsenen kommt. Eine weitere Folge wurde von den Wendts als kapillarogene Gewebsdegeneration bezeichnet: Die Basalmembranen des ganzen Systems verstopfen. Das führt zu einer Unterernährung der Zellen und zu einem Sauerstoffmangel in den Geweben. Nach der These von Dr. Stephen Levine ist Anoxie (Sauerstoffmangel in den Geweben) die Ursache aller degenerativen Krankheiten.[10] Der zentrale Punkt, den man verstehen muß, ist der, daß überschüssiges Protein in der Ernährung zu einer Proteinspeicherkrankheit führt, durch die das ganze System langsam erstickt. Es ist viel schwerer zu meditieren, wenn man auf der zellularen Ebene um Luft ringt und die Vitalität des Systems immer mehr abnimmt.

Die Wendts haben herausgefunden, daß es möglich ist, diesen Prozeß umzukehren, wenn man für ein bis drei Monate völlig auf tierisches Eiweiß verzichtet und eine Ernährung mit möglichst wenig Protein einhält. Sie weisen darauf hin, daß die Basalmembran eines Fötus sehr dünn und porös ist, so daß Nährstoffe leicht in beiden Richtungen hindurchkönnen. Da der

Fötus nicht mit einem Proteinüberschuß zu kämpfen hat, läßt diese Membran sämtliche Nährstoffe leicht in die Zellen gelangen. Die Wendts stellen die Hypothese auf, daß die Basalmembran eines Erwachsenen, der sich proteinarm ernähren oder gar ausgiebig fasten würde, genauso porös, dünn und durchlässig werden würde wie die eines Fötus. Das würde eine ausgezeichnete Assimilation von Nährstoffen in die Zellen und einen ausgezeichneten Transport von Abfallprodukten aus den Zellen heraus ermöglichen. Es wäre sichergestellt, daß die Energie im System frei fließen könnte, und die nötige Stoffwechselenergie stünde zur Verfügung, um zu meditieren und sich auf die Einheit mit dem Göttlichen zu konzentrieren.

Das Kombinieren von Eiweißen ist unnötig

Eine der unnötigsten unter Vegetariern verbreiteten Praktiken ist die, Eiweiße bei den Mahlzeiten zu kombinieren. Die falsche Vorstellung ist dabei, daß Proteine für unser System nur in ihrem vollständigen Zustand verwertbar wären und daß wir all die Aminosäuren auf einmal essen müßten, damit unserem System genügend Proteine zur Verfügung stehen, die es verstoffwechseln kann. Diese ängstliche Haltung beruht auf der Vorstellung, daß wir weder Proteine noch Aminosäuren speichern könnten. Die Wendt-Doktrin beweist ganz eindeutig, daß das nicht stimmt. Untersuchungen, die an fastenden Personen durchgeführt wurden, die überhaupt keine Nahrung mehr aßen, zeigten, daß deren Serumalbuminspiegel (das Maß an Protein im Blut) während der gesamten Fastenzeit konstant blieb, obwohl sie kein Eiweiß zu sich nahmen.[11] Das kommt daher, daß es einen Aminosäurepool gibt, der ständig freie Aminosäuren oder Proteinkomplexe im System dorthin schickt, wo sie gebraucht werden. In seinem Textbuch über Physiologie beschreibt der bekannte Arzt Dr. Arthur Guyton, wie dieser Aminosäurepool funktioniert. Er schreibt, daß unter normalen Umständen alle Zellen mehr Protein beherbergen, als sie benötigen. Wenn Aminosäuren irgendwo anders im System gebraucht werden, wird das überschüssige Protein in den Zellen in die Proteinbausteine zurückverwandelt, aus denen sie hergestellt wurden: in die sogenannten Aminosäuren. Diese Aminosäuren dringen in den Blutstrom ein und wandern entweder direkt zu den Zellen, die sie benötigen, oder in die Leber, wo aus ihnen neue Proteine hergestellt werden und von wo aus sie anschließend ins Blut geschickt werden, um zu den entsprechenden Stellen gebracht zu werden. Es gibt also drei Gründe, warum die Nahrungsmittelzusammenstellung unter dem Gesichtspunkt, vollständige Proteine zu erhalten, völlig unnötig ist: unser

System, das für ein bestimmtes Gleichgewicht zwischen Aminosäuren und Proteinen sorgt; unser zellularer Proteinspeicher und der freie Fluß der Aminosäuren in unserem Aminosäurepool.

Die größte Angst von Menschen, die Fleisch essen, und derer, die gerade Vegetarier geworden sind, ist die, nicht genug Eiweiß zu sich zu nehmen. Das wirkliche Problem ist genau andersherum gelagert: Wir essen zu viel Protein. Dem Max-Planck-Institut für Ernährungsforschung in Deutschland zufolge, das von Paavo Airola als die anerkannteste und verläßlichste Organisation für Ernährungsforschung betrachtet wird, gibt es viele pflanzliche Eiweißquellen, deren Protein im Vergleich zu tierischem Eiweiß gleich- oder höherwertig ist. Das Max-Planck-Institut fand vollständige vegetarische Proteine, das heißt solche, die alle acht Aminosäuren enthalten, in Mandeln, Sesamsaat, Kürbis- und Sonnenblumenkernen, Sojabohnen, Buchweizen, Erdnüssen, Kartoffeln, allen grünen Blattgemüsen und den meisten Früchten.[12] Früchte liefern etwa den gleichen Prozentsatz an vollständigen Eiweißen wie Muttermilch.[13] Airola meint, daß „es tatsächlich unmöglich ist, nicht genug Eiweiße zu sich zu nehmen, vorausgesetzt, man bekommt genügend naturbelassene, unverarbeitete Nahrungsmittel zu essen."[14]

25 bis 30 Gramm Eiweiß sind mehr als genug, um unseren Proteinbedarf zu decken. Wenn die Proteine roh konsumiert werden, brauchen wir sogar noch weniger. Je mehr sich unser System durch Meditation, Fasten und den Verzehr von leichter verdaulichen und immer mehr rohen Nahrungsmitteln verändert, werden unsere Basalmembranen in vielen Fällen durchlässiger, poröser und dünner, so daß die Proteine, die wir essen, leichter in die Zellen hineingelangen. Wenn weniger Blockaden vorhanden sind, dringen mehr der von uns gegessenen Proteine durch die Basalmembran in die Zellen, so daß unser Proteinbedarf von sich aus sinkt. Möglicherweise stellen wir mit der Zeit fest, daß wir nicht mehr Protein benötigen als die 1,4 Prozent, die auch in der Muttermilch enthalten sind. Für jemand, der eine spirituelle Metamorphose erlebt, ist die untere Grenze auf einer materiellen Ebene noch nicht nachgewiesen.

Was wir jedoch sagen können, ist, daß überschüssiges Eiweiß – ob nun tierischer oder pflanzlicher Natur – den Fluß der feinstofflichen Energien im System bremst und unsere Fähigkeit, ein Supraleiter zu sein, herabsetzt. Überschüssiges Eiweiß wirkt auf unsere körperliche Energie allgemein und besonders auf die Kundalini-Energie wie eine Bremse. Wenn die Kundalini-Energie für manche Menschen zu intensiv wird, empfehle ich ihnen tatsächlich, Fleisch oder viel pflanzliches Eiweiß zu essen, um den Prozeß zu verlangsamen. Diese milde Diätveränderung hat bei diesen Menschen gut gewirkt; sie stellt eine Möglichkeit dar, den Fluß der Kundalini-Energie zu regulieren. Diesen allgemeinen Bremseffekt habe ich erstmals bemerkt, nachdem ich im Jahr 1972 angefangen hatte, mich vegetarisch zu ernähren. Als meine Basalmembranen sich von der gespeicherten toxischen Proteinlast befreit hatten, begann ich zu merken, wann ich zu viele Nüsse und Samen aß, um den scheinbar niedrigen Proteingehalt einer vegetarischen Ernährung zu kompensieren. Ich fühlte mich dann vergiftet, sauer und gebremst, und es fiel mir schwer, mich beim Meditieren zu sammeln. Ich fand durch Selbstversuche die für mich richtige Menge an Protein heraus, bei der ich mich klar und energetisch fühlte. Ich habe über die Jahre hinweg, in denen meine Basalmembranen immer sauberer wurden, meinen Proteinverzehr auf der Basis dieses Feedbacksystems langsam gesenkt. Damit möchte ich zum Ausdruck bringen, daß es keine starren Regeln gibt. Durch Selbstbeobachtung ist es möglich, festzustellen, welchen Proteinbedarf wir haben, während sich unsere spirituellen Praktiken und unsere Körper verändern. Es ist weder ein Ziel noch ein Ideal, uns proteinarm zu ernähren. Der Zweck einer proteinarmen Ernährung liegt darin, den Energiefluß im Körper, die Aktivität der Kundalini und die Erfahrung der Einheit mit Gott zu maximieren.

Zusammenfassung von Kapitel 14

1. Jüngste Forschungsergebnisse weisen darauf hin, daß 25 bis 30 Gramm hochwertiges Eiweiß ausreichen, um einen Menschen bei guter Gesundheit zu erhalten.

2. Ein übermäßiger Verzehr von Proteinen steht mit vielen degenerativen Krankheiten in Verbindung.

3. Die Wendt-Doktrin zeigt, daß ein übermäßiger Proteinverzehr die Basalmembran der Kapillaren verstopft, was Sauerstoff und andere Nährstoffe daran hindert, zu den Geweben und Zellen vorzudringen, und letztlich Anoxie, die Zerstörung von Zellen und Zelltod zur Folge hat.

4. Durch Meditation, Fasten und eine Ausrichtung auf Rohkost findet eine allmähliche Entgiftung der Basalmembran statt, so daß wir mehr Protein assimilieren, während wir weniger zu uns nehmen. Unser Proteinbedarf nimmt langsam ab.

5. Überschüssiges Protein verlangsamt den Fluß der spiritualisierenden Kundalini-Energie und der Körperenergie ganz allgemein.

15

Sein oder Nichtsein:
Vegetarier oder Fleischesser

Der biblische Ansatz

„Seht, ich habe euch alle krauttragende Samen auf dem Antlitz der Erde gegeben und jeden Baum, dessen Frucht einen baumtragenden Samen enthält; für euch soll es an Fleisches Statt sein." (1. Buch Mose 1, 29) Zehn Generationen später, als Noah nach der großen Flut die Arche verließ und er nicht gleich pflanzliche Nahrung zu essen fand, sagte Gott: „Jedes hier wimmelnde lebendige Tier soll deines sein zum Essen; wie die pflanzliche Vegetation habe ich dir alles gegeben." (1. Buch Mose 9, 3) Das war keine Anweisung, Fleisch zu essen, sondern eine Verfügung, die der momentanen Situation galt. Im 3. Buch Mose 3, 17 wird das Gebot erteilt: „Es ist ein ewiges Gesetz für eure Nachkommen, wo auch immer ihr lebt; Ihr sollt weder Fett noch Blut essen." Dies ist besonders in der heutigen Zeit ein guter Rat, da tierisches Fett mit so vielen degenerativen Krankheiten in Verbindung gebracht wurde und ein Hauptablagerungsort für Pestizide, Herbizide und andere Umweltgifte ist, die in die Nahrungskette einfließen. Bis zur Zeit Noahs wurden die ersten zehn Patriarchen durchschnittlich 912 Jahre alt. In den zehn Generationen zwischen Sem (Noahs Sohn) und Abraham fiel die durchschnittliche Lebenserwartung auf 317 Jahre. Das Fleischessen beschnitt die Lebensspanne um etwa zwei Drittel. In Kapitel 14 war die Rede davon, daß der vergiftende und degenerative Effekt einer eiweißreichen Ernährung hauptsächlich vom tierischen und nicht vom pflanzlichen Protein ausgeht. Die Statistiken zeigen deutlich, daß Vegetarier seltener an chronisch-degenerativen Krankheiten und Krebs leiden und eine längere Lebenserwartung haben als Nicht-Vegetarier. Nach einer Studie der Seventh Day Adventists, die die größte Gruppe von Vegetariern in den Vereinigten Staaten bilden, liegt die Risikorate von Darmkrebs bei strikten Vegetariern bei 1 Prozent und bei Menschen, die Rindfleisch essen, bei 2,7 Prozent.[1] Eine Studie, bei der die strikten Vegetarier dieser Gruppe mit Mitgliedern verglichen wurden, die mehr als dreimal pro Woche Fleisch aßen, zeigte, daß die Sterberate an Brustkrebs bei der ersten Gruppe nur halb so hoch war wie bei der zweiten.[2] Die vegetarisch lebenden

Seventh Day Adventists hatten 40 Prozent weniger Herzkrankheiten, starben viermal seltener an Krankheiten der Atemwege, und ihre allgemeine Sterblichkeitsrate lag um 50 bis 70 Prozent niedriger als bei den Nicht-Vegetariern, die derselben amerikanischen Vereinigung angehörten.[3] Die langlebigsten Menschen der Welt, die Hunzas, die Bulgaren, die ostindischen Todas, die Menschen vom russischen Kaukasus und die Yucatan-Indianer sind entweder Vegetarier oder essen sehr wenig Fleisch.[4] Nur fünf von 154 Bulgaren, die älter als 100 Jahre sind, essen regelmäßig Fleisch.[5]

Gottes Botschaft an Adam war ein klares Gebot, keine Tiere zu töten und zu essen. Als er die Zehn Gebote gab, wurde das Gebot „Du sollst nicht töten" von einigen so interpretiert, daß es heißen solle, daß man Tiere nicht töten solle, um sie zu essen. Das ist sicherlich die tiefere Bedeutung der Lehren der Essener und der Lehren Jesu aus dem ersten Buch des „Friedensevangeliums der Essener". Aufgrund der Anweisung, die Noah gegeben wurde, können wir jedoch nicht dogmatisch behaupten, daß die Botschaft aus dem Alten Testament eine völlig klare moralische Richtlinie Gottes darstellt, ob man Vegetarier sein soll oder nicht. Für mich ist die ursprüngliche Botschaft im 1. Buch Mose 1, 29 enthalten – in ihr spiegelt sich vollkommene Harmonie wider. Sie hilft mir, das Gebot „Du sollst nicht töten" zu verstehen, doch erkenne ich an, daß dies vielleicht eine Interpretation ist, mit der nicht jeder übereinstimmen kann.

Der Unterschied zwischen pflanzlicher und tierischer Nahrung

Wenn man pflanzliche Nahrung als verdichtetes Sonnenlicht versteht, unterscheidet sie sich ganz wesentlich von tierischer Nahrung. Sonnenlicht stimuliert als kosmische Strahlung den energetischen feinstofflichen Körper der Pflanze und trägt dazu bei, seine Struktur aus Kohlendioxid (CO_2) und Wasser (H_2O) aufzubauen. Dabei entstehen durch den Prozeß der Photosynthese aktivierte Kohlehydratverbindungen, die das Sonnenlicht in Form von angeregten Elektronen gespeichert haben. Wenn wir sie aufnehmen, stimulieren sie das innere Licht unserer höheren spirituellen, feinstofflichen Körper, die die pranische Übertragung des gespeicherten Sonnenlichts direkt erhalten, zum Mitschwingen. In der anthroposophischen Medizin ist dieses Verhältnis zwischen dem Pflanzenlicht und der Stimulation, Formation und Erhaltung des Nervensystems wichtig für die spirituelle Entwicklung. Rudolf Steiner spürte, daß dieses äußere Licht bedeutsam war, weil es das innere Licht auf spirituelle Weise stimulierte.[6]

Wenn Tiere Pflanzen essen, kommt ihnen diese Freisetzung des Lichts in ihrem System direkt zugute. Das Licht stärkt ihr Nervensystem und den damit verbundenen feinstofflichen astralen oder Persönlichkeitskörper. Wenn wir Menschen tierische Nahrung zu uns nehmen, müssen wir nicht nur die Kräfte des tierischen biomolekularen Systems überwinden, sondern auch die Kräfte dieses gestärkten Astralkörpers und Nervensystems. Das stellt große Anforderungen an die Entwicklung und Funktion unseres eigenen Nervensystems. Dieser Punkt wird besonders wichtig, wenn Menschen unter degenerativen Erkrankungen des Nervensystems leiden. Dr. Swanks Diät zur Behandlung Multipler Sklerose (einer degenerativen Erkrankung des Nervensystems), die nur wenig tierisches Fett enthält, ist ein Beispiel dafür, wie wichtig es ist, tierische Nahrung einzuschränken oder ganz zu vermeiden, wenn man das Nervensystem heilen möchte.[7] Wenn wir die pflanzlichen Energien direkt assimilieren, stimulieren wir unser inneres Licht und unser Nervensystem. Wenn wir pflanzliche Energie auf indirekte Weise über tierische Nahrung zu uns nehmen, geht uns diese Stimulation unseres inneren Lichts und unseres Nervensystems verloren. Wie bereits betont, wird unser biologisches System, zum Beispiel unsere Muskeln, schwächer, wenn wir es nicht trainieren. Auf die gleiche Art schwächen wir indirekt unser Nervensystem, wenn wir tierische Produkte zu uns nehmen. Das ist der wesentliche Unterschied zwischen pflanzlicher und tierischer Nahrung. Beim Verzehr pflanzlicher Nahrung gehen wir durch den gesamten Stimulations- und Assimilationsprozeß, den tierische Nahrung nicht von uns fordert. Vegetarische Nahrung zu verdauen erfordert mehr inneres spirituelles Licht und Verdauungskraft. Einige Menschen haben infolge mehrerer Generationen, in denen viel Fleisch gegessen wurde, viel von dieser Kraft verloren und haben möglicherweise Schwierigkeiten, die lebendigen Pflanzenenergien einer vegetarischen Ernährung zu assimilieren.

Die Ausgewogenheit einer vegetarischen Ernährung

Wenn wir uns vegetarisch ernähren, vermeiden wir die durch das Töten von Tieren entstehende Disharmonie. Die Gemüse, die wir essen, werden nach dem Jahreszeitenzyklus geerntet, wenn sie von Natur aus sowieso sterben würden, und die Früchte sind einfach die aus Sonnenlicht erschaffenen Geschenke der lebendigen Pflanze an uns. Es gibt eine natürliche Harmonie zwischen den Pflanzen und den Menschen. Pflanzen nehmen Kohlendioxid als Produkt unserer Ausatmung auf und wandeln es in Sauerstoff und Kohlehydrate um. So teilen Pflanzen und Menschen einen wichtigen biologischen

Lebenszyklus. Jede farbige Pflanze ist als Nahrungsmittel ein kondensiertes Spektrum von Sonnenlichtfarben, das wir verzehren können, um unsere Chakren und unsere physischen Organ-, Drüsen- und Nervensysteme ins Gleichgewicht zu bringen. Wenn wir über den Tag verteilt das ganze Spektrum zu uns nehmen, wird dadurch unser gesamtes Chakren-System von unseren pflanzlichen Freunden energetisch ins Gleichgewicht gebracht. Das ist das Prinzip der Regenbogen-Ernährung.

Der weltberühmte Schweizer Arzt Dr. Bircher-Benner kam zu dem Schluß, daß der Nährwert auf allen Ebenen für den menschlichen Organismus um so höher ist, je näher das Nahrungsmittel am natürlichen Sonnenlicht ist.[8] Pflanzliche Nahrung befindet sich auf der Nahrungsskala ganz oben, tierische Nahrung ganz unten. Milchprodukte liegen dazwischen. Steiner war der Meinung, daß rohe Milch nur wenig tierische Astralkräfte an sich hat.[9] Im System des indischen Ayurveda und im Yoga wird rohe Milch auch als ein hochwertiges Nahrungsmittel betrachtet. Steiner beleuchtet in seinen Unterweisungen einen weiteren Aspekt der spirituellen Ernährung. Er sagt, daß pflanzliche Nahrung die Menschheit mit ursprünglich unoffenbaren kosmischen Kräften verbindet. Seinem Empfinden nach gibt es nichts, was das Nervensystem vernebeln kann, wenn wir uns von pflanzlicher Nahrung ernähren, und es ist pflanzliche Ernährung, die die Menschheit befähigt, sich in die kosmischen Wechselbeziehungen zu vertiefen, die die Menschen jenseits der Begrenzungen der weltlichen Persönlichkeit tragen.[10]

Andere Fragen bezüglich tierischer Nahrung

Tiere könnten unsere Freunde sein, aber sie sind es nicht, wenn wir sie essen. Im 1. Buch Mose 9, 3 steht, daß wir weder das Fett noch das Blut der Tiere essen sollen. Blut ist aufgrund der Angst, die das Tier erfährt, während es mit anderen Artgenossen geschlachtet wird, oft mit Adrenalin angereichert. Wenn wir Fleisch essen und dieses nicht koscher und das Blut abgeflossen ist, nehmen wir das mit Angst verbundene Adrenalin auf. Diese angstvolle Energie des Adrenalins blockiert das Erwachen des ersten Chakras hin zu einem Gefühl des Vertrauens und stimuliert unser System auf eine Weise, die der inneren Stille der Meditation diametral entgegengesetzt ist. In unserer heutigen Marktwirtschaft werden Tiere mit einem ganzen Sortiment von Pestiziden, Hormonen wie zum Beispiel Stilbesterol, Antibiotika, Beruhigungsmitteln und sogar Zement gefüttert.

Da die Tiere sich ganz oben in der Nahrungskette befinden, ist die Konzentration von Umweltgiften und radioaktiven Elementen wie zum Beispiel

Strontium 90 in ihrem Fleisch sehr hoch. Es ist nachgewiesen worden, daß ein Krebsvirus von einer Spezies auf die andere übertragen werden kann.[11] Im Jahr 1974 wurde gezeigt, daß Schimpansen, die von Geburt an mit der Milch von Kühen gefüttert wurden, die Leukämie hatten, innerhalb ihres ersten Lebensjahrs an Leukämie starben.[12]

In Kapitel 8 habe ich davon gesprochen, daß konzentrierte Proteinnahrungsmittel „nicht sauber verbrennen". Das kommt zum Teil von ihrem Stickstoffgehalt. Der Stickstoff wird im Stoffwechsel zu Harnsäure abgebaut, die eine toxische Wirkung hat, wenn zu viel davon in den Geweben abgelagert wird. Unsere Körper sind lediglich in der Lage, etwa 8 Gran (circa 65 mg; d. Ü.) Harnsäure pro Tag auszuscheiden, bei einem Pfund Fleisch bleibt jedoch ein Rückstand von 18 Gran Harnsäure übrig.[13] Wenn man Fleisch ißt, kommt es relativ leicht zu einem Überschuß von Harnsäure im Gewebe. Ein Grund, warum Menschen gerne Fleisch essen, ist der, daß von der Harnsäure zunächst ein stimulierender Effekt ausgeht, der möglicherweise auf seine koffeinähnliche Struktur zurückzuführen ist. Tierisches Eiweiß enthält sehr wenig Sauerstoff. Eine Ernährung, die viel Fleisch enthält, scheint mit einer Störung mentaler Funktionen einherzugehen. Nach Dr. Yuri Nikolayev vom Moskauer Institut für Psychiatrie wurde in einigen Fällen festgestellt, daß eine solche Ernährungsweise sogar Schizophrenie verstärken oder verursachen kann. Sie haben einige interessante Erfolge damit erzielt, die Symptome der Schizophrenie durch Fasten zum Verschwinden zu bringen, wobei die Versuchspersonen nur Wasser zu trinken bekamen.[14] Wenn die Menschen wieder zu hohem Fleischverzehr übergehen, kehren die Schizophreniesymptome häufig zurück.

Meine Beobachtungen bei der Arbeit mit Kundalini und Ernährung sind, daß tierische Nahrungsmittel wie eine starke Bremse auf den reinigenden und spiritualisierenden Fluß der Kundalini wirken. Aufgrund dieses bremsenden Effekts ist meine erste Diätempfehlung, Fleisch zu essen, wenn Menschen das Gefühl haben, daß ihnen die Kundalini-Energie zu intensiv wird. Wenn man den spiritualisierenden Prozeß der Kundalini verlangsamen möchte, gibt es kein besseres Mittel, als tierische Nahrung in den Speiseplan aufzunehmen.

Zusammenfassung von Kapitel 15

1. Da Gott Noah anwies, auch Tiere zu essen, können wir nicht dogmatisch sagen, daß die Bibel uns vorschreibt, Vegetarier zu sein, wie das bei Adam der Fall war. Aufgrund der Botschaft Gottes an Noah kann man nicht sagen, daß das Gebot „Du sollst nicht töten" uns völlig verbietet, Tiere zu töten. Die Entscheidung liegt bei uns.

2. Statistiken zeigen, daß Vegetarier länger leben und weniger häufig unter chronisch-degenerativen Krankheiten wie zum Beispiel Arthritis, Herzkrankheiten und Krebs leiden.

3. Wenn man sie als verdichtetes Sonnenlicht betrachtet, unterscheidet sich pflanzliche Nahrung erheblich von tierischer Nahrung.

4. Das Licht, das von den Kräften der assimilierten Pflanzennahrung freigesetzt wird, stimuliert ein inneres spirituelles Licht, das zu unserem spirituellen Wachstum beiträgt.

5. Obwohl es den meisten Menschen zugute kommt, sich völlig vegetarisch zu ernähren, gibt es einige Menschen, die vielleicht genetisch bedingt nicht mehr die Verdauungsenergien haben, um alle Nährstoffe einer vegetarischen Ernährung zu assimilieren.

6. Eine vegetarische Ernährung bringt mehr Harmonie hervor, da wir keine Lebensformen töten müssen, in denen Blut fließt. Es gibt eine synergistische Verbindung zwischen Pflanzen und Menschen durch den Sauerstoff-Kohlendioxid-Lebenszyklus. Pflanzen enthalten das ganze Regenbogenspektrum an kondensiertem Sonnenlicht, um unsere Chakren und die mit ihnen in Verbindung stehenden Drüsen, Organe und Nervenzentren ins Gleichgewicht zu bringen.

7. Es besteht eine zusätzliche Gefahr darin, tierische Nahrungsmittel zu essen, weil sie so viele Hormone, Antibiotika, Beruhigungsmittel und andere Chemikalien enthalten, die an Tiere verfüttert werden. Außerdem stehen die Tiere an oberster Stelle unserer vergifteten Nahrungskette, daher sammeln sie die Giftstoffe in ihren Geweben an.

8. Fleisch von Tieren bremst den Fluß der Kundalini sehr stark ab. Daher eignet sich eine fleischhaltige Ernährung zur effektiven Behandlung einer zu starken Kundalini-Energie.

16

Das ayurvedische Tridosha-System und das Zusammenstellen einer individuellen Ernährung

Die Bedeutung des Tridosha-Systems

Es gibt viele Kriterien, nach denen wir unseren Speiseplan zusammenstellen können. Das Tridosha-System in der Wissenschaft des Ayurveda kann uns besonders dabei helfen, nicht zu vergessen, daß Ernährung eine Interaktion der Kräfte der Nahrung mit unseren eigenen dynamischen Energien darstellt. Nach dem ayurvedischen Denken manifestieren sich die fünf grundlegenden Elemente der Schöpfung – Luft, Wasser, Feuer, Erde und Äther – im psychosomatischen Gefüge des Menschen als die drei Dosha-Essenzen Vata, Kapha und Pitta. Wir sind alle von unserer Konstitution her als Mischung der drei Doshas geboren. Sie beherrschen unsere biologischen und psychologischen Anteile. Wenn sie im Gleichgewicht sind, halten sie den Körper in einem gesunden physiologischen Zustand. Wenn unter den Doshas ein Ungleichgewicht herrscht, kann das viele Folgen haben, angefangen von einem subtilen Gefühl der Disharmonie im Körper-Geist-Gefüge bis hin zum Entstehen einer Krankheit.

Wenn ein Dosha als konstitutionelle Kraft vorherrschend ist, sagt man, daß diese Person die Konstitution dieses Doshas hat. Es gibt sieben grundlegende konstitutionelle Typen: Kapha, Vata, Pitta, Vata-Pitta, Pitta-Kapha, Kapha-Vata und Kapha-Pitta-Vata, doch gibt es auch noch feinere Variationen der verschiedenen Konstitutionstypen. Wenn wir ein Gefühl dafür haben, welcher konstitutionelle Typ wir sind, können wir leichter Entscheidungen fällen, welche Nahrungsmittel wir zu uns nehmen, wann wir essen und wie wir unsere Ernährung den Jahreszeiten gemäß umstellen sollten. Ich möchte Ihnen an dieser Stelle ein Gefühl für das Tridosha-System geben, damit Sie herausfinden können, was Ihre spezielle Konstitution ist. Dadurch haben Sie einen Schlüssel in der Hand, mit dem Sie Ihre Ernährung strukturieren können.

Vata-Dosha

Das Vata-Dosha kann man annähernd mit Luft oder Wind übersetzen oder mit Äther im griechischen System. Es ist das Prinzip der Bewegung im Körper und die Energie, welche die biologischen Bewegungen im Körper steuert. Es besteht aus zwei der fünf Elemente: aus Äther und Luft. Vata reguliert die Atmung, alle Bewegungen der Muskeln und Gewebe, den Herzmuskel und alle biologischen Bewegungen im intrazellulären und extrazellulären Raum, einschließlich der einzelnen Bewegungen der Nervenimpulse.

Menschen, die eine Vata-Konstitution haben, sind normalerweise dünn, haben eine flache Brust und auffällige Venen und Muskelsehnen. Sie neigen zu trockener, rissiger Haut. Vata-Menschen sind sehr kreativ und besitzen einen aktiven, aufmerksamen, ruhelosen Geist. Sie sprechen und bewegen sich schnell, ermüden jedoch auch leicht. Sie begreifen auf mentaler Ebene rasch. Ihre Willenskraft ist schwach, und sie neigen dazu, sich leicht aus ihrer Mitte bringen zu lassen. Sie sind auf mentaler Ebene nicht sehr stabil und haben die Tendenz, nervös, besorgt und ängstlich zu sein. Ihre Tier-Archetypen sind Hase, Hund, Ratte, Ziege, Kamel oder Rabe.[1]

Wenn eine Unausgewogenheit im Vata-Bereich vorhanden ist, merke ich das auf der psychischen Ebene an Nervosität, Angst, Sorgen, Schlaflosigkeit, Schmerzen, Zittern und Spasmen. Eine Unausgewogenheit im Vata-Bereich kann sich auch als rauhe Haut, Arthritis, Abmagerung, Steifheit, Verstopfung, Trockenheit, Schlaflosigkeit, Übersensibilität und Erregbarkeit sowie als körperlicher Schmerz zum Ausdruck bringen. Es besteht eine Tendenz zu Darmstörungen, wie zum Beispiel übermäßiger Gasentwicklung, zu Schmerzen im unteren Rücken, dem Ischiassyndrom, Lähmungen und Neuralgien. Vata-Persönlichkeiten werden von kaltem, windigem, stürmischem und regnerischem Wetter negativ beeinflußt, was ihr Nervensystem unmittelbar aus dem Gleichgewicht werfen kann. Ich half zum Beispiel einmal einer Frau, bei der das Vata-Dosha vorherrschend war und die unter Schlaflosigkeit litt, sich von ihrer Schlaflosigkeit zu befreien, indem ich ihr riet, nachts den Ventilator auszustellen. Der vom Ventilator erzeugte Wind verursachte eine Unausgewogenheit im Vata-Bereich. Ganz allgemein kann man sagen, daß alles Übermäßige, zum Beispiel anstrengende körperliche Übungen oder ebensolche geistige Arbeit, eine extreme Diät, Trauer, Ärger, Unterdrückung von natürlichen Trieben, extreme Witterungsverhältnisse oder alle Praktiken, bei denen man bis an die Grenzen geht, ein Ungleichgewicht im Vata-Bereich hervorrufen.

Vata-Menschen mögen süße, salzige und saure Geschmacksrichtungen. Sie werden häufig durch bittere, adstringierende (trockene) oder scharfe Nahrungsmittel aus dem Gleichgewicht geworfen. Sesamsaatöl auf der Haut, ein wenig Öl in ihrer Nahrung, eine stabile, ruhige und besänftigende Umgebung tragen dazu bei, das Vata-Dosha wieder ins Gleichgewicht zu bringen.

Pitta-Dosha

Pitta-Dosha kann man grob als Feuer übersetzen. Es wird als körperliche Hitze erfahren. Dies ist die Kraft, die den Stoffwechsel steuert. Das Pitta-Dosha beeinflußt die Verdauung, die Assimilation und die Körpertemperatur. Das Pitta-Dosha wird aus den Feuer- und Wasserelementen gebildet.

Menschen, deren Pitta vorherrschend ist, zeichnen sich durch eine kräftige Verdauung, großen Durst und großen Appetit, starke körperliche Hitze und eine Intoleranz gegenüber Hitze und der Sonne aus. Sie schwitzen viel, sind durchschnittlich gebaut und stark, haben einen starken Körpergeruch und eine eher kupferfarbene Haut mit Sommersprossen, Muttermalen und Mitessern. Ihre Haut ist fettig, und ihre Haare neigen dazu, vorzeitig zu ergrauen. Sie haben normalerweise warme Hände und Füße. Sie lieben kalte Getränke und süße, adstringierende und bittere Nahrungsmittel. Psychologisch betrachtet sind pittabetonte Menschen intelligent und verstehen Dinge gut. Obwohl sie sich bei der Arbeit nicht überanstrengen, sind sie ehrgeizig. Sie neigen zu Eitelkeit, Intoleranz, Stolz, Aggressivität, Sturheit, Haß, Ärger und Eifersucht. Ihr Charakter ähnelt dem Archetyp des Tigers, der Katze, des Affen, der Eule oder des Bären.[2]

Sommer- oder Mittagshitze verstärken das Pitta-Dosha. Während der heißen Zeit in Indien waren es die pittabetonten Menschen, die Sommererkältungen und Herzklopfen hatten, von der Hitze erschöpft waren, Hautprobleme wie Nessel- und Hitzeausschläge hatten und sich ganz allgemein aufgrund der Hitze miserabel fühlten. Mein Sohn, dessen Pitta-Dosha vorherrschend ist, war bis auf die Hitzeperiode in Indien immer gesund. Während der ersten paar Tage, in denen die Temperatur auf 40 bis 50 °C anstieg, wurde er krank, fühlte sich erschöpft, entwickelte am ganzen Körper Ausschläge und war kaum mehr in der Lage, zur Schule zu gehen. Sobald der kühlende Monsun einsetzte, wurde er wieder völlig gesund. Andere Zeichen einer Intensivierung von Pitta sind Übersäuerung, Ohnmacht, übermäßige Schweißabsonderung, Ruhelosigkeit, gesteigerter Durst und das Verlangen nach kalten Dingen, Blässe und in extremen Fällen auch Delirium. Das Pitta-Dosha kann auch durch Ärger, Trauer, übermäßige körperliche Anstrengung, Angst, unzureichende Verdauung, ein übersäuertes System, zu viele scharfe, saure, salzige und trockene Nahrungsmittel, zu viele Senfsamen, zu viel Sesam- und Leinsaatöl, Fisch, Hammelfleisch, Stengel von grünen Blattgemüsen und Wein aus dem Gleichgewicht geraten. Süße, adstringierende und bitter schmeckende Nahrungsmittel, Mondlicht, kalte Bäder, Milch und Ghee tragen dazu bei, das Pitta wieder ins Gleichgewicht zu bringen.

Kapha-Dosha

Das Kapha-Prinzip kann man übersetzen als biologisches Wasser. Man geht davon aus, daß Kapha aus dem Erd- und dem Wasserelement gebildet wird. Kapha regiert die körperliche Kraft, die Tatkraft, die Stabilität und die natürliche Widerstandskraft des Gewebes. Es schmiert die Gelenke, befeuchtet die Haut, gibt Herz und Lungen Energie, hilft Wunden zu heilen und füllt die Zwischenräume im Körper aus. Kapha aktiviert die anabolischen oder Wachstumskräfte im Körper – das ist ein Grund, warum Kapha-Menschen zu Übergewicht neigen. Kapha manifestiert sich als Schleim in den Lungen, im Hals, in der Nase, in den Nasennebenhöhlen, im Mund, in den Gelenken und im Zytoplasma.

Menschen mit einer Kapha-Konstitution haben gut entwickelte Körper. Sie haben die Art von Konstitution, die wir klischeehaft als die eines Footballspielers betrachten. Kapha-Menschen haben eine langsame Verdauung, die durch ölige oder fette Nahrungsmittel noch langsamer wird. Ihnen bekommen scharfe, bittere und adstringierende Nahrungsmittel, die oft helfen, sie wieder ins Gleichgewicht zu bringen. Sie werden besonders durch süße (worauf sie oft einen Heißhunger haben), salzige und saure Nahrungsmittel aus dem Gleichgewicht geworfen. Auch sehr süße Früchte können eine Störung hervorrufen. Die einzige Ausnahme zum gerade Gesagten ist naturbelassener Honig, der als wichtiges diätetisches Gegenmittel für ein Ungleichgewicht im Kapha-Bereich betrachtet wird. Ziegenmilch besitzt leicht adstringierende Qualitäten, die dazu beitragen, das Ungleichgewicht im Kapha-Bereich zu mindern. Menschen mit einer Kapha-Betonung haben im allgemeinen nicht viel Durst und sollten die acht Gläser Flüssigkeit nicht trinken, die so gesund für jeden sein sollen.

Körperliche Betätigung ist für Kapha-Menschen sehr wichtig. Sie können nicht viel leisten, wenn sie nicht ausreichend oder regelmäßig körperliche Bewegung bekommen oder wenn sie sich tagsüber zum Schlafen hinlegen. Für mich war es eine Erleichterung, als ich entdeckte, daß meine Kapha-Konstitution der Grund war, warum ich dringend körperliche Bewegung brauchte, mich nach einem Schläfchen während des Tages unwohl fühlte und meine langsame Verdauung durch Öl sogar noch langsamer wurde.

Toleranz, Ruhe, die Fähigkeit zu vergeben und Liebe sind die vorherrschenden Kapha-Eigenschaften. Diese Menschen werden auch als rechtschaffen, großzügig, treu in bezug auf Freundschaften und geistig stabil bezeichnet. Sie können sich verbal maßvoll und bedacht zum Ausdruck bringen, sind enthusiastisch und verständnisvoll. Sie neigen zu Gier, Anhaftung, Neid und zum Besitzergreifen. Möglicherweise sind sie intellektuell etwas schwer von Begriff, doch wenn sie eine Idee einmal verstanden haben, behalten sie sie gut. Ihre symbolischen Tier-Archetypen sind Stier, Löwe, Elefant oder Pferd. Menschen mit einer Kapha-Konstitution werden von kalter und feuchter Witterung aus dem Gleichgewicht geworfen. Während meines ersten Jahrs in Indien tropfte meine Nase nie, aber sie lief bereits nicht einmal eine Stunde nachdem ich im kalten, feuchten London aus dem Flugzeug gestiegen war. Kaphabetonten Menschen kommt eine schleimfreie Ernährung sehr zugute. Körperliche Übungen, Fasten und Hitze können auch wichtige Behandlungsformen für Menschen sein, deren Kapha-Dosha zu stark geworden ist oder die eine Kapha-Konstitution haben. Bei einer Kapha-Störung treten Symptome wie Schweregefühl, Müdigkeit, Verstopfung, Jucken, Hautkrankheiten, Mattigkeit, Langeweile und übermäßige Schleimproduktion auf.

Die Doshas und die Zyklen

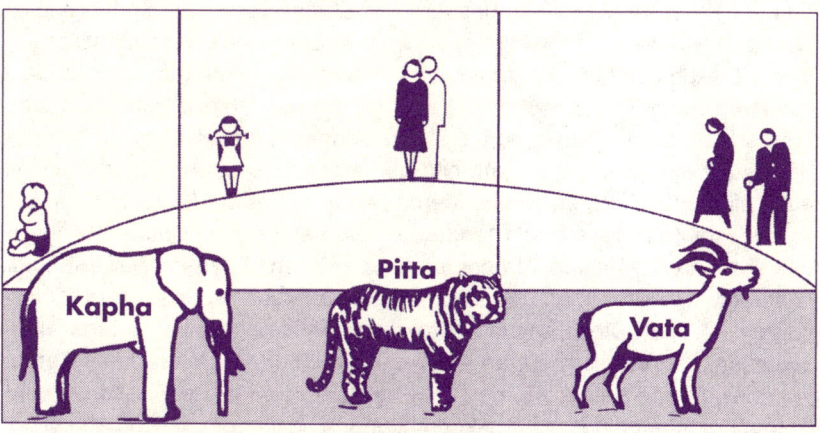

Abbildung 8

Die Jahreszeiten, die Tageszeiten und das eigene Alter beeinflussen das Gleichgewicht der Doshas. Von der Geburt bis ins Teenageralter ist das vorherrschende Dosha das Kapha-Dosha. Das offensichtlichste Anzeichen dafür ist die Neigung zu häufigen Erkältungen und laufenden Nasen, die wir bei Kindern beobachten können. Vom Teenageralter bis zum Alter von

Kapitel 16

60 bis 70 Jahren überwiegt tendenziell Pitta. Später neigen wir zu Vata-Störungen wie Arthritis, trockener Haut, Zittern, Abmagerung und Gedächtnisverlust. Wenn wir älter werden, sollten wir ungeachtet unserer Konstitution unsere Ernährung und unseren Lebensstil auf den zunehmenden Einfluß des Vata-Doshas auf unser Körper-Geist-Gefüge einstellen (siehe Abb. 8 auf S. 195).

Im Tagesverlauf herrschen von Sonnenaufgang bis um 10 Uhr vormittags die Kapha-Kräfte in uns allen vor. Aus diesem Grund werden Menschen mit einer starken Kapha-Konstitution zu dieser Zeit besonders leicht aus dem Gleichgewicht geworfen. Sie tun gut daran, morgens Milchprodukte zu meiden und nur ein leichtes oder gar kein Frühstück zu sich zu nehmen. Zwischen 10 und 14 Uhr herrscht Pitta vor. Dies ist eine gute Zeit zum Essen, besonders für kaphabetonte Menschen. An einem heißen Tag sollten Menschen, die unter einer Pitta-Störung leiden oder eine solche Konstitution haben, nur etwas Leichtes essen, da Pitta um die Mittagszeit, wenn die Sonne am heißesten ist, verstärkt ist. Von 14 Uhr bis zum Sonnenuntergang herrscht Vata vor. Vata-Störungen werden oft als Erschöpfung und Neigung zu Schwellungen am späten Nachmittag erfahren. Kapha dominiert dann wieder von Sonnenuntergang bis 22 Uhr. Daher ist es ganz allgemein und besonders für kaphabetonte Menschen besser, eine Stunde vor Sonnenuntergang zu essen. Wenn wir zu spät essen, kann das verminderte Verdauungsfeuer, das mit Kapha einhergeht, zu gering sein, um die Nahrung ausreichend zu verdauen. Pitta wird zwischen 22 Uhr und 2 Uhr morgens aktiv, und Vata herrscht zwischen 2 Uhr morgens und Sonnenaufgang vor. Vata erzeugt Bewegung und Leichtigkeit und hilft den Menschen aufzustehen. Dies ist auch eine gute Zeit, um zu meditieren (siehe Abb.9 auf S. 198).

Jede Jahreszeit verstärkt tendenziell ein bestimmtes Dosha. Wenn wir uns der jahreszeitlichen Veränderungen der Dosha-Energien bewußt sind, können wir unsere Ernährung so umstellen, daß unsere Doshas im Gleichgewicht bleiben. Diese gesunde Praktik, in Einklang mit den Jahreszeiten zu essen, gibt es nicht nur im Ayurveda. Dr. Elson Hass hat diese Herangehensweise in seinem Buch „Staying Healthy with the Seasons" vom Standpunkt der chinesischen Akupunktur aus beschrieben.[3] Ich habe beobachtet, daß die Menschen zu den Tages- und Nachtgleichen (21. September und 21. März) und zu den Sonnenwenden (21. Juni und 21. Dezember) für Gesundheitsstörungen besonders anfällig sind. Während dieser Zeiten ist es gut, sich vorbeugend nur von leichter Kost zu ernähren und sich besonders zu bemühen, seinen Lebensstil und die Doshas im Gleichgewicht zu halten.

Der Herbst, September bis November, ist eine Zeit der Winde. In dieser Zeit nehmen die Temperaturen ab, und Vorbereitungen für den Winter werden getroffen. Vata neigt während dieser Zeit dazu, sich zu verstärken. Es ist wichtig, daß wir uns dem Wind und der Kälte möglichst wenig aussetzen.

Wir können anfangen, mehr Nahrungsmittel zu uns zu nehmen, die süß, sauer (säurebildend) und salzig schmecken, und mehr Reis, Weizen, Gerste, Hafer und ölige Speisen zu essen.

In der feuchten Kälte des Winters verstärkt sich am ehesten das Kapha-Dosha. In dieser Zeit tauchen Schleimstörungen wie Erkältungen, verstopfte Nasen und Bronchitis auf. Wir sollten möglichst wenig fettige Speisen, Milchprodukte und süße, salzige oder saure Nahrungsmittel zu uns nehmen. Eine Ausnahme ist eine geringe Menge naturbelassener Honig, der Kapha reduziert. Während dieser Zeit sollten wir mehr trockene, scharfe, heiße und adstringierende Speisen essen, regelmäßig körperliche Übungen machen und tagsüber nicht schlafen.

Zu Beginn des Frühjahrs wird das Kapha den ayurvedischen Lehren zufolge flüssig. Wieder intensiviert sich das Kapha. Als Arzt stelle ich fest, daß in dieser Zeit vermehrt Kapha-Störungen wie Erkältungen, Grippen und Bronchitis auftreten. Diese Zeit eignet sich ausgezeichnet zum Fasten, wodurch das Kapha ins Gleichgewicht gebracht wird. Auf diese Weise können wir uns des im Winter aufgebauten Kapha entledigen, statt uns von der Kapha-Intensivierung erledigen zu lassen. Es ist wichtig, während dieser Zeit nur leichte Kost zu sich zu nehmen und anzufangen, mehr Früchte, Gemüse und andere rohe Nahrungsmittel zu sich zu nehmen. Am besten folgt man auch jetzt noch dem Programm, mit dem das Kapha-Dosha ins Gleichgewicht gebracht werden kann.

Das späte Frühjahr und der Sommer, wenn die Sonne das Land und unsere Körper aufzuheizen und auszutrocknen beginnt, ist die Zeit, in der sich Pitta intensiviert. Wir können Hitzeausschläge beobachten, Sonnenbrand, brennende oder geschwollene Füße, Hautausschläge, Herzklopfen und mentale Reizbarkeit. Süße, kühle Getränke und Nahrungsmittel wie Wassermelonen sind vorzüglich für diese Zeit. Süße, adstringierende und bittere Nahrungsmittel tragen in dieser Jahreszeit zum Gleichgewicht unserer Doshas bei, während salzige, saure, scharfe und heiße Nahrungsmittel auf ein Minimum beschränkt werden sollten. Der größte Anteil unserer Nahrung sollte roh sein, wobei wir besonders auf viel Obst achten sollten. Kalte Bäder, möglichst wenig direktes Sonnenlicht zwischen 10 Uhr und 14 Uhr und das Vermeiden übermäßiger körperlicher Anstrengung halten die Verstärkung des Pitta-Doshas in Grenzen (siehe Abb. 10 auf S. 199).

Kapitel 16

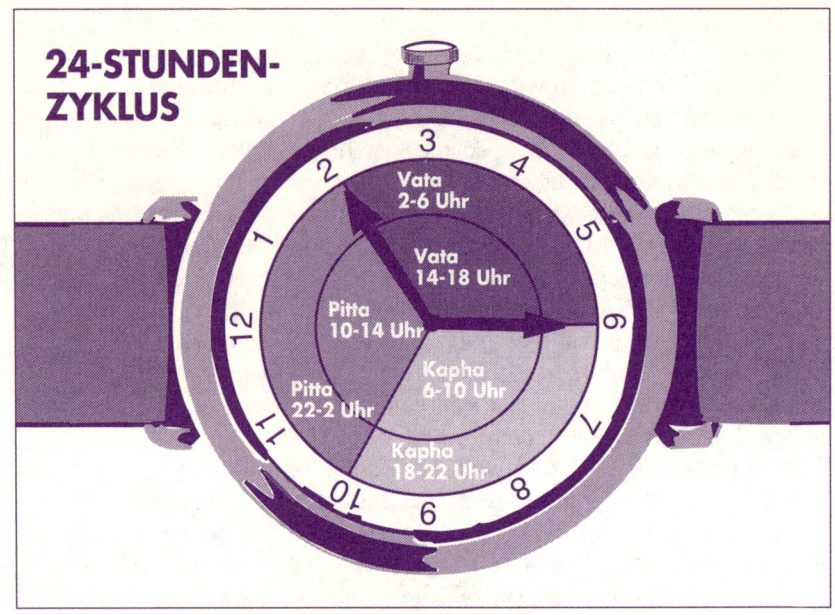

Abbildung 9

Es gibt keine Standard-Ernährung für alle

Die beschreibende Wissenschaft von den Doshas verdeutlicht einen wesentlichen Punkt in bezug auf Ernährung: Es gibt weder eine zu einem bestimmten Zeitpunkt für jeden gültige Standard-Ernährung noch eine ganzjährig gleichbleibende Ernährung für einen einzigen Menschen. Menschen mit einer Kapha-Konstitution werden durch eine Ernährung mit viel braunem Reis und Salz eine Verstärkung ihres Haupt-Doshas erleben. Vata-Menschen werden von braunem Reis und salziger Nahrung geerdet. Manche Vata-Menschen vertragen einige Milchprodukte, während ein kaphabetonter Mensch davon möglicherweise Verstopfung bekommt. Es gibt ein paar Nahrungsmittel, die möglichst alle meiden sollten. Es ist zum Beispiel das beste, konzentrierte und raffinierte Süßigkeiten wie weißen Zucker zu meiden, die offensichtlich Gift für Körper und Geist sind. Die Pitta-Konstitution wird durch naturbelassenen Honig verstärkt, wohingegen Menschen mit einer Kapha-Konstitution durch rohen Honig ins Gleichgewicht kommen. Ich habe lange Zeit Süßigkeiten einschließlich Honig gemieden. Vor kurzem habe ich manchmal morgens, wenn Kapha verstärkt ist, als Experiment einen halben

Teelöffel Honig gegessen und fühlte einen feinen positiven Unterschied. Die Kunst der Lebensmittelauswahl besteht darin, den Nahrungsmitteln gegenüber sensibel zu werden, die uns helfen, ein Gleichgewicht der Doshas zu bewahren, wobei wir sowohl unsere inneren konstitutionellen Dosha-Tendenzen als auch die Umwelteinflüsse und die zyklischen Einwirkungen der Natur auf die Doshas berücksichtigen müssen. Die von mir gelieferten Beschreibungen sind Archetypen der einzelnen Doshas. In Wirklichkeit sind wir jedoch Mischungen aus allen drei Doshas. Manchmal herrscht ein einziges Dosha vor, während manchmal zwei Doshas zusammen aktiver sind, wobei das eine leicht stärker hervortritt als das andere. Manchmal sind auch alle gleich stark vertreten. Was auch der Fall sein sollte: Ungeachtet unserer speziellen Kombination werden wir alle von zyklischen Veränderungen beeinflußt und sollten auf intelligente Weise achtsam sein.

Abbildung 10

	V	P	K	Schlüssel
Sommer – Herbst	o	+	∞	+ = intensiviert das Dosha
Herbst – Winter	+	∞	o	o = hat eine nur geringfügige Wirkung auf das Dosha
Winter – Frühling	o	∞	+	∞ = bringt das Dosha ins Gleichgewicht

V = Vata, Wind, Ziege
P = Pitta, Feuer, Tiger
K = Kapha, Wasser, Elefant

Die sechs Geschmacksrichtungen und die sechs Nahrungsmittelqualitäten

Ayurvedisch zubereitete Mahlzeiten enthalten normalerweise zu unterschiedlichen Prozentanteilen alle sechs Geschmacksrichtungen, da man davon ausgeht, daß alle sechs zusammen eine harmonische Energie erzeugen und eine ausgewogene Ernährung darstellen. Die sechs Geschmacksrichtungen sind süß (Milch, Honig, Reis, Brot, Butter), sauer (Zitronen und Joghurt), salzig (Salz), scharf (würzige Speisen, Ingwer, Cayennepfeffer und Kumin), bitter (Spinat und andere grüne Blattpflanzen) und adstrin-

gierend (Bohnen und Hülsenfrüchte). Abbildung 11 zeigt, wie die Doshas von den Energien, die mit den verschiedenen Geschmacksrichtungen zusammenhängen, entweder intensiviert oder ins Gleichgewicht gebracht werden.
Es gibt auch sechs verschiedene Nahrungsmittelqualitäten. Schwer (Käse, Joghurt und Weizen), leicht (Gerste, Mais, Spinat und Äpfel), ölig (Milchprodukte, fettige Speisen und Öle), trocken (Gerste, Mais, Kartoffeln und Bohnen), heiße Nahrungsmittel und Getränke, kalte Nahrungsmittel und Getränke. Abbildung 12 zeigt, wie sich die Nahrungsmittelqualität auf die Doshas auswirkt.

Abbildung 11

	V	P	K
süß	∞	∞	+
sauer	∞	+	+
salzig	∞	+	+
scharf	+	+	∞
bitter	+	∞	∞
adstring.	+	∞	∞

Abbildung 12

	V	P	K
schwer	∞	∞	+
ölig	∞	∞	+
heiß	∞	+	∞
leicht	+	+	∞
trocken	+	+	∞
kalt	+	∞	∞

Schlüssel
+ = intensiviert das Dosha
o = hat eine nur geringfügige Wirkung auf das Dosha
∞ = bringt das Dosha ins Gleichgewicht
V = Vata, Wind, Ziege
P = Pitta, Feuer, Tiger
K = Kapha, Wasser, Elefant

Ernährungsrichtlinien für die grundlegenden Konstitutionstypen

Anmerkung: Die Richtlinien dieser Tabelle sind allgemeine. Möglicherweise müssen auf der individuellen Ebene bestimmte Anpassungen vorgenommen werden, zum Beispiel aufgrund von Nahrungsmittelallergien, der Kraft des Verdauungsfeuers, der Jahreszeit und je nachdem, wie stark ein Dosha vorherrschend oder verstärkt ist.

FRÜCHTE	
Vata verstärkend:	**Vata ausgleichend:**
Trockenfrüchte, Äpfel, Birnen, Persimonen (Dattelpflaumen), Granatäpfel, Preiselbeeren, Wassermelonen	süße Früchte, Ananas, Aprikosen, Avocados, Bananen, Beerenobst, Feigen (frische), Grapefruits, Kirschen, Kokosnüsse, Mangos, Melonen (süße), Orangen, Papayas, Pfirsiche, Pflaumen, Trauben, Zitronen
Pitta verstärkend:	**Pitta ausgleichend:**
saure Früchte, Aprikosen, Beerenobst, Bananen, Kirschen, Preiselbeeren, Grapefruits, Trauben (grüne), Zitronen, Orangen (saure), Papayas, Pfirsiche, Ananas (saure), Persimonen (Dattelpflaumen), Pflaumen (saure)	süße Früchte, Äpfel, Avocados, Kokosnüsse, Feigen, Trauben (rote), Mangos, Melonen, Orangen (süße), Birnen, Ananas (süße), Pflaumen (süße), Granatäpfel, Dörrpflaumen, Rosinen
Kapha verstärkend:	**Kapha ausgleichend:**
süße und saure Früchte, Avocados, Bananen, Kokosnüsse, Feigen (frische), Grapefruits, Trauben, Zitronen, Melonen, Orangen, Papayas, Ananas, Pflaumen	Äpfel, Aprikosen, Beerenobst, Kirschen, Preiselbeeren, Feigen (getrocknete), Mangos, Pfirsiche, Birnen, Persimonen (Dattelpflaumen), Granatäpfel, Dörrpflaumen, Rosinen

GEMÜSE

Vata verstärkend:	Vata ausgleichend:
rohes Gemüse, Brokkoli, Rosenkohl, Kohl, Blumenkohl, Stangensellerie, Auberginen, grüne Blattgemüse*, Salat*, Pilze, Zwiebeln (rohe), Petersilie*, Erbsen, Paprika, Kartoffeln (weiße), Spinat*, Sprossen*, Tomaten*	gekochtes Gemüse, Spargel, rote Bete, Karotten, Gurken, Knoblauch, grüne Bohnen, Okra (gekocht), Zwiebeln (gekocht), Rettich, Zucchini, Kartoffeln (süße)
Pitta verstärkend:	**Pitta ausgleichend:**
scharfe Gemüsearten, rote Bete, Karotten, Auberginen, Knoblauch, Zwiebeln, Paprika (scharfe), Rettich, Spinat, Tomaten	süße und bittere Gemüsearten, Spargel, Brokkoli, Rosenkohl, Blumenkohl, Kohl, Stangensellerie, grüne Bohnen, grüne Blattgemüse, Pilze, Okra, Erbsen, Petersilie, Paprika (grüne), Kartoffeln, Sprossen, Zucchini, Gurken, Salat
Kapha verstärkend:	**Kapha ausgleichend:**
süße und saftige Gemüsearten, Gurken, Kartoffeln (süße), Tomaten, Zucchini	scharfe und bittere Gemüsearten, Spargel, rote Bete, Brokkoli, Rosenkohl, Kohl, Karotten, Blumenkohl, Stangensellerie, Auberginen, grüne Blattgemüse, Salat, Pilze, Okra, Zwiebeln, Petersilie, Erbsen, Paprika, Kartoffeln (weiße), Rettich, Spinat, Sprossen, Knoblauch

* Diese Gemüse sind gut, wenn sie in Maßen und mit einem Öl-Dressing gegessen werden.

Das ayurvedische Tridosha-System

GETREIDE	
Vata verstärkend:	**Vata ausgleichend:**
Gerste, Buchweizen, Mais, Hirse, Hafer (trocken), Roggen	Hafer (gekocht), Reis, Weizen
Pitta verstärkend:	**Pitta ausgleichend:**
Buchweizen, Mais, Hirse, Hafer (trocken), Reis (brauner), Roggen	Gerste, Hafer (gekocht), Reis (Basmati), Reis (weißer), Weizen
Kapha verstärkend:	**Kapha ausgleichend:**
Hafer (gekocht), Reis (brauner), Reis (weißer), Weizen	Gerste, Mais, Hirse, Hafer (trocken), Reis (Basmati, in kleinen Mengen), Roggen

TIERISCHE PRODUKTE	
Vata verstärkend:	**Vata ausgleichend:**
Lamm, Schwein, Hase, Wild	Rindfleisch, Huhn oder Truthahn (weißes Fleisch), Eier (gebraten oder Rührei er), Meeresfrüchte
Pitta verstärkend:	**Pitta ausgleichend:**
Rind, Eier (Eigelb), Lamm, Schwein, Meeresfrüchte	Huhn oder Truthahn (weißes Fleisch), Eier (Eiweiß), Hase, Shrimps (in kleinen Mengen), Wild
Kapha verstärkend:	**Kapha ausgleichend:**
Rind, Lamm, Schwein, Meeresfrüchte	Huhn oder Truthahn (dunkles Fleisch), Eier (Rührei, keine gebratenen Eier), Hase, Shrimps, Wild

HÜLSENFRÜCHTE

Vata:	Pitta:	Kapha:
Keine Hülsenfrüchte außer Mungbohnen, Tofu, schwarzen und roten Linsen	Alle Hülsenfrüchte außer Linsen	Alle Hülsenfrüchte sind empfehlenswert außer weißen Bohnen, Sojabohnen, schwarzen Linsen

NÜSSE

Vata:	Pitta:	Kapha:
Alle Nüsse sind empfehlenswert in kleinen Mengen, eingeweichte Nüsse	Wenig Nüsse bis auf Kokosnuß, in geringen Mengen eingeweichte Nüsse	Wenig Nüsse, in geringen Mengen eingeweichte Nüsse

SAMEN

Vata:	Pitta:	Kapha:
Alle Samen sind empfehlenswert in kleinen Mengen, eingeweichte Samen	Wenig Samen bis auf Sonnenblumen- und Kürbiskerne, geringe Mengen eingeweichter und gekeimter Samen	Wenig Samen bis auf Sonnenblumen- und Kürbiskerne, geringe Mengen eingeweichter und gekeimter Samen

SÜSSUNGSMITTEL

Vata:	Pitta:	Kapha:
Geringe Mengen Süßungsmittel außer weißem Zucker	Süßungsmittel in kleinen Mengen außer Melasse und Honig	Süßungsmittel in Maßen außer naturbelassenem Honig

GEWÜRZE

Vata:	Pitta:	Kapha:
Alle Gewürze sind zu empfehlen	Keine Gewürze bis auf Koriander, Zimt, Kardamom, Fenchel, Tumerik und ein wenig schwarzen Pfeffer	Alle Gewürze sind zu empfehlen außer Salz

MILCHPRODUKTE

Vata:	Pitta verstärkend:	Pitta ausgleichend:	Kapha:
Alle Milchprodukte in Maßen	Buttermilch, Käse, saure Sahne, Joghurt	Butter (ungesalzen), Hüttenkäse, Ghee, Milch	Keine Milchprodukte außer Ghee und Ziegenmilch

ÖLE

Vata:	Pitta verstärkend:	Pitta ausgleichend:	Kapha:
Alle Öle sind gut	Mandelöl, Maisöl, Safranöl, Sesamöl	Kokosöl, Olivenöl, Sonnenblumenöl, Sojaöl	Keine Öle bis auf Mandelöl, Maisöl oder Sonnenblumenöl in kleinen Mengen

Im Lauf der Jahre haben ayurvedische Ärzte eine Liste von Nahrungsmitteln und Nahrungsmittelarten zusammengestellt, die zeigt, welche von ihnen die Doshas jeweils negativ verstärken und welche sie ins Gleichgewicht bringen. Die vorstehende Tabelle stellt eine leicht abgewandelte Liste dar, die Dr. Vasant Lads ausgezeichnetem Werk „Das Ayurweda-Heilbuch" entnommen ist.[4]

Kapitel 16

Gedanken zum ayurvedischen Tridosha-System

Um eine ideale Ernährung zur Förderung unseres spirituellen Lebens zusammenzustellen, müssen wir uns auf unsere konstitutionellen, tageszeitlichen, jahreszeitlichen und auf unsere Arbeitsbedürfnisse einstellen. Dazu müssen wir eine Harmonie zwischen unseren inneren Bedürfnissen und dem äußeren Spiel der Natur herstellen. Das bedeutet, unsere Intuition und unsere Eigenverantwortlichkeit über Modediäten, Computer-Diätprogramme oder irgendwelche anderen Diätsysteme zu stellen, die behaupten, der einzige Weg zur Gesundheit zu sein; sogar über ayurvedische Listen der richtigen Nahrungsmittel für unsere Doshas, denn kein System – auch nicht das ayurvedische – trifft 100prozentig zu. Dr. Rudolph Ballentine, der seinen Ansatz auf Ayurveda aufbaut, ist der Ansicht, daß dieses System sich in der Anwendung nur zu 80 Prozent als zutreffend erweist.[5]

Das Ausbalancieren von Energien mit Kräutern

Die ayurvedische Wissenschaft hat festgestellt, daß einzelne Nahrungsmittel und Kräuter bestimmte energetische Qualitäten besitzen, auf die wir über ihren Geschmack schließen können. Ich habe als jemand mit einer Kapha-Konstitution zum Beispiel gelernt, mich im Winter von Gurken fernzuhalten, da sie das Kapha-Dosha verstärken, und mich statt dessen an Gemüse und Salate wie Mohrrüben, Dill, Radieschen, Kohl, Blumenkohl, Kopfsalat und Spinat zu halten, die das Kapha mindern. Ich habe bestimmte Kräuter in meine Rohkost-Ernährung aufgenommen, um während des Jahreszyklus das Gleichgewicht der Doshas beizubehalten. Ich verwende zum Beispiel Ingwer, Kardamom, Cayennepfeffer und Kumin als Gewürze, da sie das Kapha ausgleichen – besonders im Winter, wenn dies notwendig ist. Vatabetonte Menschen könnten in der entsprechenden Zeit zum Beispiel Zimt, Kardamom, Kumin, Ingwer, Meersalz, Nelken, Senf und Süßholz in ihren Speiseplan aufnehmen. Pittabetonte Menschen tun gut daran, alle Gewürze außer Zimt, Koriander und Dill zu meiden.

Wenn wir Gewürze auf diese Weise verwenden, bestärken wir das im ersten Kapitel dargelegte Prinzip, daß jedes Nahrungsmittel seine eigene energetische Essenz besitzt. Die Tatsache, daß westliche Ernährungsmodelle sich einzig und allein auf die Klassifizierung von Nahrung nach Kohlehydraten, Proteinen und Fetten konzentrieren, hat zur Folge, daß wir uns zunehmend als getrennt von unserer Nahrung empfinden und daß die Disharmonie zwischen uns und der Natur immer mehr zunimmt.

Zusammenfassung von Kapitel 16

1. Das Tridosha-System hilft uns, unsere spezielle konstitutionelle Dosha-Mischung aus Vata, Pitta und Kapha zu erkennen, und ermöglicht uns dadurch, uns so zu ernähren, daß es für unser spirituelles Leben förderlich ist.

2. Ernährung hat mit der dynamischen Wechselwirkung zwischen den Energien der Nahrungsmittel und den dynamischen Energien unseres Körpers zu tun.

3. Wir können unseren Speiseplan den Veränderungen der Dosha-Energie im Lauf der Tages- und Jahreszeiten und unserem Lebenszyklus entsprechend strukturieren und anpassen.

4. Wenn wir uns die Energien verschiedener Kräuter zunutze machen, um unsere Doshas ins Gleichgewicht zu bringen, fügen wir damit unserer Rohkost-Ernährung eine weitere sinnvolle Dimension hinzu.

5. Kräuter bestätigen den Grundsatz, daß jedes Nahrungsmittel eine ihm eigene energetische Essenz besitzt.

17

Ausgewogene Ernährung

Unsere Nahrung kann auf drei verschiedene Arten ausgewogen sein

In diesem Kapitel werden wir über drei verschiedene Arten sprechen, unsere Ernährung ausgewogen zu gestalten. Zunächst einmal kann sie auf der materiellen Ebene bezüglich des Säure-Basen-Gleichgewichts ausgewogen sein. Dann gibt es das Yin-Yang-Gleichgewicht. Hierbei erkennen wir an, daß Nahrung sowohl materielle als auch feinstoffliche Eigenschaften besitzt, und haben dadurch den Schlüssel zum Verständnis der energetischen Qualität und der allgemeinen mineralischen Zusammensetzung der Nahrung. Das Yin-Yang-System teilt die Nahrungsmittel ebenfalls nach ihrer Farbe, Form und anderen Merkmalen ein, und wir werden sehen, daß die Idee der Regenbogen-Ernährung hierdurch weitere Unterstützung erhält. Die dritte Art, unsere Ernährung ausgewogen zu gestalten, hat mit der Beziehung zwischen den Energien der aufgenommenen Nahrung und den Verdauungskräften unseres Systems zu tun. Dabei geht es um die Zusammenstellung von Nahrungsmitteln.

Übersäuerung (Azidose)

Es ist sehr wichtig, bei den Speisen, die wir verzehren, auf das richtige Säure-Basen-Gleichgewicht zu achten. Fast alle Autoritäten stimmen darin überein, daß es auf akute und chronische Krankheiten geradezu einladend wirkt, wenn der Körper zu sauer wird. Airola ist der Ansicht, daß Azidose (eine hohe Säurekonzentration im Körper) eine der grundlegenden Ursachen aller Krankheiten und besonders für Arthritis ist.[1] Andere meinen, Übersäuerung trage möglicherweise sogar zu einer krebserzeugenden Zellumgebung bei.[2] Es gibt verschiedene Gründe, warum ein übersäuertes System krank wird. Wir haben in Kapitel 8 darüber gesprochen, daß der negative Pol Elektronen zum positiven Pol schickt. Wenn genügend Sauerstoff vorhanden ist, damit dieser Stoffwechselvorgang stattfinden kann, haben wir eine sehr effektive Energieproduktion. Wenn dieser Prozeß durch eine verminderte Sauerstoffzufuhr behindert wird, steht weniger Energie für die Zellfunktionen zur Verfügung, und die Zellen fangen an, sich aufzulösen und zu sterben. In einem übersäuerten System gibt es einen Überschuß an Hydrogenionen (H+), die sich mit Sauerstoff zu Wasser verbinden. Da die überschüssigen Hydrogenionen den Sauerstoff aufbrauchen, schließen sie den aeroben Stoffwechselzyklus kurz. Es kommt zu Sauerstoffmangel (Anoxie). Weniger Sauerstoff steht für den aeroben Stoffwechsel, das heißt für die wichtige Aufgabe der Energieproduktion für das ordnungsgemäße Funktionieren der Zellen, zur Verfügung.

Je mehr das System übersäuert, um so weniger können die biochemischen Puffer im Blut das gesunde Säure-Basen-Gleichgewicht im Körper aufrechterhalten. Der pH-Wert, der das Maß für das Säure-Basen-Gleichgewicht im Körper ist, verlagert sich langsam in den sauren Bereich. Eine Kompensationsmöglichkeit, mit der der Körper versucht, den basischen Charakter des Blutes zu erhalten, ist, überschüssige saure Substanzen in den Gelenken und Geweben abzulagern.[3] Das erklärt möglicherweise, warum der Umstand der Übersäuerung Arthritis verschlimmert. Je saurer ein spezielles Gewebe wird, um so mehr degenerieren und sterben die Zellen in diesem Bereich. Tote und sterbende Zellen machen das System noch saurer.

Ein weiterer Mechanismus auf der zellularen Ebene ist das bioelektrische Potential zwischen dem natürlicherweise sauren Zellkern und dem basischen Zytoplasma, das den Zellkern umgibt.[4] Diese beiden Pole erzeugen eine Zellbatterie, die das für die Lebensfunktionen notwendige bioelektrische Potential aufrechterhält. In dem Ausmaß der Polarität zwischen diesen beiden Polen spiegelt sich die Vitalität der Zelle wider. Wenn der pH-Wert des Blutes und der extrazellulären Gewebe sauer wird, wird auch das Zytoplasma sauer, so daß das elektrische Potential zwischen dem Zytoplasma und dem Zellkern abnimmt. Die Verminderung dieses bioelektrischen Potentials bedeutet, daß die Zelle weniger vital ist und ihre Funktionen nicht mehr so gut erfüllen kann.

Auf einer grobstofflicheren Ebene scheinen säurebildende Nahrungsmittel einen Schleimüberschuß hervorzurufen, der das System verstopft und den Sauerstoff auf seinem Weg ins System behindert. Wieder ist die Folge eine Gewebs- und Zellanoxie. Dazu kommt es immer dann, wenn wir im Übermaß Körner, Fleisch oder Milchprodukte zu uns nehmen, die alle säurebildende Nahrungsmittel sind.

Die Chemie des Säure-Basen-Gleichgewichts

Um die Bedeutung des Säure-Basen-Gleichgewichts zu verstehen, ist es wichtig zu erfassen, daß dieses Gleichgewicht sich im wesentlichen auf

Ausgewogene Ernährung

das Flüssigkeitssystem unseres Körpers bezieht. Die Körperflüssigkeiten machen 70 Prozent unseres Körpergewichts aus: die Zellflüssigkeit 55 Prozent, die Flüssigkeit im Blut 5 Prozent und die Gewebsflüssigkeit um die Zellen herum 10 Prozent. Wir sind eine weiterentwickelte Form des Einzellers, der vom Meerwasser versorgt wird, nur daß das „Meer" in uns ist. So wie die Ozeane und Süßwasserreservoire an Verschmutzung sterben, sterben auch wir, wenn unsere Körperflüssigkeiten zu sehr verschmutzen und der Säure-Basen-Haushalt aus dem Gleichgewicht gerät. Dazu wurde von Alexis Carrel, einem französischen Physiologen, eine interessante Untersuchung durchgeführt. Indem er die Flüssigkeit, in der die Herzzellen von embryonalen Hühnern lebten, behutsam so versorgte, daß sie leicht alkalisch war, konnte er diese Zellen 28 Jahre lang am Leben erhalten. Als er aufhörte, diese extrazelluläre Flüssigkeit im richtigen biochemischen Gleichgewicht zu halten, starben die Zellen ab. Das Säure-Basen-Gleichgewicht in unseren Körperflüssigkeiten ist genauso bedeutsam. Der normale pH-Wert des Blutes liegt bei 7,4. Schon wenn der pH-Wert des Blutes leicht saurer wird, treten im Körper Fehlfunktionen auf. Ein neutraler pH-Wert liegt bei 7,0; wenn das Blut einen pH-Wert von 6,95 erreicht, kommt es zu Koma und Tod, da dieser pH-Wert das Herz entspannt und es nicht mehr schlagen kann. Wenn der pH-Wert zu alkalisch wird, etwa im Bereich von 7,7, werden wir reizbar, spasmisch und können Tetanie und Krämpfe bekommen.

Nahrungsmittel, die zu viel Phosphor und Schwefel enthalten, produzieren Säure im System, da Schwefel und Phosphor im Stoffwechsel zu Schwefelsäure und Phosphorsäure umgewandelt werden. Damit der Körper diese giftigen Säuren ausscheiden kann, ohne die Nieren und die Därme zu verletzen, neutralisiert er sie mit basenbildenden Mineralsalzen, vor allem mit Natrium, Kalium, Magnesium und Kalzium. Nahrungsmittel, die viel Natrium, Kalium und Magnesium enthalten wie die meisten Gemüse- und Obstsorten, produzieren im Körper normalerweise Basen. Wenn diese Elemente im System zur Neige gehen, wird es sauer. Um die basenbildenden Mineralstoffe im Körper zu erhalten und damit einen leicht alkalischen Zustand im Körper zu fördern, müssen wir eine gewisse Menge Nahrungsmittel zu uns nehmen, die diese basenbildenden Elemente enthalten.

Unsere Körper sind gleichzeitig sowohl alkalisch als auch sauer, wobei immer entweder die saure oder die basische Komponente überwiegt. Wenn wir das richtige Verhältnis zwischen basen- und säurebildender Nahrung essen, kann uns das helfen, auf dieses dynamische Gleichgewicht korrigierend einzuwirken. Westliche Ernährungswissenschaftler stimmen grundsätzlich darin überein, daß das gesündeste Säure-Basen-Gleichgewicht im Körper durch eine Ernährung aufrechterhalten wird, die aus dem optimalen Verhältnis von 80 Prozent basenbildenden und 20 Prozent säurebildenden Nahrungsmitteln besteht.[5] Wenn dieses Verhältnis beibehalten wird, ist der Körper Krankheiten gegenüber sehr resistent. Menschen, die sich gerade von einer Krankheit erholen, haben normalerweise einen eher übersäuerten Körper, daher beschleunigt eine Ernährung mit mehr basenbildenden Nahrungsmitteln die Genesung. Airola ist der Ansicht, daß die Gesundheit gefährdet ist, wenn aus diesem Verhältnis ein 3:1-Verhältnis wird.[6] Im Yoga-System ist das Verhältnis basenbildend zu säurebildend in der reinsten Form der Ernährung mindestens 70:30, bei einer durchschnittlichen Ernährung 60:40 und in einer sehr ungesunden Ernährung 50:50.

Es ist gut, sich ein großes Depot basischer Mineralsalze zu erhalten, um in Notsituationen gegensteuern zu können, wenn der Körper sauer wird. Wir sollten auch deshalb basenbildende Nahrungsmittel zu uns nehmen, weil eine Ernährung mit vielen Säurebildnern wenig Natrium und Kalzium enthält, was zu einer Abnahme von Kalium und Magnesium in den Nervenzellen führt, so daß diese nicht mehr richtig funktionieren können. Wenn unser pH-Wert zu sauer wird, beeinträchtigt dies die Funktion der Zellen, wodurch unsere mentale Klarheit verlorengeht. Wir denken langsamer, und unterhalb eines pH-Wertes von 6,95 tritt das Koma ein. Ein Beispiel hierfür ist das diabetische Koma, das bei Menschen beobachtet wird, die unter einer starken diabetischen Azidose leiden. Langsames Denken und verminderte mentale Klarheit sind für viele Menschen typisch, die zu viele säurebildende Nahrungsmittel verzehren.

Die Definition von basenbildenden und säurebildenden Nahrungsmitteln

Ein basenbildendes Nahrungsmittel ist eines, das im Körper einen basischen Zustand verursacht. Solche Nahrungsmittel enthalten viel Natrium, Kalium, Kalzium, Magnesium und Eisen. Nahrungsmittel, die viel Schwefel, Phosphor, Chlor und Jod enthalten, sind säurebildende Nahrungsmittel. Sie werden im Körper so verstoffwechselt, daß Säuren entstehen. *Säurebildende Nahrungsmittel sind nicht dasselbe wie Nahrungsmittel, die einen hohen Prozentsatz organischer Säuren enthalten und sauer schmecken, wie zum Beispiel Zitronen.* Diese milden organischen Säuren haben eine reinigende Wirkung auf das System. Sie werden zu Kohlendioxid und Wasser oxidiert und tragen deshalb nicht zur Übersäuerung des Systems bei. Da durch sie eine hohe Konzentration basenbildender Mineralien in den Körper gelangt, erhöhen saure Früchte die Basenreserve im Körper und sind daher basenbildend. Nahrungsmittel, die die Reserve an basischen Mineralien vermindern, werden als säurebildend betrachtet.

Es ist nützlich zu wissen, daß alle naturbelassenen Nahrungsmittel sowohl basenbildende als auch säurebildende Mineralien enthalten. Wenn die säurebildenden Mineralien in der Überzahl sind, ist das Nahrungsmittel säurebildend. Sind die basenbildenden Mineralien in der Überzahl, ist das Nahrungsmittel basenbildend. Die Menge der basen- oder säurebildenden Elemente der Nahrung kann in einem Labor gemessen werden, wobei es keine Rolle zu spielen scheint, woher die organische Materie des Nahrungsmittels stammt.[7] Um das basen- beziehungsweise säurebildende Potential eines Nahrungsmittels zu bestimmen, wird es bis auf die mineralische Asche verbrannt und anschließend in pH-neutralem Wasser aufgelöst. Dann wird der pH-Wert dieser Lösung gemessen, um festzustellen, ob er sauer oder basisch ist. Die Chemiker sind in der Lage, genau zu messen, wie sauer oder basisch die Lösung ist, und können daher angeben, in welchem Ausmaß das Nahrungsmittel basen- oder säurebildend ist. Es gibt verschiedene Tabellen, aus denen man diese Informationen ablesen kann.[8, 9, 10, 11]

Säure- und basenbildende Nahrungsmittel

Die meisten Fleischsorten sind säurebildend, genau wie die meisten Körner, Milchprodukte (besonders Käse), ein Großteil aller Nüsse und Samen, Bohnen und Erbsen, Einfachzucker, Fette und Proteine. Öle sind nahezu neutral. Basenbildende Nahrungsmittel sind Obst und Gemüse. Ausnahmen sind Spargel, Preiselbeeren, Pflaumen und Backpflaumen, die alle leicht säurebildend sind.[12] Ganz allgemein sind die Stoffwechselprozesse bei Tieren so, daß Basisches in Saures umgewandelt wird, während Pflanzen Saures in Basisches umwandeln. Wenn wir die von uns benötigten basischen Mineralien von unseren Pflanzenfreunden aufnehmen, ist dies eine Weiterführung des ausgleichenden und harmonischen Kreislaufs zwischen den Menschen und dem Pflanzenreich.

Es gibt einige Ausnahmen bezüglich dessen, was basen- und was säurebildend ist. Joghurt und rohe Milch von Ziegen, Kühen und Menschen gilt als leicht alkalisch, ist die Milch jedoch pasteurisiert, wird sie leicht säurebildend. Alle Käsesorten sind säurebildend. Butter wirkt als leichter Säurebildner, und da sie soviel Fett enthält, ist sie wahrscheinlich saurer, als sie chemisch eingeschätzt wird. Sojabohnen werden als basenbildend eingestuft, und Tofu ist ebenfalls leicht alkalisch. Schminkbohnen und Adukibohnen, Mandeln und Paranüsse, grüner Mais und Hirse sind Basenbildner. Spargelspitzen, Rosenkohl und Rhabarber sollen säurebildende Gemüse sein.[13] Wenn man Nüsse, Samen und Körner mindestens acht Stunden lang einweicht, entstehen mehr basenbildende Mineralstoffe in ihnen.

Allgemein gesagt, bilden Proteine die meisten Säuren, da sie sehr viel Schwefel und Phosphor beinhalten. Außerdem entsteht beim Verstoffwechseln der Proteine Harnsäure, die das System zusätzlich saurer macht, und Harnstoff, der die Ausscheidung über die Nieren auf eine Weise anregt, daß viele basenbildende Mineralien ausgeschieden werden. Ein Überschuß an Eiweißen verstopft auch die Basalmembranen, was zu Zellanoxie führt, wodurch die Säuremenge ebenfalls zunimmt. Fette als Stoffklasse sind säurebildend, weil durch den Fettstoffwechsel Essigsäure entsteht. Einfache Kohlehydrate wie weißer Zucker sind säurebildend, weil sie zu schnell ins System gelangen und zu schnell verbrennen. Bei diesem unausgewogenen Vorgang entstehen Säuren, zum Beispiel Milch-, Butter- und Essigsäure, wodurch das System übersäuert. Komplexe Kohlehydrate werden langsamer und gleichmäßiger verstoffwechselt, so daß dabei keine organischen Säuren entstehen. An Tieren durchgeführte Untersuchungen haben gezeigt, daß Nahrungsmittel mit einem hohen natürlichen Vitamin-B-Gehalt dazu beitragen, das richtige Säure-Basen-Gleichgewicht aufrechtzuerhalten, wenn zuviel Eiweiß gegessen wird.[14] Nahrungsmittel, die viel natürliches Vitamin A enthalten, helfen die Übersäuerung durch einen zu hohen Fettverzehr auszugleichen. Nahrungsmittel, die viel Vitamin C enthalten, kompensieren die Übersäuerung, die durch zuviel Zucker und zu viele einfache Kohlehydrate verursacht wurde. Diese Untersuchungen haben auch gezeigt, daß zu viele synthetische Vitamine dazu neigen, das System zu übersäuern.[15] Verarbeitete Nahrungsmittel, Medikamente, psychedelische Drogen, alkoholfreie Getränke und synthetische Drogen sind alle Säurebildner, da sie entweder nie basenbildende Mineralien enthielten oder diese durch die chemische Verarbeitung und das Raffinieren verlorengegangen sind.[16] Wenn man diese Stoffe zu sich nimmt, werden basenbildende Mineralien verbraucht, um ihre sauren Endprodukte zu neutralisieren. Dadurch werden die basenbildenden Mineralstoffreserven des Körpers aufgebraucht, und es kommt zu einer zunehmenden Übersäuerung des Körpers.

Das Yin und Yang der Nahrungsmittel

Die Ausdrücke Yin und Yang sind auf eine alte orientalische Philosophie zurückzuführen, die alles im Universum als dynamische Beziehung zwischen Yin- und Yang-Eigenschaften betrachtete, die einander als Teile des Ganzen ergänzen. Die Yang-Eigenschaften sind zusammenziehend oder zentripetal, heiß, dicht, schwer, flach und niedrig. Die Yin-Eigenschaften sind expansiv oder zentrifugal, kalt, erweiternd, leicht, hoch und dünn. Nahrungsmittel und Menschen lassen sich nach dem Grad der Ausgewogenheit dieser Eigenschaften in Kategorien einteilen. Basketballspieler haben zum Beispiel mehr Yin-Eigenschaften als Footballspieler. Man sagt, daß Männer Yang-Qualitäten haben und Frauen Yin-Qualitäten. Früchte gehören in das Yin-Spektrum und Rindfleischprodukte in das Yang-Spektrum. Die folgenden Nahrungsmittel sind in ihrer relativen Reihenfolge von überwiegend Yin zu überwiegend Yang aufgelistet: chemische Nahrungsmittelzusätze (sie gelten als am meisten Yin), dann verarbeitete Nahrungsmittel, Früchte, Gemüse und Algen; die Yang-Qualitäten beginnen in den Samen zu überwiegen, darauf folgen Nüsse, Bohnen, Körner, Milchprodukte, Fisch, Geflügel, Schweinefleisch, Rindfleisch, Eier, Miso und schließlich Salz, das die meisten Yang-Qualitäten in sich vereint.

Man kann diese Nahrungsmittel chemisch zum Beispiel dadurch klassifizieren, daß man den mengenmäßigen Unterschied zwischen Kalium und Natrium in dem Nahrungsmittel mißt und das Verhältnis zwischen beiden errechnet. Nahrungsmittel, die viel Kalium enthalten, sind meistens Yin, und solche, die viel Natrium enthalten, meistens Yang. Aihara hat so eine ganze Tabelle aufgestellt und gibt auch die Regeln an, nach denen die Positionen der Nahrungsmittel darin ausgerechnet wurden.[17] Das Verhältnis zwischen Yin und Yang in den Nahrungsmitteln wird auch nach Kriterien wie der Farbe, den Strukturen, in denen sie wachsen, dem Klima, in dem sie am besten gedeihen, sowie nach ihrer Höhe, Dichte und Härte beurteilt. Die Einschätzung der Farbe nach ist sehr interessant: Sie erfolgt nach dem Spektrum der Regenbogenfarben. Die Farbe Rot stellt den Yang-Pol dar. Sie steht mit dem Wurzel-Chakra in Verbindung und ist daher dem Erdboden am nächsten. Die Farbe Violett stellt den Yin-Pol dar. Diese Farbe korrespondiert mit dem Kronen-Chakra, das am weitesten vom Erdboden entfernt ist und am meisten Yin-Qualitäten besitzt. Es ist wichtig, nicht zu vergessen, daß die Früchte des rot-orange-gelben Spektrums, die am stärksten zum Yang-Pol tendieren, im Gesamtspektrum der Yin- und Yang-Nahrungsmittel trotzdem noch grundsätzlich Yin-Eigenschaften besitzen. Weiß ist ein Zeichen für ein Yin-Gemüse, schwarz für ein Yang-Gemüse. Gemüse und Früchte, die schwerer, härter und kürzer sind und langsamer und horizontal wachsen, betrachtet man als Yang-Gemüse. Yin-Gemüse sind leichter, weicher, länger und dünner, wachsen schneller und mehr in die Höhe. Nahrungsmittel, die größer werden und in reichem Maß in wärmeren Gefilden wachsen, sind zu den Yin-Nahrungsmitteln zu zählen. Sie wirken auch überwiegend alkalisch, können jedoch sowohl säure- als auch basenbildend sein. Zu den basenbildenden Nahrungsmitteln der Yin-Kategorie gehören Früchte, Gemüse und Honig. Zu den gesunden Nahrungsmitteln, die Yin-Eigenschaften haben und gleichzeitig säurebildend sind, zählen Bohnen, Nüsse und Samen. Zucker, chemische Drogen, alkoholfreie Getränke und Alkohol sind biosaure Yin-Nahrungsmittel. Yang-Nahrungsmittel wirken normalerweise sauer, können jedoch sowohl Säure- als auch Basenbildner sein. Die wesentlichen säurebildenden Yang-Nahrungsmittel sind Körner und tierische Lebensmittel. Beispielhaft seien an dieser Stelle einige Yang-Nahrungsmittel aufgeführt, die Basenbildner sind: Radieschen, eingelegte Gurken, Miso und Salz. Die gesunden Yang-Nahrungsmittel sind eher säurebildend, und die gesunden Yin-Nahrungsmittel – bis auf Bohnen, Samen und Nüsse – eher basenbildend (siehe Abb. 13 auf S. 218).

Das Yin-Yang-Bewußtsein ist wichtig, da es uns hilft zu erkennen, daß Nahrungsmittel unterschiedliche Energien haben. Es ist ein weiteres System, das darauf hinweist, daß die energetischen Qualitäten und die allgemeinen Mineralstoffkombinationen der Nahrungsmittel von der Natur in den Farben, Formen und sonstigen Attributen der Nahrungsmittel kodiert sind. Dies unterstützt die Prinzipien der Regenbogen-Ernährung.

Das richtige Gleichgewicht zwischen Yin und Yang zu einem gegebenen Zeitpunkt ist relativ. Es hängt von unseren konstitutionellen Eigenheiten, unserer beruflichen Tätigkeit, den Umweltbedingungen und unseren spirituellen Praktiken ab. Wenn wir uns der Yin- und Yang-Energien bewußt sind, können wir daraus ein sich immer weiter entwickelndes Gleichgewicht schaffen, das uns bei unserer spirituellen Entfaltung unterstützt. Meinem Eindruck nach neigen wir während des spirituellen Prozesses dazu, spontan eher zu mehr Yin-Nahrungsmitteln zu greifen, um diese expansive (das heißt mehr Yin-betonte) Evolution zu fördern. Wenn unsere Ernährung bislang eher Yang-betont war und wir viele Fleischprodukte gegessen haben, ist ein 50:50-Verhältnis zwischen Yin und Yang, wie es die makrobiotische Ernährung von Michio Kushi vorsieht, vielleicht eine der ersten heilsamen

Veränderungen.[18] Menschen, die durch den Verzehr von viel Fleisch stark übersäuert sind, benötigen möglicherweise noch mehr Yin-Energien und damit basenbildende Nahrungsmittel in Form von rohen Früchten und Gemüsen. Sie brauchen weniger säurebildende Körner, als ein 50:50-Verhältnis zwischen Yin und Yang enthält, um die Langzeiteffekte des übersäuernden Fleischessens wieder auszugleichen.

Je mehr wir uns spirituell entwickeln und je gesünder unser Körper wird, um so mehr tendieren wir dazu, Yin-betonte, basenbildende rohe Früchte und Gemüse zu essen, um sowohl die Yin-artige Expansion unseres spirituellen Lebens zu fördern, als auch die Bedürfnisse unseres nun viel leitfähigeren Körpers nach leichterer Ernährung zu befriedigen. Im Gegensatz zu den hochgradig reinigenden und energetisierenden biogenen Nahrungsmitteln, über die wir bereits gesprochen haben, verlangsamen die schleimbildenden, säurebildenden und enzymlosen Yang-Körner und gekochten Nahrungsmittel die transformierende und spiritualisierende Energie der Kundalini. Wenn ein Mensch das Gefühl hat, daß er durch den spirituellen Prozeß zu schnell zu Yin-betont geworden ist, empfehle ich tatsächlich häufig, daß die betreffende Person mehr Yang-Körner essen soll, um den Prozeß zu verlangsamen. Es ist wichtig, auf jeder Stufe des evolutionären Prozesses im Leben ein Gleichgewicht aufrechtzuerhalten, das sich harmonisch anfühlt. Der kluge Einsatz von Yin- und Yang-Nahrungsmitteln kann hilfreich sein, wenn wir das Bedürfnis haben, gewisse mentale oder physische Yin- oder Yang-Zustände sanft auszugleichen.

Nahrungsmittelkombinationen

Bereits in der Zeit von Mose wurde schriftlich niedergelegt, wie Nahrungsmittel zusammengestellt werden sollten, um den Verdauungsvorgang zu fördern. Im zweiten Buch Mose 16, 8 steht: „Und Mose sagte: . . . der Herr wird euch abends Fleisch zum Essen geben und morgens Brot in Fülle." Daraus könnte man schließen, daß man in einer Mahlzeit keine sehr stärkehaltigen Produkte mit stark proteinhaltigen Nahrungsmitteln kombinieren sollte. Es gibt auch ein jüdisches Speisegesetz, das besagt, daß man Milchprodukte nicht mit Fleischprodukten zusammen essen soll. Die Zusammenstellung von Nahrungsmitteln beruht auf dem Prinzip, daß die verschiedenen Nahrungsmittelklassen unterschiedliche Verdauungsenzyme benötigen, unterschiedlich schnell verdaut werden und unterschiedliche pH-Werte gegeben sein müssen, damit sie richtig verdaut werden können. Werden die verschiedenen Nahrungsmittel falsch kombiniert, geschieht es leicht, daß die spezifischen Erfordernisse für deren ordnungsgemäße Verdauung sich gegenseitig aufheben. Fleischprodukte brauchen zum Beispiel ein saures Milieu, um verdaut zu werden, während Milch sehr basisch ist, daher kann sie die für die Verdauung des Fleisches notwendige Säure neutralisieren. Gott hatte Erbarmen mit den Juden: Wenn sie schon 40 Jahre lang durch die Wüste wandern mußten, sollten sie dabei nicht auch noch unter Verdauungsstörungen leiden.

Die Verdauung von Früchten führt zur Sekretion von basischen Säften, durch welche die sauren Säfte neutralisiert werden, die für die Verdauung von Proteinen nötig sind. Deshalb ist es keine gute Idee, Früchte zusammen mit Eiweißen zu essen. Einige Nahrungsmittel werden schneller verdaut als andere. Wenn schnell verdauliche Nahrungsmittel wie Früchte im Verdauungssystem länger als notwendig festgehalten werden, weil sie mit langsam verdaulichen Speisen zusammen gegessen wurden, findet eine Gärung statt.

Abbildung 13

Aus diesem Grund ist es gut für die Verdauung, Früchte und langsam verdauliche stärkehaltige Nahrungsmittel in getrennten Mahlzeiten zu essen. Für die Verdauung von Früchten und Gemüsen sind unterschiedliche Enzyme notwendig, die dazu tendieren, sich gegenseitig zu neutralisieren, daher ißt man diese beiden Nahrungsmittelarten auch besser zu unterschiedlichen Mahlzeiten.

Es sind schon so viele Regeln bezüglich der richtigen Nahrungsmittelkombinationen aufgestellt worden, daß die Menschen überwältigt sind und die Tatsache aus den Augen verlieren, daß sie ihre eigenen Regeln aus ihren unmittelbaren Erfahrungen ableiten müssen. *Die einfachste Regel zur Kombination von Nahrungsmitteln ist die, solche Nahrungsmittel oder Nahrungsmittelkombinationen zu essen, die unserer unmittelbaren Erfahrung gemäß am leichtesten zu verdauen sind.* Es kam einmal eine Patientin zu mir, die vor lauter Regeln, die sie meinte befolgen zu müssen, Angst hatte, etwas zu essen. Statt ihrem inneren Empfinden zu vertrauen, hatte sie sich von einem Buch sagen lassen, was sie tun sollte. Einige Menschen – zum Beispiel diejenigen mit einer Pitta-Konstitution – haben ein starkes Verdauungsfeuer. Für sie haben diese Richtlinien zur Nahrungsmittelkombination wenig Bedeutung. Andere Menschen haben zarte Verdauungsapparate, für sie sind die Richtlinien sehr nützlich.

In dem Herzen der Tabelle zur Kombination von Nahrungsmitteln in Abbildung 14 (S. 222) befindet sich eine neue Kategorie von Nahrungsmitteln, die innerhalb der allgemeinen Richtlinien wesentlich mehr Spielraum läßt. Diese Kategorie bezeichnet man als vorverdaute Proteine. Diese Tabelle stammt aus Viktoras Kulvinskas' Handbuch „Live Food Longevity Recipes". Kulvinskas' neue Nahrungsmittelkategorie umfaßt Blütenpollen, eingeweichte und gekeimte Nüsse und Samen sowie Fermente von Nüssen und Samen, zum Beispiel Samenkäse und -joghurt. (Im Anhang werden diese Nahrungsmittel erklärt.) Sie lassen sich gut mit süßen oder säuerlichen Früchten, gekeimten Körnern und Gemüsen kombinieren. Wenn diese eingeweichten Nüsse und Samen morgens mit Früchten gegessen werden, profitieren besonders Menschen mit Hypoglykämie davon. Ganz allgemein kann man sagen, daß diese vorverdauten Proteine sehr leicht verdaulich sind, weil die in ihnen enthaltenen Proteine bereits in freie Aminosäuren aufgespalten wurden.

Um schneller herauszufinden, welche Nahrungsmittel für einen selbst leicht zu verdauen sind, ist es sinnvoll, allgemeine Richtlinien zu haben, mit denen man experimentieren kann. Es ist normalerweise leicht, Nahrungsmittel aus derselben Gruppe oder aus zwei miteinander verträglichen Nahrungsmittelgruppen zu verdauen. Aber unser Verdauungssystem wird auch dann belastet, wenn wir zu viel von einem einzigen Nahrungsmittel verzehren. Leicht verdauliche Kombinationen sind vorverdaute Proteine mit Gemüsen oder mit süßen oder säuerlichen Früchten. Auch gekeimte Körner mit Gemüsen, Gemüse mit wenig stärkehaltigen Nahrungsmitteln und wenig stärkehaltige mit sehr stärkehaltigen Nahrungsmitteln sind in der Regel leicht zu verdauen. Experimentieren können Sie mit den relativ leicht zu verdauenden Nahrungsmittelkombinationen, wie zum Beispiel Proteine mit grünem Blattgemüse oder Avocado mit grünem Blattgemüse beziehungsweise mit sauren oder säuerlichen Früchten. Kombinationen, die leicht zu Fäulnis und Gärung neigen, sind eiweißhaltige mit stärkehaltigen Nahrungsmitteln: Öl mit Proteinen, Proteine mit süßen oder säuerlichen Früchten, Öl mit süßen oder säuerlichen Früchten, Früchte kombiniert mit Gemüsen und Melonen mit irgendeiner anderen Art von Nahrungsmitteln. Für einige Menschen sind diese Kombinationen möglicherweise kein Problem, wenn sie in kleineren Mengen verzehrt werden. Papaya und Zitrone lassen sich mit allen anderen Nahrungsmitteln gut kombinieren. Im ersten Buch des „Friedensevangeliums der Essener" umreißt Jesus Ideen für die Kombination von Nahrungsmitteln in kurzer Form:

> „Seid deshalb vorsichtig und verunreinigt euren Körper nicht mit allen Arten von Abscheulichkeiten. Seid mit zwei oder drei Nahrungsarten zufrieden, die ihr immer auf dem Tisch unserer Erdenmutter finden werdet. Und begehrt nicht, alle Dinge zu verzehren, die ihr überall seht. Denn wahrlich, ich sage euch, wenn ihr alle Arten von Nahrung in eurem Körper vermischt, dann wird der Friede eures Körpers aufhören, und ein endloser Krieg wird in euch wüten."[19]

Es ist auch wichtig, in welcher Reihenfolge Nahrungsmittel gegessen werden. Wenn Sie Salat mit einer Proteinart zusammen essen wollen und den Salat zuerst zu sich nehmen, wird die Salzsäure, die für die Verdauung des Proteins benötigt wird, blockiert. Für die Verdauung ist besser, wenn der Salat mit dem Protein zusammen oder nach dem Protein gegessen wird. Es ist auch besser, Flüssigkeiten mindestens 20 Minuten vor einer Mahlzeit zu trinken, statt während der Mahlzeit, da die Verdauungsenzyme von der Flüssigkeit verdünnt werden.

Wir können anhand der Wirkungen erkennen, ob die Nahrungsmittelkombinationen, die wir essen, und die Reihenfolge, in der wir sie essen, gut für uns sind. Wenn wir nach dem Essen verstärkt Gase entwickeln, Verstopfung oder Durchfall bekommen, uns aufgebläht, müde oder gereizt fühlen, können wir daraus schließen, daß das, was wir gegessen haben, nicht leicht verdaulich ist und wir unsere Aufmerksamkeit mehr auf die Zusammenstellung der Nahrungsmittel oder darauf richten müssen, nicht zu viel zu essen. Es ist schwer, den Fluß der kosmischen Energie und den Frieden der Meditation zu genießen, wenn in unserem Magen und unserem Darm ein Gaskrieg tobt. Das Befolgen der Regenbogen-Ernährung – morgens nur Früchte oder Früchte mit vorverdauten Proteinen, mittags ein grüner Salat mit eingeweichten Nüssen und Samen oder Samenkäse und abends ein leichtes Abendbrot aus lilafarbenen Gemüsen – ist für mich ein leichter Weg, diese Regeln einzuhalten, ohne ihnen viel Aufmerksamkeit schenken zu müssen. Der Schlüssel dazu, es sich mit dem Kombinieren von Nahrungsmitteln leicht zu machen, liegt darin, mit der Entwicklung von Eßgewohnheiten zu experimentieren, durch die wir dann spontan das essen, was leicht verdaulich ist. Mit anderen Worten, vertrauen Sie Ihrer eigenen Erfahrung, und setzen Sie Ihre Intelligenz ein, um sich das Leben leicht zu machen.

Kapitel 17

Nahrungsmittelkombinationen

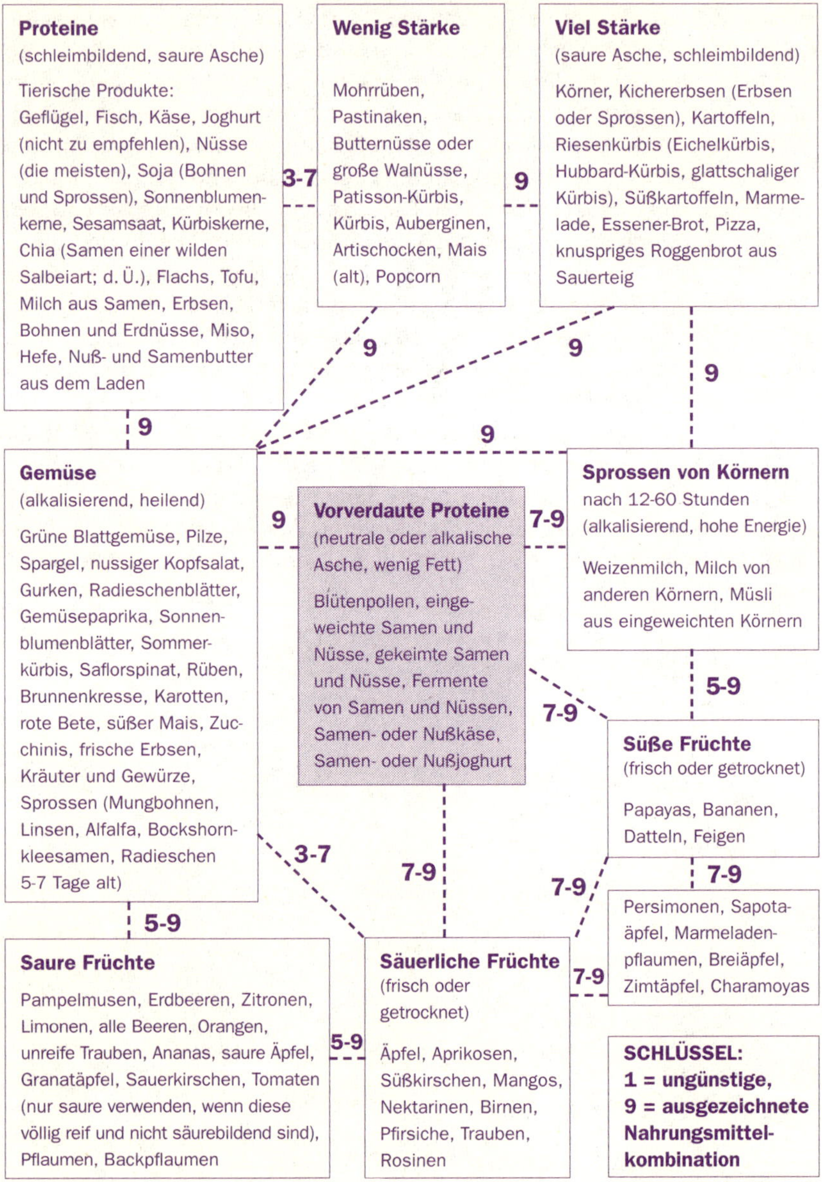

Proteine
(schleimbildend, saure Asche)

Tierische Produkte:
Geflügel, Fisch, Käse, Joghurt
(nicht zu empfehlen), Nüsse
(die meisten), Soja (Bohnen
und Sprossen), Sonnenblumen-
kerne, Sesamsaat, Kürbiskerne,
Chia (Samen einer wilden
Salbeiart; d. Ü.), Flachs, Tofu,
Milch aus Samen, Erbsen,
Bohnen und Erdnüsse, Miso,
Hefe, Nuß- und Samenbutter
aus dem Laden

Wenig Stärke

Mohrrüben,
Pastinaken,
Butternüsse oder
große Walnüsse,
Patisson-Kürbis,
Kürbis, Auberginen,
Artischocken, Mais
(alt), Popcorn

Viel Stärke
(saure Asche, schleimbildend)

Körner, Kichererbsen (Erbsen
oder Sprossen), Kartoffeln,
Riesenkürbis (Eichelkürbis,
Hubbard-Kürbis, glattschaliger
Kürbis), Süßkartoffeln, Marme-
lade, Essener-Brot, Pizza,
knuspriges Roggenbrot aus
Sauerteig

Gemüse
(alkalisierend, heilend)

Grüne Blattgemüse, Pilze,
Spargel, nussiger Kopfsalat,
Gurken, Radieschenblätter,
Gemüsepaprika, Sonnen-
blumenblätter, Sommer-
kürbis, Saflorspinat, Rüben,
Brunnenkresse, Karotten,
rote Bete, süßer Mais, Zuc-
chinis, frische Erbsen,
Kräuter und Gewürze,
Sprossen (Mungbohnen,
Linsen, Alfalfa, Bockshorn-
kleesamen, Radieschen
5-7 Tage alt)

Vorverdaute Proteine
(neutrale oder alkalische
Asche, wenig Fett)

Blütenpollen, einge-
weichte Samen und
Nüsse, gekeimte Samen
und Nüsse, Fermente
von Samen und Nüssen,
Samen- oder Nußkäse,
Samen- oder Nußjoghurt

Sprossen von Körnern
nach 12-60 Stunden
(alkalisierend, hohe Energie)

Weizenmilch, Milch von
anderen Körnern, Müsli
aus eingeweichten Körnern

Süße Früchte
(frisch oder getrocknet)

Papayas, Bananen,
Datteln, Feigen

Persimonen, Sapota-
äpfel, Marmeladen-
pflaumen, Breiäpfel,
Zimtäpfel, Charamoyas

Saure Früchte

Pampelmusen, Erdbeeren, Zitronen,
Limonen, alle Beeren, Orangen,
unreife Trauben, Ananas, saure Äpfel,
Granatäpfel, Sauerkirschen, Tomaten
(nur saure verwenden, wenn diese
völlig reif und nicht säurebildend sind),
Pflaumen, Backpflaumen

Säuerliche Früchte
(frisch oder
getrocknet)

Äpfel, Aprikosen,
Süßkirschen, Mangos,
Nektarinen, Birnen,
Pfirsiche, Trauben,
Rosinen

SCHLÜSSEL:
1 = ungünstige,
9 = ausgezeichnete
Nahrungsmittel-
kombination

Abbildung 14

Ausgewogene Ernährung

Zusammenfassung von Kapitel 17

1. Das richtige Verhältnis zwischen sauer und basisch liegt bei 80 Prozent basenbildenden und 20 Prozent säurebildenden Nahrungsmitteln.

2. Ein übersäuertes System bietet Krankheiten einen guten Nährboden.

3. Säurebildende Nahrungsmittel sind solche, die viel Schwefel, Phosphor, Chlor und Jod enthalten. Diese Mineralien werden im Körper in starke Säuren umgewandelt.

4. Basenbildende Nahrungsmittel, die viel Kalzium, Magnesium, Kalium, Natrium und Eisen enthalten, bilden Mineralsalze, die Säuren neutralisieren.

5. Alle natürlichen Nahrungsmittel enthalten sowohl basen- als auch säurebildende Elemente.

6. Proteine sind die stärksten Säurebildner, da sie viel Schwefel und Phosphor enthalten.

7. Gemüse und Früchte sind die stärksten Basenbildner, da sie eine hohe Konzentration an Kalzium, Magnesium, Kalium und Natrium enthalten.

8. Nahrungsmittel werden auch nach ihren Yin- und Yang-Eigenschaften unterschieden, die auf ihren allgemeinen energetischen und mineralischen Gehalt schließen lassen.

9. Dieses Yin-und-Yang-System erkennt an, daß Nahrungsmittel unterschiedliche Energien besitzen, die von der Natur in ihren Farben, Formen und anderen Attributen verschlüsselt sind. Daher unterstützt es die Idee der Regenbogen-Ernährung.

10. Nahrungsmittel, die viel Kalium enthalten, neigen zum Yin-Pol, Nahrungsmittel, die viel Natrium enthalten, zum Yang-Pol.

11. Die meisten Yang-Nahrungsmittel sind Säurebildner, die meisten Yin-Nahrungsmittel – bis auf Nüsse, Samen und Bohnen – sind Basenbildner.

12. Das richtige Gleichgewicht zwischen Yin- und Yang-Nahrungsmitteln zu einem gegebenen Zeitpunkt ist relativ; es hängt von unseren konstitutionellen Eigenschaften, der Umgebung und unserer spirituellen Entwicklung ab.

13. Nahrungsmittel können so kombiniert werden, daß sie so leicht wie möglich zu verdauen und daher so gesund wie möglich für unser System sind.

14. Das Kombinieren von Nahrungsmitteln geschieht auf der Grundlage der Tatsache, daß die verschiedenen Klassen von Nahrungsmitteln zur ordnungsgemäßen Verdauung unterschiedliche Enzyme benötigen, unterschiedliche Verdauungsgeschwindigkeiten haben und unterschiedlicher pH-Werte bedürfen.

15. Die wichtigste Regel beim Kombinieren von Nahrungsmitteln ist die, solche Nahrungsmittel und Nahrungsmittelkombinationen zu essen, die unserer eigenen Erfahrung nach am leichtesten zu verdauen sind.

16. Der Schlüssel zur einfachen Nahrungsmittelkombination ist der, Eßgewohnheiten zu entwickeln, durch die wir spontan das essen, was am leichtesten zu verdauen ist.

18

Bewußtsein und Ernährung

Ernährung und Kultur

Der griechische Historiker Herodot, den man oft als Vater der Geschichte bezeichnet, berichtet, daß Körner essende vegetarische Kulturen Fleisch essende Kulturen in Kunst, Wissenschaft und spiritueller Entwicklung übertrafen. Er hatte beobachtet, daß Fleisch essende Nationen dazu neigten, kriegerisch zu sein, und die Menschen in ihren Beziehungen zueinander Wut, Entfremdung und sinnliche Leidenschaft zum Ausdruck brachten. Er wies auch darauf hin, daß Fleischesser tapfer, mutig und unerschrocken waren.[1] Rudolf Steiners Eindruck nach ist der spirituelle Fortschritt der Menschheit davon abhängig, daß eine immer mehr zunehmende Zahl von Menschen beginnt, sich vegetarisch zu ernähren. Seinem Empfinden nach führt eine zu starke Ausrichtung auf tierische Nahrung die Menschen von dem Interesse an einem spirituellen Leben weg. Ein Anzeichen für den Fall des Römischen Reiches hing vermutlich mit der dekadenten Praktik der Völlerei zusammen. Vielleicht traf dies auch auf das Frankreich vor der Revolution zu. In der Nacht vor der Revolution soll ein aristokratisches Abendessen mit neun Gängen serviert worden sein. Diese neun Gänge wurden aus einer Sorte Fleisch hergestellt, das auf 22 verschiedene Arten zubereitet worden war.[2] Wenn man sich vor Augen führt, daß 32 Millionen Amerikaner zwischen 25 und 74 Jahren als übergewichtig betrachtet werden, kann man sich wirklich Sorgen um den spirituellen Zustand unseres Landes machen.[3] Es gibt Hinweise darauf, daß jene Menschen, die in alten Zeiten die verschiedenen Priesterämter bekleideten, die Wirkungen bestimmter Ernährungsformen auf die spirituelle Entwicklung kannten. Sie hielten ihr Wissen geheim, um ihre Macht über die Bevölkerung aufrechtzuerhalten. Überreste hiervon kann man noch in Indien finden, wo die Brahmanen-Priester ihre Mahlzeiten getrennt von den Menschen aus anderen Kasten einnehmen. Das hängt in Wirklichkeit damit zusammen, daß die Ernährungsform einer sozialen Gruppe das spirituelle Bewußtsein dieser Gruppe beeinflußt.

Kapitel 18

Ernährung und Bewußtsein

Im Ayurveda gilt es als Tatsache, daß bestimmte Nahrungsmittel die Qualitäten unseres Bewußtseins auf bestimmte Art beeinflussen. Diese Bewußtseinsqualitäten oder geistigen Zustände sind in allen Menschen latent vorhanden. Im Ayurveda werden sie in drei Gruppen, die sogenannten Gunas, aufgeteilt. Jeder, der sich in einem physischen Körper befindet, ist den feinstofflichen Kräften der drei Gunas unterworfen: Sattva, Rajas und Tamas. Ein sattvischer Geisteszustand ist klar, friedlich und harmonisch. Ein typisches Beispiel hierfür ist der spirituelle Sucher, der ein reines Leben führt. Der rajasische Zustand ist aktiv, ruhelos, weltlich und aggressiv. Dieser Bewußtseinszustand entspricht dem von Kriegern und von Führungskräften in Firmen oder Körperschaften. Der tamasische Zustand ist lethargisch, impulsiv, grausam sowie moralisch und physisch verkommen. Typische Beispiele hierfür sind Drogenabhängige und Diebe.

Die Ernährung beeinflußt den Geisteszustand, und der Geisteszustand hat einen Einfluß darauf, für welche Nahrungsmittel man sich entscheidet. Die Gruppe der Krieger würde sich speziell rajasisch ernähren, da diese Nahrungsmittel ihren Geist und ihren Körper in einen kriegerischen Zustand versetzen würden. Spirituell suchende Menschen entscheiden sich normalerweise für die sattvische Ernährungs- und Lebensweise. Menschen neigen bewußt oder unbewußt dazu, sich die Ernährung auszusuchen, die ihren mentalen und spirituellen Bewußtseinszustand verstärkt und widerspiegelt. Wenn jemand sich entscheidet, sich sattvisch zu ernähren, spiegelt sich darin entweder sein harmonischer Gesamtzustand oder sein Wunsch wider, sich durch sattvische Nahrungsmittel in einen solchen Zustand zu bringen. Wenn man einer sattvischen Ernährung folgt, um einen erwünschten geistigen Zustand hervorzurufen, kann man jedoch in die Falle geraten, aus einer solchen Ernährungsweise eine selbstgerechte Religion zu machen, die den Suchenden in seinen eigenen Ideen gefangenhält. Das Ziel eines spirituellen Lebens ist nicht, sich in eine bestimmte Gedankenform oder einen bestimmten Lebensstil zu zwingen. Das Ziel ist vielmehr, einfach zu sein. Aus diesem Sein heraus schaffen wir eine gesunde Atmosphäre für eine Weiterentwicklung hin zu einer individuellen Ernährung, die zu dieser Zeit die beste Form der Ernährung für uns darstellt. Man sieht Nahrungsmittel im ayurvedischen System so, daß sie je nach Dichte drei unterschiedliche Qualitäten besitzen: eine feine, subtile Qualität, die den Geist aufbaut, eine weniger feine Qualität, die den Körper aufbaut, und eine grobe Qualität, die hauptsächlich Abfall darstellt.

Sattvische Nahrungsmittel

Nahrungsmittel, die viel von dieser sehr hochentwickelten feinstofflichen Qualität besitzen, werden als sattvisch bezeichnet. Diese Nahrungsmittel sollen Körper, Geist und Seele im Gleichgewicht halten und sie klar, harmonisch und stark machen. Sie sind leicht verdaulich, und ihr Verzehr führt nicht dazu, daß sich Giftstoffe im System anreichern. Wenn wir diese Speisen zu uns nehmen, ist unser Geist friedvoll. Sattvische Nahrungsmittel energetisieren unsere FOEFs, statt ihnen für die Verdauung Energie abzuziehen, und ihre ausgewogene, harmonische Energie wird auf uns übertragen. Wenn wir uns sattvisch ernähren, erfahren wir uns innerlich als kraftvoll, harmonisch, friedvoll und im Gleichgewicht. Im ayurvedischen System zählen alle Früchte, Gemüse, eßbare Grünpflanzen, Körner, Gräser, Bohnen, Milch, Buttermilch, Honig und kleinere Mengen Reis- und Brotgerichte zu den sattvischen Nahrungsmitteln. Es handelt sich um eine völlig vegetarische Ernährungsform. Das Verhältnis zwischen Säure- und Basenbildnern beträgt 70:30.[4]

Für unsere westlichen Körper bedeutet eine sattvische Ernährung mindestens 80 Prozent biogene und bioaktive Nahrungsmittel und 20 Prozent gekochte oder biostatische Nahrungsmittel. Eine minimale Menge stimulierender Gewürze wird verwendet. Diese Ernährung enthält eine Fülle verschiedener Sprossen von Hülsenfrüchten und Körnern, unreife grüne Blattpflanzen und Gräser, frische Früchte und Gemüse, eingeweichte und nicht eingeweichte Nüsse und Samen, alle Arten von Körnern und Hülsenfrüchten, Honig und manchmal frische Rohmilch und Joghurt. Das Verhältnis zwischen Säure- und Basenbildnern beträgt 80:20.

Rajasische Nahrungsmittel

Rajasische Nahrungsmittel stimulieren mehr das Nervensystem. Oft empfindet man unmittelbar nach ihrem Verzehr eine Energiesteigerung. Kaffee, Tee, Tabak, frisches Fleisch, große Mengen stimulierender Gewürze wie Knoblauch und Zwiebeln sind Beispiele für rajasische Nahrungsmittel. Diese Nahrungsmittel laden uns für unsere weltlichen Aktivitäten mit Energie auf, doch findet diese Energetisierung nicht immer auf die reinste und ausgewogenste Art statt. Sie regen uns zu Aktivität und Geschäftigkeit an, doch kann sich diese Aktivität auch in Erregung und Unruhe verwandeln. Sie haben die Tendenz, unseren Geist und unseren Körper über deren Grenzen gehen zu lassen. Wenn dies lange genug der Fall ist, geraten wir allmählich aus dem Gleichgewicht, und Krankheiten beginnen sich zu manifestieren. Beispiele hierfür sind die Kaffeeabhängigen, die immer mehr Kaffee benötigen, um ihre Körper anzutreiben, ihre Arbeit zu tun. Der Abhängige gerät immer mehr in einen Erschöpfungszustand, bis noch nicht einmal mehr Kaffee hilft. Die Hypoglykämie, über die wir im Verlauf dieses Kapitels noch sprechen werden, ist eine typische Folge von rajasischem Ungleichgewicht, die besonders durch ein Übermaß an Kaffee und Zucker verursacht wird. Unser Körper und unser Geist werden durch rajasische Nahrungsmittel tendenziell derart stimuliert, daß wir zu einem eher wettbewerbsorientierten, kriegerischen, sinnlichen und genußsüchtigen Lebensstil neigen. Im traditionellen Kastensystem durften die Brahmanen, das heißt die Priester, Lehrer und spirituell Suchenden, keine rajasischen Nahrungsmittel zu sich nehmen. Die rajasische Ernährungsweise wurde nur für Könige und Krieger als angemessen betrachtet.

Zu den rajasischen Nahrungsmitteln gehören einige biogene und bioaktive Nahrungsmittel, aber auch Fleisch und viele wohlschmeckende, gewürzte, gekochte Speisen mit reichhaltigen, öligen Soßen. Diese Ernährung schließt auch Butter, Käse, gebratene Speisen, Kuchen, Zucker und Eier mit ein. Sie ist zu 50 bis 60 Prozent alkalisch.[5] Da diese Nahrungsmittel unseren Geschmackssinn stimulieren, machen sie uns unseren inneren Signalen gegenüber unempfindlicher, so daß wir leicht in Zustände des Ungleichgewichts geraten, daß heißt zuviel essen oder zucker- und kaffeeabhängig werden. Diese Form der Ernährung führt allmählich zu einer Verschlechterung der Gesundheit und zu chronisch-degenerativen Krankheiten.

Tamasische Nahrungsmittel

Tamasische Nahrungsmittel sind abgestandene, verdorbene, zersetzte, schlecht gewordene, zerkochte, aufgewärmte und verarbeitete Nahrungsmittel. Diese synthetischen Nahrungsmittel sind mit Chemikalien angereichert, zum Beispiel mit Konservierungsstoffen, Pestiziden, Fungiziden, Süßstoffen, Lebensmittelfarben, Sulfiten, Nitriten und ähnlichen Chemikalien. Alle Fast foods, die heutzutage so beliebt sind, fallen in die tamasische Kategorie, genauso wie Alkohol, der ein fermentiertes, zersetztes Nahrungsmittel ist, sowie alle anderen Drogen. Alle Fleischprodukte, die nicht frisch geschlachtet sind, gelten als tamasische Nahrungsmittel; darunter fällt das meiste Fleisch, das wir auf dem Markt bekommen. Nur frisch geschlachtetes Wild und Fisch werden als rajasisch betrachtet. Tamasische Nahrungsmittel enthalten keine Lebenskraft mehr, und ihre FOEFs sind fast völlig zerstört. Diese Ernährung ist zu weniger als 50 Prozent alkalisch.[6] In diesen Nahrungsmitteln steckt nur noch wenig Wertvolles, das meiste ist Abfall. Wir führen uns mit diesen Nahrungsmitteln jedoch chemische Abbauprodukte zu, die die Funktionen unseres Geistes beeinträchtigen und unser Nervensystem irritieren. Da ihre Verdauung und Assimilation unseren FOEFs Energie raubt, vermindern sie unsere Lebenskraft. Diese Nahrungsmittel führen schneller als die rajasischen zu chronischen und degenerativen Krankheiten. Sie tendieren dazu, die schlimmsten psychologischen Eigenschaften zum Vorschein zu bringen, da sie uns in einen irritierbaren, lethargischen und degenerativen Zustand versetzen. Die meisten von uns haben sich schon einmal an tamasischen Nahrungsmitteln übergessen und sich danach gierig und vergiftet gefühlt. Das ist der tamasische Zustand, ein Zustand, in dem es extrem schwierig ist, zu meditieren oder in Harmonie mit sich selbst und der Umgebung zu sein. Eine rasche Einschätzung der beliebten amerikanischen Ernährungsweise macht klar, daß die Amerikaner sich stark tamasisch ernähren. Die Folge ist, daß die Amerikaner, was die Lebenserwartung in den Industrienationen betrifft, nur an 21. Stelle stehen.[7] Die tamasische Ernährungsweise ist möglicherweise auch ein Grund dafür, daß die Moral in der Gesellschaft abnimmt.

Die Auswirkungen spezieller Nahrungsmittelexzesse und Ernährungsfehler auf den Verstand

Unser Bewußtsein und unser Nervensystem werden von bestimmten Vitaminmangelzuständen besonders in Mitleidenschaft gezogen, zum Beispiel von Thiaminmangel (Beriberi), der periphere Nervenschädigungen und Schädigungen gewisser Gehirnzentren verursacht, die zu Desorientierung, mentaler Verwirrung und zu Gehstörungen führen. Ein Mangel an Vitamin B_3 oder Niacin ist mit zerebraler Pellagra in Zusammenhang gebracht worden, die schizophrenieähnliche Symptome aufweist. Die frühen Arbeiten von Dr. Hoffer und Dr. Osmond zeigten, daß ein gewisser Prozentsatz von Menschen, die als schizophren diagnostiziert wurden, die Symptome ihrer Schizophrenie durch hohe Niacindosen überwinden konnten. Das zeigt, wie wichtig Nährstoffe für unsere geistigen Funktionen sind.[8] Andere Wissenschaftler haben entdeckt, daß hohe Dosen von Vitamin B_6, B_{12} und C die mentalen Funktionen einiger Menschen verbessern können. Aufgrund dieser Entdeckungen

Kapitel 18

sind weltweit zwei neue Spezialgebiete mit der Bezeichnung orthomolekulare Medizin und orthomolekulare Psychiatrie entstanden.[9] Prof. Dr. Carl Pfeiffer weist in seinem Buch „Nährstofftherapie bei psychischen Störungen" auf die Rolle von Mineralmangelzuständen wie zu wenig Zink, Mangan, Chrom und Molybdän und andererseits von zu viel Kupfer, Eisen, Cadmium, Blei und Quecksilber bei gestörten Mentalfunktionen hin.[10] Es ist festgestellt worden, daß die im Körper vorhandenen Konzentrationen an toxischen Metallen zu Hyperaktivität und geistiger Retardierung führen können.[11, 12] Ich möchte Ihnen damit nahebringen, daß sowohl zu viele als auch zu wenige Nährstoffe unsere geistigen Funktionen beeinträchtigen können.

Die geistigen Funktionen können auch durch sogenannte zerebrale Allergien beeinträchtigt werden. Normalerweise stellen wir uns Allergien so vor, daß sie verstopfte und laufende Nasen und rote Augen hervorrufen, doch gibt es ein neues medizinisches Gebiet mit der Bezeichnung klinische Ökologie, innerhalb dessen gezeigt wurde, daß die geistigen Funktionen einiger Menschen von den Nahrungsmitteln, die sie zu sich nehmen, und den Umweltgiften, die sie einatmen, gestört werden können. Zu den Symptomen zählen akute und chronische Depression, das Anspannungs-Ermüdungs-Syndrom, leichte Funktionsstörungen des Gehirns, Ruhelosigkeit, Besorgtheit, Schlaflosigkeit, Hyperaktivität, plötzliches Auftreten von unangemessenem Verhalten, Angst, Panik, der Wirklichkeit nicht entsprechende Gefühle, Persönlichkeitsveränderungen, Schizophrenie, Psychose, Halluzinationen und eine Unfähigkeit, sich zu konzentrieren.[13] Wenn wir uns unserer inneren Reaktionen auf Nahrungsmittel bewußt werden, können wir die Symptome von Nahrungsmittelallergien vermeiden. Dr. Mandells Buch „5-Day Allergy Relief System" enthält eine gute Beschreibung von Möglichkeiten, wie man diese Nahrungsmittelallergien herausfinden und behandeln kann.[14]

Durch einen disharmonischen Geisteszustand und einen ebensolchen Lebensstil gerät unser Körper in einen Zustand des Ungleichgewichts, der sich als Nahrungsmittelallergie oder als Vitamin- und Mineralstoffmangel manifestieren kann. Wenn wir zum Beispiel ein streßreiches Leben führen, verbrauchen wir möglicherweise so viele B-Vitamine, daß wir sie uns in hohen Dosen wieder zuführen müssen, um im Gleichgewicht zu sein. Langfristig betrachtet, stimulieren wir unseren Körper dadurch jedoch auf rajasische Weise über die Grenzen seiner Leistungsfähigkeit hinaus und verdecken nur die grundlegende Disharmonie, die das Ungleichgewicht überhaupt erst hervorruft. Einige Menschen haben vielleicht, nach den Grundsätzen der biochemischen Individualität, einfach das Problem eines genetisch bedingten hohen Bedarfs an Vitaminen. Doch bei vielen Menschen ist dies nicht der Fall. Das bedeutet nicht, daß wir nicht hohe Vitamindosen zu uns nehmen sollten, quasi als „erste Hilfe", um eine Situation wieder ins Gleichgewicht zu bringen und zu heilen. Doch es bedeutet, daß wir uns die Ursachen für das mangelnde Gleichgewicht anschauen müssen, unseren Lebensstil verändern, mehr meditieren und gesundheitsorientierte Veränderungen in unserer Ernährung vornehmen müssen, wenn dies notwendig ist. So kann unsere spirituelle Entfaltung weiterhin auf stabile Weise erfolgen.

Hypoglykämie

Da ein stabiler Blutzuckerspiegel für das normale Funktionieren des Gehirns und des Nervensystems wichtig ist, müssen wir das Phänomen der Hypoglykämie verstehen, von der man sagt, sie sei epidemisch in unserem Land.[15] Ich habe während der Behandlung vieler Menschen, die meditierten, beobachten können, daß mit der Heilung der Hypoglykämie ihre Fähigkeit zu meditieren und die Stabilität ihrer Meditation zunahm. Das allein ist schon ein Grund, warum Hypoglykämie ein Zustand ist, auf den man achten muß.

Hypoglykämie ist als der große Nachahmer bekannt. Sie kann sich in einer Vielzahl von Symptomen manifestieren, zum Beispiel als chronische Müdigkeit, Erschöpfung, Schwäche, Depression, Kopfschmerzen, unerklärliche Stimmungsschwankungen und Angstattacken, Konzentrationsstörungen, vorübergehende mentale Verwirrung und sogar in Form von Allergien. Ein Problem der Hypoglykämie ist, daß nur ein Teil der etablierten Mediziner ihre Existenz anerkennt. Ursprünglich wurde sie im Jahr 1924 von Dr. Seale Harris beschrieben, der dafür im Jahr 1949 die Goldmedaille der American Medical Association erhielt. Im Jahr 1973 entschied die American Medical Association offiziell, daß Hypoglykämie keine Krankheit sei. Die Geschichte von Dr. Steven Gyland illustriert auf interessante Weise, welche Verwirrung diesbezüglich besteht. Er entwickelte so starke Hypoglykämie-Symptome, daß er seine medizinische Praxis schließen mußte. Er wurde von 14 Spezialisten und in drei großen medizinischen Kliniken einschließlich der Mayo-Klinik untersucht, um das Problem zu diagnostizieren. Keiner diagnostizierte Hypoglykämie. Nachdem er drei Jahre gelitten hatte, unfähig war zu arbeiten und sogar einen Psychiater konsultiert hatte, entdeckte er die ursprüngliche Arbeit von Seale Harris über Hypoglykämie. Er machte eine Hypoglykämie-Diät, und seine Symptome verschwanden. Interessanterweise behauptete der medizinische Experte, der ihn in der Mayo-Klinik untersuchte, öffentlich, in 25 Jahren keinen einzigen Fall von Hypoglykämie gesehen zu haben. Das behauptete er ein paar Jahre nachdem er versucht hatte, Dr. Gylands Problem zu diagnostizieren. Wie kann jemand Hypoglykämie diagnostizieren, wenn er deren Existenz nicht anerkennt? Wie Dr. Gyland kommen viele meiner Klienten mit der Beschwerde zu mir: „Ich bin schon bei mehreren Ärzten gewesen. Meine Laborergebnisse sind normal. Sie sagen, mit mir ist alles in Ordnung, doch ich fühle mich schlecht." Es ist schwierig, am spirituellen Leben interessiert zu sein, wenn man sich miserabel fühlt. Häufig ist Hypoglykämie ein Teil des Ungleichgewichts, unter dem diese Menschen leiden.

Klassischerweise betrachtet man den Sechs-Stunden-Glykose-Toleranztest als den diagnostischen Vorgang, um Hypoglykämie zu diagnostizieren, doch haben einige orthomolekulare Ärzte festgestellt, daß dabei möglicherweise einige falsche Normalwerte auftreten. Einige Menschen können während des Tests hypoglykämische Symptome entwickeln und dennoch eine normale Glykose-Toleranzkurve haben. Es sieht so aus, als ob manche Menschen auf Veränderungen des Blutzuckerspiegels sehr sensibel reagieren, während andere unter Umständen dramatische Veränderungen im Blutzucker erfahren und keine Symptome bekommen. In Dr. Roger Williams' Buch „Biochemical Individuality" finden wir möglicherweise einen Schlüssel hierzu; er betont, daß wir auf biologischer Ebene alle unterschiedlich empfindlich sind. Zur Diagnose von Hypoglykämie ist eine klinische Beurteilung notwendig. Ich verwende bei meiner Arbeit auch subtilere Testmethoden wie die Akupunktur-Pulsdiagnose und verschiedene Formen von Muskeltests, die mir helfen, die Diagnose zu verifizieren.

Die Ursachen der reaktiven Hypoglykämie

Um Hypoglykämie zu verstehen, sollte man sich vor Augen führen, daß es sich dabei nicht um eine Krankheit handelt. Sie ist vielmehr ein Anzeichen für eine Störung im physiologischen Gleichgewicht, die sich als niedrige oder sprunghafte Blutzuckerwerte manifestiert. Möglicherweise wird sie von einer allergischen Reaktion verursacht, von einer Störung der endokrinen Drüsen oder gar von Nährstoffmangel wie zum Beispiel zu wenig Chrom, Zink, Pantothensäure, Magnesium, Kalium oder Vitamin B_6. Es gibt auch ernsthafte Ursachen für Hypoglykämie, wie zum Beispiel Pankreastumore, die Addison-Krankheit, Hypophysentumore oder andere Gehirntumore, doch sind dies keine Ursachen für die reaktive Hypoglykämie, auf die wir uns konzentrieren. Als allergische Ursache kommt jede Substanz in Frage, oft ist es jedoch weißer Zucker.

Die häufigste Form reaktiver Hypoglykämie, die ich sehe, ist eine feine oder grobe Störung im Gleichgewicht des endokrinen Systems. Es handelt sich dabei um ein Ungleichgewicht im Glukosestoffwechsel, der von der Hypophyse, der Schilddrüse, dem Pankreas, den Adrenalindrüsen, anderen endokrinen Drüsen und der Leber gesteuert wird. Durch eine vereinfachte Darstellung der Dynamik des endokrinen Gleichgewichts und der Hypoglykämie möchte ich Ihnen ein Gefühl für die Bedeutung der Hypoglykämie geben. Wenn wir weißen Zucker oder andere Süßigkeiten zu uns nehmen, steigt der Blutzuckerspiegel rasch an. Ist das endokrine System in sich abgestimmt, kann es das kompensieren, in dem es den Blutzucker durch eine zeitlich sorgfältig abgestimmte Insulinsekretion sanft senkt. Wenn zu viel Insulin ausgeschüttet wird, setzen unsere gesunden Adrenalindrüsen und die Leber zusätzlich Glukose frei, um den übermäßigen Abfall des Glukosespiegels zu kompensieren. Ist das endokrine System nicht im Gleichgewicht, ist es nicht in der Lage, die zusätzliche Belastung auszugleichen, die durch den weißen Zucker entstanden ist. Dann fällt der Blutzuckerspiegel zu sehr ab, und Symptome treten auf. Das bedeutet nicht unbedingt, daß eine Störung in der Bauchspeicheldrüse vorliegt und zu viel Insulin ausgeschüttet wird. Hypoglykämie ist nicht einfach das Gegenteil von Diabetes. Oft ist die Bauchspeicheldrüse völlig in Ordnung, und ein anderer Teil des endokrinen Systems ist aus dem Gleichgewicht geraten. Es ist wichtig zu verstehen, daß unser endokrines System wie unsere Chakren als ganzes System funktioniert. Vielleicht liegt es an den Adrenalindrüsen, der Schilddrüse, der Hypophyse, den Eierstöcken, der Leber, der Bauchspeicheldrüse oder an einer Kombination dieser Drüsen. Das ist wichtig, denn in den endokrinen Drüsen spiegelt sich das Gleichgewicht unserer Chakren wider. Ich habe einige Fälle von Hypoglykämie erlebt, in denen die feinstofflichen Körper so durcheinander waren, daß die Betroffenen ungewöhnliche psychische Phänomene erlebten, die sie beängstigten. Als die Hypoglykämie behandelt wurde, kamen die Chakren wieder ins Gleichgewicht, und die psychische Verwundbarkeit und das Unwohlsein verschwanden.

In einer von mir in den Jahren 1981/82 an 100 Menschen durchgeführten Untersuchung stellte ich fest, daß nur 20 Personen ausschließlich an einer Störung der Bauchspeicheldrüse litten. Zusätzliche 36 Prozent derjenigen, die unter hypoglykämischen Symptomen litten, hatten Bauchspeicheldrüsenstörungen in Verbindung mit anderen Störungen des endokrinen Gleichgewichts. Reine Störungen der Adrenalindrüsen verursachten 25 Prozent der Hypoglykämiefälle, und zusätzliche 36 Prozent hatten Störungen der Adrenalindrüsen in Verbindung mit anderen Störungen im endokrinen System. Bei 6 Prozent war lediglich die Schilddrüse aus dem Gleichgewicht geraten, und dies trat bei 21 Prozent in Verbindung mit anderen Organen auf. Die Hypophyse, die Eierstöcke und die Leber funktionierten nur in Verbindung mit anderen Organen nicht richtig. Bei Alkoholikern oder Menschen, die Hepatitis haben, ist oft die Leber die Hauptursache für die Hypoglykämie, doch habe ich im Rahmen dieser Untersuchung keine Alkoholiker untersucht. Will man die epidemische Verbreitung der Hypoglykämie in Amerika verstehen, ist es sinnvoll, es sich so vorzustellen, daß das endokrine System und das Chakren-System aus dem Gleichgewicht geraten sind. Das starke Auftreten von Hypoglykämie ist ein weiteres Zeichen dafür, wie wichtig es ist, daß das ganze Chakren-System sich in einem energetischen Gleichgewichtszustand befindet. Chronischer Streß im Leben, der dazu neigt, das gesamte Chakren-System aus dem Gleichgewicht zu bringen, und die Menge an kosmischer Energie einschränkt, die die Chakren wieder aufladen könnte, kann zu Hypoglykämie führen. Ich habe 15 bis 20 Fälle beobachtet, in denen plötzlicher Streß wie zum Beispiel ein Autounfall oder sogar eine Kindesgeburt Hypoglykämie in Menschen heraufbeschwor, die bereits kurz vor einer Störung im Gleichgewicht der Chakren oder des endokrinen Systems standen. Menschen, die ein harmonisches sattvisches Leben führen und sich gesund und sattvisch ernähren, besitzen mehr Widerstandskraft gegenüber plötzlich eintretenden oder sogar länger andauernden Streßsituationen. Wer jedoch am Rande der Erschöpfung seiner Ressourcen lebt, dessen Chakren- und endokrines System können durch plötzlichen Streß leichter aus dem Gleichgewicht gebracht werden.

Ein weiteres Steinchen im Mosaik der Hypoglykämie ist die Idee, daß Menschen den Veränderungen des Blutzuckerspiegels gegenüber unterschiedlich sensibel sind. Dr. Buckley, ein Psychiater und klinischer Forscher, hat entdeckt, daß es glukoseempfindliche Rezeptoren im hypothalamischen Gehirnzentrum gibt, die als Feedback-System für ein spezielles Angstzentrum im Hirn fungieren, das man den Locus coeruleus nennt.[16] Wenn der Blutzuckerspiegel unter einen bestimmten Wert fällt, kann das Zentrum für die Glukose-Rezeptoren das Angstzentrum im Locus coeruleus nicht mehr richtig steuern. Das führt zu Angstsymptomen, die sich typischerweise als mentale und physische Unruhe, Angst, ein gesteigerter

Herzrhythmus und Reizbarkeit äußern. Das Ausmaß der biologischen Sensitivität dieser Glukose-Rezeptoren scheint ein Schlüssel dafür zu sein, wie sensibel ein Individuum gegenüber einem Absinken des Blutzuckerspiegels ist. Der determinierende Faktor dieser individuellen Sensitivität scheint eine genetische Veranlagung zu sein. Möglicherweise hängt die zunehmende Zahl von Menschen, die unter unerklärlicher Angst und Panikanfällen leiden, mit einer Hypersensitivität gegenüber Veränderungen des Blutzuckerspiegels und mit dem damit verbundenen unberechenbaren Verhalten zusammen.

Die weitverbreitete Ursache von Hypoglykämie

Die noch verbleibende offene Frage ist: Was ist die Ursache von Hypoglykämie, von der verschiedene Berichte schätzen, daß mindestens 10 Prozent der Bevölkerung in Amerika unter ihr leiden?[17] Und die Beweise für eine epidemische Ausbreitung von Hypoglykämie mehren sich. Dr. Michael Lesser berichtet zum Beispiel, daß 67 Prozent seiner psychiatrischen Patienten unter Hypoglykämie leiden.[18] In einer anderen Studie einer anderen Population wurden bei 25 Prozent von 5000 sogenannten gesunden Menschen, die zum Militär eingezogen wurden, Blutzuckerwerte festgestellt, die mit der Diagnose Hypoglykämie übereinstimmten.[19] Die Ursache für ein Phänomen, das 24 Millionen Menschen betrifft, ist kaum auf Vitaminmangelzustände oder Nahrungsmittelallergien zurückzuführen. Sehr wahrscheinlich liegt die Ursache eher in einem streßreichen, überzogenen Lebensstil und einer tamasischen Ernährungsweise mit viel weißem Zucker und anderen Stimulanzien, die die Menschen aus dem Gleichgewicht werfen.

Hypoglykämie ist die Folge des amerikanischen Traums, sich immer schneller zu bewegen, immer Größeres und Besseres zu wollen, und eines hochgradig auf Wettbewerb ausgerichteten und aggressiven Lebensstils, der nicht mehr im Gleichgewicht mit unserem inneren Selbst und Mutter Natur ist. Um diesen schnellen Lebensstil aufrechtzuerhalten, essen wir aufbereitete Nahrungsmittel und reichlich Speisen, die den sofortigen Energiespender weißen Zucker enthalten. Um den Schmerz zu betäuben, den wir durch diesen Lebensstil erleiden, und um vorübergehend Energie zu tanken, nehmen wir Alkohol, Kaffee, Zigaretten, Süßigkeiten und stimulierende Drogen zu uns. Die Amerikaner konsumieren jährlich pro Person 125 Pfund weißen Zucker, der entweder in Nahrungsmitteln versteckt ist oder direkt gegessen wird, zum Beispiel im Kaffee.[20] Paavo Airola hat dies einmal „total unvorstellbaren Ernährungswahnsinn" genannt, „nichts anderes als einen unbeabsichtigten nationalen Selbstmord".[21] Unsere Körper sind nicht dafür geschaffen, ständig eine so gewaltige Menge raffinierten Zucker zu verstoffwechseln. Die Belastung, die durch diesen ständigen hohen Zuckerverzehr entsteht, führt mit der Zeit – wie das „normale" Den-Kopf-gegen-die-Wand-Stoßen – zu Kopfschmerzen, in unserem Fall zu der als Hypoglykämie bekannten Stoffwechselstörung. Weitere Nahrungsmittel, die mit der Entstehung von Hypoglykämie in Verbindung gebracht wurden, sind Kaffee, Alkohol und Zigaretten. Kaffee und andere koffeinhaltige Substanzen wie schwarzer Tee, Cola-Getränke, Aspirin-Bestandteile und koffeinähnliche Bestandteile von Schokolade führen zu einer Überstimulation der Adrenalindrüsen. Diese schütten dann adrenaline Substanzen aus, welche die Leber stimulieren, zusätzlich Glukose ins Blut freizusetzen. Dadurch kommt es zu einem raschen Anstieg des Blutzuckers auf eine Weise, die dem Verzehr von weißem Zucker ähnelt. Das Trinken von Alkohol, besonders von süßen Likören und Wein, trägt ebenfalls zur Hypoglykämie bei. Es wird geschätzt, daß etwa 70 Prozent der Alkoholiker hypoglykämisch sind. Auch wenn viele Menschen sich dessen nicht bewußt sind: In Untersuchungen wurde festgestellt, daß der Blutzuckerspiegel auch nach dem Rauchen einer Zigarette steigt. Alle diese Toxine wirken so, daß sie auf direktem Weg das endokrine System aus dem Gleichgewicht bringen.

Obwohl Hypoglykämie verschiedene Ursachen hat, ist die primäre Ursache für ihre epidemische Ausbreitung die, daß wir ein disharmonisches, streßerfülltes Leben führen und uns tamasisch mit viel raffinierten Kohlenhydraten, Kaffee, Alkohol und Zigaretten ernähren. Dies ist der Grund, warum Wissenschaftler festgestellt haben, daß das Verhalten so vieler jugendlicher Straftäter sich bessert, wenn sie auf eine korrektive hypoglykämische Diät gesetzt werden. In einer Studie wurde zum Beispiel festgestellt, daß 82 Prozent von 106 Jugendlichen, die auf Bewährung waren, Hypoglykämie hatten. Als sie auf eine korrektive Diät gesetzt wurden, sah man bei fast allen eine signifikante Besserung ihres Sozialverhaltens.[22] Es gibt zahlreiche Studien, die zeigen, daß Hypoglykämie unser mentales und soziales Verhalten so verändert, daß wir eher tamasische emotionale, mentale und moralische Tendenzen zeigen, das heißt unberechenbares, gewalttätiges und antisoziales Verhalten.[23, 24] Der Lebensstil und die Ernährungsform, die Hypoglykämie hervorrufen, gehören zu den ersten Dingen, die Menschen, die sich für eine Ernährung zur Förderung des spirituellen Lebens interessieren, sich anschauen und unter Umständen verändern sollten.

Die Behandlung von Hypoglykämie

Mit der angemessenen homöopathischen und diätetischen hypoglykämischen Behandlung von etwa sechs kleinen Mahlzeiten pro Tag – eine Ernährung, die wenig Eiweiß und eine Vielzahl natürlicher, komplexer Kohlehydrate ohne Süßigkeiten oder süße Früchte enthält – werden die Menschen schnell wieder gesund. Wenn Sie mehr Details über die hypoglykämische Ernährung in Erfahrung bringen möchten, sollten Sie das Buch „Hypoglycemia: A Better Approach" von Paavo Airola lesen. Wenn Menschen Schwierigkeiten mit einer Ernährung haben, die viele natürliche Kohlehydrate enthält, steigere ich die Menge gekeimter Nüsse und Samen, die als vorverdaute Proteine fungieren und dazu beitragen, den Blutzucker ins Gleichgewicht zu bringen. Man kann sie in Form von Samensoßen (siehe Anhang) oder einfach als eingeweichte Nüsse oder Samen zu sich nehmen. Je mehr Rohkost die Ernährung enthält, um so schneller erfolgt die Heilung. In einer Studie, die ich in den Jahren 1981/82 an 100 Fällen durchführte, erfuhren 53 Prozent der Menschen eine völlige Befreiung von den Symptomen innerhalb von drei Wochen. Bei 74 Prozent waren die Symptome nach einem Monat verschwunden. Bei den restlichen 26 Prozent trat eine vollständige Heilung nach ein bis vier Monaten ein. All diese Fälle waren zwei bis vier Monate später – mit einer regelmäßigen, aber gesünderen Ernährung – noch immer symptomfrei. Wenn nur die Ernährung eingesetzt wird, dauert die Heilung meinen Forschungen zufolge durchschnittlich sechs bis zwölf Monate. Meine Definition einer geheilten Hypoglykämie beinhaltet nicht nur völlige Symptomfreiheit, sondern auch die Fähigkeit, wieder zu einer Ernährung überzugehen, bei der man täglich zwei bis drei Mahlzeiten ißt, wobei man auch süße oder getrocknete Früchte und sogar etwas Honig zu sich nehmen kann, ohne daß die hypoglykämischen Symptome wiederkehren. Damit die Heilung von Dauer ist, muß man seinen Lebensstil grundsätzlich in Richtung auf mehr Harmonie mit sich selbst und der Natur verändern. Man sollte einen eher sattvischen Lebensstil und eine ebensolche Ernährung anstreben, um weiterhin gesund zu bleiben und seine spirituelle Entwicklung voranzutreiben.

Hypoglykämie, Meditation und Kundalini

Meinem Eindruck nach brauchen wir für die Meditation extra Glukosetreibstoff im Blut. Viele Menschen, die ich beobachtet habe, scheinen während der Meditation ein gesteigertes Bedürfnis nach Süßigkeiten zu entwickeln. Kristalline Glukose zählt zu den Nährstoffen, die sich relativ gut dafür eignen, Prana im System zu befördern und zu übertragen. Menschen, die meditieren, machen oft den Fehler, dem System mehr Glukose zur Verfügung zu stellen, indem sie aufbereitete Nahrungsmittel zu sich nehmen, die viel Zucker enthalten. Dieser weiße Zucker ist jedoch ein tamasisches Nahrungsmittel, das das System in Richtung auf Hypoglykämie und eine Vielzahl anderer Krankheiten aus dem Gleichgewicht bringt. Durch eine Ernährung, die viele komplexe Kohlehydrate enthält, reichlich Körner, eingeweichte Nüsse und Samen, Gemüse und Früchte, wird ganz allmählich Glukose in das Blut eingespeist, ohne daß wir die vom weißen Zucker hervorgerufenen Schwankungen erleben müssen. Diese Ernährung, reich an komplexen Kohlehydraten, tut unserer Gesundheit viel besser als weißer Zucker. Ich hatte die Gelegenheit, eine Gruppe von Mönchen und andere spirituelle Aspiranten zu behandeln, die einer intensiven spirituellen Praxis nachgingen und Hypoglykämie entwickelt hatten, weil sie diesen einfachen Punkt nicht verstanden. Bei fast allen, die dem Hypoglykämie-Behandlungsprogramm folgten, nahm die Fähigkeit zu, sich zu konzentrieren, und sie berichteten, daß ihre Meditation stabiler geworden war. Sie waren auch emotional stabiler und insgesamt wacher und bewußter. Als diese Menschen geheilt waren, konnten sie aufhören, zwischen den Mahlzeiten kleine Imbisse zu sich zu nehmen, und wieder einer normalen, aber eher sattvischen Ernährung folgen. Sie konnten sowohl süße Früchte als auch etwas Honig in ihren Speiseplan aufnehmen, ohne daß die Hypoglykämie wieder auftrat.

Wenn die Kundalini erwacht ist, wird hin und wieder ein bißchen mehr Prana-Energie freigesetzt, als der Person lieb ist. Eine der wesentlichen direkten Behandlungsmethoden, um die Kundalini-Energie zu beruhigen, ist, der Person Honig zu verabreichen. Ich erkläre mir das folgendermaßen: Glukose hat – wie in Kapitel 11 bereits erwähnt – die Fähigkeit, Prana zu absorbieren und zu übertragen, daher kann sie im ganzen System als „Puffer eines pranischen Schocks" fungieren. Die einmal erwachte Kundalini scheint einen Großteil der Glukosereserve zu verbrauchen, während sie einen Menschen aktiviert und spirituell energetisiert. Wenn die Reserven an komplexen Kohlehydraten bei einem Menschen nicht groß genug sind, liefert der Honig extra Glukose, um das Nervensystem im Gleichgewicht zu halten.

Bewußtsein als Nahrung

Was wir essen, ist mehr als Nährstoffe und sogar mehr als die spezielle Energie der Nahrung. Wir „essen" auch den mentalen Zustand derer, die die Nahrung angebaut, geerntet und zubereitet haben, und dessen, der sie ißt. Nahrungsmittel, die mit Liebe angebaut, mit Liebe geerntet, mit Liebe zubereitet und mit Liebe verzehrt werden, haben eine andere Qualität als Speisen, die diese Stufen durchwandert haben, während die beteiligten Personen in einem anderen Bewußtseinszustand waren. Es gibt eine Geschichte von einem Mönch, der ein reines Leben führte, reine Gedanken dachte und reine Nahrung zu sich nahm. Eines Tages hatte ein von Natur aus gieriger König den Wunsch, daß dieser Mönch zu ihm kommen und an seinem Hof bleiben solle. Der Mönch willigte ein, für eine kurze Zeit zu kommen. Innerhalb dieser Zeit setzte der Monsun ein, und der König bestand darauf, daß der Mönch bis zum Ende des Monsuns bei ihm bliebe. Während der ganzen Zeit aß der Mönch die sattvische Nahrung, die von dem gierigen Koch des gierigen Königs zubereitet wurde. Mit der Zeit begannen gierige Gedanken in den reinen Geist des Mönchs zu dringen. Eines Tages stahl er in einem impulsiven Augenblick die Perlenkette der Königin. Da sein Geist davon beunruhigt war, bestand er darauf, zu gehen. Das ganze Schloß war unterdessen wegen der gestohlenen Halskette in Aufruhr, doch verdächtigte natürlich niemand den Mönch. Nachdem dieser eine Weile die von ihm selbst liebevoll und mit reinen Gedanken zubereitete Nahrung gegessen hatte, wurde sein Geist langsam wieder klar. Und als ein paar Wochen vergangen waren, fragte er sich, wie er wohl zu der nutzlosen Perlenkette gekommen war. Er erkannte, was geschehen war, und beschloß, sie dem König zurückzubringen. Der König verlangte eine Erklärung von ihm. Der Mönch, der wieder in seinem ursprünglichen furchtlosen Zustand war, erklärte ihm, daß die Nahrung, die er im Schloß des Königs gegessen hatte und die von seinem gierigen Bewußtsein durchdrungen und von seinem gierigen Koch zubereitet worden war, ihn vorübergehend mit Gier infiziert habe. Als er wieder seine eigene reine und mit Liebe zubereitete Nahrung gegessen hatte, war sein Geist wieder sattvisch geworden, und so hatte er die Kette zurückgebracht.

Bewußtsein und die Zubereitung von Speisen

Nahrung, die mit Liebe zubereitet und gegessen wird, verstärkt die Liebe des Menschen, der die Nahrung zu sich nimmt. Wenn Nahrung liebevoll, als Opfergabe an Gott und in dem Bewußtsein zubereitet wird, daß die das Essen zubereitende Person, die essende Person und das Essen selbst eins in Gott sind, nimmt derjenige, der die Speisen verzehrt, dieses Bewußtsein auf. In Muktanandas Ashrams wurde den Menschen, die die Nahrung zubereiteten, beigebracht, dabei religiöse Lieder zu singen oder den Namen Gottes zu intonieren. Unabhängig davon, was auf dem Speiseplan war, schmeckte es immer ganz wunderbar, und man hatte den Eindruck, als seien die Speisen voller Liebe. Das hat einen bleibenden Eindruck auf mich hinterlassen.

Wenn ich mir selbst etwas zu essen mache, gehe ich in den Garten, um nachzusehen, was reif ist und wovon ich mich angezogen fühle. Ich bedanke mich bei der Pflanze dafür, daß sie mich ernährt, und pflücke sie mit Liebe und als Opfergabe an Gott. Sobald diese harmonische Verbindung zur Natur hergestellt ist, lasse ich mich inspirieren, meiner inneren Vorstellung entsprechend ein Essen zuzubereiten – aufbauend auf meinem inneren Empfinden der Nahrung und mir selbst gegenüber. Meine Beziehung zur Nahrung, der Schnittstelle zwischen mir und der Natur, ist daher eine persönliche und liebevolle. Nahrung ist für mich nichts Unpersönliches. In unserer Welt der Supermärkte, Fast-food-Restaurants und Imbisse, wo die Nahrung tiefgefroren, bestrahlt, gebraten und mehrfach verarbeitet ist, ist Nahrung etwas Entwurzeltes. Wir haben keine Vorstellung mehr davon, daß unsere Nahrung von der göttlichen Mutter stammt. Nur wenn sie mit den Energien von Mutter Natur in Zusammenhang steht, das heißt mit der Sonne, dem Wind, der Erde, den Farben und dem Regen, ist Nahrung lebendig. Wie können wir den Zehn Geboten gemäß unsere Mutter ehren, wenn wir ihre Geschenke ohne das klare Bewußtsein verspeisen, daß unsere Nahrung von ihrer freigebigen Erde stammt und nicht aus dem Regal im Supermarkt oder einer Fast-food-Tüte. Ich versuche alles, was ich esse, in dem Bewußtsein zu essen, daß ich etwas Lebendiges zu mir nehme. Wenn ich mich zum Essen hinsetze, vergegenwärtige ich mir das erhaltende Prinzip. Beim Essen können wir uns auf alle Ebenen des Nährens und Genährtwerdens konzentrieren, also letztendlich auf Liebe.

Wird Nahrung zum Beispiel in einem Restaurant auf anonyme Art serviert, erschaffe ich in mir die Energie und die Vorstellung meines Gartens. Das hilft mir, eine liebevolle Verbindung zu den Gaben der Mutter herzustellen. Das Essen bekommt dadurch etwas Poetisches und wird zu einer bewußten Erfahrung. Dies tue ich sogar zu Hause, wo ich mein Essen nur etwa sechs bis sieben Meter von dem Garten entfernt zu mir nehme, in dem ich gerade das frische Gemüse gepflückt habe. So segne ich die Nahrung auf eine Weise, die Mutter Natur und unsere harmonische Beziehung zu ihr ehrt. Die Nahrung in dieser Form liebevoll und mit Dank an Gott zu segnen schafft die Grundlage, um die freizügig gegebene Gnade auf unserem Tisch zu empfangen. Das hilft uns, gegenwärtig genug zu sein, um die liebevollen Schwingungen jeder Zutat des Ganzen aufzunehmen.

Epikur wurde als großer Esser berühmt, doch war er in Wirklichkeit ein großer spiritueller Lehrer. Eines Tages kam ein wohlhabender König, der von Epikurs außergewöhnlichen Mahlzeiten gehört hatte, um ihm einen Besuch abzustatten. Der König war erstaunt, als er entdeckte, daß Epikurs Mahl aus Brot und Salz bestand. Als er sich zum Essen an den Tisch gesetzt hatte, war er jedoch von der Bewußtheit erbaut, mit der die Nahrung verzehrt wurde. Am Ende war der König so dankbar für die Mahlzeit, daß er Epikur anbot, sich zu wünschen, was immer er wolle. Wieder erhielt der König eine Lektion, als Epikur ihn nur um ein Pfund Butter bat. Gefragt, warum nur dies, antwortete Epikur: „Es ist genug, einfach nur zu sein, mehr brauche ich nicht." Seine letzte Lektion für den König war die, daß eine gute Mahlzeit von demjenigen abhängt, der sie zu sich nimmt, und davon, wie er das Mahl zelebriert.

Lehren aus dem ersten Buch des „Friedensevangeliums der Essener"

„Denn die Macht der Engel Gottes kommt in euch mit der lebendigen Speise, die der Herr euch von seiner königlichen Tafel gibt. Und wenn ihr eßt, habt über euch den Engel der Luft und unter euch den Engel des Wassers. Atmet tief und lang bei allen euren Mahlzeiten, daß der Engel der Luft eure Mahlzeiten segnet. Und kaut eure Nahrung gut mit euren Zähnen, daß sie zu Wasser wird, und daß der Engel des Wassers sie in eurem Körper zu Blut umwandeln kann. Und eßt langsam, als ob es ein Gebet sei, das ihr dem Herrn widmet. Denn wahrlich, ich sage euch, die Macht Gottes fließt in euch, wenn ihr auf diese Art an seinem Tisch eßt. Aber Satan verwandelt den Körper desjenigen in einen dampfenden Sumpf, bei dem die Engel der Luft und des Wassers nicht während seiner Mahlzeiten anwesend sind. Und der Herr duldet ihn nicht mehr an seinem Tisch. Denn der Tisch des Herrn ist wie ein Altar, und der, der am Tische Gottes ißt, ist in einem Tempel.

Kapitel 18

Denn ich sage euch wahrlich, die Körper der Menschensöhne werden zu einem Tempel umgewandelt und ihre inneren Teile zu einem Altar, wenn sie die Gebote Gottes halten. Legt deshalb nichts auf den Altar Gottes, wenn euer Geist verdrossen ist, noch denkt schlecht über andere im Tempel Gottes. Und betretet das Allerheiligste des Herrn nur, wenn ihr den Ruf seiner Engel fühlt, denn alles, was ihr in Traurigkeit oder in Ärger oder ohne Wunsch eßt, wird zu Gift in eurem Körper. Denn der Atem Satans beschmutzt alles. Legt eure Gaben mit Freude auf den Altar eures Körpers und laßt alle bösen Gedanken von euch weichen, wenn ihr in eurem Körper die Macht Gottes von seinem Tisch empfangt."[25]

Zusammenfassung von Kapitel 18

1. Die Art der Ernährung beeinflußt das spirituelle Leben von ganzen Kulturen wie auch von Individuen.

2. Im Ayurveda gibt es drei grundlegende Ernährungsformen: die sattvische, die rajasische und die tamasische. Diese unterschiedlichen Ernährungsformen beeinflussen Geist, Körper und Seele auf unterschiedliche Weise. In den spontanen Entscheidungen eines Menschen für bestimmte Nahrungsmittel spiegelt sich sein momentaner Seinszustand wider.

3. Eine sattvische Ernährung ist spirituell und körperlich am erbauendsten. Diese Ernährungsform wird von den meisten Menschen gewählt, die sich auf dem spirituellen Weg befinden.

4. Eine rajasische Ernährung ist eine, die für die Erfüllung vieler weltlicher Aufgaben am stimulierendsten und aktivierendsten ist. So ernährt sich ein Krieger oder eine Führungsperson.

5. Eine tamasische Ernährung wirkt sich degenerativ auf Körper, Geist und Seele aus.

6. Ein Überschuß oder ein Mangel an Vitaminen oder Mineralstoffen kann sich negativ auf unsere körperlichen und geistigen Funktionen auswirken.

7. Nahrungsmittelallergien können unseren mentalen und psychologischen Zustand beeinträchtigen.

8. Ein ausgewogener Blutzuckerspiegel fördert unsere Fähigkeit zu meditieren.

9. Hypoglykämie ist ein Symptom für ein Ungleichgewicht im endokrinen System, woraus sich ein Ungleichgewicht in der Regulierung des Blutzuckers ergibt. Die ausschlaggebenden Ursachen hierfür können Streß durch Nahrungsmittelallergien, mentaler oder körperlicher Streß oder Nährstoffmangel sein.

10. Die weitverbreitete Ursache für Hypoglykämie ist die Tatsache, daß wir einen disharmonischen, streßreichen Lebensstil entwickelt haben und uns tamasisch ernähren – wobei wir im Übermaß weißen Zucker zu uns nehmen.

11. Die Behandlung von Hypoglykämie erfordert, daß wir unser Leben maßvoller und harmonischer gestalten, uns von wenig Protein, von hochwertigen, natürlichen Kohlehydraten und ganz ohne Süßigkeiten ernähren.

12. Das Erwachen der Kundalini-Energie scheint den Bedarf an Glukose zu erhöhen. Diesem erhöhten Bedarf kann man leicht durch eine Steigerung der Menge hochwertiger, komplexer Kohlehydrate gerecht werden.

13. Manchmal ist die Kundalini zu aktiv. Man hat festgestellt, daß die Glukose des Honigs die Kundalini in so einem Fall beruhigen kann. Möglicherweise fungiert sie als pranischer Schock-Puffer.

14. Die Gedanken der Menschen, die die Nahrung ernten, zubereiten, servieren und sie essen, beeinflussen die feinstoffliche Qualität der Nahrung und den Menschen, der sie zu sich nimmt.

15. Unpersönliche Nahrung hat ihren Bezug zur Natur verloren. Indem wir unsere Nahrung als Geschenk von Mutter Natur ehren, personalisieren wir unsere Nahrung auf eine Weise, die unsere Verbindung zur Natur wiederherstellt.

19

Fasten und spirituelles Leben

Als grundlegende Praxis zur Erlangung wahren Wissens hat das Fasten in den spirituellen Übungen fast aller Religionen eine Geschichte. Sokrates, Plato, die stoischen und neuplatonischen Philosophen, zum Beispiel Epiktet und Plotin, fasteten, um die Seele zu reinigen und die Wahrheit besser zu erkennen. Sokrates und Plato fasteten mehrmals über einen Zeitraum von zehn Tagen.[1] Der große Mathematiker Pythagoras fastete mehrmals 40 Tage lang.[2] In den verschiedenen Religionen, zum Beispiel im Judentum, Christentum, Hinduismus, Islam und Buddhismus, wird aus vielerlei Gründen gefastet. Dazu gehören Buße, Versöhnung, vorbereitende Rituale für Initiationen, Eheschließung, Trauer, die Entwicklung magischer Kräfte, Reinigung, Gesundheit und die spirituelle Entwicklung. Das hebräische Wort für Fasten ist *tsoum*. Es bedeutet freiwillige Abstinenz von jeglicher Nahrung zu einem religiösen Zweck. Dies ist eine gute Definition von spirituellem Fasten.

Die wichtigste Fastenzeit für die Juden ist die eintägige Abstinenz von Nahrung und Wasser am Tag des Sühneopfers, wie es die Thora vorschreibt. Man fastet den Vorschriften nach als Buße für Sünden und montags und donnerstags als Zeichen der Hingabe. Es wurde gefastet, um Gott zu besänftigen, um Bestrafungen abzuwenden und um Gottes Wohlwollen zu erlangen. Die bekanntesten Fälle von Menschen, die gefastet haben, sind Mose und Elia, die jeweils 40 Tage lang fasteten. Der Prophet Daniel fastete, um sich darauf vorzubereiten, seine Offenbarung zu empfangen. Esther und das jüdische Volk fasteten in Persien, um der Vernichtung zu entgehen. Man sagt, Judith habe ihr ganzes Leben lang gefastet (Judith 8, 6). Abgesehen von diesen bekannten Fällen war das Fasten den Juden meist vorgeschrieben, um Anweisungen der Thora zu erfüllen. Dies änderte sich, als die Juden Alexandrias die Philosophie entwickelten, daß körperliche Bedürfnisse der Spiritualität im Wege stünden und das Fasten dazu beitrage, die geistigen Energien aus ihrer Verstrickung mit der materiellen Ebene zu befreien und auf die spirituelle zu heben.

Die Essener, asketische, esoterische und gelehrte jüdische Gemeinden, die nahe Ägypten und dem Toten Meer lebten und die Schriftrollen vom Toten Meer verfaßten, fasteten ebenfalls. Für sie war das Fasten eine wichtige Methode, um ihre Körper zu reinigen und ihre Einheit mit Gott zu stärken. Man sagt, der Prophet Elia habe die Essener-Gemeinde am Berg Karmel gegründet. Der Name Essener bedeutet „in Erwartung des Einen, der da kommen wird". Sie waren als Propheten und große Heiler bekannt. Essener bedeutet auch Heiler, und die Mitglieder dieser Gemeinden wurden oft auch *therapeutai* genannt. Viele von ihnen wurden mehr als 120 Jahre alt.[3] Der innere Kern der Essener-Gemeinden fastete jedes Jahr 40 Tage lang.[4] Von Jesus wird berichtet, daß er in einer Essener-Gemeinde in der Nähe Ägyptens aufgezogen wurde, nachdem er Herodes dem Großen entkommen war. Indem er selbst 40 Tage lang fastete und darauf hinwies, daß es gut sei zu fasten, um Körper und Geist zu reinigen und zu heilen, brachte er die Lehre vom Fasten seinen Jüngern. Im ersten Buch des „Friedensevangeliums der Essener" lehrte er:

> „Wenn ihr wollt, daß das lebendige Wort Gottes und seine Macht in euch eindringen kann, dann beschmutzt nicht euren Körper und euren Geist; denn der Körper ist der Tempel des Geistes, und der Geist ist der Tempel Gottes. Darum reinigt den Tempel, damit der Herr des Tempels darin wohnen und einen Platz einnehmen kann, der seiner wert ist ... Erneuert euch und fastet. Denn ich sage euch wirklich, daß der Satan und seine Plagen nur durch Fasten und Beten ausgetrieben werden können [siehe auch Markus 9, 29]. Bleibt allein und fastet ... Der lebendige Gott wird es sehen, und groß wird die Belohnung sein. Und fastet, bis Beelzebub und alle seine Übel euch verlassen und all die Engel eurer Erdenmutter kommen und euch dienen [Harmonie mit der Natur]. Wahrlich, ich sage euch, wenn ihr nicht fastet, werdet ihr euch nie aus der Macht des Satans befreien können und von allen Krankheiten, die Satan verursacht. Fastet und betet inbrünstig und sucht die Macht des lebendigen Gottes für eure Heilung."[5]

In den folgenden zwei Jahrhunderten praktizierten die ersten Christen viele Formen freiwilligen und vorgeschriebenen Fastens, ohne daß es dafür feste Regeln gegeben hätte. Sie fasteten hauptsächlich zum Osterfest sowie wöchentlich mittwochs und freitags. In den Jahren 200 bis 500 n. Chr.

geriet die Praxis des Fastens unter kirchliche Aufsicht und Kontrolle. Als das Fasten in der Folge organisiert vor sich ging, wie bei den Juden, verlor es seinen freiwilligen Charakter, obwohl die Tradition des freiwilligen Fastens in beiden Religionen bis in die Neuzeit überlebt hat. Dem chassidischen Meister Baal Schem Tov sagte man nach, daß er über lange Zeiten hinweg während der Woche fastete und nur am Sabbat aß. Von dem chassidischen Meister Rabbi Nachman heißt es, er habe bis zu 18mal in einem Jahr von Sabbat zu Sabbat gefastet.[6] Seit dem Zweiten vatikanischen Konzil untersteht nur noch das zeremonielle Fasten der kirchlichen Autorität. Die Kirche ermutigt die Christen jetzt mehr zum freiwilligen Fasten als legitime spirituelle Praktik. Sie hat sich jedoch entschieden, das individuelle Fasten von Einzelpersonen nicht mehr zu beaufsichtigen oder zu kontrollieren. Es gibt christliche Mönche, die im Rahmen ihrer spirituellen Praxis freiwillig fasten, wie in der Praxis Matthäus des Armen der koptisch-orthodoxen (ägyptischen) Kirche, wie die Mönchsorden der Zisterzienser, der Karmeliter und der Kartäuser.

Im Hinduismus wird gefastet, um sich mit Gott zu vereinigen, aber auch, um religiöse Vorschriften zu erfüllen. Die Upanischaden, ein Teil der heiligen Schriften der Hindus, führen das Fasten als Möglichkeit an, mit Gott eins zu werden. Die Hinduisten fasten als Buße, vor einer Eheschließung, vor religiösen Initiationen, bei Neumond und Vollmond und um Gottes Segen oder sein Wohlwollen zu erlangen. Die hinduistische Tradition des Fastens ähnelt der jüdisch-christlichen, die das Fasten auch als Buße und als Zeit der Erinnerung betrachtet, als Möglichkeit, wichtige Ereignisse zu ehren, als Opfer und als Weg zur Einheit mit Gott.

Die Praxis des Fastens zur Förderung des spirituellen Lebens

Beim Fasten kann unser physischer Körper sich mehr der Assimilation von Prana-Energie anstelle von biochemischer Energie widmen. Dadurch, daß die Reinigung des Körpers vorangetrieben wird, kann der physische Körper die Kundalini-Energie immer besser leiten. Das erhöht die Ausrichtung der Chakren und der feinstofflichen Körper, was zur Folge hat, daß das kosmische Prana leichter in den Körper fließen kann, wodurch auch die Wahrscheinlichkeit steigt, daß die Kundalini-Shakti erwacht. Wenn wir das System von Toxinen befreien, werden wir nicht nur gesünder, sondern entfernen auch Blockaden aus dem Körper und erleichtern damit den Fluß sämtlicher Energien im Körper sowie den Fluß der spiritualisierenden Kraft der Kundalini. Durch wiederholtes Fasten werden wir reinere Kanäle für

Kapitel 19

das Einfließen der kosmischen Energie in unser System. Wir werden auch empfindsamer für die Bewegung der Kundalini. Je mehr wir mit dem Gefühl dieser göttlichen Kraft in Berührung sind, um so leichter fällt es uns, auf eine Weise zu leben, die diese Entwicklung weiter fördert. Obwohl man das Fasten formal als völlige Abstinenz von Nahrung und Wasser definiert, bedeutet Fasten in einem größeren Kontext, sich dessen zu enthalten, was für Körper, Geist und Seele Gift ist. So verstanden bedeutet Fasten, physische, emotionale und mentale Gifte aus unserem System zu eliminieren – nicht nur die Nahrungsaufnahme teilweise oder völlig einzuschränken. Fastet man mit einer spirituellen Absicht, geht dies normalerweise damit einher, daß man sich zu einem bestimmten Grad den weltlichen Verantwortlichkeiten entzieht. Es kann bedeuten, daß man während des Fastens völliges Schweigen einhält und sich gesellschaftlich isoliert – was für diejenigen eine regelrechte Wiedergeburt sein kann, die ihre Energie bislang nach außen richteten. Gandhi pflegte an einem Tag der Woche zu schweigen. Das Fasten trägt dazu bei, ein gesundes Gleichgewicht zwischen Körper, Geist und Seele herzustellen und so das Wissen um das Göttliche in uns als Liebe zum Vorschein zu bringen.

Nach den ersten paar Tagen des Fastens schwindet unser Appetit normalerweise dahin, und unser Verlangen nach Nahrung läßt nach. Dadurch wird unser Geist frei, mehr Energie auf die Bewußtseinsebene unseres göttlichen Selbst zu richten statt auf unseren Appetit. Beim Fasten wird die enge Verbindung zwischen unserem instinktiven Verhalten und unseren körperlichen Bedürfnissen aufgelöst, was uns von unseren körperlichen Bedürfnissen befreit. In diesem Zustand der Entsagung ist unser Bewußtsein frei, in dem höheren Zustand der Einheit mit Gott aufzugehen. Man fastet nicht, um den Körper leiden zu lassen, weil der Körper in Wirklichkeit durch das Fasten ebenfalls gesünder wird. Da die Begierden unseres Körpers und unseres Verstandes oftmals stärker sind als unser Bedürfnis, mit Gott eins zu werden, fasten wir, um eine bestimmte Ebene der spirituellen Verbundenheit zu erreichen. Je mehr wir uns selbst beim Fasten als losgelöst von diesen körperlichen Begierden erfahren, um so leichter fällt es uns anschließend, uns diese Freiheit auch dann zu bewahren, wenn wir nicht fasten. Darauf spielte Christus an, als er sagte: „Diese Art kann durch nichts ausgetrieben werden denn durch Fasten und Beten" (Markus 9, 29). Matthäus der Arme, ein koptischer Mönch unserer Tage mit einer hohen spirituellen Verwirklichung, der als spiritueller Vater im St.-Macarius-Kloster in der Wüste Sketis dient, deutet diese Aussage so, daß wir durch Fasten und Beten in der Lage sind, den Satan (Toxine, Krankheiten und körperliche Begierden) aus dem Fleisch auszutreiben.[7] Das Fasten wird ein Weg, sich loszusagen vom „Sog des Fleisches" und die Erleuchtung des gesamten Körpers zu erfahren: die Ekstase der Einheit mit dem Göttlichen, die in jeder einzelnen funkelnden Zelle zu spüren ist. So betrachtet, ist das Fasten ein Akt der Liebe.

Es ist bemerkenswert, daß Christus nach seiner Taufe zunächst 40 Tage lang in der Wüste ohne Wasser und Brot fastete. Die Taufe verleiht spirituelle Fülle, und spirituelle Fülle verleiht durch das Fasten den Sieg über die Begierden des Körpers. Das ist die Lehre, die wir aus dem 40tägigen Fasten Christi ziehen können. Die Befreiung von den körperlichen und weltlichen Begierden macht es dann möglich, in die Zufriedenheit, die Fülle und die Liebe einzugehen, die der Einheit mit Gott entspringen. Diese Reihenfolge: Taufe, spirituelle Fülle, Fasten, der Sieg über die körperlichen Begierden und die Einheit mit Gott ist der Weg, den Christus mit seinem eigenen Beispiel vorlebte.

Der Akt des Fastens, besonders der des 40tägigen Fastens, ist eine mystische Opferung des Körpers. In Verbindung mit Meditation, die auf einer Ebene eine Opferung des Verstandes darstellt, wird aus dem Fasten ein mystisches Opfern unseres physischen und mentalen Egos. Wenn das Fasten mit einer mystischen Akzeptanz des Todes einhergeht, erlebt man es als ein partielles Sterben des Körpers. „Wer sein Leben verliert um meinetwillen, der wird es retten." (Lukas 9, 24) Als er selbst fastete, opferte Christus auf mystische Weise seinen Körper und zeigte seine Bereitschaft, das äußerste Opfer am Kreuz zu bringen. Dieses Opfer geschah nicht unfreiwillig. Sein Wert lag gerade darin, daß es Gott freiwillig dargebracht wurde. Dies wird dadurch symbolisiert, daß er seinen Jüngern seinen Leib darbot mit Brot als seinem Körper und Wein als seinem Blut. Durch sein 40tägiges Fasten und das letzte Abendmahl ließ er sich freiwillig kreuzigen, bevor er den letzten Schritt tat: Gott seinen Ego-Willen gänzlich als Opfer darzubringen.

Um unser Ego beim Fasten zu opfern, müssen wir die Ebene Abrahams erreichen, der bereit war, auf Gottes Befehl seine Hand an seinen Sohn Isaak zu legen. Das Opfer war begrenzt, da er nur die Hand hob, doch war seine Absicht vollkommen. Wenn wir fasten, können wir nichts als uns selbst opfern – ähnlich ging es auch Abraham. Kein Geld, keine guten Taten, keine Worte der Reue können an unsere Stelle treten. Wir müssen unser physisches und mentales Ego loslassen. Fasten in diesem tieferen Sinn läßt uns das Ego überwinden und transformiert uns, so daß wir mit dem Göttlichen eins werden. Dies ist das mystische Opfern des Körpers, wie es uns Mose, Elia und Jesus vorlebten. Wenn wir in diesem Sinn fasten, kommen wir dahin, den Tod des physischen Körpers zu akzeptieren und die Angst vor dem Tod zu überwinden. Das ist gemeint, wenn wir vom spirituellen Fasten sprechen. Es geht dabei nicht um unsere Gesundheit. Es geht vielmehr um eine vollständige Opferung des Egos. Spirituelles Fasten beginnt normalerweise mit einem Empfinden des Einsseins mit dem Göttlichen, das sich im Lauf des Fastens vertieft.

Die Physiologie des Fastens

Auf der physischen Ebene des Fastens gibt es viele Techniken und Herangehensweisen. Ich möchte Ihnen an dieser Stelle einen allgemeinen Überblick vermitteln, damit Sie den Prozeß des Fastens verstehen. Fasten wird unterschiedlich definiert. Fasten kann alles mögliche bedeuten, angefangen mit einem trockenen Fasten, bei dem man sich aller Nahrungsmittel und Flüssigkeiten enthält, bis hin zu einem Fasten, bei dem wir alles zu uns nehmen, was einen Grad weniger dicht ist als die Nahrung, die wir bisher gegessen haben. Jemand, der normalerweise Fleisch ißt, würde nach diesem Verständnis bereits fasten, wenn er sich nun vegetarisch ernährte. Eine andere Art zu fasten ist, sich all dessen zu enthalten, was für Körper und Geist toxisch ist, und so das System zu entgiften. Die Physiologie des Fastens fördert gesunde Zellen. Während des Fastens werden durch die sogenannte Autolyse schlecht funktionierende Zellen als erstes zerstört. Sie werden in ihre Bestandteile zerlegt und dem Stoffwechsel wieder zur Verfügung gestellt. Dieser Prozeß setzt in der Regel nach dem dritten Fastentag ein. Unter Fasten kann man auch jeden Prozeß verstehen, der diesen Vorgang der Autolyse in Gang setzt. Wir beenden das Fasten, wenn die Abfallstoffe vollständig beseitigt sind und die Autolyse nach den kranken Zellen nunmehr die gesunden angreift. Dieser Zeitpunkt kündigt sich normalerweise an durch die Wiederkehr eines normalen Appetits und das Verschwinden des weißen Belags auf der Zunge.

Das gesunde Funktionieren des Körpers wird beeinträchtigt, wenn der normale Prozeß der Zellregeneration und des Zellaufbaus langsamer abläuft als der Abbau ungesunder Körperzellen. Damit zusammenhängend haben sich meist so viele Giftstoffe in den Geweben und Zellen angesammelt, daß diese die Ernährung und den ordnungsgemäßen Aufbau der Zellen behindern. Eine klare Beschreibung dieser Vorgänge liefert uns die Wendt-Doktrin. Sie erklärt, wie es bei einem übermäßigen Verzehr von Proteinen zu einer Proteinspeicherkrankheit kommt, bei der die Basalmembran blockiert wird. Wenn die Basalmembran verstopft ist, können die Nährstoffe – einschließlich Sauerstoff – nicht zu den Zellen vordringen, und Abfallprodukte können nicht aus den Zellen zurück in den kapillaren Blutstrom diffundieren. Infolgedessen beginnen die Zellen fehlerhaft zu funktionieren und zu degenerieren. Sind zu viele Gifte und zu wenig Nährstoffe im Körper vorhanden, verlangsamt sich das Wachstum neuer Zellen. Wenn die Zellen schneller degenerieren, als neue Zellen aufgebaut werden, werden wir alt und krank. Man sagt, daß in unseren Industrienationen mehr Menschen an Überernährung als an falscher Ernährung sterben. Das Fasten trägt dazu bei, die Basalmembran zu reinigen, damit Nährstoffe wieder zu den Zellen gelangen können und das Wachstum neuer Zellen stimuliert werden kann. Die Proteine der abgebauten Zellen werden dem Stoffwechsel wieder zugeführt und verwendet, um während des Fastens neue Zellen aufzubauen. Das heißt, daß sich die Zellen regenerieren, sogar ohne daß Eiweiß von außen aufgenommen wird.

Während des Fastens werden die Ausscheidungssysteme des Körpers, also die Haut, die Lungen, die Leber, die Nieren und der Darm, aktiver. Da das System keine Energie für die Verdauung und für die Beseitigung frisch eingetroffener Giftstoffe aufwenden muß, kann es seine gesamte Energie für die Beseitigung alter, im Lauf der Zeit angesammelter Giftstoffe und Abfallprodukte einsetzen. Die gesteigerte Freisetzung dieser Gifte macht sich normalerweise in Form von schlechtem Atem, Körpergeruch, dunklem Urin, vermehrter Schleimproduktion und übelriechender Darminhalte bemerkbar. Da durch die Minderbelastung des Verdauungssystems mehr Energie zur Verfügung steht und durch Saftfasten darüber hinaus eine Entgiftung eintritt und dem Körper neue Mineralstoffe zugeführt werden, hat diese Fastenmethode eine normalisierende Wirkung auf das biochemische und das Mineralstoffgleichgewicht in den Geweben. Außerdem erhöht sie den Tonus des Nervensystems.

Das Fasten ist wahrscheinlich die älteste uns bekannte Heilmethode. Es ist besonders dafür geeignet, Probleme zu lösen, die durch übermäßiges Essen entstanden sind. Im Jahr 1986 berichtete das mit dem amerikanischen Kongreß zusammenarbeitende Komitee zur Überwachung von Ernährungsangelegenheiten, daß 28 Prozent der Amerikaner (32 Millionen) zwischen 25 und 74 Jahren übergewichtig seien. Davon seien 11,7 Millionen stark übergewichtig. Schon allein aus diesem Grund ist Fasten wichtig. In der Geschichte setzte man das Fasten immer wieder zu Heilzwecken ein, und auch die großen Ärzte Hippokrates, Galen und Paracelsus haben damit gearbeitet. In Amerika wird nicht mehr viel gefastet. Das liegt zum einen daran, daß der Ansatz, mit Medikamenten zu heilen, so weit verbreitet ist, und zum anderen daran, daß wir das Verstehen der grundlegenden Prozesse der Natur in unserer hochtechnologisierten Gesellschaft weitgehend verloren haben. Auf Europa trifft dies weniger zu. In Schweden und in Deutschland gibt es Hunderte von Fastenkliniken. Das Buchinger-Sanatorium im deutschen Bad Pyrmont hat bereits mehr als 80 000 Menschen beim Fasten betreut.[8]

Wann man fasten sollte und wann nicht

Die meisten Fastenexperten sind der Ansicht, daß vorsätzliches Fasten für kürzere Zeitspannen, zum Beispiel sieben bis zehn Tage lang, völlig ungefährlich ist. In einigen in schwedischen Krankenhäusern durchgeführten Fastenversuchen fasteten Patienten problemlos bis zu 55 Tage lang.[9] Paavo Airola sagt, daß Wasserfasten bis zu einer Dauer von 40 Tagen und Saftfasten bis zu 100 Tagen von medizinischen Experten in Europa allgemein als sicher betrachtet werden.[10] In europäischen Fastenkliniken ist es üblich, zu Therapiezwecken 14 bis 21 Tage lang zu fasten.[11] Wenn man eine ernste, akute oder chronische Krankheit hat, sollte man nur unter Aufsicht eines Heilpraktikers oder Arztes fasten, der sich auf dem Gebiet des Fastens gut auskennt. Menschen, die eine starke Vata-Konstitution haben, sehr empfindlich auf Veränderungen im Leben reagieren, leicht Gewicht verlieren, jedoch Probleme haben, wieder zuzunehmen, Menschen, die aktive böswillige Tumore haben oder degenerative Krankheiten, aufgrund deren sie unterernährt und sehr ausgezehrt sind, sollten wahrscheinlich nicht fasten. Wenn Menschen in solchen Zuständen darauf bestehen zu fasten, sollte dies nur unter Aufsicht eines erfahrenen Heilpraktikers oder Arztes geschehen. Ganz allgemein kann man sagen, daß schwangere und stillende Frauen, Kinder, die physisch noch nicht ausgewachsen sind, und solche, die fünf oder mehr Kilo untergewichtig sind, nicht fasten sollten. Man sollte auch dann nicht fasten, wenn man schwere Maschinen bedienen, schwierige mechanische Aufgaben lösen oder viel Auto fahren muß. Wir werden beim Fasten mental und physisch zu langsam, als daß wir solche Aufgaben noch gefahrlos erledigen könnten.

Man sollte nicht mitten in einer Entgiftungskrise mit dem Fasten aufhören, sondern sich lieber sanft hindurcharbeiten, indem man Techniken wie Fußmassage anwendet, um die Organe zur Ausscheidung anzuregen, und die Arbeit aller Ausscheidungssysteme unterstützt. Es ist wichtig, das Fasten zu brechen, wenn sich ein extremer nervlicher oder mentaler Zustand oder immer wieder hohes Fieber einstellt. Das kommt jedoch selten vor.

Allgemeine Fastenrichtlinien

Eines der wichtigsten Elemente des Fastens ist, die Ausscheidung anzuregen, damit die Toxine den Körper verlassen. Ich empfehle, folgende Richtlinien zu befolgen:

1. Machen Sie so lange mindestens einen Einlauf am Tag, bis der Darm gereinigt ist. Einige Kliniken empfehlen bis zu drei Einläufe täglich.

2. Bürsten Sie Ihre Haut täglich zweimal jeweils fünf bis fünfzehn Minuten lang, nehmen Sie anschließend ein Bad und schrubben Sie sich wieder gründlich ab. Dadurch entfernen Sie abgestorbene Zellen und ziehen noch mehr Giftstoffe aus dem System.

3. Halten Sie sich viel in der Sonne auf, und machen Sie häufig Übungen mit Tiefatmung, um die Haut und die Lungen bei der Entgiftung zu unterstützen.

4. Während des Fastens sollten Sie mäßig bis viel Sport treiben, um dem System bei der Beseitigung von Giften zu helfen. Einige Menschen empfehlen, bis zu drei Stunden täglich Sport zu treiben, zum Beispiel intensiv zu wandern oder zu schwimmen.

5. Gehen Sie hin und wieder kurz in die Sauna, um stärker zu schwitzen, was ebenfalls den Entgiftungsprozeß fördert.

6. Enthalten Sie sich sexueller Aktivitäten, damit Ihnen alle Energien für die Heilungs- und Entgiftungsprozesse zur Verfügung stehen.

7. Setzen Sie während des Fastens Blütenessenzen und Edelsteinelixiere ein, um die feinstofflichen Körper und Chakren ins Gleichgewicht zu bringen und die Chakren zu wecken. Diese Mittel sind in der Lage, das Körper-Geist-Seele-Gefüge während des Fastens zu harmonisieren. „Selfheal", „Silver Sword", „Papaya", „Lotus", „Star-Sapphire" und „Quartz" scheinen die besten Elixiere zu sein. „Selfheal" unterstützt während des Fastens die natürliche Aufnahme von Prana. „Silver Sword" richtet die feinstofflichen Körper aus und bringt das Herz-Chakra ins Gleichgewicht. „Papaya" trägt besonders zum Gleichgewicht der emotionalen und der sexuellen Energien bei und hilft uns, leichter in die spirituellen Bereiche

zu gelangen. „Lotus" stimuliert die Ausrichtung und die Balance auf allen Ebenen unseres Seins und wirkt besonders gut beim Fasten und beim Meditieren. „Star-Sapphire" aktiviert alle Chakren – besonders das Kronen-Chakra – und bewirkt speziell während des Fastens, daß wir uns spirituell öffnen. „Quartz" beseitigt negative Gedanken und läßt uns emotional zur Ruhe kommen.[12, 13, 14] Ich empfehle die Edelsteinelixiere und Blütenessenzen von Pegasus Products, weil sie die einzigen sind, die mit biologisch aktivem Wasser hergestellt werden.

Es ist sehr wichtig, bewußt und vorsichtig das Fasten zu brechen. Das Verdauungssystem hat während des Fastens seine Aktivität eingestellt und muß vorsichtig wieder in Gang gebracht werden. Nach dem Fasten nimmt unser Körper alles viel leichter auf, daher sollten wir ihm jetzt nur das geben, womit wir unseren Körper neu aufbauen möchten. Die Zeit nach dem Fasten eignet sich sehr gut dafür, die Ernährung qualitativ umzustellen. Ich habe für mich herausgefunden, daß es gut ist, für jeweils zwei bis drei Tage Fasten einen Tag Fastenbrechen einzuplanen. Körper sind jedoch verschieden, so daß jeder bezüglich der Dauer des Fastenbrechens seine individuellen Bedürfnisse ermitteln muß. Paavo Airolas Buch „How to Keep Slim, Healthy and Young with Juice Fasting" enthält einen vollständigen, schrittweise aufgebauten Fastenplan einschließlich einer Anleitung zum Fastenbrechen. „Leben und Überleben – Kursbuch ins 21. Jahrhundert" von Viktoras Kulvinskas ist ein weiteres Buch, das viele Ratschläge zum Fasten und zu verschiedenen Fastenmethoden enthält. Kulvinskas schlägt zum Beispiel vor, das Fasten mittags mit Zitronensaft zu beenden, um den Fluß der Verdauungssäfte anzuregen, und empfiehlt, Gewürze wie Ingwer und Anis zu verwenden, damit die toxischen Gase möglichst schnell aus dem System ausgeschieden werden.

Verschiedene Arten des Fastens

In Airolas Buch wird die Bedeutung von Gemüse- und Obstsäften und einer speziellen alkalisierenden Brühe als beste Methode hervorgehoben, um therapeutisch zu fasten und sich zu verjüngen. Er betont, daß es sich hierbei um die Methode handelt, die in den europäischen Fastenkliniken angewandt wird. Kulvinskas hingegen geht mehr auf das Wasserfasten als Weg ein, um den Körper zu reinigen und zu transformieren. Beide haben recht. Man kann das Fasten auf verschiedenen Ebenen betreiben und damit unterschiedliche Ziele verfolgen. Wenn uns klar wird, daß es möglich ist, unterschiedlich intensiv zu fasten (das ist gemeint, wenn von unterschiedlichen Ebenen des Fastens die Rede ist), erkennen wir auch, daß zu striktes Fasten die Wahrscheinlichkeit erhöht, durch die freigesetzten Toxine in eine unangenehme Heilungskrise zu geraten. Es ist meist nicht möglich, den Körper durch einmaliges Fasten völlig zu heilen und zu reinigen. Wir sprechen normalerweise über einen mehrjährigen Reinigungsprozeß. Da es nicht das Ziel eines spirituellen Lebens ist, zu sehen, wie schnell wir uns entgiften können, ist es nicht immer das beste, gleich beim ersten Mal die heroischste Fastenmethode zu wählen. Ich empfehle daher, mehrmals zu fasten, um den Körper zu reinigen, und dieses Fasten jedesmal intensiver zu gestalten:

Stufe 1: Diejenigen, die sich auch von Fleisch ernähren, sollten zweimal im Jahr eine Woche lang kein Fleisch essen.

Stufe 2: Wer sowieso kein Fleisch mehr ißt, kann dazu übergehen, einmal monatlich drei Tage lang oder einen Tag wöchentlich und zweimal jährlich sieben Tage lang zu fasten. Dabei kann man Früchte, Gemüse und Säfte zu sich nehmen.

Stufe 3: Wer sich laktovegetabil ernährt, kann von der Zeit her genauso fasten wie bei Stufe zwei, nur sollte man während des Fastens nur Gemüse- und Fruchtsäfte zu sich nehmen.

Stufe 4: Wer Vegetarier ist und aus einer spirituellen Motivation heraus fasten möchte, kann viermal im Jahr jeweils zehn Tage lang fasten und zusätzlich entweder einen Tag pro Woche oder einmal pro Monat drei Tage hintereinander. Dabei kann man mit Frucht- und Gemüsesäften beginnen, zu Weizengras und schließlich zu destilliertem Wasser übergehen.

Auf der vierten Stufe setzen wir das Fasten zusammen mit Gebet und Meditation als Teil unseres spirituellen Weges ein statt einfach als Methode zur physiologischen Erhaltung des Körpers. Es ist wichtig, diesen Unterschied zu verstehen. Genauso wichtig ist, sich das Risiko bewußtzumachen, daß der Körper zu rein für unsere vergiftete Gesellschaft werden könnte. Je sauberer die Basalmembran wird, um so empfindsamer werden wir unserer verschmutzten Umwelt gegenüber, da die Giftstoffe sich dann frei in unserem System bewegen können. Ein bißchen Schleim im System stellt zum Beispiel einen Schutz vor den Übergriffen der Umweltverschmutzung dar. Erreichen wir einen solchen Reinheitsgrad, daß wir zu angreifbar werden, so werden wir auf der physischen Ebene dieses Planeten dem Willen Gottes nicht mehr effektiv dienen können. Wenn wir uns dem Punkt der angemessenen Reinheit nähern, wird es zunehmend wichtig, uns so zu ernähren, daß eine gewisse physiologische Unversehrtheit und Reinheit aufrechterhalten wird. Dann brauchen wir das Fasten, das auf der physischen Ebene das Überessen und die Verschmutzung unseres Planeten ausgleicht, nicht mehr als Werkzeug zur Entgiftung. Wenn wir das System nicht überlasten, kann der Körper, der auf die richtige Weise mit dem Notwendigsten versorgt wird, sich selbst von fast jedem Gift befreien und sich gesund erhalten. Dies ist eine große Herausforderung, die in Kapitel 20 noch eingehender diskutiert wird. Haben wir diese Ernährungsform erst einmal gefunden, können wir das Fasten im wesentlichen als spirituelles Werkzeug einsetzen.

Das 40tägige spirituelle Fasten

Dieses Fasten ist dafür gedacht, unser spirituelles Leben zu fördern und unseren Körper umzuwandeln. Obwohl Menschen 40 Tage oder länger zu therapeutischen Zwecken fasten, geschieht das Fasten hier in einem anderen Zusammenhang und hat eine andere Bedeutung. Jesus Christus und Mose, die beide 40 Tage lang ohne Wasser und feste Nahrung fasteten, taten dies nicht aus gesundheitlichen Gründen. Sie hatten ihre Aufmerksamkeit ganz auf die Einheit mit Gott gerichtet. Darauf konzentrieren wir uns bei dieser Fastenmethode. Wenn wir so fasten, treten wir unmittelbar unserem Tod gegenüber und bieten Gott unseren Körper, unseren Verstand und unser Ego als Opfer dar. Die anderen Fastenperioden, in denen wir uns reinigten, sind eine gute Vorbereitung hierfür. Auch wenn wir vorher schon gefastet haben, sollten wir uns auf diese Zeit vorbereiten, indem wir mindestens eine Woche vorher nur Früchte und Gemüse essen und eine Darmspülung machen. Wir können so strikt an dieses Fasten herangehen, daß wir trocken fasten, daß heißt weder feste Nahrung noch Flüssigkeit zu uns nehmen. Für die meisten Menschen, die zum ersten Mal 40 Tage lang fasten, ist das jedoch zu hart. Man sagt, die Essener hätten ihre Praxis des 40tägigen Fastens so begonnen, daß sie erst 20 Tage lang saftige Früchte aßen, dann 10 bis 17 Tage lang Obstsaft tranken und drei bis zehn Tage lang nur noch destilliertes Wasser zu sich nahmen. Es wird empfohlen, während der ersten 20 Tage intensiv Sport zu treiben und dann das Ausmaß zu reduzieren. In der zweiten Hälfte dieser 40 Tage werden weitaus mehr toxische Gefühlszustände freigesetzt, daher ist es wichtig, daß man in dieser Zeit von jemandem betreut wird, der mit dieser Form des Fastens vertraut ist. Die letzten drei bis fünf Tage sind die kritischsten, da wir in einem äußerst klaren Zustand sind und alle Eindrücke, die wir während dieser Zeit aufnehmen, tief in unser Körper-Geist-System eingeprägt werden. Am besten verbringt man diese Tage ganz allein, vorzugsweise draußen in der Natur.

Bei jedem 40tägigen Fasten wird die Phase mit den Früchten verkürzt und die Wasserphase verlängert. Man sagt, daß viele Essener aus dem inneren Kreis einmal im Jahr 40 Tage lang fasteten, wobei sie viel meditierten und sich weltlicher Aktivitäten enthielten, um sich möglichst umfassend auf Gott zu konzentrieren. Es wird berichtet, daß ein Prozent der Essener nach fünf Jahren, in denen sie einmal jährlich 40 Tage lang gefastet und sich sonst nur von Früchten ernährt, viel meditiert und sich in anderen spirituellen Praktiken geübt hatten, in der Lage waren, wie Mose und Jesus während des Fastens nur noch Prana zu sich zu nehmen.[15] Ich strebe nicht an, mich von Prana allein zu ernähren, doch kann man anhand dessen erkennen, daß es durch einen stufenweise fortschreitenden Prozeß des Fastens und Meditierens möglich ist, den Körper in einen vollkommenen Leiter von Prana zu transformieren, so daß keine andere Form von Ernährung mehr nötig ist.

Man kann das 40tägige Saft- und Wasserfasten auch mit der Idee der verschiedenen Ebenen des Fastens verbinden und würde dann jedes Jahr relativ zur eigenen Ebene fortschreitend fasten. Jemand, der zum Beispiel Fleisch ißt, würde sich 37 Tage lang vegetarisch ernähren und während der letzten drei Tage nur Säfte trinken. Wer sich laktovegetabil ernährt, würde 37 Tage lang Obst und Gemüse entsprechend der Regenbogen-Ernährung essen und an den letzten drei Tagen nur destilliertes Wasser trinken. Der Vegetarier würde 30 Tage lang nach der Regenbogen-Ernährung Früchte und Gemüse zu sich nehmen, dann drei Tage lang nur Gemüsesäfte, vier Tage lang Fruchtsäfte und drei Tage lang destilliertes Wasser trinken. Will man jedes Jahr 40 Tage lang nur mit Säften und Wasser fasten, braucht man erfahrene spirituelle Anleitung und viel vorangegangene Fastenerfahrung, und man sollte das Fasten sorgsam durchdenken. Unabhängig davon, welche dieser Fastenformen man wählt, ist es immer am sichersten, wenn man von einem erfahrenen ganzheitlichen Heilpraktiker oder Arzt betreut wird.

Meine persönliche Erfahrung mit dem 40tägigen Fasten

Dieses Fasten hat mich sehr tief berührt. Ich hatte keine besondere Vorstellung, was ich dadurch erreichen wollte, außer daß ich das Einssein mit der göttlichen Liebe vertiefen wollte. Ich ging mit einer gewissen Neugier an das Fasten heran und hatte das unmißverständliche innere Empfinden, daß ich es tun sollte. Zunächst sah ich mich vor die Aufgabe gestellt, trotz einer gutgehenden Arztpraxis und familiären Verpflichtungen die Zeit und den Raum zum Fasten zu schaffen. Für das Fasten waren etwas mehr als zwei Monate nötig. Als Einstieg aß ich nur noch saftige Früchte. Dann ging ich zu frischen Gemüsesäften, danach zu Obstsäften und schließlich drei Tage lang dazu über, nur noch destilliertes Wasser zu trinken. Ich trank deshalb nur drei Tage lang destilliertes Wasser, weil die Fastenzeit vorrangig eine Zeit des Rückzugs und der Meditation war. Wenn ich länger als drei Tage nur Wasser trinke, was ich häufig am Ende anderer Perioden des Saftfastens tue, habe ich nicht mehr soviel Energie zum Meditieren.

Nach den ersten zwei Wochen der Entgiftung wurde ich sehr energetisch, was auch so blieb. Es fiel mir leicht, noch länger zu sitzen und zu meditieren. Meine Energie fing nach den ersten 20 Tagen deutlich an, sich nach innen zu wenden. Während der nächsten zwei Wochen stieg die Zeit, die ich täglich mit Meditieren verbrachte, auf neun Stunden an. In diesen Tagen machte ich lange Spaziergänge, um die Spannkraft meines Körpers zu erhöhen. Der Zustand des Einsseins mit Gott, das Bewußtsein der Einheit, der Nicht-Dualität, der Harmonie und der Liebe schien einen immer größeren Teil meines Wachbewußtseins auszumachen. Mein Körper verwandelte sich merklich in einen immer besseren Supraleiter. Im Lauf des Tages spürte ich die Energie häufig durch mich hindurchpulsieren. Etwa am 35. Tag wurde ich mir dessen bewußt, was im Yoga der Fluß des inneren Nektars genannt wird. Dieser innere Nektar floß in mein psycho-spirituelles System. Physiologisch hängt dieses Phänomen wahrscheinlich mit einer Freisetzung von Endorphinen aufgrund des vermehrten Einströmens von Prana ins System zusammen. Dieser Nektar, der eine Art innere Nahrung darstellt, schien meinen Grad der Verzückung noch zu steigern.

Die kritische Wende während des Fastens fand in den letzten drei Tagen statt, an denen ich nur destilliertes Wasser trank. Ich verbrachte diese Zeit weit weg von zu Hause, in völliger Stille zurückgezogen auf einem Berg. Zu meiner Überraschung fiel es mir relativ leicht, die besagten neun Stunden täglich zu meditieren, was mehr war, als ich jemals meditiert hatte. Manchmal gingen die Stunden des Meditierens scheinbar in wenigen Minuten vorüber. Ich war so völlig frei von Gedanken, daß mein Bewußtsein sich beim Meditieren einfach stundenlang im Licht Gottes auflöste. Es gab keinen Körper, keine Wünsche, keine Gedanken, kein Bewußtsein ... nur Gott, unentwegtes liebevolles Einssein mit Gott. Es war klar, daß die Essener wußten, was sie taten. Während dieser letzten drei Tage des Meditierens blieb von meiner Identität nur noch das vage Empfinden eines formlosen Ich-Bin-Bewußtseins übrig. Ich verwandelte mich während dieser Einheit in eine formlose göttliche Masse. Ob ich nun formal meditierte oder einfach nur da war, es existierte nichts anderes als Liebe. Es war genug, einfach nur zu sein. Die Blumen blühen, das Licht strahlt, und Ich Bin.

Zwischen den Meditationsphasen, in denen mein Geist in das Licht eintauchte, schien das kosmische Prana bis in die mikrokosmische DNA meiner Zellen vorzudringen. Ich hatte den Eindruck, mit dem ganzen Universum eins zu sein und mit ihm mitzuschwingen. Mein Kronen-Chakra schien völlig erwacht und aktiviert zu sein. Der Fluß der Energie ins Kronen-Chakra, der über die letzten 18 Monate ständig zugenommen hatte, kam in einem unglaublichen pulslosen Pulsieren in meinen Kopf hinein. Das Kronen-Chakra verwandelte sich ganz und gar in einen einzigen Energiewirbel, der mich mit dem Tanz des Universums verband. Dies hat seitdem nie wieder nachgelassen. In diesen drei Tagen ging mein Kronen-Chakra vollständig auf. Da ich mich zunehmend von Prana und Sonnenlicht ernährte, trank ich in diesen Tagen nur sehr wenig Wasser. Ich kümmerte mich nicht mehr besonders um mein Fastenprotokoll, und da ich weder trinken noch Blase oder Darm entleeren mußte, ruhte ich einfach dort als formlose göttliche, ekstatische Masse. Möglicherweise hätte ich meinen Körper für immer verlassen, wenn dies zu lange so weitergegangen wäre. Die wundersame, liebevolle Einheit mit Gott war so stark, daß der Tod des Körpers daneben wie etwas völlig Zweitrangiges wirkte. Es war keine Konfrontation mit dem Tod, nein – in einem solchen transzendentalen Zustand ist der Tod ein Witz. Das transzendente Selbst kennt keinen Tod. Der Körper kann zwar sterben, doch ist einem völlig klar, daß man weder der Körper noch der Verstand ist. Es ist falsch, sich mit der Persönlichkeit oder mit dem Körper zu identifizieren. Während dieser Zeit kristallisierten sich viele spirituelle Erkenntnisse und Einsichten für mich heraus. Es war klar, daß Gott mir drei Tage der Transzendenz geschenkt hatte. Genauso klar war aber auch, daß es nicht die für mich vorgesehene Rolle war, als formlose göttliche, transzendente Masse mit dem ganzen Universum in einer unentwegten Einheit mit Gott mitzuschwingen. *Gott will, daß wir freie Menschen sind und nicht in einem bestimmten Zustand verharren, auch wenn dieser Zustand die direkte ekstatische Transzendenz des totalen Einsseins ist.* Ich habe in der Zwischenzeit jedoch entdeckt, daß mein Körper-Geist-Gefüge während dieses

Kapitel 19

40tägigen Fastens so umgeformt wurde, daß ich bereits nach wenigen Tagen des Fastens und des Rückzugs wieder dauerhaft in den Zustand der formlosen göttlichen Masse gelangen kann. Im Alltag erfülle ich meine weltlichen Pflichten in einem stabilen, intuitiven, lebendigen und transzendenten Bewußtsein des Einsseins und der Harmonie. Die Welt ist Liebe und gleichzeitig mein Selbst.

Gleichzeitig mit diesem Einheitsbewußtsein erkenne ich jedoch die offensichtliche Dualität an, in der wir alle leben, damit ich mit ihr umgehen kann. Da sich herausgestellt hat, daß ich bei diesem ersten Fasten mehr dem Willen Gottes gefolgt war, als ein abstraktes Ziel zu verfolgen, weiß ich nicht, ob ich jemals die innere Führung verspüren werde, es wieder zu tun. Ich kann auch nicht die Verantwortung übernehmen, eine Empfehlung für oder gegen ein solches Fasten als regelmäßige Praktik einmal im Jahr auszusprechen. Mir fehlt einfach die Erfahrung, was wiederholtes 40tägiges Fasten angeht, und ich kenne auch niemanden, der solche Informationen zur Verfügung stellen könnte. Ich möchte auch darauf hinweisen, daß die Resultate meines Fastens sicherlich mit den vorangegangenen Jahren zusammenhängen, in denen ich bereits meditierte und mich spirituellen Übungen widmete. Ich möchte nicht den Eindruck entstehen lassen, daß jeder einfach durch ein 40tägiges Fasten unmittelbar transzendentale Erfahrungen machen wird.

Zusammenfassung von Kapitel 19

1. Fast in allen Weltreligionen hat das Fasten eine Geschichte als Bestandteil religiöser Bräuche. Wie die Beispiele von Mose, Elia und Jesus zeigen, ist das Fasten sehr wohl auch ein Bestandteil unseres jüdisch-christlichen Erbes. In den mystischen jüdischen Essener-Gemeinden, in denen Jesus gelebt haben soll, gehörten das Fasten und das Meditieren zu den wichtigsten spirituellen Übungen.

2. Im strengsten Sinn bedeutet Fasten völlige Enthaltsamkeit von Wasser und Nahrung. Im weiteren Sinn bedeutet es, auf das zu verzichten, was Gift für Körper, Geist und Seele ist. Zu fasten kann auch bedeuten, sich der dichtesten Nahrungsmittel auf unserem Speiseplan zu enthalten. Für jemanden, der normalerweise Fleisch ißt, würde das bedeuten, auf Fleisch zu verzichten; der Laktovegetarier würde die Milchprodukte weglassen.

3. Das Fasten ermöglicht unserem Körper, sich der Aufnahme kosmischer Energie zuzuwenden, die nicht so verdichtet ist wie die dichte biomolekulare Energie unserer Nahrung.
4. Da das Fasten die Menge des kosmischen Pranas erhöht, die in unseren Körper gelangt, steigt dadurch die Wahrscheinlichkeit, daß die kritische, für das Erwachen der Kundalini nötige Energiemenge erreicht wird. Mehr kosmisches Prana bedeutet auch, daß die Energie einer bereits erwachten Kundalini zunimmt.
5. Da durch das Fasten die Reinigung des Körpers schneller vor sich geht, kann die spiritualisierende Kraft der Kundalini mehr an der Transformation des Körpers arbeiten.
6. Das Fasten hilft uns, den Einfluß körperlicher Bedürfnisse auf unser Bewußtsein zu überwinden, wodurch es für unser Bewußtsein leichter wird, in höhere Zustände des Einsseins mit Gott einzugehen.
7. Der Akt des Fastens – besonders des 40tägigen Fastens in Verbindung mit Meditation – ist ein mystisches Opfer von Körper und Geist an Gott, der mystische Tod des Egos.
8. Die normale Physiologie des Fastens beruht auf der Ausscheidung von Giftstoffen und der Autolyse von toten und degenerierten Zellen. Gesunde Zellen werden erst dann von der Autolyse betroffen, wenn alle toten und degenerierten Zellen zerstört sind. Man hört normalerweise mit dem Fasten auf, sobald dieser erste Schritt abgeschlossen ist.
9. Während des Fastens sollten wir uns besonders darum kümmern, die Ausscheidungssysteme des Körpers, zum Beispiel die Haut, die Nieren, die Leber, den Darm und die Lungen zu unterstützen.
10. Fastenexperten sagen, daß sieben bis zehn Tage absichtlichen Fastens völlig gefahrlos sind. In europäischen Fastenkliniken ist es üblich, zu Therapiezwecken über einen Zeitraum von zwei bis drei Wochen zu fasten.
11. Schwangere und stillende Frauen, Menschen, die mehr als zehn Pfund untergewichtig sind, Menschen mit aktiven bösartigen Tumoren, ernsthafter Fehlernährung und auszehrenden Krankheiten sollten normalerweise nicht fasten.
12. Es gibt Richtlinien für spirituelles und reinigendes Fasten, die auch Empfehlungen für Zeitpläne enthalten.

Kapitel 19

13. Es besteht ein Unterschied zwischen dem Fasten als Methode, die ganz allgemein das spirituelle Leben unterstützt, und dem Fasten als aktive spirituelle Praxis.

14. Das 40tägige Fasten wird erörtert, und die Erlebnisse des Autors während einer solchen 40tägigen Fastenerfahrung werden beschrieben.

20

Die wichtigste Regel für spirituelle Ernährung: Iß dich niemals satt!

Wie wichtig es ist, sich nicht satt zu essen

Der wohl gefeiertste aller jüdischen Heiler und große Gelehrte Moses Maimonides (1135-1204 n. Chr.) lehrte: „Sich zu überessen wirkt wie ein tödliches Gift auf jede Konstitution und ist die Hauptursache für jede Art von Krankheit."[1]

Sai Baba von Shirdi, ein großer Heiliger der Hindus und Moslems des frühen 19. Jahrhunderts, riet den Menschen immer, einfach und wenig zu essen.

Paavo Airola lehrte, daß es das „wichtigste Geheimnis für Gesundheit und ein langes Leben ist, systematisch zu wenig zu essen. Auf der anderen Seite ist das Überessen – auch wenn man sich an Vollwertkost überißt – einer der Hauptgründe für Krankheit und vorzeitiges Altern."[2]

Im ersten Buch des „Friedensevangeliums der Essener" sagte Jesus: „Und wenn ihr eßt, eßt nie bis zur Völle.

Flieht die Versuchungen des Satans und hört auf die Stimme der Engel Gottes. Denn Satan und seine Macht verführt euch, immer mehr und mehr zu essen. Lebt aus dem Geist und widersteht den Begierden des Körpers. Und euer Fasten wird immer eine Freude in den Augen der Engel Gottes sein. So beachtet, wieviel ihr gegessen habt, wenn ihr satt seid, und eßt immer ein Drittel weniger."[3]

Mein Bewußtsein für das Zuwenig-Essen vertiefte sich, während ich als Arzt in Indien tätig war. Sonntags wurde normalerweise gefeiert, und genauso regelmäßig kamen die Menschen montags, dienstags und mittwochs mit Durchfall und Ruhr zu mir. Sie waren dann schwach, fühlten sich unwohl, ihr Leben war in Unordnung, und da sie krank waren, bereitete ihnen auch das Meditieren Probleme. Ein altes arabisches Sprichwort sagt: „Vom Essen werden wir krank und vom Verdauen gesund." Wenn wir zu schwach sind, um die Kräfte und Organismen in unserer Nahrung zu assimilieren, überwältigen sie uns. Wer bei diesen Festen eher weniger aß, wurde normalerweise nicht krank, da sein System mit weniger Nahrung und weniger bakteriellen und parasitären Kräften klarkommen mußte.

Dies ist auch ein Geheimtip dafür, auf Reisen nicht krank zu werden.

Vom pragmatischen Standpunkt aus betrachtet sollte man auch deshalb wenig essen, weil es schwer ist zu meditieren, wenn man energetisch noch mit dem Verdauen von Nahrung beschäftigt ist. Das gilt besonders dann, wenn wir frühmorgens aufstehen wollen, um zu meditieren, und am Abend vorher zu viel gegessen haben. Sogar als ich regelmäßig sechs Stunden täglich meditierte, habe ich festgestellt, daß mir die Nahrung, die mir zur Verfügung stand (gekochte Gemüse und Chapatis, eine Art Fladenbrot), in keiner Hinsicht meine Meditationsenergie raubte, wenn ich darauf achtete, mich nicht satt zu essen. Diese Regel ist wichtiger als alle anderen Empfehlungen bezüglich Ernährung. Das bedeutet jedoch nicht, daß wir uns von Junk food ernähren könnten und keinen Raubbau an unserer Energie treiben würden, wenn wir uns nur nicht überessen. Wenn wir rohe, ganze, organische Nahrungsmittel bekommen können, sind sie die erste Wahl, wenn es darum geht, uns so zu ernähren, daß es unserem spirituellen Leben zugute kommt.

Wissenschaftliche Beweise, die für das Wenigessen sprechen

Dr. Pelletier entdeckte bei seinen Untersuchungen zur Langlebigkeit, daß in Kulturen, in denen die Menschen lange und gesund lebten, zum Beispiel die Bewohner der Vilcabamba-Region in Ecuador, die Hunzas in Westpakistan, die Tarahumara-Indianer aus Mexiko und das russische Volk aus dem Abchasien-Gebiet, die Menschen sich von wenig Eiweiß und viel natürlichen Kohlehydraten ernährten. Sie aßen nur etwa halb soviel Eiweiß wie die Amerikaner und nur etwa 50 bis 60 Prozent der Gesamtkalorienmenge.[4] Airola betont in seinem Buch „How to Get Well", daß es keinen korpulenten Menschen gibt, der älter als 100 Jahre ist.

Dr. Clive McCay von der Cornell University fand heraus, daß die Lebenserwartung von Ratten sich verdoppelte, wenn man ihnen nur halb soviel zu fressen gab.[5] Professor Huxley gelang es, die Lebenserwartung von Würmern um ein 19faches zu steigern, indem er ihnen in regelmäßigen Abständen zu wenig zu essen gab.[6] Weitere Untersuchungen haben gezeigt, daß auch die Lebenserwartung von Fruchtfliegen, Wasserflöhen und Forellen verlängert werden kann, wenn man sie weniger füttert.[7]

Es gibt viele historische Fälle von Menschen, deren Gesundheit und Lebenserwartung es gut getan hat, wenig zu essen. Der heilige Paul der Einsiedler wurde 113 Jahre alt, obwohl er sich nur von Datteln und Wasser ernährte. Der im Jahr 1588 in London geborene Thomas Carn, der 207 Jahre alt wurde, und der im Jahr 1500 in Yorkshire, England, geborene Mr. Jenkins, der 170 Jahre alt wurde, aßen beide kein Frühstück. Sie nahmen mittags entweder rohe Milch oder Butter mit Honig und Obst zu sich (Carn aß vielleicht auch etwas Brot) und abends wieder nur rohe Milch oder Früchte. Die Gräfin Desmond Catherine, die im Alter von 145 Jahren starb, ernährte sich nur von Früchten. Nach Dr. Székely aßen sich all diese Menschen nicht satt.[8]

Einer der berühmtesten Menschen, die sich im Wenigessen übten, war Luigi Cornaro, der von 1464 bis 1566 lebte. Er war ein venezianischer Adeliger und verwaltete das Bistum von Padua. In seinen Vierzigern hätte er sich beinahe zu Tode gegessen. Der Arzt Pater Benedikt kümmerte sich um ihn und unterwies ihn in der Kunst des natürlichen Lebens und des Wenigessens. Von dieser Zeit an vereinfachte Cornaro seine Ernährung immer mehr, bis er nur noch 340 Gramm Nahrung und etwas weniger als einen halben Liter Flüssigkeit täglich zu sich nahm, was er strikt beibehielt. Man sagt, er habe einmal geäußert: „Dem Weisen ist bereits ein einziges Wort genug." Im Alter von 78 Jahren machte er einmal eine Ausnahme, als seine Familie darauf bestand, er müsse mehr essen. Er nahm 50 Gramm mehr zu sich und wurde unmittelbar danach krank. Danach reduzierte er seine tägliche Nahrungsration auf 230 Gramm und trank etwa ein Drittel Liter Flüssigkeit, wobei er blieb, bis er im Alter von 102 Jahren starb. Seine Aufzeichnungen über das Wenigessen lassen sich auf zwei Sätze reduzieren: *„Je weniger ich aß, um so besser ging es mir."* Und: *„Sich nicht an Nahrungsmitteln satt zu essen ist das Geheimnis der Gesundheit."*[9] Székelys Ansicht nach ist Luigi Cornaro ein Glied in der Kette der Weitergabe der Geheimnisse der Essener.[10] Diese Weitergabe begann mit der Übersetzung des Friedensevangeliums der Essener durch den heiligen Jerome. Sie wurde in der Abtei Monte Cassino von Konstantin dem Afrikaner gelesen, der das natürliche Leben der Essener in der Medizinschule von Salerno lehrte, wo auch der Arzt Pater Benedikt ausgebildet wurde. Ein Teil der Übermittlung der Lehren der Essener bestand aus Cornaros Hervorhebung der Praxis der Sobrietät. Diese Praxis vermittelte er allen, die ihm begegneten, einschließlich des Papstes, der einer seiner Schüler wurde. Sobrietät, das heißt die Kunst, maßvoll zu essen, läßt sich auf zwei einfache Richtlinien reduzieren: Erstens: Vermeiden Sie es, mehr zu essen, als Ihr System leicht verdauen und assimilieren kann, und zweitens: Meiden Sie Speisen und Getränke, die Ihr Magen nicht mag. Sobrietät zu praktizieren bedeutet, auf intelligente Art darauf zu achten, wieviel und welche Qualität von Nahrung wir zu uns nehmen. In der Praxis heißt dies, vom Tisch aufzustehen, obwohl wir noch immer gerne etwas essen und trinken würden. Ein altes Sprichwort besagt: „Was wir nach einem herzhaften Mahl übriglassen, tut uns besser, als was wir gegessen haben."

Die Kunst der spirituellen Ernährung

Die Kunst der spirituellen Ernährung besteht darin, unseren individuellen Bedürfnissen entsprechend genau die richtige Menge Nahrung und Flüssigkeit zu uns zu nehmen. Das bedeutet, genau das zu uns zu nehmen, was notwendig ist, damit wir die erforderlichen Energien und biomolekularen Strukturen assimilieren können, durch die wir unseren Körper als ausgewachsenen menschlichen Kristall erhalten. Die Kunst ist, genau so zu essen, daß unsere Umwandlung in einen Supraleiter der spiritualisierenden Kundalini-Energie maximal gefördert wird. Dadurch schaffen wir die bestmöglichen Bedingungen, um die in unser System einfließende kosmische Energie anzuziehen, weiterzuleiten, zu speichern und zu übertragen. In den vorangegangenen Kapiteln ging es diesbezüglich um qualitative Richtlinien. Was die Quantität betrifft, sind die Mengen individuell verschieden und nur durch Versuch und Irrtum festzustellen. Wir können gleichzeitig Forscher und Forschungsobjekt werden und auf diese Weise eine innere Sensibilität für unsere tatsächlichen biomolekularen und energetischen Bedürfnisse entwickeln. Durch Meditation und Fasten verwandeln wir unseren Körper immer mehr. Je mehr wir uns körperlich, geistig und seelisch reinigen, desto mehr kosmische Energie kann in unser System gelangen, und wir benötigen weniger Energie von der Natur, die wir über Nahrung zu uns nehmen. Durch Fasten und eine leichtere Ernährung wird unsere Basalmembran sauberer und durchlässiger. Die aufgenommenen Nährstoffe gelangen leichter in die Zellen, so daß wir weniger essen müssen, um auf einer biomolekularen Ebene genauso gut ernährt zu sein. Dieser Vorgang unterscheidet sich wesentlich von der Idee, nur ein Minimum an fester Nahrung zu sich zu nehmen oder immer weniger zu essen, in der zwanghaften rechnerischen Bemühung, ein bestimmtes Minimum zu erreichen. Letzteres ist eine Entzugs- und Kasteiungspraktik, die nicht notwendigerweise zu spirituellem Wachstum führt. Sie wirkt sich anders auf uns aus als die ausgesprochen intuitive Herangehensweise, die angemessenste Menge Nahrung zu ermitteln, um unsere spirituelle Entwicklung möglichst umfassend zu stimulieren. Die letztgenannte Herangehensweise beruht nicht auf der materialistischen Vorstellung vom Wert der Nahrung.

Die Kunst der spirituellen Ernährung besteht darin, die feinen Veränderungen wahrzunehmen, die im Lauf der Zeit vor sich gehen, und die Ernährung entsprechend anzupassen. Innerhalb dieses Prozesses gibt es zwei relative Ziele. Das eine ist verwirklicht, wenn unser Körper infolge des Fastens und einer angemessenen Ernährung ein gewisses Maß an Reinheit und eine Homöostase mit unserer verschmutzten Umgebung erreicht hat, die es ihm erlaubt, auf natürliche Weise zu entgiften, ohne daß wir fasten müssen. Das zweite Ziel ist, eine Ernährungsform zu finden, die uns nicht so rein macht, daß wir unserer verschmutzten Umwelt gegenüber zu sensibel und dadurch funktionsunfähig werden. Wenn dieses Gleichgewicht einmal erreicht ist, fasten wir nicht mehr, um uns zu reinigen, sondern aus spirituellen Gründen, sofern wir uns zum Fasten als Teil unseres spirituellen Lebens hingezogen fühlen. Die Kunst der spirituellen Ernährung stellt einen Grundstein im Fundament unseres spirituellen Lebens dar. Sie ist wichtig für die Entwicklung der richtigen Ernährungsform, um unser spirituelles Leben zu fördern. Wenn das geschafft ist, müssen wir dem – wie jedem anderen Fundament – keine weitere Beachtung schenken. Wir integrieren es in unser Leben. Es wird Teil unseres Wesens und ein Ausdruck unseres Bewußtseins.

Zusammenfassung von Kapitel 20

1. Die wichtigste Einzelregel in bezug auf Ernährung ist: Essen Sie sich nicht satt.

2. Kulturelle Studien an Menschen, Fallgeschichten und Tierstudien haben gezeigt, daß es lebensverlängernd wirkt, wenig zu essen.

3. Uns nicht mit Nahrung satt zu essen ist eine Technik, die uns gesund erhält.

4. Die Kunst der spirituellen Ernährung besteht darin, ausreichend in Kontakt mit unseren inneren Bedürfnissen und unserem äußeren Leben zu sein, damit wir genau wissen, wieviel wir essen sollten. Dazu müssen wir auf die feinen Veränderungen achten, die im Lauf der Zeit vor sich gehen, und unsere Ernährung entsprechend anpassen.

21

Die Chemie von Streß, Alchemie und Meditation

Die Streßchemie

Das Leben der meisten Menschen auf dieser Welt ist von der Streßchemie geprägt. Die Welt ist für sie zu einem sehr gefährlichen Ort geworden, geprägt von Terrorismus, der von Einzelpersonen und Nationen gesponsert wird, von ständigen Kriegen, Atomwaffen, Raubüberfällen auf offener Straße, Luft- und Nahrungsmittelverschmutzung, von Atomversuchen und Reaktoren, die explosionsartig große Wolken radioaktiven Materials von sich geben; ganzen Nationen, die daran denken, freiwillig ihre Nahrungsmittel zu bestrahlen; Grippe-Epidemien, Menschen, die verantwortungslos radioaktive und giftige Abfälle in die Wasserreservoire kippen, von zusammenbrechenden Menschen und Geschäften; einer Scheidungsrate nahe 50 Prozent, weil die Menschen ihre automatischen Abwehrmuster gegen das Lieben und Geliebtwerden ständig wiederholen, ohne sich dessen bewußt zu sein. Für die meisten Menschen sind dies harte Zeiten. Unsere Lebensbedingungen sind mehr auf das Tun als auf Sein ausgerichtet. Das Tun beruht auf den Gedanken, daß wir Nahrung, Wohlstand, Sex oder Macht ansammeln müssen, um zu überleben. Unsere ersten drei Chakren sind oft völlig aus dem Gleichgewicht – wir sprechen dann davon, „nicht in unserer Mitte" zu sein. Im ersten Chakra sind wir auf Überleben und Angst fixiert, statt darauf zu vertrauen, daß alles, was Gott tut, für das höchste Wohl ist – was gesünder wäre. Die Angst blockiert uns, so daß wir unseren höheren Zweck nicht erfahren. Im zweiten Chakra stecken wir in sexuellen Zwangsvorstellungen fest, statt uns den weiterentwickelten Funktionen Fortpflanzung und Kreativität zuzuwenden. Das dritte Chakra, dessen höheres Bewußtsein von Sensibilität und emotionaler Integration geprägt ist, befindet sich in einem Zustand reaktiven emotionalen Ungleichgewichts; es kommt zu ausschweifenden Bedürfnissen und Machtgier. Bis diese drei Chakren nicht im Gleichgewicht sind und unser Bewußtsein mit ihren höheren Funktionen eins geworden ist, können weder das Bewußtsein des Herzens, das Chakra der Liebe, noch das überbewußte fünfte, sechste und siebte Chakra ganz zur Geltung kommen oder gar auf eine Weise vollkommen integriert werden, daß die Meditationschemie entsteht.

Streß ruft auf allen Ebenen unseres Seins Degeneration und Altern hervor. In früheren Kapiteln wurde das System der sieben feinstofflichen Körper beschrieben. Mentaler, emotionaler und körperlicher Streß führt dazu, daß die feinstofflichen Körper nicht mehr so gut ausgerichtet sind, so daß der hereinkommende Fluß kosmischer Energie, des Pranas, blockiert wird. Wird den Chakren die energetisierende pranische Energie vorenthalten, verlangsamt sich deren Umdrehungsgeschwindigkeit, und die feinstofflichen Körper, deren Ausdehnung von der spiralförmigen Drehung der Chakren abhängig ist, ziehen sich zusammen. Je mehr sich die feinstofflichen Körper zusammenziehen, um so schwieriger ist es für die pranische Lebenskraft, bis zu den Chakren vorzudringen, um sie – und folglich auch die Funktionen des Körpers – mit Energie zu versorgen. Die FOEFs, denen es an Prana mangelt, fallen leichter einer Desorganisation anheim, wodurch der Alterungsprozeß und die Entropie vorangetrieben werden. Wenn sich die feinstofflichen Körper zusammenziehen, spiegelt sich darin ein Zusammenziehen von Körper, Geist und Seele wider, was wir als Überlebensängste, Mißtrauen und Wut erfahren – wir sind wütend auf die Welt, auf unsere Beziehungen und ganz allgemein auf unseren entfremdeten Zustand. Die Angst, die wir empfinden, beruht letztlich auf unserem Unverständnis und unserer Angst vor dem Tod.

Folglich leben wir unser Leben mit dem gleichen adrenalinen Streßsyndrom wie ein Höhlenmensch, dem ein Säbelzahntiger auflauert. Wir leben, als ob unser Leben in unmittelbarer Gefahr wäre. Die Adrenalinsekretion, die von diesem Mangel an Harmonie, dieser Angst, dem Gefühl der Trennung und der Entfremdung von unserer Welt herrührt, trägt unmittelbar zum Altern bei. Auf der physiologischen Ebene kommt es zu einer ständigen Überstimulation des sympathischen Nervensystems, was zu einer übermäßigen Adrenalinsekretion ins Blut führt. Wir fühlen uns dadurch oft körperlich und geistig „verkrampft". Unsere Muskeln sind angespannt, die Nerven überlastet, der Magen ist nervös, die Verdauung funktioniert nicht mehr, und der Verstand kommt nicht mehr zur Ruhe – all dies sind physiologische Symptome des besagten adrenalinen Streßsyndroms. Ist unser Sympathikus überstimuliert, wird unsere Verdauung teilweise stillgelegt. Es kommt nicht nur zu einem eingeschränkten Pranafluß in unsere FOEFs; wir können noch nicht einmal die Energie der Nahrung in unserem Magen absorbieren. Aufgrund der ständigen Überstimulation des sympathischen Nervensystems ermüden schließlich unser Verstand und unser Körper, die beide ständig das falsche Signal bekommen, daß wir gerade um unser

Die Chemie von Streß, Alchemie und Meditation

Überleben kämpfen müssen. Geht das lange genug so weiter, beginnen wir schneller zu altern, öfter krank zu werden und brechen möglicherweise sogar geistig und körperlich zusammen.

Die Biochemie des Stresses stimmt im großen und ganzen mit dem Alterungsprozeß überein. Streß führt genauso zu einem Zusammenbruch der FOEF-Strukturen und der Zerstreuung ihrer Energie. Adrenalin ist ein natürlich vorkommendes Katecholamin. Wenn es im Körper unter Streßeinwirkung freigesetzt wird, so wird es in aktivierte Stoffwechselprodukte aufgespalten, zum Beispiel in Adrenochrom, ein bekanntes freies Radikal, das in hoher Konzentration zumindest ansatzweise mit Schizophrenie in Zusammenhang gebracht worden ist.[1] Diese aus dem Adrenalin metabolisch entstandenen freien Radikale und andere, den freien Radikalen ähnliche Strukturen zerstören die Membranstruktur der Zellen und stören das grundlegende Elektronentransfersystem unseres zellulären Energiestoffwechsels. Infolgedessen entweichen Elektronen aus dem normalen Elektronentransportsystem, was zur Entstehung zusätzlicher freier Radikale, freier Peroxidradikale und anderer sauerstoffhaltiger Moleküle führt, die ihrerseits freie Radikale produzieren.[2] Die besagten freien Radikale führen zu einer noch intensiveren Oxidation unseres Systems. Das Ergebnis sind von freien Radikalen verursachte Schäden an den Zellmembranen, an Enzymsystemen und besonders an den Endothelzellen der Arterien (möglicherweise eine Vorstufe von Arteriosklerose).[3] Diese von freien Radikalen verursachten oxidativen Schäden führen zu vorzeitigem Altern und chronisch degenerativen Krankheiten.[4] Das ist die letztendliche biochemische Konsequenz jeder Form von Streß im System.

Wir können uns diesen Mechanismus vereinfacht so vorstellen, daß die freien Radikale im wesentlichen das molekulare System des Körpers auslaugen, indem sie ihm Energie in Form von Elektronen rauben. Die Elektronen-Energie, die von den freien Radikalen „geraubt" wird, ist für die Aufrechterhaltung der Membranstruktur der Zelle wichtig. Dr. Levine bezeichnet diese Elektronen als den „molekularen Klebstoff", durch den sämtliche biologischen Strukturebenen zusammengehalten werden, von der DNA und RNA bis hin zu den Zellmembranen.[5] Wenn man den „Klebstoff" entfernt, der die biologische Struktur zusammenhält, werden die Zellfunktionen und die Zellreproduktion gestört, was sich in zunehmender Entropie und Altern niederschlägt.

Es ist sehr wichtig zu verstehen, daß eine Überstimulation des sympathischen Nervensystems zu demselben destruktiven Endergebnis führt wie alle anderen Streßquellen wie zum Beispiel physisches Trauma, bakterielle und virale Infektionen und der Streß der Umweltverschmutzung, den uns unsere Gesellschaft beschert. Sie alle führen infolge der Aktivität freier Radikale zur oxidativen Zerstörung der Zellmembranen. Einige weitere Streßfaktoren sind Ozon, Schwefeldioxyd und andere Smogbestandteile, radioaktive Niederschläge, chemische und radioaktive Gifte, die auf unsere Erde und in unsere Wasserreservoire gekippt werden, sowie Nahrungsmittel, in denen zusätzliche freie Radikale entstanden sind.[6] Bestrahlte, in der Mikrowelle zubereitete (meine Hypothese), verdorbene, verarbeitete, schlecht gewordene Nahrungsmittel oder solche, die anderen „schnellen" Zubereitungsmethoden unterworfen wurden, enthalten besonders viele freie Radikale und andere radiolytische Zerfallsprodukte. Es ist auch schon nachgewiesen worden, daß der durch virale Infektionen ausgelöste Streß die Zahl der freien Radikale im System erhöht.[7] Physische Traumen, die zu Schäden an den Zellmembranen führen (zum Beispiel durch Stöße und Prellungen entstandene Schwellungen), bewirken infolge der zerstörten Zellmembranen ebenso die Produktion freier Radikale.

Grundsätzlich läßt sich auf biochemischer Ebene folgende Aussage über die Bedeutung der durch alle Arten von Streß verursachten Streßchemie treffen: Unter jeder Form von emotionalem, mentalem oder umweltbedingtem Streß geht das normale Gleichgewicht zwischen Oxidantien und Antioxidantien verloren. Sind vermehrt freie Radikale vorhanden, verliert der Körper seine Fähigkeit, einen antioxidativen Ausgleich zu schaffen, oder, anders ausgedrückt, erschöpft sich mit der Zeit die regenerative Energie des Körpers. Infolgedessen können wir uns nicht mehr so gut an oxidativen, durch freie Radikale verursachten Streß anpassen und diesen überleben. Das führt zu Zellmembrandegeneration und anderen Formen biomolekularer Degeneration. Folglich altern wir schneller und neigen häufiger zu offenkundigen Erkrankungen. Beweise hierfür sind die epidemische Ausbreitung von Autoimmunerkrankungen, Nahrungsmittelallergien und chemischen Überempfindlichkeiten, die allesamt heutzutage auch als ökologische Krankheiten bezeichnet werden. Das Ungleichgewicht zwischen Oxidantien und Antioxidantien und die damit einhergehende Empfindlichkeit dem eigenen Körper und der Umgebung gegenüber sind die biochemische Entsprechung der grundlegenden Disharmonie und der Entfremdung von unserer Umgebung, von den Menschen um uns herum und von uns selbst, die vom Streßbewußtsein erzeugt werden. Doch bleibt die Frage offen, wie dies überwunden werden kann.

Die Chemie der Alchemie

Alchemie hat mit dem bewußten Umgang mit Energien zu tun, um dadurch Elemente umzuwandeln. Für uns beginnt sie damit, daß wir uns bewußt entscheiden, unsere zerstreuten FOEFs wieder neu zu strukturieren, indem wir dafür sorgen, daß mehr kosmische Energie oder Prana in unser System gelangt. Dazu gehört auch, uns nach den natürlichen Gesetzen von Körper, Geist und Seele zu richten, damit wir von der Lebenskraft umgewandelt werden können. Diese Lebenskraft, kosmische Energie oder Prana ist die göttliche Energie, die wir unbedingt brauchen, um die Streßchemie zu überwinden. Diese göttliche Energie ist die höchste Nahrung, und Meditation ist der ultimative Verdauungsprozeß.

Während der Meditation richten die feinstofflichen Körper sich aus und expandieren, so daß das kosmische Prana mit weniger Widerstand in unsere Chakren und FOEFs fließen kann. Wenn die göttliche Kraft in uns einfließt, verjüngt sie uns auf allen Ebenen. Es kommt zu einer Umkehrung der Entropie, die Streßphysiologie wird abgebaut und der Prozeß des Alterns verlangsamt oder gar umgekehrt. Hunderte von Studien, die seit Anfang der 70er Jahre von Forschern aus dem Umkreis der Transzendentalen Meditation durchgeführt wurden, haben bestätigt, daß Meditation den Prozeß des Alterns umkehrt oder verlangsamt. Diese Forscher haben gezeigt, daß der Stoffwechsel durch die Meditation verlangsamt und mehr ins Gleichgewicht gebracht wird. Das sympathische Nervensystem kommt öfter zur Ruhe, so daß das sympathische und das parasympathische Nervensystem mehr im Gleichgewicht sind. Unnötiger Sauerstoffverbrauch, Herz- und Atemfrequenz nehmen nachgewiesenermaßen ab. Weiterhin wurde bei den Meditierenden in den Untersuchungen folgendes festgestellt: Hoher Blutdruck sank; wer unter Angina pectoris litt, zeigte eine höhere Toleranz gegenüber körperlichen Übungen; die Leistungsfähigkeit des Herz-Kreislauf-Systems stieg, die Reaktionszeit des Nervensystems verkürzte sich; sie erbrachten bessere sportliche Leistungen, zeigten eine gesündere Reaktion auf Streß, was durch elektrische Hautwiderstandsmessungen festgestellt wurde; ihr Hörvermögen erweiterte sich (worin sich verbesserte neurophysiologische Funktionen widerspiegeln); sie konnten sensorisch-motorische Aufgaben besser bewältigen, erzielten bessere Testergebnisse bei Kreativitätstests und höhere Werte bei Intelligenztests, konnten schneller und genauer denken, zeigten ein verbessertes Langzeitgedächtnis, eine höhere Synchronizität und Kohärenz im EEG und ganz allgemein weniger Angst.[8]

Auf der biochemischen Ebene haben Wissenschaftler entdeckt, daß der Plasma-Kortisol-Wert (Kortisol ist eines der Hauptstreßhormone) bei Menschen, die meditieren, niedriger ist, daß weniger Metabolite aus Adrenalin und Noradrenalin vorhanden sind und auch der Cholesterinwert im Blut niedriger ist als bei Menschen, die nicht meditieren.[9] Man hat herausgefunden, daß sich all diese Parameter in der Streßphysiologie auf den anderen Pol zu bewegen, also in entgegengesetzte Richtung zu der von Menschen, die meditieren. Es sieht so aus, als sei Meditation das Elixier des Lebens. Sie ist es!

R.K. Wallace hat eine sehr eindrucksvolle Studie über die Auswirkungen von Meditation auf den Alterungsprozeß durchgeführt, die diese Annahme unterstützt. Er untersuchte 47 Versuchspersonen mit einem Durchschnittsalter von 52,8 Jahren, die Meditation und Siddhi-Techniken praktizierten. Bei einer entsprechend abgestimmten Kontrollgruppe stellte er fest, was die Normalwerte einer solchen Gruppe waren. Er hatte sein Testsystem von der Morgan-Entwicklungsuntersuchung für Erwachsene abgeleitet, anhand deren man verläßliche Indikatoren für das biologische Alter erhält. Bei der Untersuchung Gleichaltriger fand er heraus, daß die Versuchspersonen, die weniger als fünf Jahre meditierten, im mittleren biologischen Alter durchschnittlich 7,1 Jahre jünger waren als die Personen aus der nicht meditierenden Kontrollgruppe. Das mittlere biologische Alter derjenigen, die seit mehr als fünf Jahren meditierten, lag 15 Jahre unter dem der Normalgruppe. Vier dieser meditierenden Personen waren von ihrem biologischen Alter her sogar 27 oder mehr Jahre jünger, als man dem normalen chronologischen Alter nach hätte erwarten können.[10]

Der Weg zur Alchemie spiritueller Transformation

Wenn umsichtige Gärtner Baumsprößlinge pflanzen, umgeben sie sie normalerweise mit einem Drahtzaun, um Tiere fernzuhalten. Oft binden sie die Bäumchen an einen stützenden Stock, damit der Wind sie nicht abknickt. Den spirituellen Sprößlingen hilft man bei der Überwindung der Streßchemie am besten mit einem schützenden spirituellen Zaun oder einem heiligen Ort. In früheren Zeiten und zum Teil auch heute noch zogen sich die wenigen ernsthaft spirituell Suchenden in Höhlen, Klöster und Ashrams zurück, in der Hoffnung, dort einen solchen heiligen Ort zu finden. Es gibt sogar ein uraltes und noch nicht vollständig verstandenes ayurvedisches Verfahren namens Kaya-Kalpa, bei dem der Praktizierende zwischen 40 Tagen und einem Jahr in völliger Zurückgezogenheit lebte. Das war äußerste Ruhe.

In dieser Zeit wurden dem Praktizierenden zuerst reinigende und dann regenerierende Kräuter und Nahrungsmittel gegeben. Dieses Kaya-Kalpa-Verfahren wird in der Biographie des großen Weisen und Asketen Shriman Tapasviji Maharaj beschrieben, der selbst 185 Jahre alt wurde. Er praktizierte diese Methode dreimal. Als er sie zum ersten Mal im Alter von etwas mehr als hundert Jahren anwendete, sagt man, er habe anschließend ausgesehen wie ein junger Mann Ende Zwanzig.[11] Möglicherweise stellt dies die intensivste Umkehrung des Alterungsprozesses dar, die wir erreichen können. Es ist auch sehr selten, daß ein Mensch ein Jahr lang in einem isolierten, dunklen Zimmer leben kann, ohne daß sich bei ihm die Streßchemie einstellt. Dazu muß man spirituell schon sehr weit entwickelt sein.

Im Unterschied zu früher stehen wir heute am Beginn eines Zeitalters der kollektiven Erleuchtung. Deshalb müssen wir einen Weg finden, der für viele Menschen gangbar ist, nicht nur für einzelne spirituell Suchende. Wir müssen unser tägliches Leben in einen heiligen, spirituellen Ort verwandeln und ein harmonisches, meditatives Leben führen, durch das unser physischer und unsere feinstofflichen Körper ausgerichtet werden. Wir müssen einen Weg finden, um die volle Gnade Gottes zu erfahren, einen Weg, der es der kosmischen Energie ermöglicht, alle Ebenen unseres Körpers, unserer Seele und unseres Geistes zu durchdringen, so daß unser Leben von der Ekstase der Liebe erfüllt wird. Das ist die vollständige persönliche Erleuchtung. Das ist unser Schicksal. Dies ist unsere letztendliche Aufgabe und unser Zweck. Dies ist die Chemie der Meditation, die nichts anderes als Liebe ist. Dies ist das Wunder des Einheitsbewußtseins. Es bedeutet, den Weg zu kennen, weil man der Weg ist.

Wie können wir im täglichen Leben einen heiligen spirituellen Ort errichten? Als jemand, der in ganz gewöhnlichen Lebensumständen lebt, seit 18 Jahren verheiratet ist, zwei fast erwachsene Kinder, einen Hund und eine Katze hat, jeden Monat seine Hypothek bezahlen muß und täglich seiner Arbeit als ganzheitlicher Arzt auf dem Lande am Rand einer Kleinstadt mit 36 500 Einwohnern nachgeht, hatte ich Gelegenheit herauszufinden, wie man einen solchen heiligen Ort schaffen kann. Für die meisten Menschen würde eine friedliche Welt es erheblich leichter machen, die innere Erfahrung des Friedens und der Harmonie herzustellen. Doch je mehr wir in der Wahrheit Fuß fassen, um so mehr weicht der offensichtlich turbulente Zustand der äußeren Welt dem harmonischen Spiel des Bewußtseins. Dennoch wäre es für die Erleuchtung der vielen Menschen auf diesem Planeten einfacher, wenn der Pfad zum inneren Frieden in einer friedlichen Umgebung begangen werden könnte. Entscheidend ist, daß wir damit beginnen, den Frieden unseres göttlichen Selbst zu erfahren. Das folgende Gedicht von Lao Tse beschreibt sehr schön, wie wir dieses Heiligtum erschaffen können, indem wir bei uns selbst anfangen:

> „Das Tao verweilt im Nicht-Tun.
> Und doch bleibt nichts ungetan.
> Würden Kaiser und Herrscher dies erkennen,
> Würden die zehntausend Dinge sich ganz natürlich entwickeln.
> Wenn sie den Wunsch verspürten zu handeln,
> Würden sie zur Einfachheit der formlosen Substanz zurückkehren.
> Ohne Form gibt es kein Verlangen,
> Ohne Verlangen gibt es nur Gelassenheit.
> Auf diese Weise wären alle Dinge in Frieden."[12]

Beim Meditieren können wir diese vollkommen erfüllende innere Zufriedenheit unmittelbar erfahren, da sie den verschiedenen Ebenen der meditativen Erfahrung entspringt. Möglicherweise entsteht sie aufgrund der inneren Ekstase, die sich einstellt, wenn wir mit der göttlichen kosmischen Energie des Universums angefüllt werden und mit ihr mitschwingen, oder aufgrund der Ekstase des Einsseins mit Gott, den wir als das Formlose und als die ganze Schöpfung erfahren. Sie kann sich auch durch unser geläutertes Sein angesichts der unmittelbaren Wahrnehmung der Wahrheit einstellen. Beim Meditieren kann uns die direkte Erfahrung der Liebe zuteil werden, wir können uns selbst als Liebe erkennen und die Liebe für unser inneres Selbst und folglich für das in allen Menschen wohnende Selbst erfahren. Diese verschiedenen Erfahrungen innerer Verzückung, geläuterter Freude, des Friedens und der Liebe erfüllen uns auf so wundervolle Weise, daß wir eine Zufriedenheit jenseits aller Bedürfnisse empfinden. Ohne Wünsche sind wir friedvoll. Wenn wir meditieren, werden wir in diesen Erfahrungen bestärkt. *Mit der Zeit prägt diese Erfahrung unser Wachbewußtsein – statt uns in der Praxis der Meditation zu üben, ist unser Seinszustand im Leben Meditation.* Das ist wahre Meditation. Aus diesem Seinszustand heraus erfahren wir ganz unmittelbar, was die Lehren der Thora und Jesu Lehren bedeuten, wenn es heißt, wir sollen den Herrn aus ganzem Herzen und mit aller Kraft lieben und unsern Nachbarn lieben wie unser wahres Selbst. Diese unmittelbaren Meditationserfahrungen und das mit der Zeit sich stabilisierende unmittelbare Bewußtsein der formlosen Realität Gottes bewirken, daß unser Verlangen nach den Dingen und der Macht der

Welt verblaßt. In diesem wunschlosen Zustand herrscht Gelassenheit. Wo Gelassenheit auf diesem Bewußtsein beruht, „sind alle Dinge in Frieden". Aus meiner eigenen Meditationserfahrung und vom Beobachten und Anhören der Erfahrungen anderer, die ebenfalls meditieren, versichere ich Ihnen, daß dies absolut wahr ist. Möglicherweise erreichen wir nicht von heute auf morgen ein stabiles Bewußtsein der nicht-dualistischen Wahrheit. Vielleicht dauert es Jahre, bis sie in unserem Leben zum vorherrschenden Bewußtsein wird, doch wenn wir beharrlich sind, wird es so kommen. Es ist wichtig, an dieser Stelle anzumerken, daß wir nicht zu etwas werden, sondern uns einfach der Wahrheit dessen bewußt werden, was wir bereits sind.

Wir sprachen bereits darüber, die ersten drei Chakren umzuwandeln, damit wir zu ihren höchsten Bewußtseinsstufen erwachen können. Im ersten Chakra werden wir mit Angst anstelle von Vertrauen konfrontiert, einer Angst, die in der Angst vor dem Tod wurzelt. In der Meditation gelangen viele Menschen mit der Zeit zu dem Bewußtsein, daß es für das Selbst keinen Tod gibt. Das Selbst ist unsterblich. In diesem Bewußtsein verliert sich unsere Angst vor dem Tod, und wir sind frei zu vertrauen. Über dieses Thema sind viele Bücher geschrieben worden, doch ich möchte wiederum aus meiner eigenen Meditationserfahrung bestätigen, daß dieses angstfreie Bewußtsein tatsächlich entsteht.

Rechtes Verstehen

Es ist möglich zu meditieren und außergewöhnliche Erfahrungen zu machen und dennoch nie ein rechtes Verstehen zu entwickeln. Das kommt daher, daß Menschen manchmal tiefsitzende Muster haben, die sich dem in der Meditation aufkommenden Verstehen widersetzen. Manchmal werden sie süchtig nach der Macht und der Energie der Erfahrungen, statt die Wahrheit zu suchen, die hinter ihnen liegt. Sie verfallen dem Muster, immer wieder das nächste Glückserlebnis haben zu müssen. Rechtes Verstehen – ein wichtiger Bestandteil der spirituellen Entwicklung – bedeutet, unsere Erfahrungen in unser tägliches Leben zu integrieren. Meditation ist dann sowohl eine Praktik als auch eine Art zu sein. Rechtes Verstehen bedeutet, weise genug zu sein, um die wirkliche Essenz des Lebens von den Illusionen des Lebens unterscheiden zu können.

Rechte Gesellschaft

Rechte Gesellschaft ist äußerst wichtig, um rechtes Verstehen entwickeln zu können. Rechte Gesellschaft kann die traditionelle Form einer Guru-Schüler-

Beziehung annehmen oder bedeuten, daß man mit Menschen zusammen ist, die einem als spirituelle Führer oder Lehrer dienen, daß man an regelmäßigen Meditationsgruppen oder an spirituellen Gruppenprozessen teilnimmt wie dem von Barbara Marx Hubbard empfohlenen Core-Group-Prozeß.[13] Wie auch immer wir zu dieser rechten Gesellschaft kommen, sie ist für die Errichtung unseres spirituellen Heiligtums ausgesprochen wichtig. Shivapuri Baba lehrte, daß die wichtigste äußere Hilfe bei der Erschaffung eines spirituellen Heiligtums oder des rechten Lebens die Gesellschaft verwirklichter Seelen sei. Viele Menschen haben eine kurze Zeit lang Erfahrungen eines höheren Bewußtseins, veränderte Wahrnehmungen oder andere Bewußtseinszustände, die sie tatsächlich über das Ego hinausführen, doch werden diese kein stabiler Bestandteil ihrer täglichen Erfahrung. Nur selten gelingt es uns, ein derart stabiles Bewußtsein als vorherrschende Ausrichtung im Leben zu erreichen. Es geht leichter, wenn unsere unmittelbare und alleinige Absicht im Leben die ist, uns im Bewußtsein der Wahrheit zu verwurzeln, und die Wahrheit ist das nicht-dualistische, holographische reine Bewußtsein des göttlichen Lichts und der göttlichen Liebe. Dazu ist spirituelle Disziplin erforderlich. Das zählt zu den schwersten Aspekten der Schaffung eines spirituellen Heiligtums im normalen weltlichen Leben. Es gibt viele Menschen, die in einer geschützten Ashram-Situation gute Ergebnisse erzielen; wenn sie jedoch hinaus in die Welt gehen, stellen sie fest, daß sie ihre Disziplin nicht verinnerlicht haben und diese daher langsam verblaßt. Jede Form rechter Gesellschaft trägt dazu bei, Menschen zur Beibehaltung ihrer spirituellen Disziplin zu inspirieren, und hilft ihnen, rechtes Verstehen zu entwickeln. Rechte Gesellschaft ist eine Ausdrucksform der göttlichen Gnade. Sie ist wichtig, denn obwohl der innere Lehrer immer arbeitet, wollen wir seinen Anweisungen nicht immer folgen. Der innere Lehrer eines anderen könnte zur rechten Zeit unserer eigenen inneren Führung gerade den richtigen positiven Nachdruck verleihen. Unser innerer Lehrer wird durch rechte Gesellschaft gefördert, bestätigt und stimuliert. Rechte Gesellschaft trägt dazu bei, eine Situation zu schaffen, in der ein Austausch von Lehren und Nähe unter Gleichgesinnten stattfinden kann. Uns in guter Gesellschaft aufzuhalten ist ein entscheidender Faktor bei der Errichtung eines heiligen spirituellen Ortes in unserem Leben. In diesem Zeitalter der zunehmenden Massenerleuchtung gewinnt es als Prinzip sogar noch mehr an Bedeutung.

Man kann sagen, daß ein auf den inneren Lehrer eingestimmtes Bewußtsein und rechte Gesellschaft dem entsprechen, was in den östlichen spirituellen Schulen als die Gnade des Gurus bezeichnet wird. Viele Menschen gehen zu einem Guru, um ihre Kundalini wecken zu lassen, doch da das Bewußtsein und die Energie der spirituell Suchenden ganz allgemein gestiegen ist, kann dieses Erwachen sich auch bei einer Gruppenmeditation oder einer Zusammenkunft spiritueller Menschen, zum Beispiel bei einer weltweiten Friedensmeditation, ereignen. Wir können gegenseitig die Kundalini in uns wecken, indem wir einfach diese Energie aufeinander übertragen. Die Energie stammt von der göttlichen Gnade rechter Gesellschaft. Muktananda legte uns diesen Punkt einmal auf humorvolle Weise dar, als er uns erzählte, wie sein Hund – der in seiner Gegenwart viel Energie angesammelt hatte – seinem Tierarzt Shaktipat gab. Meistens denken die Menschen, daß die zusätzliche Energie und Gnade allein von dem Lehrer, Führer oder Guru stammt, der seine Aufmerksamkeit auf die Gruppe gerichtet hat, statt sie als Ergebnis der spirituellen Gesamtenergie der Gruppe zu betrachten. Gottes Gnade kommt auf vielerlei Weise. Sie kann durch zusätzliche kosmische Energie des äußeren Lehrers kommen, durch das Prana eines anderen Menschen, durch Praktiken wie Meditation und Fasten oder dadurch, daß wir einen kritischen Punkt erreichen, der intensiv genug ist, um die Kundalini spontan zu wecken. Sie kann durch das gesteigerte Prana einer ganzen Gruppe kommen oder aus einer Kombination der pranischen Energien des äußeren Lehrers, des inneren Lehrers und einer Meditationsgruppe.

Der rechte Lebensunterhalt

Auf rechte Weise den Lebensunterhalt zu verdienen bedeutet, in Übereinstimmung mit Gottes Willen zu handeln. Wir sind bereits vollkommen. In Wirklichkeit trachten wir danach, der göttliche Ausdruck unserer inneren Vollkommenheit in der Welt zu werden. Das ist die Grundidee des rechten Lebensunterhaltes. Je mehr kosmische Energie durch uns fließt, um so mehr richten wir uns am Willen Gottes aus und können die richtige Arbeit finden, die uns wirklich entspricht. Wir werden zum kreativen Ausdruck des göttlichen Willens. Dabei erwacht das zweite Chakra, und unser Bewußtsein verschmilzt mit der kreativen Energie der Evolution, die uns schon die ganze Zeit über zur Verfügung stand. Über den rechten Lebensunterhalt kann man ein Buch für sich schreiben, doch gibt es bezüglich der Errichtung eines spirituellen Heiligtums ein paar Richtlinien, die man beachten sollte. Als erstes sollte man nicht vergessen, daß rechter Lebensunterhalt zwar sehr wichtig ist, unsere höchste Aufgabe jedoch darin besteht, völlig im

Bewußtsein unserer transzendenten Wirklichkeit zu ruhen, so daß dieses unser vorherrschendes Bewußtsein darstellt. Mit der Zeit erreichen wir eine Stufe, auf der es für unseren Geisteszustand wenig Unterschied macht, wieviel Zeit und Energie wir mit weltlicher Arbeit zubringen. Investieren wir zuviel Zeit und Energie in unsere weltliche Arbeit, könnte das bei denjenigen, die sich noch nicht auf den fortgeschrittensten spirituellen Stufen befinden, jedoch dazu führen, daß ihre noch wachsende Erfahrung der Wahrheit sich trübt. Wir könnten feststellen, daß wir uns eher zu eigenwillig Handelnden entwickeln, statt im Zustand der Gnade zu verweilen. Als Handelnde entwickeln wir eine Anhaftung an die Früchte unserer Arbeit, und in dieser Anhaftung geht die ekstatische Erfahrung unseres transzendenten Seins verloren. Verbringen wir zu viele Stunden mit Arbeit, erschöpfen sich möglicherweise unsere mentalen und körperlichen Energien. In einem erschöpften Zustand ist es schwieriger, wach zu bleiben. Die alten Essener hatten ein System, innerhalb dessen sie nur vier Stunden arbeiteten, um ihren Lebensunterhalt zu verdienen; die restliche Zeit des Tages verbrachten sie mit verschiedenen Formen der Kommunion.[14] Da sie sehr einfach lebten, waren vier Stunden mehr als genug, um ihre Bedürfnisse zu befriedigen. Die Essener waren dafür bekannt, eine Fülle zu produzieren, die sie mit anderen teilten. Meinen Beobachtungen nach sind Menschen ganz allgemein nicht dafür geschaffen, acht bis zwölf Stunden täglich am Arbeitsplatz zu verbringen, egal welcher Arbeit sie nachgehen. Ein sechsstündiger Arbeitstag scheint die Grenze zu sein – mehr Zeit können nur wenige mit Arbeit verbringen und trotzdem bewußt bleiben. Der berühmte Heilige des 19. Jahrhunderts, Ramakrishna, empfahl den Menschen, eine Hand an Gottes Fuß zu haben und die andere in der Welt. Shivapuri Baba empfahl uns, unsere Minimalpflichten ordentlich zu erfüllen und unseren Geist auf Gott gerichtet zu halten. Üblicherweise hilft uns der Dienst an anderen, unsere kreative Arbeit im Gleichgewicht zu halten. Für einige ist Helfen der kreativste und entwicklungsförderndste Ausdruck. Mutter Theresa ist ein inspirierendes Beispiel hierfür.

Der Weltfrieden leitet sich von unserem inneren Frieden ab. Durch unseren meditativen Zustand schaffen wir Frieden, indem wir einfach Frieden sind. Damit die ganze Welt in einen Zustand des transzendenten Bewußtseins erhoben werden kann, müssen wir alle unseren Teil dazu beitragen, Frieden auf der Welt zu schaffen. Ich glaube, daß diese Mission, Frieden auf der Welt zu schaffen, sich zu einem weltweiten Ausdruck des göttlichen Willens entwickelt. Indem wir einen heiligen spirituellen Ort aus der Welt machen, werden wir die spirituelle Evolution aller Menschen beschleunigen. Wir werden uns dem Bewußtseinsquantensprung immer mehr nähern, den wir als Kinder Gottes eines Tages alle machen werden. Alles, was wir für den Weltfrieden tun, ist etwas, was wir für die Entwicklung des inneren Friedens aller tun. Wenn wir der Welt unsere Liebe schenken, werden wir zu dieser Liebe, und als Liebe werden wir zu dem spirituellen Heiligtum, das wir suchen.

Rechte Beziehungen

Wenn wir diese Liebe sind – und nur dann –, können wir mit unserem Partner, unseren Kindern und allen anderen Menschen um uns herum rechte Beziehungen haben. Bedingungslose und unablässige Liebe ist der einzige Baustein des spirituellen Heiligtums. Wenn wir rechte Beziehungen aufbauen, ist es auch wichtig, mit unserer Zeit, unserem Raum und unserer Energie intelligent umzugehen, damit genug davon für den individuellen, ehelichen, familiären und sozialen Ausdruck dieser Liebe vorhanden ist. Wenn Menschen an rechte Beziehungen denken, denken sie oft an Kommunikationsprobleme, doch begegnet mir in meiner Rolle als Familientherapeut nur selten ein Kommunikationsproblem. Die Menschen kommunizieren ihre Angst vor Nähe und Liebe ziemlich gut durch die Kontraktion des Herzens, durch Vermeidung und Bestrafungen. Es ist sehr schwierig, das Herz offenzulassen angesichts von Zurückweisung und Kränkung, die ein anderer projiziert, um den sicheren Abstand seiner Privatsphäre zu wahren. Das ist der springende Punkt, um den es beim dritten Chakra geht: Wie können wir die emotionalen Schmerzen, das Ungleichgewicht und die Machtkämpfe überwinden, um in einen Zustand der ausgewogenen und mitfühlenden Empfindsamkeit, das heißt in das höhere Bewußtsein des dritten Chakras zu gelangen? Indem wir das Herz offenlassen, unabhängig davon, welche Schmerzen wir möglicherweise fühlen. Diese Wunde des Herzens führt uns zum Erwachen des vierten beziehungsweise des Herz-Chakras und der anderen spirituell orientierten Chakren. Je mehr wir das tun, um so leichter wird es uns fallen, im Bewußtsein der Wahrheit dessen zu bleiben, wer wir sind, und das Spiel dieser Wahrheit in unseren täglichen Beziehungen wahrzunehmen. Dadurch verwandeln sich diese Beziehungen in wertvolle gottgegebene Lernmöglichkeiten. Lassen wir zu, daß unser Herz sich zusammenzieht, ziehen sich auch unsere feinstofflichen Körper zusammen und verlieren ihre Ausrichtung. Infolgedessen steht uns weniger pranische Lebensenergie zur Verfügung. Die Streßchemie entsteht in unserem Körper, und der Alterungsprozeß setzt wieder ein. Das wichtigste ist jedoch, daß wir uns selbst von der kosmischen Energie abschneiden, von der Liebesenergie Gottes. Sie ist die Quelle unseres spirituellen Lebens und unseres spirituellen Bewußtseins. Das ist der Preis, den wir für die tiefwurzelnde Gewohnheit zahlen müssen, unser Herz zu verschließen. Als Liebe verwandeln wir uns in ein spirituelles Heiligtum. Ohne Liebe bleibt vom Heiligtum nicht mehr als eine vergängliche Schale intellektuellen Bewußtseins übrig.

Einklang mit den Gesetzen von Mutter Natur

Gewisse Teile unseres spirituellen Heiligtums sind bereits da und warten nur darauf, daß wir sie bemerken. Die Rede ist von den universellen Gesetzen der Natur, auf die wir uns viel zu selten einstimmen, damit sie als Stützen für unseren heiligen Ort dienen können. Die Essener wußten, wie wertvoll es ist, in Einklang mit den Naturgesetzen zu leben, und verbrachten viel Zeit damit, sie zu beobachten, sich eingehend mit ihnen zu befassen und schließlich in Harmonie mit ihnen zu leben. Das war nicht nur förderlich für ihr spirituelles Leben, sondern hielt sie auch sehr gesund. Es wird berichtet, daß sie gewöhnlich über 120 Jahre alt wurden.[15] Wenn wir nicht in Einklang mit diesen Naturgesetzen leben, werden unsere individuellen Gedanken und Handlungen nicht harmonisch sein. Diese Harmonie ist für völlige Gesundheit und ein spirituelles Leben jedoch notwendig. Das ist besonders deshalb so wichtig, weil unsere moderne Gesellschaft auf fast allen Ebenen ziemlich weit davon entfernt ist, mit diesen Naturgesetzen in Einklang zu sein. Der entstandene Mißklang ist so groß, daß wir möglicherweise die ganze Welt zerstören in der irrigen Vorstellung, uns zu schützen. Diese gesellschaftlichen Gedankenstrukturen sind so mächtig, daß man leicht von der unbewußten disharmonischen Schwingung davongetragen wird. Wir sind so weit von einer natürlichen Übereinstimmung mit den Naturgesetzen entfernt, daß wir bis zum Ursprung dieser Gesetzmäßigkeiten vordringen müssen, damit wir wieder anfangen können, uns auf sie einzustimmen. Der Ursprung ist das reine, undifferenzierte Bewußtsein, das die Quelle von allem ist. Indem wir unser Bewußtsein durch Meditation in diesem reinen Bewußtsein aufgehen lassen, können wir die Verzerrungen in der Manifestation des reinen Bewußtseins in unseren Gedanken und Handlungen vermeiden. Meditation ist bei dieser Harmonisierung unseres Bewußtseins unser Hauptwerkzeug. Je mehr wir unsere Praxis vertiefen, um so mehr hält sich dieses Bewußtsein in unserem wachbewußten Leben, ohne daß wir formal meditieren müßten. Wenn wir an diesem Punkt angelangt sind, handeln wir tendenziell ganz unwillkürlich in Übereinstimmung mit diesen Gesetzmäßigkeiten. Wir werden wie das Gesetz, statt ihm unterworfen zu sein.

Die meisten Menschen meinen, dieser Zustand des Einsseins sei eine idealistische Vorstellung des spirituellen Heiligtums, die relativ schwer umzusetzen und aufrechtzuerhalten ist. Dennoch werden wir durch regelmäßiges Meditieren (mehrmals täglich) einen heiligen spirituellen Raum schaffen, in dem unser Leben zunehmend mit diesen Gesetzmäßigkeiten harmonieren wird. Man kann den Vorgang insgesamt dadurch fördern, daß man eine gewisse Verbindung zur Natur aufrechterhält. Er wird sogar noch intensiviert, wenn es uns möglich ist, in einem Stadtrandgebiet zu wohnen, doch kann es uns schon helfen, inmitten der Stadt einen Zimmergarten zu haben, auf den wir uns einstimmen können.

Wenn wir einmal anfangen, diese Gesetzmäßigkeiten zu verstehen, sollten wir dem Rat des Talmuds folgen: „... errichte einen Zaun um die Thora."[16] Das heißt, wir sollten gewisse Selbstwarnsignale installieren oder auf Feedback von den richtigen Menschen um uns herum hören, das uns vermittelt, wann wir anfangen, uns disharmonisch zu verhalten. Die Erfahrung höherer Bewußtseinszustände birgt unter anderem die Gefahr, daß wir das Gefühl bekommen, durch unseren Kontakt mit der Quelle über allen Ideen oder Gesetzen zu stehen. Das Problem ist, daß wir genauso in unmittelbarem Kontakt mit den ausgesprochen disharmonischen Kräften der Gesellschaft stehen, die uns ständig in Richtung Disharmonie ziehen. Swami Prakashananda Saraswati (für mich so etwas wie ein spiritueller Onkel) würde betonen, daß wir so lange nicht völlig frei von den Impulsen des Körpers und des Verstandes sind, bis wir den Körper verlassen haben. Viele der Gurus, die in den Westen gekommen sind, und viele religiöse Führer der verschiedensten Religionen sind in Ungnade gefallen, weil sie meinten, keinen Zaun mehr zu benötigen, um sie zu warnen, wenn sie verleitet wurden, nicht mehr in Übereinstimmung mit den universellen Gesetzen zu handeln. Sie meinten, über diese Ebene hinausgewachsen zu sein, und gingen einfach davon aus, daß alles, was sie taten, diese Harmonie darstellte. In den spirituellen Traditionen des Ostens nennt man diesen Zaun Dharma oder rechtes Leben. Im Westen spricht man von den Zehn Geboten. Die Zehn Gebote kann man auf verschiedenen Ebenen interpretieren. Wenn es heißt: „Du sollst keine anderen Götter haben neben mir" (2. Buch Mose 20, 3), kann das bedeuten, daß wir immer im universellen Gottesbewußtsein versunken sein sollen, statt in einem zerstreuten Bewußtseinszustand zu sein, in dem wir uns mit Geld, Macht, Sex und den anderen Kräften der vergänglichen Welt auseinandersetzen. „Ehre deinen Vater und deine Mutter, damit du lange lebst in dem Lande" (2. Buch Mose 20, 12) kann so interpretiert werden, daß man die universellen Gesetze von Mutter Erde und die kosmischen Gesetze des himmlischen Vaters ehren soll, damit unser Leben lang und spirituell erfüllend sein wird. Die Gebote sind ein konkreter Ausdruck der universellen Gesetze, nach denen sich diejenigen richten können, die keine vollkommene Verbindung zur unmittelbaren Quelle haben. Das beste ist, unser Leben als spontane, von Liebe erfüllte Manifestation dieser universellen Gesetze zu leben; dies ist das feste und freudige Fundament unseres Heiligtums. Wir müssen aufpassen, nicht in eine selbstgerechte, blinde Anwendung unserer eigenen Projektion dessen zu verfallen, was wir als „eigentliche" Bedeutung dieser Gesetze betrachten, und daraus eine angstbesetzte, beschränkende Willkürherrschaft zu errichten. Wie wir diesen Gesetzen gemäß leben, leitet sich zu jedem Zeitpunkt vom Stand unserer spirituellen Entwicklung ab. Kein Weg ist für alle Ewigkeit der richtige. So einfach ist es nicht. Das Leben ist nicht statisch. Wichtiger ist, mit dem verborgenen spirituellen Sinn des Gesetzes in Harmonie zu sein. Das erfordert ein gewisses Maß an Intelligenz, Unterscheidungsvermögen und rechtem Verstehen. Auf dieser Grundlage handelte Jesus, als er mit der strengen Auslegung des geschriebenen Gesetzes brach und am Sabbat heilte. Um jedoch den heiligen spirituellen Raum zu erhalten, müssen wir ein Feedback-System schaffen, damit wir aufwachen, wenn wir beginnen, vom Weg abzukommen. Letzten Endes ist das Feedback-System, *den Weg zu kennen, weil wir der Weg sind.*

Die Alchemie körperlicher Gesundheit

Der physische Körper ist der letzte Aspekt der Schaffung eines heiligen spirituellen Raumes, in dem die für die menschliche Umwandlung nötige alchemistische Chemie entstehen kann. Wir haben unser Heiligtum von der spirituellen, mentalen und emotionalen Seite aus betrachtet und müssen jetzt den Körper auch als Teil dessen mit einbeziehen, was ich als Erleuchtung der ganzen Person bezeichne. Die in diesem Buch vermittelten Einsichten sollen dazu dienen, im spirituellen Leben aus der Beziehung zwischen dem physischen Körper, dem emotional-mentalen Körper und dem Geist eine höhere Synthese herzustellen. Sie sollen aufzeigen, wie wir unser Bewußtsein im Leben erweitern können, damit wir uns über die internen spirituellen Erfahrungen der Vollkommenheit hinaus ausdehnen können, um diese Vollkommenheit in unserem Alltag zu manifestieren. Durch richtige Ernährung und Fasten tragen wir dazu bei, den Körper in einen besseren Supraleiter für die kosmische Energie zu verwandeln. Die kosmische Energie beziehungsweise das Prana stammt von Gott. Sie ist das unmittelbar erfahrbare „Angesicht Gottes", das unserer Erfahrung in jedem Augenblick unseres Lebens zugänglich ist. Es ist ekstatisch zu erleben, wie diese kosmische Kraft der Liebe uns schwingungsmäßig mit dem gesamten Makrokosmos verbindet. Während wir durch die Art, wie wir uns ernähren, durch Fasten und andere natürliche und schwingungsorientierte Heilmethoden, zum Beispiel Homöopathie, Kräuter, Blütenessenzen und Edelsteinelixiere, die Giftstoffe und Blockaden aus unserem Körper entfernen, organisiert er sich auf einem immer höheren Niveau. Dadurch können wir die durch uns hindurchfließende unmittelbare Kraft Gottes leichter wahrnehmen und uns auf sie einstimmen. Um wach zu sein und derart eingestimmt zu sein, benötigen wir keine erwachte Kundalini. Eine solche Erfahrung können wir in einem jener heiligen Augenblicke göttlicher Inspiration, Ekstase und Liebe machen, die so viele von uns schon einmal erlebt haben. Es kann ein Augenblick eines stillen und feinen Gefühls des Eingestimmtseins sein, in dem sich Körper, Geist und Seele in völliger Harmonie mit der gesamten Schöpfung Gottes befinden. Das können wir zum Beispiel erleben, wenn wir Zeuge eines besonders schönen Sonnenuntergangs sein dürfen. Das Eingestimmtsein kann auch die Form einer längeren Erfahrung freudigen Wohlergehens oder des Erwachens beziehungsweise einer Zunahme der Kundalini-Energie annehmen. Obwohl diese Erfahrungen häufiger auftreten, wenn man sich richtig ernährt und fastet, bedeutet das nicht, daß wir allein durch richtige Ernährung und Fasten die Erleuchtung erlangen. Durch die Integration der drei ins Gleichgewicht gebrachten Anteile Körper, Geist und Seele werden wir auf das höhere spirituelle Bewußtsein ausgerichtet, werden eins mit ihm und in ihm stabilisiert.

Die sieben alchemistischen Heiler

Es gibt einige grundlegende Kräfte – Teil der Naturgesetze –, die dazu beitragen, den Körper zu transformieren und ihn im bestmöglichen Zustand zu halten. Dr. H.E. Kirschner nennt sie die „sieben Heiler der Natur".[17] Es sind dies richtige Ernährung, frische Luft, reines Wasser, Sonnenschein, körperliche Bewegung, Ruhe und natürlich mentaler, emotionaler und spiritueller Frieden.

Wir haben einige dieser Punkte schon angesprochen, doch würde ich dem gerne noch ein paar Worte hinzufügen, um unser Verständnis für die Einfachheit dieser Naturgesetze zu vertiefen. Frische Luft ist, wie bereits besprochen, eine direkte Nährstoffquelle. Zusätzlich zu Atemübungen ist es sinnvoll, täglich ein Luftbad zu nehmen. Luft wird durch unsere Poren aufgenommen und fungiert als Entgifter. Dr. Kellogg schätzte, daß jeder pro Stunde 1000 Kubikmeter Frischluft benötigt, um sich von den Toxinen befreien zu können, die durch Lunge und Haut ausgeschieden werden.[18] Doch wieviel Frischluft steht uns in unseren versiegelten Büros in den Wolkenkratzern zur Verfügung, in denen Millionen von Menschen täglich arbeiten? Schon aus diesem einfachen Grund leben viele Menschen nicht mehr in Übereinstimmung mit den natürlichen Gesetzen. Dabei wäre es so einfach zu verwirklichen. Wenn wir uns umschauen, können wir alle möglichen „normalen" Lebensgewohnheiten wahrnehmen, die disharmonisch sind.

Reines Wasser zählt ebenfalls zu den sieben Heilern. Da wir auf nationaler und internationaler Ebene darauf bestehen, chemische und radioaktive Abfallstoffe zu produzieren, die in unsere Gewässer sickern, ist es fast unmöglich, reines Wasser zu finden. Um auch nur annähernd die Qualität reinen Quellwassers zu erreichen, das es in diesem Land früher einmal gab, müssen wir das Wasser destillieren oder eine Umkehrosmose durchführen. Dabei verliert das Wasser seine Strukturierung; es muß geschüttelt werden, um es wieder mit Sauerstoff anzureichern, und braucht Sonnenlicht, damit es wieder strukturiert und energetisch ist.

Wenn wir täglich 30 bis 60 Minuten Sonnenlicht auf den ganzen Körper scheinen lassen, hat unser Körper eine Chance, sich auf direktem Weg mit frischer Energie aufzuladen. Wie Pflanzen saugen wir diesen Nährstoff auf und wandeln ihn in einen Teil unseres energetischen Systems um. Bis wir uns an die Sonne gewöhnt haben, ist es am einfachsten, mit der späten Nachmittagssonne oder der frühen Morgensonne zu beginnen. Obwohl ein wenig Sonnenlicht guttut, kann stundenlanges Sonnenbaden das System überfordern und ein Ungleichgewicht hervorrufen.

Auch körperliche Bewegung zählt zu den sieben alchemistischen Heilern. Es gibt eine einfache Regel: Benutze es, oder du verlierst es. Dr. Kirschner lehrt, daß Aktivität Leben bedeutet und Stagnation Tod.[19] Körperliche Übungen stimulieren alle inneren Organe und Muskelsysteme, erhöhen den Tonus des Nerven- und des Verdauungssystems, regen den Kreislauf an und bringen die Haut dazu, Giftstoffe freizusetzen. Wir brauchen dafür keine Ausrüstung. Wenn wir in einem muffigen, schlecht durchlüfteten und beleuchteten Sportzentrum trainieren, enthalten wir uns tatsächlich den Nutzen vor, den wir durch Sonnenlicht und frische Luft hätten, wenn wir draußen trainieren würden. Die beste Art Bewegung ist vielen Naturärzten zufolge das Gehen an der frischen Luft. Der britische Lehrer George Trevelyan behauptet, nur zwei Ärzte zu haben: sein rechtes und sein linkes Bein.[20] Für diejenigen, die das Gefühl haben, daß sie intensivere Bewegung brauchen, ist es interessant hervorzuheben, daß das ayurvedische Heilsystem empfiehlt, beim Sport nur bis zur Hälfte seiner Leistungsfähigkeit zu gehen. Der springende Punkt hierbei ist: Wenn körperliche Übungen für den Körper in Streß ausarten, mag das ein aerobischer Vorteil sein, doch könnte zuviel körperlicher Streß die Körperfunktionen auch zusammenbrechen lassen. Meinem Eindruck nach sollten wir zwischen 50 und 80 Prozent unserer körperlichen Leistungsfähigkeit ausschöpfen. Ich selbst gehe mehrmals in der Woche spazieren, wobei ich schnell gehe, und mache fünfmal pro Woche eine Übung, die man den Sonnengruß nennt. Ich grüße die Sonne etwa acht- bis neunmal pro Minute und das zwanzig Minuten lang. Ich trage dabei wenig Kleidung und übe barfuß auf der Wiese, um einen direkten Kontakt mit der Energie der Erde herzustellen. Diese Übung erlaubt es mir, gleichzeitig Sonnenlicht aufzunehmen und tief zu atmen. Auf diese einfache Weise werden viele der natürlichen Gesetze wirksam bestätigt. Die grundsätzliche Idee hinter all diesen Richtlinien ist, dem Körper genau die richtige Menge Aufmerksamkeit zukommen zu lassen, damit er für unsere spirituelle Ausrichtung im Leben optimal funktioniert. Dazu müssen wir uns eine Weile selbst beobachten und herumprobieren, bis wir das richtige Gleichgewicht gefunden haben. Dann können wir es uns in einer Routine gemütlich machen, in der wir uns auf geregelte Weise darum kümmern, ohne uns weitere Gedanken darum machen zu müssen. Jeder muß durch wissenschaftliche Versuche herausfinden, wie seine Routine aussehen sollte.

Ruhe ist ein weiterer wichtiger alchemistischer Heiler. Ruhe ist so wichtig, daß Gott uns sogar den Sabbat gab, damit wir seine Botschaft nicht falsch verstehen. Es ist wichtig, sich diese Zeit der Regeneration auch im Arbeitsalltag zuzugestehen. Im Rahmen der Kaya-Kalpa-Methode ist die Idee völliger Ruhe ein integraler Bestandteil des Verjüngungsprogramms. Es funktioniert. Ruhe bedeutet, eine Pause einzulegen und alle täglichen Routinen, Verantwortungen, störende Geräusche und so weiter auszublenden. Es ist gut, wenn man diese Zeit an einer ruhigen Stelle in der Natur verbringen kann, besonders für Stadtbewohner, die tagtäglich von den regenerierenden

Kräften der Mutter Natur abgeschnitten sind. Schlaf ist ebenfalls eine Form von Ruhe. Es gibt, was Schlaf angeht, keine magische Anzahl von Stunden. Je nach Konstitution benötigen wir fünf bis acht oder sogar noch mehr Stunden Schlaf pro Nacht. Wichtig ist, regelmäßig gut zu schlafen. Manchen hilft es, tagsüber ein kleines Nickerchen zu machen; Kapha-Typen können sich dadurch schlechter fühlen. Für sitzend und intellektuell tätige Büroarbeiter könnte es die beste Form von Ruhe sein, sich körperlich zu betätigen, zum Beispiel Gartenarbeit zu verrichten, zu wandern, zu spielen oder Zeiten der Stille einzulegen. Für andere kann genau das Gegenteil gut sein. Ruhephasen lassen sich auch mit leichtem Fasten verbinden. Täglich vor, während und nach der Arbeit zu meditieren erzeugt eine Ruhe, die uns hilft, aus der Produktionsmentalität aufzuwachen und uns allen guttut.

Obwohl es einfach zu sein scheint, sich nach diesen grundlegenden Naturkräften auszurichten, müssen wir dazu oft ein gewisses Maß gesellschaftlicher Unabhängigkeit besitzen. Kinder wissen ganz von selbst, was sie tun sollen, wenn sie in der Schule Pause haben – sie spielen. Wie viele Lehrer sieht man draußen spielen? Als Arzt nehme ich an medizinischen Konferenzen teil. Sie finden fast immer in geschlossenen Gebäuden statt, wo wir stundenlang sitzen und in intellektuelle Aktivitäten vertieft sind. In der Mittagspause versuche ich – statt mit allen anderen noch länger herumzusitzen und Mittag zu essen –, einen Freiraum zu finden, wo ich mich körperlich betätigen, ein bißchen frische Luft bekommen, Sonnenlicht aufnehmen, meditieren und einen leichten, hausgemachten Salat zu mir nehmen kann. Für viele mag es seltsam scheinen zuzugeben, daß diese natürlichen Gesetze in unserem Leben eine Rolle spielen, doch bleiben wir durch diese Gesetze auf die Lebenskraft eingestimmt. Wenn Sie sich eine Zeitlang so verhalten haben und wenn Sie es nicht auf eine selbstgerechte Art tun, akzeptieren die Menschen Ihr Verhalten und machen manchmal sogar spaßeshalber mit. Es gibt viele, die nur ein bißchen gute Gesellschaft brauchen, um ihrem inneren Lehrer zu erlauben, sie dahin zu führen, daß sie sich an den Gesetzen der Natur ausrichten.

Zusammenfassung der Chemie der Alchemie

Die alchemistische Chemie hat mit der Entscheidung zu tun, den degenerativen Lebensprozeß in der physischen, emotional-mentalen und spirituellen Dimension unseres Lebens umzukehren. Das ist gleichbedeutend mit der bewußten Entscheidung, die FOEFs zu reorganisieren und wieder mit Energie aufzuladen, indem wir die Menge kosmischen Pranas erhöhen, die in unser System gelangt. Um das tun zu können, müssen wir unser tägliches Leben und die Welt in einen heiligen spirituellen Ort verwandeln. Dafür reichen richtige Ernährung und Fasten nicht aus, auch wenn sie in der Tat die Menge an Prana erhöhen, die ins System gelangt. Wir brauchen dafür regelmäßige Meditation, rechte Gesellschaft, rechtes Verstehen, den rechten Lebensunterhalt, rechte Beziehungen zu wichtigen anderen Menschen und der Gesellschaft und eine Ausrichtung an den universellen Gesetzen des Himmels und der Erde. Alles in allem könnte man sagen: ein rechtes Leben. Dies entspricht dem achtfachen Pfad Buddhas oder der Bedeutung der Bergpredigt. In seiner Erörterung des rechten Lebens und der Meditation als Weg zur Erleuchtung lehrte der erleuchtete Meister Shivapuri Baba, der 139 Jahre alt wurde, daß es drei Disziplinen gegeben habe, die ihn von allen Mißgeschicken dieses Lebens befreit hätten: die physischen, moralischen und spirituellen Gesetze des Universums.[21] Er ermahnte die Menschen einfach, sich von Gott und ihren Pflichten als Gott (den drei Disziplinen) voll in Anspruch nehmen zu lassen. Das ist, was mit rechtem Leben gemeint ist. Es ist wichtig zu betonen, daß es keine mechanisch befolgbare Liste für ein rechtes Leben gibt. Wir müssen durch persönliches Ausprobieren und Meditieren zu eigenen Einsichten kommen. Wem es schwerfällt zu meditieren, für den reicht es, zu kontemplieren. Die meisten von uns haben einen Teil ihres grundlegenden Verständnisses eines rechten Lebens durch ihre sogenannten Fehler erworben. Solange wir bereit sind, Fehler zu machen und aus ihnen zu lernen, können wir ein rechtes Leben entwickeln. Shivapuri Baba meinte, die größten Hindernisse für rechtes Leben seien Trägheit und das Aufschieben von Dingen. Es ist so viel leichter, den normalen, doch oft disharmonischen Wegen des modernen Lebens zu folgen. Muktananda sagte diesbezüglich immer, der Friedhof sei sein liebster Aufenthaltsort, da er ihm helfe, sich daran zu erinnern, daß wir eines Tages unseren physischen Körper verlassen müssen und die Gelegenheit, dem spirituellen Pfad zu folgen, dann dahin ist. Die richtige Zeit ist daher immer jetzt. In einem rechten Leben negieren wir keinen Aspekt unseres Seins. Die ersten drei Chakren sind darin völlig erwacht, und dieser erwachte Zustand ist die Grundlage für ein stabiles Erwachen der höheren Chakren. Rechtes Leben ist ein wesentlicher Schritt in Richtung auf eine Integration der körperlichen, emotional-mentalen und spirituellen Ebenen unseres Seins. Rechtes Leben und Meditation sind zusammen die wichtigsten Methoden auf dem Weg zur Erleuchtung des ganzen Menschen.

Kapitel 21

Die Chemie der Meditation

Während die Menge an Prana in unserem gesamten Kontext von rechtem Leben und Meditation zunimmt, werden wir Supraleiter, Akkumulatoren und Verstärker der kosmischen Energie. Durch diese Zunahme von Prana werden die drei Ebenen unseres Wesens noch besser ausgerichtet. Unser Bewußtsein nimmt ganz von selbst zu, da die Erfahrung des Pranas – als Emanation und Angesicht Gottes – an sich schon unser Bewußtsein des Göttlichen auf natürliche Weise steigert. Dieser Aspekt der unmittelbaren Erfahrung Gottes verstärkt unser direktes Bewußtsein der nicht-dualistischen Wahrheit Gottes. Gleichzeitig stabilisiert sich dieses direkte Bewußtsein, das wir oft beim Meditieren erleben, mehr und mehr in unserem Wachbewußtsein. An diesem Punkt beginnt das Bewußtsein, das wir in der Meditation erfahren, unser weltliches Leben zu transformieren. *Unser wachbewußtes Leben wird vom Bewußtsein der Meditation erfüllt, vom unmittelbaren und erhabenen Gottesbewußtsein, von Liebe in jedem Aspekt unseres Lebens. Dies ist die Chemie der Meditation.*

Je mehr wir unsere Meditationspraxis ausbauen, um so stärker richten sich der physische und alle feinstofflichen Körper an der reinen Schwingung des kosmischen Pranas aus. Meditation ist das göttliche Verdauungssystem des kosmischen Pranas. Je klarer wir als Kanal für die kosmische Energie werden, um so mehr davon fließt ständig durch uns hindurch. Das bringt uns zu einem beständigen Einssein mit der universellen Lebenskraft und daher zu einer Verschmelzung mit unserer eigenen Göttlichkeit. Je mehr wir mit dieser Energie mitschwingen, um so mehr werden wir selbst zu dieser göttlichen Energie. Die Zunahme des reinen Pranas richtet die FOEFs so vollkommen aus, daß wir bis in die Tiefen unserer RNA-DNA-Struktur eine Ausrichtung an der kosmischen Energie erreichen. Meiner Meinung nach spiegelt sich in der spiralförmigen Struktur der RNA-DNA-Doppelhelix die spiralförmige Wirbelstruktur des kosmischen Pranas wider. Während das kosmische Bewußtsein unsere atomare und molekulare Struktur durchdringt, können wir nicht anders, als die Ekstase dieser Einheit des äußersten Makrokosmos reinen Pranas und des äußersten Mikrokosmos unserer molekularen Struktur zu fühlen. Wir fühlen uns auf allen Seinsebenen völlig harmonisch. Wir empfinden eine ganzheitliche Ekstase in Körper, Geist und Seele, wobei jedes Atom unseres Wesens mit jedem anderen Atom im Universum mitschwingt. *Die DNA und die RNA sind die Saiten der Harfe; die reinen Pranawinde wehen durch sie hindurch, und der Ton ist reine Freude.* Dies ist die Physiologie der Meditation. Die Erfahrung dessen erfüllt uns mit Liebe, Harmonie und Freude. *Liebe ist die höchste Harmonie der Physiologie der Meditation.* Das Bewußtsein, das der ständigen Erfahrung dieser umfassenden Harmonie der Liebe entspringt, festigt in uns die höchste holographische, nicht-dualistische Wahrheit. Die Chemie der Meditation setzt ein, wenn die höchste Wahrheit der Einheit unser vorherrschendes Wachbewußtsein wird und wir bewegungslos tanzen und lautlos singen in der erhabenen Freude der völligen Erleuchtung unserer ganzen Person.

Zusammenfassung von Kapitel 21

1. Die Streßchemie stellt einen Entropie produzierenden Vorgang dar, der die Energie und die Struktur der FOEFs auflöst. Infolgedessen beschleunigt sie den Alterungsprozeß und erhöht die Wahrscheinlichkeit von chronisch degenerativen Krankheiten.

2. Die Streßchemie ist die Chemie biochemischer, physiologischer, emotionaler, mentaler und spiritueller Degeneration.

3. Sie entsteht aus dem toxischen Streß unseres persönlichen und des weltweiten Lebensstils. Auf der biochemischen Ebene ist der übliche degenerative Weg der, daß freie Radikale im Überfluß produziert werden, was zu einer Zerstörung der Zellmembranen und anderer biomolekularer Strukturen führt.

4. Auf der spirituellen Ebene hängt die Streßchemie am engsten mit unseren ersten drei Chakren zusammen, die noch nicht erwacht und nicht im Gleichgewicht sind.

5. Die Chemie der Alchemie beginnt mit der bewußten Entscheidung, unsere gestörten FOEFs neu zu organisieren und zu energetisieren, indem wir die Menge an kosmischer Energie oder Prana erhöhen, die in unser System einfließt. Dazu müssen wir uns selbst an den natürlichen, für Körper, Geist und Seele geltenden Gesetzen ausrichten, damit die Lebenskraft uns verwandeln kann.

6. Diese Lebenskraft ist die göttliche Energie, das kosmische Prana, das wir unbedingt brauchen, um die Streßchemie zu transzendieren. Diese Energie ist die höchste Form von Nahrung.

7. Meditation ist der letztendliche Verdauungsprozeß dieser Nahrung. Sie richtet die feinstofflichen Körper derart aus und erweitert sie so, daß die kosmische Energie in unser Körper-Geist-Gefüge gelangen kann.

8. Um die Alchemie spiritueller Transformation aufrechterhalten zu können, ist es hilfreich, ein persönliches und weltliches Heiligtum inneren und äußeren Friedens zu errichten. Unser Alltagsleben muß in ein spirituelles Heiligtum transformiert werden.

9. Diesen heiligen spirituellen Raum erschaffen wir auf der Grundlage des rechten Lebens. Rechtes Leben besteht aus richtiger Ernährung, rechter Gesellschaft, rechtem Verstehen, rechtem Lebensunterhalt, rechten Beziehungen zu sich selbst, wichtigen anderen Menschen und der Gesellschaft und aus einer Ausrichtung an den universellen Gesetzen des Himmels und der Erde. Rechtes Leben ist der lebendige Ausdruck dafür, wie wir unser physisches, moralisches und spirituelles Leben integrieren.

10. Es gibt keine Regeln für ein rechtes Leben. An einem Punkt unserer Entwicklung kann rechtes Leben anders aussehen als an einem anderen. Wir müssen eine intuitive und praktische Weisheit entwickeln, die uns mehr auf das Wesen der Gesetze ausrichtet, statt uns blind nach den Buchstaben der Gesetze zu richten. Intelligenz, Kontemplation und Meditation helfen uns, ein Verstehen des rechten Lebens zu entwickeln und dieses zu praktizieren.

11. Rechtes Leben bedeutet, den Weg zu kennen, indem man der Weg ist.

12. Durch die Verbindung von Meditationspraxis mit rechtem Leben erreichen wir die Erleuchtung unserer ganzen Person. Dazu integrieren wir Körper, Geist und Seele als Ganzheit in unser spirituelles Leben. Kein Teil unseres Wesens wird negiert.

13. Die Chemie der Meditation beginnt dort, wo die höchste holographische, nicht-dualistische Wahrheit unser vorherrschendes Wachbewußtsein wird und wir bewegungslos tanzen und lautlos singen in völliger persönlicher Erleuchtung.

14. Liebe ist die höchste Harmonie dieses Bewußtseins.

22

Evolution und höchste Blüte der Kundalini

Was wir bislang über die Kundalini erfahren haben

Die Kundalini ist die innere spiritualisierende Energie, die uns zu den Erfahrungen der Ekstase, der Freude und der Liebe führt. Es ist die Gnade Gottes, die unser Bewußtsein in das nicht-dualistische holographische Bewußtsein der Wahrheit Gottes, des Ich Bin, Der Ich Bin transformiert. Wir sollten daher verstehen, daß ein wesentliches Ziel einer Ernährung zur Förderung des spirituellen Lebens ist, so zu essen, daß die spiritualisierende Kraft der Kundalini intensiviert wird. Die erwachte Kundalini bewegt sich durch den physischen und die feinstofflichen Körper, wobei sie Blockaden entfernt und das Bewußtsein des Suchenden spiritualisiert. Mit der Zeit öffnet sie unser Bewußtsein für das höhere Bewußtsein und die höhere Energie eines jeden Chakras. Als Teil des Vollendungsprozesses werden wir im Kronen-Chakra eins mit ihr. So sieht der Prozeß aus, wenn man ihn von außen betrachtet. Im ersten Teil dieses Kapitels werde ich Ihnen diesen Prozeß aus äußerer Sicht beschreiben, wobei ich intuitiv meine eigenen Erfahrungen mit der Entfaltung der Kundalini einbezogen habe. Anschließend werde ich Ihnen einige meiner unmittelbaren Erfahrungen schildern, wie durch die Kundalini „Knoten" aufgingen. Dann werden wir die spirituelle Perspektive des gesamten Vorgangs erörtern.

Die weltliche und die spirituelle Kundalini

Wir müssen noch ein Modell für den inneren Fluß der Kundalini-Energie erklären, damit wir das Erwachen und die Entfaltung der Kundalini besser verstehen. Die Kundalini wird oft als „zweiköpfige Schlange" bezeichnet, womit gemeint ist, daß sie zwei Aspekte hat. Einer ist die spirituelle Kundalini, die alles durchdringende kosmische Energie, das kosmische Prana (Shakti-Energie). Wie schon gezeigt wurde, ist das ganze Universum nichts anderes als die Schwingung dieses kosmischen Pranas oder dieser virtuellen Energie. Es ist diese Energie, die sich verdichtet, damit eine physische Form entsteht. Wenn die Form erschaffen ist, bleibt ein Rest dieser Energie im Körper übrig, die man klassischerweise die Kundalini-Shakti nennt.

Von ihr sagt man, daß sie „wie eine aufgerollte Schlange" im ersten Chakra im feinstofflichen Körper in der Nähe der Basis der Wirbelsäule ruht. Dort wartet sie in einem potentiellen Energiezustand, bis sich ihr eine Gelegenheit bietet, „aufwärts zu springen". In diesem potentiellen Zustand stellt die Kundalini-Shakti (die göttliche Energie) die Lebensenergie zur Verfügung, die alle weltlichen Funktionen des Körpers in Gang hält. Der Klarheit wegen habe ich diese teilweise aktive Kundalini-Shakti als *weltliche* Kundalini und das kosmische Prana als *spirituelle* Kundalini bezeichnet. In Kapitel 8 haben wir gesehen, daß die spirituelle Kundalini in ihrer Reinform laufend durch das Kronen-Chakra „herabsteigt", um die mit ihm zusammenhängenden Drüsen, das heißt die Zirbeldrüse und die Hypophyse, auf direktem Weg energetisch aufzuladen. Diese Drüsen befinden sich so nah beieinander, daß ein starkes elektromagnetisches Feld (EMF) von ihnen ausgeht, das innerhalb der zerebralen Gewebe oszilliert. Die spirituelle Kundalini tendiert dazu, sich in die rechte oder intuitive Gehirnhälfte zu bewegen. Von dort aus bewegt sie sich den Körper hinab, wobei sie die verschiedenen Chakren und die mit ihnen zusammenhängenden Organe, Nervengeflechte und Drüsen mit Energie versorgt. In diesem Prozeß bildet sie eine energetische Schnittstelle mit der Kraft der weltlichen Kundalini, die von ihrem Ursprung aufsteigt. Wenn die spirituelle Kundalini das Zentrum im untersten Chakra erreicht, wo die Energie der weltlichen Kundalini gespeichert ist, reicht die kombinierte Energie in den meisten Fällen nicht aus, um die gespeicherte Kundalini-Shakti zu entzünden. Im Rahmen ihrer Funktion als wichtigster Lebenskraftspender des Körpers bewegt sich immer eine gewisse Menge der weltlichen Kundalini-Energie entlang der Wirbelsäule nach oben. Wenn sie beim Gehirn ankommt, energetisiert die weltliche Kundalini in erster Linie die linke Gehirnhälfte oder den rationalen Verstand des Egos. Dadurch hält sie ihre dualistische Beziehung zur spirituellen Kundalini aufrecht, die die rechte Gehirnhälfte energetisiert.

Das Erwachen der Kundalini-Shakti

Damit die Kundalini-Shakti erwachen kann, muß die vereinte Energie der spirituellen und der weltlichen Kundalini einen Punkt der Selbstentzündung erreichen, die das Erwachen dann auslöst. Es ist wichtig, sich auf diese Auslösung des reinigenden und spiritualisierenden Feuers der Kundalini vorzubereiten, indem man sich richtig ernährt, ein rechtes Leben führt und meditiert. Durch die richtige Ernährung wird unser Körper für seine Funktion als Supraleiter vorbereitet und erhalten. Ein rechtes Leben bringt die

Emotionen zur Ruhe und beseitigt die Ängste des Verstandes. Das trägt dazu bei, die feinstofflichen Körper besser auszurichten, wodurch mehr Energie ins System gelangen kann. Ein rechtes Leben hilft auch, die ersten drei Chakren ins Gleichgewicht zu bringen und zu stabilisieren, damit wir eine Grundlage haben, die das Erwachen der oberen überbewußten Chakren vorantreibt. Meditation führt uns im rechten Leben und richtet alle sieben feinstofflichen Körper noch mehr aus, so daß der gesamte Organismus ein besserer Supraleiter für die spirituelle Kundalini wird. Körper, Geist und Seele werden integriert. Richtige Ernährung, rechtes Leben und Meditation sind die geeignetsten allgemeinen Praktiken, die wir in unserer westlichen Kultur zur Förderung der auf unserem Planeten gerade beginnenden Massenerleuchtung einsetzen können. Die Liebe zu Gott stellt einen wesentlichen Bestandteil dieses Weges dar. Die Liebe zu Gott, die göttliche Liebe, die Hingabe an Gott, der Wunsch, mit Gott eins zu sein und sich Gott zu ergeben, gehören von Natur aus zu richtiger Ernährung, rechtem Leben und Meditation dazu. Diese Liebe ist die treibende Kraft, die hinter den drei beschriebenen Disziplinen steht. Ohne göttliche Liebe, ohne den brennenden Wunsch, ganz und gar mit Gott eins zu werden, sind richtige Ernährung, rechtes Leben und Meditation inhaltsleere, mechanische Disziplinen, die nur eine begrenzte Wirkung auf unsere spirituelle Entwicklung haben. Die Hingabe an Gott ist in der jüdisch-christlichen Tradition die wichtigste treibende Kraft. Sie ist der Grund, warum Menschen einen spirituellen Weg suchen. In der östlichen Tradition nennt man diese Liebe zu Gott Bhakti-Yoga. Es gibt noch viele andere Arten von Yoga, die uns möglicherweise auch dabei helfen, uns in einen Zustand zu versetzen, in dem das Feuer der Kundalini entzündet werden kann. Einige davon sind das Wiederholen von Mantras, Raja-Yoga, Ashtanga-Yoga, die Techniken des Hatha-Yoga und Kundalini-Yoga. Die Praktiken aller Religionen und spirituellen Wege können unter Umständen auch helfen, uns vorzubereiten. Dazu gehören Zen, Buddhismus, Parsismus, Advaita-Vedanta, Hinduismus, Islam, Taoismus, die Tradition der Sufis, Judentum, Christentum und viele andere.

Das Erwachen geschieht in Form eines Herabsteigens der Gnade oder eines Aufsteigens der Liebe. Es kommt zustande, wenn genügend spirituelle Kundalini-Energie durch das Kronen-Chakra hinabfließt zum energetischen Zentrum der weltlichen Kundalini, die in ihrem potentiellen Zustand im Wurzel-Chakra ruht, und so das Erwachen auslöst. In den 30er Jahren, als Jung über das Geheimnis der Kundalini schrieb, hatten erst sehr wenige Menschen ein solches Erwachen erlebt oder überhaupt das Wort Kundalini

Kapitel 22

schon einmal gehört. Jetzt geschieht es massenweise. Die erste Kundalini-Klinik wurde eröffnet, um einen Bezugsrahmen zu liefern und um Menschen, die ein solches Erwachen erlebten, zu helfen. Das war besonders für jene Menschen wichtig, bei denen das Erwachen unerwartet oder spontan als Folge individueller Praktiken auftrat – wichtiger als für diejenigen, die das Erwachen in Gruppen erlebten, in denen die Existenz der Kundalini anerkannt und ein gewisser Rahmen für die Integration der Erfahrung geboten wurde.

Heutzutage kommt es unter anderem deshalb häufiger zu einem Erwachen der Kundalini, weil der Punkt rechte Gesellschaft stärker zum Tragen kommt. Meditationsgruppen, spirituell orientierte Workshops oder auch große spirituelle Zusammenkünfte wie Friedensmeditationen können das Erwachen stimulieren. Da sich in einer solchen Gruppe mehr spirituelle Kundalini-Energie entwickelt, bewirkt dies zusammen mit der eigenen Energie und Vorbereitung des spirituell Suchenden, daß sich genug Gnade herabsenkt, um den Funken zu entzünden. Die beständigsten Resultate bezüglich des Weckens der Kundalini werden durch die traditionelle Shaktipat-Einweihung erzielt. Dazu kommt es, wenn ein Mensch, durch den sehr viel Energie der spirituellen Kundalini fließt, dem spirituell Suchenden einen Teil dieser Energie abgibt. Wenn diese Energie sich mit der Kundalini-Energie des spirituell Suchenden vereint, reicht sie für den kritischen Zündpunkt aus. Die Kundalini-Energie kann durch einen Blick, durch ein Mantra vom Guru, durch Gedanken oder direkte Berührung übertragen werden. Letzteres war bei mir der Fall, als Muktananda mir sein kosmisches Prana in den Mund blies. Das Erwachen kann oft eine Verbindung all dieser Methoden sein, welche die herabsteigende Kraft der spirituellen Kundalini steigern: individuelle Vorbereitung und Aufbau der weltlichen und spirituellen Kundalini des Suchenden, die spirituelle Energie einer Gruppe und Shaktipat.

Das Erwachen kann auf klassische und sehr intensive Art geschehen, wie bereits beschrieben, oder gemäßigt beziehungsweise mild. Es verläuft dem Aufbau der Kundalini-Energie in dem jeweiligen Menschen gemäß. Es ist wichtig anzuerkennen, daß sowohl das milde, gemäßigte Erwachen als auch das klassische Erwachen die Kriterien für eine erwachte Kundalini erfüllen. Für die große Mehrheit der Menschen ist das Erwachen ganz ungefährlich. Nach meiner Erfahrung in der Kundalini-Klinik, mit Muktananda und seinem Pfad des Siddha-Yoga, durch den Tausende von Menschen erweckt wurden, und nach meiner Erfahrung mit Menschen in meinen eigenen Meditationsgruppen und -seminaren kommt es fast nie vor, daß jemand ernsthafte Schwierigkeiten mit dem Erwachen der Kundalini hat. Immerhin ist es ja unsere eigene Energie, die geweckt wird, und nicht irgendeine uns fremde Droge. Natürlich ist es beruhigend und hilfreich, wenn das Erwachen in rechter Gesellschaft vor sich geht, in Gegenwart eines Menschen, der mit den Wirkungen der Kundalini vertraut ist. Einige behaupten, daß viele Menschen sich in psychiatrischen Kliniken befinden, weil nie diagnostiziert wurde, daß ihre Kundalini erwacht ist. Dies entspricht nicht meiner Erfahrung, und ich habe in psychiatrischen Kliniken gearbeitet. Manische Schübe, verwirrtes und desorganisiertes Denken oder intensive persönliche und gar spirituelle Krisen sind nicht dasselbe wie das Erwachen der Kundalini. Wenn man sie so bezeichnet, fühlen sich einige Menschen vielleicht gut, doch erzeugt es nur zusätzliche Verwirrung, was die Möglichkeit angeht, die richtige Form von Hilfe zu bekommen. Es ist wichtiger, die Krise neu zu definieren und aus der Krise – was auch immer sie sein mag – auf angemessene Weise eine Gelegenheit zu spirituellem und psychischem Wachstum zu machen. In der Kundalini-Klinik und in Muktanandas Hauptashram in Indien, wo ich hin und wieder die Rolle des Psychiaters übernahm, der Menschen mit ernsthaften psychologischen Problemen half, habe ich die Erfahrung gemacht, daß viele der Menschen, die mit dem Erwachen ihrer Kundalini Schwierigkeiten hatten, entweder schon eine längere Geschichte psychologischer Probleme oder ein sehr zerbrechliches Nervensystem hatten. Diese Menschen wurden normalerweise sorgfältig stabilisiert und mitleidsvoll wieder nach Amerika geschickt, wo sie ihre spirituelle Arbeit in einer Umgebung fortführen sollten, die nicht so aufgeladen war mit Kundalini-Energie. Ich erwähne dies, weil Menschen mit einem solchen Hintergrund ihre spirituelle Arbeit nicht einstellen müssen, sondern nur mit Praktiken sehr vorsichtig sein sollten, die das Erwachen der Kundalini künstlich erzwingen, die Energie nach dem Erwachen intensivieren oder ganz allgemein die Energie im Nervensystem erhöhen, ob nun ein Erwachen stattgefunden hat oder nicht.

Eine Geschichte von zwei Siddhis (Kräften)

Mit dem Erwachen beginnen die beiden Kundalini-Energien zu verschmelzen. Zwar besteht noch eine Polarität zwischen der weltlichen und der spirituellen Kundalini, doch fangen sie an, synchron zu arbeiten. Vielleicht entspricht es der Vorstellung von zwei sich gegenüberliegenden Nordpolmagneten, die sich spiralförmig die Wirbelsäule hinaufschlängeln. Die Energie, die durch diese synchrone Interaktion entsteht, reinigt und spiritualisiert den

Körper und trägt dazu bei, die Chakren aufzuladen und zu wecken. Sie fängt nicht nur an, sich durch das feinstoffliche Nervensystem des ganzen Körpers zu bewegen, sondern beginnt auch den Sushumna-Kanal zu öffnen, den Weg, durch den die Kundalini-Energie im Körper hauptsächlich fließt. Dieser feinstoffliche Pfad verläuft vertikal neben der Wirbelsäule im ätherischen Körper.

Je mehr wir zu einem Supraleiter für den Fluß der erwachten Kundalini und für das Einströmen der spirituellen Kundalini in unser System werden, um so aktiver und kraftvoller arbeitet die teilweise verschmolzene, duale Kundalini-Energie in uns. Da Energie erzeugt wird und die Zentren geweckt werden, machen wir häufig vorübergehende Erfahrungen von Verzückung, Ekstase und Liebe, oder es geht uns kurzzeitig einfach unbeschreiblich gut. Göttliche Trunkenheit, Frieden, grundlegende innere Zufriedenheit, göttliches Bewußtsein der nicht-dualistischen Wahrheit Gottes, Bewußtsein der Einheit mit allem, was ist, und unmittelbare Erfahrungen unseres inneren Selbst zählen ebenfalls zu solchen vorübergehenden Erlebnissen. Es ist gerade so, als ob der Einfluß Gottes bis hinab auf die physische Ebene unseres Körper-Geist-Seele-Gefüges reichte. Wir beginnen zu merken, wie dieser göttliche Einfluß alle Aspekte unseres Lebens und Seins durchdringt. Ich stelle mir die erwachte Kundalini gerne als die Hand Gottes vor. An diesem Punkt hören wir auf, an Gott zu glauben. *Die unmittelbare Erfahrung der göttlichen Gegenwart führt uns dahin, Gott und unsere wahre Natur als transzendente Wirklichkeit zu erkennen. Gott ist dann keine abstrakte Idee mehr, sondern eine positive Tatsache.* Die Erfahrung der göttlichen Energie wirkt unglaublich motivierend, mit unseren spirituellen Übungen fortzufahren, um diese Kommunion noch zu verstärken. Es fällt uns viel leichter zu meditieren, zu fasten, uns richtig zu ernähren und ein rechtes Leben zu führen, wenn unser Wunsch nach der Verschmelzung mit Gott und der Erfahrung der ekstatischen Liebe Gottes erfüllt wird. Unsere Kundalini muß nicht erwacht sein, damit wir solche Verschmelzungserfahrungen machen können, doch wenn sie es ist, machen wir solche Erfahrungen in der Regel häufiger und leichter.

Sind wir uns erst einmal der Kundalini-Energie bewußt geworden, ist es leichter herauszufinden, was wir tun können, um ihre Intensität zu steigern. Eine der subtilen Fallen auf dem spirituellen Weg ist jedoch, süchtig nach diesen Verzückungszuständen zu werden und anzufangen, sie als das Ziel des spirituellen Lebens zu betrachten statt einfach als Bestandteil des wundervollen, ehrfurchtgebietenden Prozesses. Das Ziel ist, im nicht-dualistischen, dauernden Bewußtsein der Wahrheit stabil zu werden. Wenn wir das höchste Ziel des spirituellen Lebens ständig im Sinn haben und die Wahrheit oft genug erfahren, beginnt sich aus dem zeitweisen Bewußtsein ein stabileres, durchgängigeres Bewußtsein der Wahrheit aufzubauen. Wenn das Bewußtsein der transzendenten Wirklichkeit unseres Daseins als göttliche Liebe, als nicht-dualistische, holographische Wahrheit des Selbst zu unserem vorherrschenden Bewußtsein wird, haben wir eine wichtige Etappe des Erleuchtungsprozesses abgeschlossen.

Die Entfaltung der Kundalini und die drei „Knoten"

Der Vorgang der Entfaltung der Kundalini kann schon nach kurzer Zeit abgeschlossen sein oder mehr als ein Leben beanspruchen. Ein wichtiger Einflußfaktor dabei ist, wie intensiv wir uns die ununterbrochene vollständige Verschmelzung mit dem Göttlichen wünschen.[1] Das Erwachen ist der erste Schritt zur Öffnung des Sushumna-Kanals, der uns zu dieser dauerhaften Verschmelzung führt. Auf diesem Weg befinden sich drei „Knoten", über die kaum jemand schreibt oder spricht und die auch von den wenigsten verstanden werden. In der Yoga-Literatur findet man nur vage Andeutungen bezüglich dieser drei „Knoten" und ihrer Bedeutung, doch habe ich in der westlichen Literatur einige Hinweise entdeckt. Da ich selbst Erfahrungen mit ihnen gemacht habe, verspürte ich den Drang, sie und ihre Bedeutung besser zu verstehen. Einige Yogis sagen, es handele sich dabei um Blockaden im Sushumna-Kanal, doch werden wir ihre Funktion besser verstehen können, wenn wir sie uns als evolutionäre Knotenpunkte vorstellen.

Klassischerweise befinden sich diese „Knoten" im Wurzel-Chakra (Brahmagranthi), im Herz-Chakra (Vishnugranthi) und im Stirn-Chakra (Rudragranthi). Meiner Meinung nach repräsentieren diese Punkte die unterschiedlichen Etappen, die jeweils mit einer Intensivierung der Kundalini-Energie im System verbunden sind. Während jeder Etappe oder nach jeder Öffnung eines „Knotens" kommt es zu einer weitergehenden Synchronisation und Verschmelzung der beiden polaren Kundalini-Energien. Wird eine neue Stufe der Verschmelzung erreicht, verstärkt und intensiviert sich auch die Kundalini-Energie. Auf indirekte Weise regulieren diese „Knoten" den Fluß der Kundalini im Sushumna-Kanal, damit keine zu starke Energie durch das System fließt und es „durchbrennt". Daher bewegen sich die miteinander verschmolzenen Kundalini-Energien nicht auf die nächste Ebene, bevor das Bewußtsein und die Leitfähigkeit des Individuums die intensivere Energie und das höhere Bewußtsein aushalten können. Das bedeutet nicht, daß Menschen keine höheren Bewußtseinszustände erreichen. Es bedeutet, daß diese Zustände erst dann stabil sind, wenn die Kanäle kräftig

Kapitel 22

genug sind, um die stärkere Bewußtseinsenergie aufzunehmen. Man sagt, die Kundalini sei sehr intelligent. Deshalb ist es besser, ihr zu erlauben, sich von sich aus zu entfalten, statt zu versuchen, sie mit speziellen Meditationen und Techniken zur Entfaltung zu zwingen. In einigen Yoga-Schriften werden drei unterschiedliche Intensitäten der Kundalini-Energie beschrieben, die meiner Meinung nach mit der Öffnung der drei „Knoten" in Zusammenhang stehen.[2] Die erste Stufe energetischer Intensität bezeichnet man als Prana-Kundalini. Sie entspricht der Energie, die beim ursprünglichen Erwachen und der beginnenden Synchronisation und teilweisen Verschmelzung der beiden polaren Kundalini-Energien freigesetzt wird. Die nächste Intensitätsstufe heißt Chit-Kundalini. Dies entspricht der Kraft der Kundalini nach der Öffnung des zweiten „Knotens". Para-Kundalini ist die Bezeichnung für die verfeinertste, intensivste und reinste Kundalini-Energie, die der Körper zu leiten imstande ist.

Der erste „Knoten" öffnet sich, wenn das individuelle erwachte Bewußtsein der ersten drei Chakren in einem einheitlichen Zustand erwachter Bewußtheit aufgeht. Der zweite „Knoten" stellt die Verschmelzung der bereits vereinten drei unteren Chakren mit der erwachten Liebe des Herz-Chakras dar. Parallel hierzu steigt der Grad der synchronen Zusammenarbeit und der Verschmelzung der beiden Kundalini-Energien, die sich spiralförmig um den Sushumna-Kanal aufwärtsschlängeln. Mit zunehmender Verschmelzung der beiden Kundalini-Energien öffnet sich der Sushumna-Kanal immer mehr und leitet die Kundalini immer besser.

Der letzte „Knoten" im sechsten Chakra öffnet sich, wenn das erwachte Bewußtsein aller Chakren miteinander im nicht-dualistischen Bewußtsein der Wahrheit verschmilzt. Dies ist der Augenblick, in dem die weltliche und die spirituelle Kundalini vollständig zu einer einzigen Kundalini-Energie verschmelzen. Jegliche Polarität der Kundalini und die damit einhergehende Dualität in unserem Bewußtsein verschwinden. Die Energie eines jeden Chakras fließt in diese Energie ein, obwohl von jedem noch ein Rest für die Erhaltung des Körpers übrigbleibt. Die feinstofflichen Körper sind vollkommen ausgerichtet und auf eine Weise miteinander verbunden, daß das reine kosmische Prana nicht länger gefiltert wird, sondern direkt in jedes Chakra einfließen kann. Energie gelangt nun hauptsächlich in Form von reinem Prana durch das Kronen-Chakra in das System. Sogar die Struktur des Sushumna löst sich im wesentlichen in diese eine Energie auf. Unser Bewußtsein ist eins in Gott. Mit dieser völligen Verschmelzung der beiden Kundalini-Energien ist die evolutionäre Arbeit der Kundalini, das heißt die

Spiritualisierung von Körper, Geist und Seele, im Prinzip abgeschlossen. Wir operieren dann von einem Punkt reinen Wissens aus und gehen in das reine Prana des Gottesbewußtseins ein.

Auf dieser Stufe der sehr verstärkten nicht-dualistischen Kundalini-Energie findet tatsächlich im energetischen Gleichgewicht der Atome eine Veränderung statt. Meine These ist, daß die vermehrte Energie in eine erhöhte Rotationsgeschwindigkeit der Atomachsen und in einen beschleunigten Spin der Elektronen umgesetzt wird. Mit dieser verstärkten Energie und dem beschleunigten Spin der Achsen des Kerns und der Elektronen nimmt die Masse der Elektronen und die des Kerns zu, doch wird der Orbit nicht größer. Atomkern und Elektronen werden stärker aneinander gebunden und schwingen schneller. Der Mensch kann auf der atomaren Ebene mehr Energie aufnehmen, und es ist schwieriger, dem Atom Elektronen zu rauben. Folglich ist das System gesünder, weil die stärker gebundenen Elektronen durch Oxidation freier Radikale nicht so leicht abgezogen werden können.

Meine Erfahrungen mit der Öffnung der drei Knoten

Ein Großteil meines Interesses, meines Verstehens und dessen, was ich über die drei „Knoten" und über die Bewegung der Kundalini schreibe, beruht auf den Lehren, die ich empfing, als ich versuchte, mir über die Bedeutung meiner eigenen Erfahrungen klarzuwerden. Die Verschmelzung der ersten drei Chakren fand etwa elf Monate nach dem Erwachen meiner Kundalini statt. Ich befand mich zu diesem Zeitpunkt in Muktanandas Ganeshpuri-Ashram in Indien. Da ich nun vom Einssein mit Gott gekostet hatte, versuchte ich vom Zeitpunkt des Erwachens der Kundalini an, eine immer umfassendere Verschmelzung zu erreichen – wie ein brünstiger Bulle, scherzten manche. Es tat mir weh, nicht eins mit Gott zu sein. Meine Liebe zu Gott war so intensiv, daß ich es kaum aushalten konnte. In einer Strophe eines Gedichtes schrieb ich während dieser Zeit (Tagebucheintrag vom 5. Oktober 1976):

>„Wie kann ich etwas anderes begehren als dich,
>Seit ich einen Augenblick lang verzückt
>In der Freiheit dessen, der ich bin, verweilt habe?
>Es gibt nichts Höheres oder Heiligeres,
>Als völlig eins mit dir zu sein."

Auf diesen intensiven Wunsch nach Vereinigung reagierte ich damit, daß ich den Umfang meiner spirituellen Übungen steigerte. Insbesondere verlängerte ich meine Meditationszeit auf die maximale Länge, die meine Struktur aushalten konnte. Muktananda hatte mir erlaubt, mehr als die übliche Stunde täglich zu meditieren, also verlängerte ich die Zeit auf vier Stunden, was für mich zu dieser Zeit sehr viel war. Das waren vier Stunden zusätzlich zu der Zeit, die ich mit dem Chanten von an Gott gerichteten Liedern verbrachte – eine Praxis, an der die ganze spirituelle Gemeinschaft teilnahm. Da ich so viel meditierte, waren die meisten meiner täglichen drei Meditationen von der Ekstase liebevollen Einsseins mit Gott erfüllt. Ich verschmolz oft mit dem blauen Licht des Bewußtseins in mir und wurde in Erfahrungen der nicht-dualistischen Realität eingeführt, die sich mir ins Bewußtsein prägten. Diese Erfahrungen brachten mich bis auf meinen Wunsch, mit Gott eins zu sein, in einen friedvollen und wunschlosen Zustand. Ich fühlte mich wie ein Flugzeug, das so schnell flog, daß ihm fast die Flügel abgerissen wurden. Mein ganzer Körper, mein Ego, mein Verstand und meine Seele wurden einer intensiven Transformation unterzogen. Mir war bewußt, daß ich mich – mit wenig formalem Training oder Kenntnissen auf dem Gebiet des Yoga und mit viel Vertrauen in Gott – auf eine Reise ins Unbekannte aufgemacht hatte. Muktanandas kaum merkliche Führung war die einzige Sicherheit, die ich hatte. Ich wollte es wissen, nur wußte ich gar nicht, worauf ich mich eingelassen hatte. Die folgenden Tagebucheintragungen vermögen am besten zu zeigen, wie intensiv das Ganze war. Eintragung vom 31. Oktober 1976:

„Heute fand in der Sadhana (spirituelle Praxis) eine weitere Veränderung statt. Es begann gestern abend, als ich ins Bett ging. Ich lag da und wiederholte mein Mantra, als ich eine intensivere Energie spürte. Was mir aus meiner Wahrnehmung heraus wie der Samenleiter vorkam, begann zu zucken und sich krampfartig zusammenzuziehen. Dann hatte ich eine Teilerektion, verbunden mit dem Gefühl, daß eine feine Energiesäule senkrecht zum Dammknoten in mich eindrang. (Der Dammknoten ist der physische Punkt, an dem die Muskeln des unteren Damms zusammentreffen.) Es war schmerzhaft, aber nicht übermäßig. Die Nacht verbrachte ich in einer Art Meditations-Halbschlaf.

Während meiner Morgenmeditation fühlte ich mich ruhig und friedlich und erfreute mich am Spiel von Chiti (des Bewußtseins). Baba (Muktananda) kam in einer blauen Perle und nahm mich irgendwohin mit. Viel blaues Licht. Viel Energie. Innerlich schien ich lauter Licht zu sein. Die Kundalini stieg auf. Dann setzte der Schmerz unten am Muladhara (Wurzel-Chakra) ein, das Zucken und die Krämpfe des Samenleiters – der Sushumna-

Kanal, der normalerweise eng ist, fängt an sich zu weiten, so daß mehr Energie aufwärts strömen kann. All dies wechselt ab mit Visionen von Baba – und vielen himmlischen Gefühlen. Ich fühle mich ganz weich und sanft, doch ich weiß, daß gerade ein sehr ungewöhnlicher Prozeß beginnt, der meine Vorstellungen von meinem Körper übersteigt. Ich versuche mich dazu zu bringen, die Kontrolle über den Körper vollständig an die Kundalini abzugeben. Ich bin fest entschlossen, den Weg ganz zu gehen. Shakti reinigt mich.

Meine Nachmittagsmeditation begann sehr energetisch. Schöne Visionen von Baba wechselten mit verschiedenen Energieformen. Ich fühlte mich froh und leicht. Dann kurz ein negatives energetisches Gefühl – eine Vision tauchte auf und war rasch wieder vorbei. Offensichtlich das Spiel des Bewußtseins – es kam mir fast psychedelisch vor. Dann setzten die Spasmen des Samenleiters ein; viel Schmerz, heiße, schmerzhafte Erektion. Der ganze Bereich vom Becken bis hin zur unteren Solarplexusgegend begann sich innerlich heiß wie Flammen anzufühlen. Mein Körper fing an sich wellenförmig orgasmisch zu bewegen. Es machte mich verlegen, und ich war erleichtert zu merken, daß ich der einzige war, der um diese Tageszeit in der Meditationshalle saß. Trotzdem hatte ich Anflüge von Befangenheit, so im Halblotos zu sitzen und spontane, präorgasmische Wellenbewegungen auszuführen. Dann wurde mir bewußt, daß es nicht aufhören würde. Ich würde mitten in der Meditationshalle einen Orgasmus haben! Ich konnte es einfach nicht glauben. Ich hatte noch nicht einmal irgendwelche sexuellen Gedanken oder Gefühle dabei. Dann setzten heftige trockene Ejakulationsbewegungen ein, an denen mein ganzes unteres Becken teilnahm. Es kamen keine Samen heraus. Welch eine Überraschung! Ich konnte bei jeder orgasmischen Zuckung fühlen und sehen (in meditativer Schau), wie die Samen direkt den Sushumna-Kanal hinaufschossen, wobei dieser immer weiter wurde, so daß er sich bis hinauf zu Ajna (Stirn-Chakra) ausdehnte. Ich wurde von einer intensiven Energie erfüllt. Das Ganze dauerte vielleicht 15 bis 30 Minuten und weitere 15 Minuten, bis die Erektion verschwunden war. Erst nach weiteren anderthalb Stunden ließen die Schmerzen im Dammbereich nach."

Am nächsten Tag fielen die Nägel meiner kleinen Zehen ab. Es schien, als ob die Energie so intensiv war, daß mein System sie kaum fassen konnte. Dieser ganze Prozeß ließ mich sehr ruhig werden. Ich fühlte eine stille Freude darüber, daß ich mich einem Prozeß hingab, der mächtiger war als ich und jenseits meines Verständnisses lag. Und doch ist es eine Sache, in der

Verzückung des Einsseins mit dem Göttlichen zu schwelgen, und eine andere, mich einer Umstrukturierung meiner inneren Anatomie hinzugeben.

Nach dieser Erfahrung, die einen Tag und eine Nacht lang gedauert hatte, wurde der schmerzhafte 25 bis 30 Zentimeter lange Stab immer dann wieder aktiviert, wenn ich auch nur den leisesten Ansatz eines sexuellen Gedankens hatte. Es schien, als ob sich ein Fleischspieß durch die runden Scheiben meiner ersten drei unschuldigen Chakren bohrte. Als ich wieder nach Amerika zurückgekehrt war, dauerte es nicht lange, bis ich merkte, daß ich mich aufgrund dieses Fleischspießeffektes in einem unwillkürlichen Zölibat befand. Meine Frau war darüber sehr unglücklich. Mit Hilfe meines Freundes Dr. Lee Sannella und kraft unserer Liebe begannen wir unsere Beziehung auf neue Ebenen der Liebe und des Mitgefühls zu heben. Zu diesem Zeitpunkt lebten wir in einer ländlichen Gegend in Nordkalifornien. Ich war ganz vertieft darin, mein Leben gemäß den Prinzipien dessen, was ich jetzt rechtes Leben nenne, zu organisieren. Ich arbeitete halbtags, was ausreichte, um die Kosten zu decken, und verbrachte die restliche Zeit damit, das Land zu bearbeiten, bei meiner Familie zu sein, zu meditieren und mich in anderen spirituellen Praktiken zu üben. Mein Leben war noch nie so ausgerichtet und im Gleichgewicht gewesen. Für meine ganze Familie war dies eine besondere Zeit. Von meinem jetzigen Standpunkt aus betrachtet, waren alle drei grundlegenden Chakren zu ihrem höheren Bewußtsein erweckt und in meinen Lebensalltag integriert. In dieser Zeit diente mein unwillkürliches Zölibat der Kundalini auch als Schutzraum, damit sie ihre Arbeit vollenden konnte, die ersten drei Chakren völlig zu wecken und miteinander zu verschmelzen. Etwa sechs Monate später erreichte mich eine Nachricht von Muktananda, der mir zu verstehen gab, daß die Zeit des unwillkürlichen und vollständigen Zölibats nun bald ein Ende haben würde. Als wir endlich das Gefühl hatten, daß die Zeit gekommen war, uns wieder körperlich zu lieben, verschmolzen wir beide spontan und gleichzeitig in dem Wunder des blauen Lichts des völligen Einsseins mit Gott. Es war klar, daß die spiritualisierende Kraft der Kundalini uns beide transformiert hatte.

Die Öffnung des zweiten „Knotens"

Die Verschmelzung der ersten drei Chakren mit dem Herz-Chakra war nicht so dramatisch oder schmerzhaft. Es begann etwa sechs Monate nach der Zeit der Öffnung und Integration des ersten „Knotens". Die zweite Öffnung war durch eine visionäre Erfahrung der genauen Anatomie des Herz-Chakras gekennzeichnet, durch eine Zunahme der Gesamtenergie der mein System spiritualisierenden Kundalini und dadurch, daß meine Visionen während der täglichen Meditation plötzlich so gut wie aufhörten. Statt dessen machte ich beständig die Erfahrung weißen Lichts und verschmolz mit seiner Formlosigkeit. Manchmal war es während meiner frühmorgendlichen Meditationen so hell, daß ich den Eindruck bekam, bis in den Tag hinein meditiert zu haben. Mein ganzes Wesen wurde von diesem Licht vitalisiert. Mir wurde bewußt, daß von meinem Herz-Chakra ein breiter Lichtstrahl ausging. Es war ein weiter Trichter, der mich an eine unpersönliche Liebe und Einfühlung für alles und jeden im Universum anschloß. Ob ich meditierte oder nicht, ob beim Ein- oder Ausatmen, es war leicht, mich in diesem weißen Licht aufzulösen. Es geschah sogar beim Joggen. In dieser Zeit begegnete mir häufig eine blaue Flamme in dem Bereich, den mein linkshemisphärischer medizinischer Verstand als rechten Vorhof des Herzens bezeichnen würde. Es war gerade in der rechten Herzhälfte. Manchmal verwandelte sich dieses blaue Licht in ein Bild von Muktananda oder Nityananda. Seltener kam es vor, daß sich ein ähnliches blaues Licht in Flammenform im Stirn-Chakra befand, das scheinbar auf das blaue Licht im Herz-Chakra abgestimmt war. Ich betrachtete dies nicht als Visionen, denn ob ich sie nun sah oder nicht, ich fühlte ihre Gegenwart. Dieser Zustand des zweiten „Knotens" entfaltete sich im Bewußtsein über einen Zeitraum von fünf Jahren, bevor die endgültige Verschmelzung der Chakren einsetzte. Während dieser Zeit begannen die wiederholten Meditationserfahrungen meines wahren Selbst als das formlose weiße Licht des Bewußtseins sich langsam in mein ständigeres Wachbewußtsein einzuprägen. Ein „Ich Bin"- oder Zeugenbewußtsein wurde zu einem Teil meines Wesensgrundes.

Die Öffnung des dritten „Knotens"

Der Zyklus dieses Erwachens begann in den letzten Oktobertagen im Jahr 1981, etwa zehn Monate vor seinem Höhepunkt. Nach vier Jahren, in denen das Bewußtsein des zweiten Erwachens sich sanft stabilisiert hatte, wurde der Wunsch nach spirituellem Wachstum wieder sehr stark. Ich mußte immer an einen Vortrag Muktanandas denken, in dem er gesagt hatte: „Wenn Gott dir sein Königreich anbietet, warum solltest du dich mit einer Handvoll Staub zufriedengeben?" Mein Programm wurde noch intensiver. Ich stand in dieser Zeit um 2 Uhr 30 morgens auf, um noch eine Stunde länger meditieren zu können. Insgesamt meditierte ich täglich etwa viereinhalb bis fünf Stunden. Anfang Dezember machte ich die ersten beiden

Kapitel 22

Erfahrungen des Nirvikalpa-Samadhi, in dem sogar das „Ich Bin"-Bewußtsein oder das Zeugenbewußtsein sich in die Leere auflöst. Jegliche Dualität war verschwunden. Alles war verschwunden. Die beiden Erfahrungen hielten jeweils etwa eine Stunde an. Während einer dieser Erfahrungen kam meine Frau herein und glaubte, ich sei gestorben. Offensichtlich hatte meine Atmung eine Zeitlang ausgesetzt. Die Kundalini beseitigt tatsächlich die Illusion dessen, der man glaubt zu sein. Es wurde intensiver. Ein Auszug eines Gedichtes aus meinem Tagebuch, geschrieben am 27. Dezember 1981:

„Ah, die Seligkeit meines Lebens,
der Welt,
meiner Kinder
und meiner Frau.
Wenn ich an gebrochenem Herzen sterbe,
wird es nicht aus Trauer sein,
sondern weil es so voller Liebe ist,
daß ich zu mehr nicht nein sagen könnte ...
und so zerbirst es aus lauter Liebe."

Tagebucheintrag vom 12. Februar 1982: „Die Seligkeit des Selbst, die pulsierende Einheit, die innere Freude – sie sind einfach stärker geworden als die zusammenziehende Kraft meines Egos. Ich bin über den kritischen Punkt hinaus ... die Macht der Seligkeit Gottes ist stärker als die sichere Kontraktion des Egos. Es stirbt, während ich immer freier werde. Diese letzte Phase ist der Anfang."

Tagebucheintragung vom 29. Mai 1982: „Irgendwann in diesem letzten Jahr hatte ich die Erkenntnis ... Ich Bin Das! Das Ich-Bin-Bewußtsein ist häufiger da als nicht da. Das Schicksal entfaltet sich auf dem leeren Feld meines Daseins. Ich Bin der Zuschauer, der ihm still und verzückt bei seinem Spiel zuschaut – in dem Wissen, daß Ich Bin. Einfach zu sein ist genug."

Ende August 1982 hatte ich bereits einige Monate lang regelmäßig sechs Stunden täglich meditiert. Meine Familie war drei Wochen zuvor nach Amerika zurückgekehrt. Die Kinder mußten sich darauf vorbereiten, in die Schule zu gehen, und einer von uns mußte ein Haus finden, in dem wir leben konnten. Ich bin meiner Frau Nora sehr dankbar dafür, daß sie in dieser Zeit so verständnisvoll war. Dieses Bewußtsein, diese Liebe und dieses mitfühlende Verständnis des Partners machen es möglich, daß jemand, der eine Familie hat, sich spirituell völlig entfalten kann. Damit wir uns ganz der Entfaltung der Kundalini hingeben können, brauchen wir im rechten Leben die Zustimmung unseres sozialen Umfeldes, daher war Noras Einverständnis sehr wichtig. Für Menschen, die Familie haben, ist das spirituelle Leben leichter, wenn sowohl Mann als auch Frau sich spirituell entwickeln.

Ich hatte Indien nicht mit meiner Familie zusammen verlassen, weil ich das Gefühl hatte, daß sich etwas für mich sehr Wichtiges ereignen würde. Ich konnte Ganeshpuri in dieser Zeit nicht verlassen. Ein weiser Mensch sagte einmal: „Man kann den Abgrund nicht mit zwei kleinen Sprüngen überqueren." Während dieser Zeit konzentrierte sich die Energie der Kundalini im Ich-Bin-Bewußtsein des sechsten Chakras. Obwohl das sanfte Pulsieren der Kundalini im sechsten Chakra schon einige Jahre lang zu spüren war, wurde es beim Meditieren jetzt besonders stark; es fühlte sich an, als ob es explodieren würde. Nachdem diese Intensität ein paar Wochen anhielt, dämmerte mir, daß der dritte Knoten bald durchbrochen werden und die Kundalini im Kronen-Chakra aufgehen würde. In den traditionellen Lehren hieß es oft, daß der Guru seine Erlaubnis erteilen müsse, damit die Kundalini diesen letzten Schritt machen könne. Ich fragte mich, wie dies vor sich gehen würde. Meine Beziehung zu Muktananda war nicht so, daß wir viel miteinander sprachen. Andere Lehren sagten, die Erlaubnis des inneren Gurus, des Selbstes aller, reiche aus. Also wartete ich auf innere Führung.

Schließlich wurde die Energie während einer meiner Abendmeditationen so stark, daß ich spontan aufstand und zu der Meditationshalle hinübertorkelte, die sich neben Muktanandas Zimmer befand. Manchmal kam er abends heraus und ging um diese Halle herum. Etwa 30 Sekunden nachdem ich mich hingesetzt hatte, öffnete Muktananda in langen Unterhosen die Tür und kam heraus. Er kam direkt zu mir. Das weiß ich, weil ich geblinzelt habe! Er fing sofort an, mit seinen Fingern die kurze Strecke zwischen Stirn- und Kronen-Chakra, also den Bereich zwischen meiner Stirn und der Schädeldecke, zu bearbeiten. Während er das tat, fingen Ströme der völlig verschmolzenen Kundalini-Energie an, in einer V-Form aufwärts zum Kronen-Chakra zu fließen. Ich konnte fühlen, daß er seine andere Hand sanft über meinem Kopf hielt. Sie schien die Kundalini-Energie nach oben durch die Krone zu ziehen. Als ich das Gefühl bekam, daß der Fluß stabil war, drehte er sich ruhig um und ging zurück in sein Zimmer. Er hatte seine Funktion der Gnade mir gegenüber erfüllt. Er hatte die Erweiterung des Bewußtseins ins siebte Chakra eingeleitet.

Seit dieser Zeit bin ich mir fast ständig der Kundalini-Energie im Kronen-

Kapitel 22

Chakra bewußt. Immer mehr der pulsierenden Energie floß in das Kronen-Chakra, und doch schien das Gefühl des Sushumna-Kanals zu verblassen. Etwa zwei Monate später erschien mir Sai Baba von Shirdi, ein sehr bekannter Weiser, der 1918 gestorben war und zu dem ich eine besondere Verbindung hatte, in meiner Meditation. Aus seiner rechten Handfläche schoß ein Energieblitz diesen nun geöffneten Kanal hinauf. Daraufhin erfuhr ich eine große Erweiterung des Pfades der Kundalini hinauf zur Krone und eine völlige Auflösung des Sushumna-Kanals. Es schien sich alles in die eins gewordene Kundalini-Energie im Kronen-Chakra aufzulösen. Anschließend bemerkte ich häufig einen pulsierenden Energiewirbel über meinem Kopf. Dies wurde jedoch erst zum Ende meiner 40tägigen Fastenerfahrung sieben Monate später zu einer dauerhaften Erfahrung. Zu jenem Zeitpunkt schien das Kronen-Chakra sich aufzulösen und einen offenen, wirbelnden Trichter reinen Pranas zurückzulassen. Durch diesen offenen Trichter spüre ich ständig die pulsierende kosmische Energie in mein System einfließen. Im Vergleich zu diesem Kanal scheint die Energie der anderen Chakren kaum existent zu sein.

Als ich mich entschied, Ihnen diese Erfahrungen zu vermitteln, mußte ich mich von alten Tabus und Ideen über Spiritualität befreien. Sie beinhalteten Vorschriften, diese Art Informationen und unsere Erfahrungen geheimzuhalten, damit sie nur wenigen auserwählten Menschen bekannt wären. Es gibt eine Geschichte über Ramanuja und seinen Guru. Als Ramanuja von seinem Guru ein geheimes Mantra bekam, sagte ihm der Guru, daß jeder, der das Mantra erhielte, in den Himmel käme; wenn Ramanuja es jedoch ohne die Erlaubnis des Gurus an jemanden weitergäbe, würde er zur Hölle fahren. Ramanuja kletterte sofort auf ein Dach im Dorf, schrie wiederholt: „Om Namah Shivaya" und erklärte den Menschen, daß jeder, der dieses Mantra erhielte, in den Himmel käme. Sein Guru hörte ihn und rief zu ihm hinauf: „Was tust du da? Weißt du nicht, daß du zur Hölle fahren wirst?" Ramanuja rief zurück: „Wenn all diese Menschen in den Himmel kommen, macht es mir gewiß nichts aus, in die Hölle zu fahren." Sein Guru, der seine wahre Absicht erkannte, segnete ihn dann für seine aus Liebe vollbrachte Tat.

Es ist wichtig zu verstehen, daß wir in diesem evolutionären Prozeß nicht alle die gleichen Erfahrungen machen werden. Eine Gefahr dabei, anderen unsere Erfahrungen zu schildern, ist, daß wir dazu neigen, unsere Erfahrungen miteinander zu vergleichen und von einem Ego-Standpunkt aus zu bewerten. Wichtig ist, nicht zu vergessen, aus der Erfahrung anderer zu lernen, zuzuhören und sich von ihr inspirieren zu lassen, aber mit der speziellen Gnade zufrieden zu sein, die Gott uns zukommen läßt. Wir sollten wissen, daß die Erfahrungen, die wir machen, für unsere spirituelle Entwicklung genau die richtigen sind. Es ist nicht nötig, ein so intensives Erwachen und eine so intensive Öffnung der drei Knoten zu erleben, um sich spirituell zu entwickeln. Viel wichtiger ist unsere Bereitschaft, die ganze Gnade Gottes zu erfahren, in welcher Form sie auch immer zu uns kommt. Der Blitz der göttlichen Gnade braucht einen Brennpunkt, der ihn hier auf der Erde anzieht: Das ist unsere Absicht, uns seiner Gnade völlig zu öffnen. Diese Bereitschaft zieht die Gnade an. Wenn wir uns die Gnade Gottes nicht wünschen, wird sie wenig Wirkung auf uns haben.

Anmerkungen zum evolutionären Prozeß der Kundalini

Bei den meisten von uns entfaltet sich die Kundalini im Verlauf von Jahren kontinuierlicher Praxis. An den verschiedenen Punkten, an denen die Chakren miteinander verschmelzen und die beiden Kundalini-Energien beginnen, synchroner und mehr als eine Einheit zusammenzuarbeiten, nimmt die Gesamtenergie der Kundalini im Körper-Geist-Seele-Gefüge zu. Die Zeit vor und nach dieser Verschmelzung erfahren wir als eine Zeit intensiven spirituellen Verlangens und Sehnens, in der wir auch bewußter sind. Zwischen diesen Zeiten gibt es Phasen der Integration und der Stabilisierung des neu erfahrenen Bewußtseins in unserem alltäglichen Leben. Wenn wir verstehen, daß die Entfaltung der Kundalini in verschiedenen Zyklen vor sich geht, können wir uns eine gewisse Zeit lang auf angemessene Weise in Praktiken wie einem völligen Zölibat üben, sofern wir von der in uns arbeitenden Kundalini dazu angeleitet werden. Es scheint gesünder zu sein, der inneren Führung der Kundalini zu folgen, als blind den Ideen verschiedener Lehrer oder spiritueller Wege gemäß extreme Praktiken durchzuführen. Das bedeutet nicht, daß wir herumsitzen und auf das Erwachen der Kundalini warten sollen, bevor wir irgendwelche spirituellen Übungen durchführen. Meditation, ein rechtes Leben, richtige Ernährung und andere gängige Praktiken, die uns dabei helfen, ein sattvischeres, ausgewogeneres und harmonischeres Leben zu führen, sind eindeutig ein Teil unserer allgemeinen spirituellen Entwicklung.

Ohne unsere Erfahrungen in unseren Alltag zu integrieren, ist es schwer, ein höheres Bewußtsein aufrechtzuerhalten. Deshalb ist es so wichtig, daß das erwachte und verschmolzene Bewußtsein des rechten Lebens aus den ersten drei Chakren stabilisiert und als Grundlage unseres Alltags integriert wird. Ohne diese Grundlage ist es schwer, die Energie überbewußter Erfahrungen zu halten oder sie zu einem reifen spirituellen Bewußtsein zu stabilisieren.

Die erwachende und spiritualisierende Kraft der Kundalini bringt oft eine ganze Reihe spiritueller Erfahrungen mit sich. Die Seligkeit, die Ekstase, die völlige Zufriedenheit, der Friede und die Liebe zu Gott, die oft mit diesen Erfahrungen einhergehen, können uns sehr motivieren, unsere spirituellen Praktiken im Leben weiterzuführen. Sie führen uns oft zu einem unmittelbaren Wissen um unser göttliches Selbst und vermitteln uns grundlegende spirituelle Erkenntnisse. Je öfter wir beim Meditieren in diesem Bewußtsein sind, um so mehr wird die Wahrheit bekräftigt, und um so mehr etabliert sie sich dauerhaft in all unseren Bewußtseinszuständen. Diese grundlegenden spirituellen Erfahrungen fungieren als eine Art göttliches Verhaltensänderungs-Programm, das uns hilft, uns ständig unserer transzendenten Wirklichkeit bewußt zu sein. Sie ermutigen uns, reinigende spirituelle Übungen durchzuführen, die uns auf höhere Ebenen bringen, damit wir diese Zustände öfter erfahren können. Die Falle, in die wir bezüglich unserer spirituellen Erfahrungen unbemerkt tappen können, ist, uns zu sehr auf die berauschenden Erfahrungen zu konzentrieren. Dann brüstet sich entweder unser Ego mit ihnen, oder wir betrachten sie fälschlicherweise als Ziel des spirituellen Lebens statt als Teil des Entfaltungsprozesses der Kundalini. Das Ganze ist ein Geschenk, das unserer spirituellen Entwicklung dienen soll. Wenn wir das einsehen können, nehmen wir eine Haltung an, die weder für noch gegen Erfahrungen ist. Wir sind dann einfach frei, uns auf die für unseren spirituellen Fortschritt geeignete Weise auf sie zu beziehen.

Die Intensität unserer spirituellen Bemühungen ist der wichtigste treibende Faktor bei der Entfaltung der Kundalini.[3, 4] Das trifft nicht nur in meinem Fall zu, sondern entspricht auch meinen allgemeinen Beobachtungen anderer Menschen auf den verschiedensten spirituellen Wegen, die einen gewissen Grad wirklicher Bewußtheit erlangt haben. Die Anleitung, der Schutz und die Gnade eines Lehrers, Gurus oder aktiver geistiger Erscheinungen, wie zum Beispiel in meinem Fall die von Sai Baba von Shirdi (vielen Menschen erscheint auch Christus), ist unentbehrlich. Gnade allein reicht jedoch nicht aus. Die Erlösung ist kein einseitiges Geschenk eines Lehrers. Unsere intensive mühelose Bemühung ist erforderlich. Sie ist der eine Flügel des Vogels, Gnade der andere. Fehlt uns einer der Flügel, können wir nicht besonders gut fliegen. Die Angelegenheit ist recht heikel, weil unsere Motivation, uns zu bemühen und uns hinzugeben, von den Zyklen der Entfaltung der Kundalini beeinflußt wird. Es ist schwer, eine intensive Bemühung aufrechtzuerhalten, wenn unsere Zeit noch nicht gekommen ist. Obwohl Willenskraft und eigene Bemühungen helfen, ist es genauso wichtig zu verstehen, daß sie keine automatische Garantie für das Erreichen eines höheren Bewußtseins sind. Verlassen wir uns ausschließlich auf unsere eigenen Bemühungen, lauert eine Ego-Falle auf uns: die des Machers. Möglicherweise haben wir durch unsere Willenskraft stolz alle Hatha-Yoga-Positionen gemeistert oder magische Kräfte entwickelt, doch haben wir damit nur unser Ego verherrlicht und folglich unser spirituelles Wachstum blockiert. Macht oder Fähigkeit ist nicht dasselbe wie spirituelles Bewußtsein. Es scheint eine festgelegte Zeit zu geben – die mein Verständnis überschreitet –, wann sich alles entfalten soll. Es ist, als ob wir plötzlich unseren spirituellen Zweck verstehen und eine Liebe und Hingabe zu Gott empfinden, die wir vorher weder wahrgenommen noch gefühlt haben. Wie die Zeitplanung aussieht und wie der spirituelle Prozeß sich entfaltet, bleibt ein erhabenes göttliches Geheimnis. Um auf die Feinheiten dieser Vorgänge eingestimmt zu sein, sollten wir am besten eine Einstellung des Seins statt des Tuns pflegen. Dies ist ein Zustand der mühelosen Bemühung. In meinem Fall haben sich mehrere Ereignisse infolge dieser Einstellung ergeben, zum Beispiel als mein Kronen-Chakra durch die physische Manifestation der Gnade (das heißt durch Muktananda), durch Sai Baba von Shirdi in der Meditation und durch das 40tägige Fasten, zu dem ich inspiriert worden war, geöffnet wurde. In all diesen Ereignissen mischte sich göttliche Gnade mit verschiedenen Formen eigener Bemühungen.

Die Idee einer eigenen Bemühung ist an sich paradox. Man kann eigene Bemühungen auch als Hingabe an Gott verstehen. Es gibt während unserer spirituellen Entwicklung Zeiten, in denen wir eine klare Botschaft unseres inneren Lehrers erhalten, den nächsten Schritt zu tun – ob unsere Kundalini nun erwacht ist oder nicht. Das mag uns weder gelegen kommen, noch besonders angenehm sein. Sich selbst zu bemühen bedeutet, sich zu entscheiden, dieser Botschaft zu folgen, egal was es kostet. Es kann bedeuten, viele Stunden lang zu meditieren und sehr wenig und nur leichte biogene Nahrungsmittel zu essen. Es könnte bedeuten, 40 Tage lang zu fasten. Es könnte auch bedeuten, ein paar Monate lang als Taxifahrer zu arbeiten. Das ist Hingabe an den Willen Gottes. Es bedeutet, ja zu sagen, wenn sich der flammende Spieß der Kundalini schmerzhaft in unseren Damm und 25 Zentimeter weit in unseren Körper bohrt, und nicht zu wissen, welche seltsamen Dinge als nächstes passieren werden. Sich selbst zu bemühen bedeutet, nicht nach der nächsten Schale Eiscreme zu greifen, wenn Gott uns göttlichen Nektar anbietet. Sich selbst zu bemühen bedeutet, den Fernseher nicht lauter zu stellen, wenn man den Ruf Gottes vernimmt. Eigene Bemühungen sind die Manifestation der Willenskraft, die erforderlich ist, um unabhängig von den Umständen ja zur Gnade zu sagen. Auf diese Weise werden die eigenen Bemühungen und die Gnade eins.

Die Frage der eigenen Bemühung und der Hinwendung der Aufmerksamkeit nach innen ist wichtig, weil viele Menschen immer nur außerhalb ihrer selbst nach Erlösung suchen und eigene Bemühung vermeiden möchten. Wir suchen einen Lehrer oder einen Guru, der uns das abnimmt. Neue Leute fragten Muktananda im Grunde genommen oft: „Bist du der Beste?", als ob dies ihre Erlösung sicherstellen würde. Darüber hinaus sicherten sie sich dadurch das „Recht", bezüglich ihres Gurus oder ihres Wegs zu prahlen. Der Guru oder der Weg wird dadurch nicht nur zu einer Erweiterung unseres Stolzes, was unsere Entwicklung blockiert; es ist auch die Grundlage, auf der „mein Guru" oder „mein Weg" zu einem Kult wird. Dieses Kult-Phänomen läßt sich heutzutage sowohl in östlichen spirituellen Gruppen als auch in christlichen Gruppen des Westens beobachten. Einen tragischen Höhepunkt stellten die Geschehnisse um Jonestown dar. Wenn wir unsere Aufmerksamkeit nur nach außen richten, geraten wir auch in einen Zustand der Verwirrung, was die Wichtigkeit unseres inneren Lehrers und unserer eigenen Bemühungen angeht. Ein großer spiritueller Meister sagte einmal, daß wir unsere Götter und Gurus selbst erschafften. Das einzige, was wir nicht erschaffen könnten, sei das Selbst; aus diesem Grund sollten wir das Selbst kennen. Sri Nisargadatta, ein befreiter Hellseher aus Bombay, lehrte, daß der physische Guru nur ein Meilenstein auf dem Weg sei, der innere Guru uns jedoch auf dem ganzen Weg begleite.[5] Die Kundalini-Shakti, eine in uns ruhende holographische Energiestruktur des universellen Bewußtseins, wird in uns geweckt und entfaltet sich in uns als eine spiritualisierende Kraft. Durch sie können wir die Botschaft Jesu direkt erfahren.

Nach der Verschmelzung der Kundalini

„Eine stille Vollkommenheit durchdringt alles.
Vollkommenheit ... Sein ... Ganzheit.
Es ist genug, zu sein.
Den Weg kennen, indem man der Weg ist.
Völlig normal ... ein stiller ekstatischer Niemand.
Ein Diener Gottes,
Der einfach als die Welt in der Welt ist, und doch nicht von ihr ist.
Frei, Gottes Wille zu sein.
Die Illusion, der Handelnde zu sein, ist verschwunden.
Die Persönlichkeit ist nichts anderes als die Folge
Einer mißverstandenen Identität.
Es gibt nichts zu tun,
Als die erhabene Feier der Entfaltung der göttlichen Schöpfung zu sein.
Im Frieden des Seins herrscht eine sanfte Liebe.
Wir sind ein Herz,
Das in der alles durchdringenden harmonischen Energie
Der Liebe pulsiert,
Sie ist die Grundlage allen Seins.
Die Wahrheit ist Liebe,
Wir existieren als Liebe,
Liebe sein,
Einfach nur sein ...
Liebe."

Tagebucheintrag vom 15. August 1986: „Die aufsteigende Kundalini ist ein Pfeil, der wieder nach oben zum Herzen Gottes zurückkehrt. Nachdem das Herz Gottes durchbohrt wurde, ist nur noch eine vollkommene, pulsierende Energiekugel göttlicher Liebe da, die sich von einem völlig stillen Zentrum unendlich weit in alle Richtungen ausdehnt. Es ist das Bewußtsein, daß es nur den Einen gibt. Es gibt keine Trennungen in mein und dein, du und ich, dieses oder jenes. Es ist die unmittelbare Erkenntnis, daß wir alle Finger der Hand Gottes sind. Alles wird erfahren als eins auf dem Wesensgrund Gottes. Es bedeutet, in jeder Faser unseres Wesens die Wahrheit des ersten Gebotes zu kennen: ‚Du sollst keinen Gott neben mir haben.' (2. Buch Mose 20, 3) und ‚Höre, Israel! Der Herr, unser Gott, ist der einzige Gott.' (5. Buch Mose 6, 4) Das ist die nicht-dualistische Wahrheit Gottes."

Dieses Bewußtsein liegt jenseits der Dualität. Unser binäres Gehirn kann damit auf einer intellektuellen Ebene einfach nicht umgehen oder es zum Ausdruck bringen. Wir fallen immer wieder in eine dualistische Ausdrucksweise mit dualistischen Begriffen wie „vollkommen", wozu immer auch das dualistische Gegenteil „unvollkommen" gehört. Natürlich ist nicht nur das Wort „vollkommen" dualistisch, sondern es hängt auch mit all unseren dualistischen Vorstellungen von Vollkommenheit zusammen. Diese Vollkommenheitsvorstellungen trüben unsere Klarheit bei der Erfüllung des göttlichen Willens und unser Verstehen anderer, die frei sind, Gottes Wille zu sein. Frei zu sein, Gottes Wille zu sein, bedeutet, daß wir von all unseren Vorstellungen von Vollkommenheit oder von entsprechenden Projektionen anderer befreit sind. Das kann bedeuten, daß wir Liebe zum Ausdruck bringen, indem wir jemanden mitleidsvoll und heftig anschreien, damit er aufwacht. Es kann auch bedeuten, daß man sich vom Zustand oder Problem eines anderen ergreifen läßt, um Einblick zu bekommen und helfen zu können. Es kann erforderlich sein, daß wir wütend werden, um jemandem eine spirituelle Lektion zu erteilen, wie Jesus es mit den Geldwechslern im Tempel wurde. Wir müssen jede Lehre durch uns hindurchfließen lassen, die hindurchfließen muß, und darauf vertrauen, daß wir eine Erweiterung des göttlichen Willens sind. Obwohl wir nicht unsere Persönlichkeit sind, wird uns klar, daß wir unsere Persönlichkeit als Ausdrucksmöglichkeit in der Welt gleichsam als Werkzeug einsetzen müssen, ungeachtet dessen, welche Eigentümlichkeiten sie unter Umständen aufweist. Es bedeutet nicht, daß wir gar keine Vorstellungen mehr haben; wir erkennen sie vielmehr als solche und können sie jederzeit transzendieren. Die Verschmelzung der Kundalini macht uns nicht vollkommen, doch sie bringt uns zum Sein. Wir werden wie das Gesetz, statt ihm unterworfen zu sein.

In diesem Zustand der Ganzheit erfahren wir uns nicht als anders oder als losgelöst von irgend jemand anderem. Wir sind ununterbrochen in einem Bewußtsein der Gleichheit. Beispielhaft für dieses Bewußtsein handelte Christus, nachdem er aufgestiegen war: Er kam zurück und brach in bescheidener Gemeinschaft mit seinen Schülern das Brot. Infolge des Einströmens charismatischer Lehrer und Gurus nach Amerika haben die Menschen fälschlicherweise angefangen, den spirituellen Zustand einer Person nach ihrem Charisma oder ihrer übersinnlichen Macht zu beurteilen. Macht ist jedoch nicht Bewußtsein, sie ist einfach Macht. Die Manifestation von Qualitäten wie Macht kann im Rahmen der Mission eines Menschen einen Sinn erfüllen, doch sollten sie nicht mit dem eigentlichen spirituellen Zustand verwechselt werden. Man kann im Alltag völlig normal wirken. Der große chinesische Meister Chuang Tse soll sehr einfach gewirkt haben. Im Chassidismus, einer Art ekstatisch mystischem Judentum, gibt es die Tradition des geheimen Zaddik. Der Gründer, Baal Schem Tov, hielt sich jahrelang als armer Familienvater verborgen. Mein spiritueller Onkel, Swami Prakashananda, den Muktananda im Jahr 1961 als befreit bestätigt hat, wohnt sehr einfach in ein oder zwei Zimmern. Er sitzt still da und ist einfach in seinem Zustand der Liebe. Spirituell Suchende und auch spirituell fortgeschrittene Mönche aus der Umgebung kommen zu ihm, um seine Liebe zu spüren oder sich in seiner rechten Gesellschaft aufzuhalten. Es gibt keine Tourneen oder Werbekampagnen, die im Westen so weit verbreitet sind, und es wird natürlich auch kein Geld erbeten oder angenommen. In seiner Nähe denken wir nicht an Macht, sondern nur an die Liebe und spirituelle Weisheit seines einfachen Seins. Im Zen wird gelehrt, daß wir einfach weiter unseren täglichen Arbeiten wie Holzhacken oder Wasserholen nachgehen. Der Punkt ist, daß man dieses Bewußtsein nach dem Aufstieg der Kundalini in einfachen, gewöhnlichen, ekstatischen Alltagsmenschen finden kann, die oft nicht erkannt werden, weil unsere Projektionen und Erwartungen an einen spirituellen Lehrer anders aussehen. Genauso kann man dieses Bewußtsein bei einer dieser sehr beliebten, charismatischen Persönlichkeiten finden, die zu unseren Traumvorstellungen passen. Aber ein charismatischer, mächtiger Lehrer zu sein bedeutet nicht, in einem solchen Bewußtsein zu sein, egal wie sehr der Stil des Lehrers unseren Erwartungen und Projektionen bezüglich eines befreiten Wesens entspricht. Das ist ein heikler Punkt, den wir verstehen sollten. Ich werfe diese Fragen auf, damit wir uns nicht in Konzepten verstricken. Das wichtigste ist, uns auf unseren inneren Zustand zu konzentrieren.

In diesem Nach-Kundalini-Zustand wird man äußerst menschlich. Dort eröffnet sich einem eine weitere Stufe des Herzbewußtseins, in dem man von dem Herzschmerz der Welt und jedes einzelnen Menschen betroffen ist. Unabhängig davon, wie viele Menschen ihren Schmerz und ihre Feindseligkeit auf einen projizieren, man kann nicht anders, als das Herz offenzuhalten.

7. März 1985: „Während immer mehr Prana durch den Körper fließt ... scheint sich im Herzen ganz subtil Liebe anzusammeln, die fast die ganze Zeit über in mir strahlt. Nicht unbedingt ekstatische Liebe, sondern ein

Kapitel 22

stabiles Bewußtsein der Liebe, die uns alle verbindet ... Es ist nicht die Liebe für eine bestimmte Sache, nicht einmal die zu Gott ... Es ist einfach Liebe um ihrer selbst willen ... als mein Seinsgrund."

Diese Liebe ist eine nicht nachlassende Liebe. Derart empfindsam zu sein bedeutet nicht, daß man an Emotionen anhaftet, sondern daß die Emotionen durch einen hindurchfließen – man erfährt sie, und sie gehen vorüber. Man entspricht nicht dem yogischen Ideal des Steins, von dem alle Emotionen abprallen, sondern vielmehr dem taoistischen Wasser, das alles in sich aufnimmt. Im Zustand des Einsseins und einer mitfühlenden Verbindung zur Welt wird sogar der Stein mit der Zeit vom Wasser aufgenommen. Ein Gedicht aus dem Tao Te King stellt das sehr schön dar:

> „Der Weise hat kein verschlossenes Herz.
> Er kennt die Bedürfnisse anderer ...
> Der Weise ist schüchtern und bescheiden -
> der Welt scheint er verwirrend zu sein.
> Die Menschen wenden sich an ihn und hören ihm zu.
> Er verhält sich wie ein kleines Kind."[6]

Wie alles andere auf dem spirituellen Pfad erreichen wir auch eine 100prozentige Verankerung im nicht-dualistischen Bewußtsein nicht von heute auf morgen – vielleicht erreichen wir sie nie. Ob wir jemals 100 Prozent erreichen, liegt jenseits dessen, worüber ich aus meiner Erfahrung sprechen oder was ich beurteilen kann. Unserem dualistischen Denken entsprechend hätten es viele gern ganz oder gar nicht. Während meiner Erfahrung des Verschmelzens der Energie aller Chakren und der Kundalini-Energie zu einer göttlichen Energie verschob sich meine Identität mehr hin zu meinem eigentlichen Wesen. Ich empfand mich als Das; als Ich Bin, Der Ich Bin; mehr im Sein als im Tun zentriert; als in der nicht-dualistischen Wahrheit lebend und als Wesen, das sich in dem subtilen Zustand des Einsseins mit der ganzen Schöpfung befindet. Dies wurde mein vorherrschendes, mich völlig überflutendes und mir innewohnendes Bewußtsein. Dennoch war es kein und ist es kein ununterbrochenes Bewußtsein dieser Wahrheit. Das Bewußtsein des nicht-dualistischen Zustandes scheint ständig zuzunehmen, sich von einem vorherrschenden Bewußtsein zu einem beständigen Bewußtsein dieses Zustandes zu entwickeln. Shriman Tapasviji Maharaj, der 185jährige Heilige, weinte einmal drei Tage lang, weil ein ihm nahestehender Schüler gestorben war. Als seine erstaunten Schüler fragten, was mit ihm sei, antwortete er, daß, egal wie groß ein Heiliger sei und wie viele Menschen ihn als erleuchtet bezeichneten, sein Verstand manchmal von Ideen in die Irre geführt werden könne, wie daß man getrennt von der Welt existiere oder daß die Dualität real sei und jemand wirklich sterben oder verlorengehen könne. Obwohl dieser Zustand in so jemandem nur vorübergehend ist, betonte Maharaj, wird die Trauer empfunden, solange sie da ist.[7] Er lehrte, daß kein Mensch, auch wenn er befreit sei, wahrlich und beständig frei von allen Anhaftungen, von Trauer, Begehren und jeder Spur dualistischen, ich- oder mein-bezogenen Denkens sei. Maharaj gibt eine schöne Analogie, indem er die Situation mit einem großen Baum vergleicht, den ein starker Wind anbläst. Der Stamm bewegt sich ein wenig und kehrt dann in seinen unbeweglichen Zustand zurück. Die Äste werden etwas länger geschüttelt, und auch weniger starke Winde können auf sie einwirken. Der Stamm entspricht demjenigen, der von den grundlegenden falschen Vorstellungen seiner Identität und vom dualistischen Denken des Verstandes befreit ist. Die leicht beweglichen Äste entsprechen dem normalen dualistischen Denken.

Einige erleuchtete Seelen sind der Ansicht, daß man mit den spirituellen Übungen aufhören kann, wenn man einmal eine bestimmte Ebene oder einen bestimmten Bewußtseinszustand erreicht hat. In Amerika wollen uns viele Kräfte, zum Beispiel Ruhm, Sex, Wohlstand und Macht, dazu verleiten, die grundlegende Wahrheit zu vergessen. Unsere Zeitungen und Bewußtseinsmagazine haben aufgedeckt, daß viele gute Gurus, Lehrer und Führer diesen subtilen Versuchungen erlegen sind. Aus diesem Grund und weil sie ein Bestandteil meines Weges geworden sind, führe ich viele meiner spirituellen Übungen nach wie vor durch, zum Beispiel achte ich auf meine Ernährung, führe ein rechtes Leben, faste und meditiere stundenlang.

Swami Prakashananda, der in zwei Situationen vor meiner Abreise aus Indien von sich aus die Verlagerung meines vorherrschenden Bewußtseins bestätigte und der Teil meines Netzwerks rechter Beziehungen ist, gab mir in dieser Angelegenheit brieflich folgende Rückmeldung auf meine Herangehensweise: „Baba (Muktananda) hat Dir alles gegeben, und Du hast die innewohnende Vollkommenheit verwirklicht. In dieser Vollkommenheit weißt Du alles – was gibt es also noch zu sagen? Und doch ist es wahr, auch dann noch kommt manchmal Dummheit auf." In einem anderen Brief unterstützte Prakashananda diese Übungen: „Du hast ganz recht mit Deiner Einschätzung des Fastens und der Meditation. Es gibt nichts Vergleichbares, um sich selbst zu reinigen – auch wenn Dein Wesen vollkommen ist, wie ich Dir gegenüber schon oft erwähnt habe. Es ist in der Tat sehr gut für die

Kapitel 22

Seele, und Du hast absolut recht, wenn Du sagst, daß wir diese Therapie von Zeit zu Zeit brauchen, solange wir uns im physischen Körper befinden." Da ich mir eingestehe, daß mein nicht-dualistisches Denken gelegentlichen Schwankungen ausgesetzt ist, mache ich mit meinen Übungen weiter. Sie spiegeln meinen Seinszustand wider, sind mein Ausdruck dessen, wie man in dieser Welt als Mitglied einer Familie leben kann. Dies ist meine Art, „einen Zaun um die Thora zu errichten". Diese Art zu leben soll nicht die aufkommende Unwissenheit der Dualität unterdrücken – diese Zustände binden uns nicht. Sie sind nur vorübergehende Modifizierungen der transzendenten Wahrheit, die Ich Bin. Sogar die Art zu leben könnte sich ändern. In einem überwiegend nicht-dualistischen Bewußtsein werden wir wie das Gesetz, statt dem Gesetz unterworfen zu sein. Alle Gesetze und Vorstellungen, einschließlich meiner eigenen, sind Spiele, die gespielt werden, damit wir an der Gesellschaft teilnehmen können.

In diesem Seinszustand fühle ich mich völlig frei, meinen sattvischen Essener-Archetyp auszuleben. Aber ich glaube nicht, daß dieser spezielle Archetyp den einzig möglichen Weg darstellt. Wir sind alle Ausdrucksformen des Erleuchtungsprozesses, und ich entscheide mich dafür, die Zehn Gebote in Ehren zu halten, indem ich weder die Liebe noch die Freude mit meinen Vorstellungen abtöte. Ich vermittle sie anderen, da sie Menschen, die die gleichen Archetypen besitzen, vielleicht helfen oder ihnen eine Anleitung sein können. Wir können die Wahrheit nur so leben, wie wir sie erfahren. Wenn ich die Vorstellungen anderer Menschen kopiere, wie kann Ich Sein? Ich kann das Nicht-Manifeste nur auf meine einzigartige Weise manifestieren. Aus diesem Grund wiederholt die Thora mehrfach: der Gott Abrahams, der Gott Isaaks und der Gott Jakobs. Diese drei Größen waren die einzigartige Manifestation des jeweiligen Individuums. Wir befinden uns alle in einem Erleuchtungsprozeß, der uns zur Möglichkeit vollkommener Erleuchtung führen wird. Ich kann Ihnen nur meine Erfahrungen vermitteln, wie sie sich mir von meiner speziellen Bewußtseinsstufe aus darstellen.

Perfektionistische Vorstellungen des einen oder anderen gehören der Welt der dualistisch Denkenden an, die beurteilen, einstufen und Getrenntheit erzeugen wollen. Im Reich Gottes gibt es viele schöne Häuser, und genau wie alle anderen befinde ich mich einfach auf einer Reise, die mich durch diese Paläste führt. Wir sind alle Blumen der Liebe und dehnen uns unaufhörlich Schritt für Schritt im pulslosen Pulsieren des unendlichen universellen Bewußtseins aus. Eine der Quellen, die mich zu diesen Unterweisungen inspirierten, war der große chassidische Meister Rabbi

Nachman. Man sagt ihm nach, daß er, wann immer er eine neue Bewußtseinsstufe erreicht hatte, bescheidenen Herzens unmittelbar wieder von neuem begann, wie einer, der seinen ersten Schritt in das heilige Reich setzt.[8] Man sagt, er sei von einem intensiven Verlangen getrieben gewesen, seine Erkenntnis Gottes immer mehr zu vertiefen. Bassui Tokusho, ein Rinzai-Zen-Meister, der im Jahr 1327 geboren wurde, hatte eine so entschiedene Ansicht über die Notwendigkeit, zu einem erwachten Bewußtsein zu gelangen, daß er jahrelang als umherziehender Mönch mit intensiven Übungen fortfuhr, obwohl er von vielen als erleuchtet bezeichnet wurde. Das tat er, bis er eine Stufe spirituellen Bewußtseins erreicht hatte, die er für erforderlich hielt, um andere zu unterweisen.[9]

In der Vergangenheit haben einige der großen spirituellen Lehrer Erfahrungen gemacht, die kurzzeitige Unterbrechungen ihres beständigen Einsseins mit Gott zu sein schienen. Da uns diese großen Meister in all ihrem Tun eine Lehre sind, sollen uns diese Einbrüche im Bewußtsein des Einsseins möglicherweise zeigen, daß es unangemessen ist, perfektionistische spirituelle Standards auf diejenigen unter uns anzuwenden, die in einem Körper wohnen.[10] In der jüdischen Tradition wurde sogar der größte spirituelle Führer, Mose, von Gott an den Wassern von Meriba gezüchtigt (4. Buch Mose 20, 12), weil er Gott nicht ehrte und nicht an ihn dachte, als er das Wasser aus dem Stein holte. Wegen dieses Absinkens seines Bewußtseins wurde es Mose nicht gestattet, die Menschen in das Gelobte Land zu führen. In den östlichen Traditionen gibt es die Geschichte vom großen Avatar Rama, der weinte, als er erfuhr, daß seine Frau entführt worden war. Ein anderes Mal wurde er von Trauer ergriffen, als er seinen Bruder bewußtlos auf dem Schlachtfeld liegen sah. Von dem Yoga-Meister Krishna, der auch zum Avatar erklärt worden ist, sagt man, daß er Trauer empfunden habe, als sein Vater starb. Das sind wichtige Beispiele und Lehren, die darauf hindeuten, daß die Vorstellung von einem völlig durchgängigen Bewußtsein des Einsseins mit dem Kosmos vielleicht nur ein Ausdruck des Bedürfnisses unseres dualistischen Verstandes nach einem sicheren, bequemen und reinen Konzept von Perfektion ist – zumindest solange wir uns noch in einem physischen Körper befinden.

Dennoch gibt es möglicherweise auch für jemanden, der einen menschlichen Körper bewohnt, einen völlig erleuchteten, ununterbrochenen transzendentalen Zustand. Ich habe dieses Thema angesprochen, um an den Vorstellungen der dualistischen Perfektionisten zu rütteln, die für sich selbst und andere Leiden schaffen, weil sie sich selbst nicht akzeptieren und die spirituellen Zustände anderer kritisch beurteilen. Für mich ist alles einfach ein göttliches Spiel. Ich befinde mich in einem natürlichen Entfaltungsprozeß, den ich mit meiner Art zu leben unterstütze und der meine Art zu leben ist. Ich empfinde mich als ganz normal, natürlich, gewöhnlich und dem Wesen nach mit allen anderen Menschen innerlich auf der Grundlage dieses Normalseins verbunden. An dem Punkt, an dem ich mich befinde, konzentriere ich mich weder auf das vorgestellte Ziel völliger Erleuchtung, noch auf den Prozeß. Es reicht aus, einfach in der Wonne des Seins zu verharren ... den Weg zu kennen, indem man der Weg ist.

Zusammenfassung von Kapitel 22

1. Die Kundalini ist die Gnade Gottes, die unser Bewußtsein in das nicht-dualistische, holographische Bewußtsein der Wahrheit Gottes transformiert.
2. Während dieses Kundalini-Prozesses können wir Ekstase, Zufriedenheit, Liebe und die Einheit mit Gott erleben.
3. Je nachdem, wie wir sie wahrnehmen, können diese Erfahrungen eine Ego-Falle sein oder als göttlicher Verhaltensmodifikator dienen, der uns ermutigt, Übungen durchzuführen, die die spiritualisierende Energie der Kundalini verstärken.
4. Je öfter wir Zustände des tiefgreifenden Einsseins erleben, je mehr prägen sie sich unserem Bewußtsein ein, bis sie unser vorherrschendes Bewußtsein werden.
5. Es gibt zwei Kundalini-Energien. Die eine ist die weltliche oder die Kundalini-Shakti, die im ersten Chakra ruht und die gesamten Körperfunktionen mit Energie versorgt. Die andere ist das reine Prana, das durch das Kronen-Chakra eintritt. Letzteres bezeichnet man als spirituelle Kundalini.
6. Wenn in der Wechselwirkung der beiden Kundalini-Energien genug Energie auftritt, erwacht die Kundalini-Skakti.
7. Mit dem Erwachen kommt es zu einer Teilfusion der beiden Energien, die sich infolgedessen synchronisieren. Je weiter sich das Bewußtsein entwickelt, um so mehr nehmen die allgemeine Kundalini-Energie, das synchrone Wirken und die Fusion der beiden Kundalini-Energien zu, bis die beiden Kundalini-Energien zu einer holographischen Energie im Kronen-Chakra verschmelzen. Dann verschiebt sich unser Bewußtsein

zu einem vorherrschend nicht-dualistischen Wachbewußtsein und Gottesbewußtsein.

8. Die klassischen drei „Knoten" sind Knotenpunkte im System, an denen es zu einem quantensprungartigen Anstieg der Kundalini-Energie kommt. Der erste „Knoten", nach dessen Öffnung sich die Energie vermehrt und das Bewußtsein erweitert, geht auf, wenn die ersten drei Chakren miteinander verschmelzen. Die Öffnung des zweiten hängt mit dem Verschmelzen der ersten drei Chakren und dem Bewußtsein des Herz-Chakras zusammen. Zur dritten Erweiterung kommt es durch die Verschmelzung des Bewußtseins sämtlicher Chakren, so daß nur noch das ganzheitliche, nicht-dualistische Einheitsbewußtsein der Wahrheit Gottes existiert.

9. In unserer spirituellen Entwicklung scheint es Phasen zu geben, in denen wir motivierter, und Phasen, in denen wir weniger motiviert sind – abhängig davon, was für den Kundalini-Prozeß nötig ist. Infolgedessen können sich unsere spirituellen Übungen ändern, auch wenn die generellen Praktiken richtige Ernährung, rechtes Leben und Meditation immer passend sind.

10. Damit die Entfaltung der Kundalini insgesamt auf effektive Weise vor sich gehen kann, ist das richtige Gleichgewicht zwischen Gnade und eigenen Bemühungen erforderlich.

11. Eigene Bemühungen sind nicht dasselbe wie Willenskraft. Es geht vielmehr um das Paradox der mühelosen Bemühung. Damit ist die Fähigkeit gemeint, ja sagen zu können, wenn die Gnade Gottes zu uns kommt, auch wenn wir uns möglicherweise nicht bereit fühlen, sie in dieser Form anzunehmen.

12. Nachdem die Kundalini verschmolzen ist, wachsen wir über eine vertikale Entwicklung hinaus zu einer unendlichen Expansion in alle Richtungen, als das eine Herz Gottes, als Liebe, als nicht-dualistisches Gleichheits- und Einheitsbewußtsein.

13. Nicht in einem Zustand des Tuns, sondern in einem Zustand des Seins sind wir frei, Gottes Wille zu sein.

14. Für mich ist dies nur der erste Schritt auf einer neuen Stufe des Wachstums in einem der vielen Häuser Gottes. Wir nehmen alle an dieser unendlichen und allmählichen Entfaltung der vielen Erleuchtungsstufen teil.

15. Obwohl unser perfektionistisches dualistisches Denken gern hätte, daß man entweder in einem ununterbrochenen Zustand des Bewußtseins ist oder eben nicht, ist dies eine idealistische Vorstellung. Wir können aufhören, uns selbst und andere zu bewerten, und wissen, daß es genug ist, einfach nur zu sein ...

16. Das Geschenk der Verschmelzung der Kundalini besteht darin ... den Weg zu kennen ... weil man der Weg ist.

23

Ernährung, Kundalini und Transzendenz

Transzendenz

Transzendenz ist die Erweiterung von Regeneration. Es ist der Prozeß, durch den die FOEF-Strukturen des Körpers eine höhere, reinere und besser strukturierte Energieebene erreichen. Transzendenz herrscht, wenn der Körper von seiner traditionellen zellulären Beschränkung befreit ist. Zu den historischen Beispielen tatsächlicher physischer Transzendenz gehören Elia, Enoch, Jesus und der indianische Heilige Tukaram.

Transzendenz läßt sich leichter im Kontext der kosmischen Zyklen von Involution und Evolution verstehen. In Kapitel 2 sprachen wir davon, wie die FOEFs aus dem virtuellen Energiefeld, das sich im Überlichtgeschwindigkeitsbereich befindet, ausfallen, daß dann Teilchen entstehen, die sich mit Lichtgeschwindigkeit bewegen und sich schließlich zu unserer menschlichen Form verdichten. Dies ist der Vorgang der Involution. Der Vorgang der Evolution beginnt mit dem Erwachen der Kundalini-Shakti, dem Rest der involutionären Energie, die im Wurzel-Chakra gespeichert ist. Das Erwachen der Kundalini-Shakti bringt uns auf den evolutionären Weg, den wir als spirituelle Entwicklung bezeichnen. Ein wichtiger Schritt auf diesem Weg ist die völlig synchrone Verschmelzung der Chakren und der Kundalini zu einer einzigen Energie. Dies geschieht, wenn das spirituelle Bewußtsein und die pranische Energie im System eine gewisse Intensität erreichen. An diesem Punkt transzendieren wir die Dualität in unserem feinstofflichen Körpersystem wie auch in unserem Bewußtsein. Wenn wir über dieses Modell der Transzendenz sprechen wollen, stoßen wir auf das Problem, daß unser Gehirn binär oder dualistisch funktioniert, die Zustände, über die wir sprechen, jedoch weder das eine noch die vielen sind. Obwohl die Beschreibung einen linearen Eindruck vermittelt, paßt der Prozeß der Transzendenz weder in die Linearität unseres westlichen Denkens noch in die Zirkularität des östlichen Denkens. Dieser Prozeß ist spiralförmig und wirbelartig.

Spirituelle Evolution geschieht gleichzeitig auf allen Ebenen, doch kulminiert sie auf verschiedenen Stufen der Integration zu verschiedenen Zeiten in einem erwachten, bewußten Gleichgewicht. Auch wenn es keine umfassende Erklärung für diesen Prozeß der Involution und Evolution gibt – außer, daß sie das Spiel Gottes sind –, können wir sie uns teilweise aus der Existenz des Gesetzes von Ursache und Wirkung auf den feinstofflichen Ebenen erklären. Eine Analogie hierzu ist das kosmische Vakuum, in dem Energie spontan ausfällt und zu Materie wird und dann wieder in ihren ursprünglichen Zustand virtueller Energie zurückkehrt. Dieser Prozeß findet auf allen Ebenen des kosmischen Daseins statt, auch in unserer Nahrung. In dem Buch „Oahspe" wird die gesamte in der Materie befindliche Energie als „spiralige" Energie bezeichnet.[1] Die Ausfällung der Energie aus dem kosmischen Prana geschieht in einem spiralförmigen Strudelmuster, das dann als potentielle feinstoffliche Energie in der Materie ruht. Ein Beispiel möge das verdeutlichen: In einem bestimmten Augenblick während des Assimilationsprozesses findet eine Auflösung der materiellen Nahrung statt, und die „spiralige" Energie wird freigesetzt. Das Verkörperte neigt dazu, sich aufzulösen.[2] Auf diese Weise geht die Transzendenz für die gesamte Schöpfung vonstatten, auch für uns Menschen. Im Prozeß der Transzendenz gestaltet sich unsere physische materielle Form langsam in feinstofflichere physische Formen um und verwandelt sich schließlich in feinstoffliche Energieformen, die wieder von der kosmischen Energie aufgenommen werden.

Spiralförmige Strukturen und die Kundalini

Das reine Prana oder die spirituelle Kundalini wird direkt über das Kronen-Chakra in das System aufgenommen, wenn sie von keiner feinstofflichen Anatomie gefiltert wird. Dann wird sie in den Wirbel des Sushumna-Kanals hineingezogen, der entweder eine über- oder untergeordnete strukturgebende spiralförmige Kraft im Körper darstellt, je nachdem, ob die Kundalini erwacht ist oder nicht. Das kosmische Prana bewegt sich spiralförmig hinunter zum Herzzentrum, dem Zentrum des Sushumna-Wirbels, und dehnt sich dann aus (siehe Abb. 15). Die spiralförmig sich drehenden Energien sämtlicher Chakren sind mit diesem zentralen Kundalini-Wirbel verbunden. Die Chakra-Energie ist nicht so hochverfeinert. Die Chakren beziehen einen Teil ihrer Energie aus dem Kundalini-Wirbel. Dabei entziehen sie dem Kundalini-Wirbel Energie und verlangsamen dadurch seine Umdrehungsgeschwindigkeit. Bis die Kundalini erwacht ist, zieht der Körper aufgrund seiner Dichte ständig Energie aus dem Kundalini-Wirbel in die physische Struktur hinein. Ist die Kundalini erwacht, wird dieser Wirbel in

Ernährung, Kundalini und Transzendenz

Abbildung 15

zunehmendem Maß durch ihren Aufstieg energetisiert. Das Kronen-Chakra wird auch aktiver, und es gelangt mehr reines Prana ins System, wodurch dem zentralen Wirbel noch mehr Energie zugeführt wird.

Wenn die Energie dieses Wirbels eine gewisse Intensität erreicht, fängt sie an, Materie in die ätherische oder in die nächsthöhere Reinheits- oder Strukturebene der FOEFs zu ziehen. Das ähnelt dem Vorgang, der geschieht, wenn man Wasser umrührt, in das man Zucker gegeben hat: Der Zucker wird durch das Umrühren in den stärker strukturierten Wirbel hochgezogen, während er gleichzeitig in diesem bewegten Wirbel aufgelöst wird. Mit dem Erwachen der Kundalini beginnen wir uns auf die Umgestaltung unserer physischen Form in Richtung auf ihren ursprünglichen Zustand zuzubewegen – die transzendente Energie Gottes. Von der Tendenz her gestaltet das energetisierte Feld des Wirbels alles so um, daß es auf eine höhere Energieebene gehoben wird. Die Körperenergie wird dadurch nicht verringert, da der Körper ein offenes System ist, das Energie über die Nahrung von der physischen Ebene aufnimmt. Je bessere Supraleiter wir für die Energie sind, um so aktiver ist der Kundalini-Wirbel und um so intensiver verläuft der Prozeß der Transzendenz.

Die Nahrung, die wir zu uns nehmen, ist bei diesem Prozeß der Transzendenz sehr wichtig. Wenn wir uns von sehr energetischen, leichteren Nahrungsmitteln ernähren, wie zum Beispiel von den biogenen Nahrungsmitteln, über die wir bereits gesprochen haben, wird der Kundalini-Wirbel mit mehr Energie aufgeladen. Daher kann er aktiver daran arbeiten, uns von einem materiellen in einen energetischen Zustand umzuwandeln. Die wasserhaltigen Früchte tragen besonders zur Erhöhung dieser Aktivität bei, da sie eine höhere Leitfähigkeit besitzen und die Energie strukturierten Wassers enthalten. Je mehr wir uns, was Nahrung betrifft, dem reinen Prana nähern, desto leichter kann die pranische Energie des Systems in den höheren Wirbelbereich gezogen werden. Die dichten Fleischspeisen und die energielosen tamasischen Nahrungsmittel vermindern die Energie des Kundalini-Wirbels. Fleisch ist so viel dichter als biogene Nahrungsmittel, daß es für das pranische Feld nicht so brauchbar ist. Es fungiert dann als eine Art Bremsklotz, der die Umdrehungsgeschwindigkeit des Wirbels verlangsamt. Daher vermag Fleisch den Prozeß der Transzendenz zu verlangsamen oder umzukehren. Man kann den bremsenden Effekt von Fleisch überwinden, indem man vom Prana zehrt, das zum Beispiel durch intensives Meditieren angesammelt wurde. Das ist aber offensichtlich nicht die effizienteste Art, unser angesammeltes Prana einzusetzen. Einer der wichtigen Aspekte spiritueller Ernährung ist, daß wir durch den Verzehr stark pranahaltiger und leichter Nahrungsmittel sowie durch periodisches Fasten bessere Supraleiter werden und daher die Energie im System viel effizienter für unsere Transzendenz einsetzen können. Dieser Ansatz bringt uns merklich dahin, den Körper mehr als ein Energiewesen zu betrachten.

Jegliche Form mentaler und emotionaler Anspannung im System vermindert die Energiemenge, die ins System gelangt, weil Anspannung dazu führt, die feinstofflichen Körper zu verdicken und aus ihrer Ausrichtung zu bringen. Da die Chakren von den unmittelbaren äußeren Quellen nicht die normale Energiemenge bekommen, die sie für ihre Funktion benötigen, ziehen sie vom zentralen Kundalini-Wirbel mehr Energie ab, was ebenfalls den Transzendenzprozeß behindert.

Der Kundalini-Wirbel

In diesem Transzendenzprozeß der Kundalini werden die FOEFs immer mehr strukturiert, je mehr die Energie aufsteigt. Unser Körper wird tendenziell immer ätherischer. Der zunehmend energetischere Kundalini-Wirbel zieht immer mehr Materie von den dichteren feinstofflichen Energiesystemen nach oben und gestaltet sie um, bis die feinstoffliche Energie des gesamten Organismus in einen einzigen Energiewirbel hineingezogen wird. An diesem Punkt verschmelzen die beiden Kundalini-Energien miteinander. Wir werden im wahrsten Sinne des Wortes eins und erfahren uns selbst als ganz und vollständig. Ich erinnere mich an die Erfahrung eines fast ununterbrochenen Bewußtseins meiner selbst als ein einheitliches Feld spiralförmiger, transzendenter Energie, das mit der Schwingung der kosmischen Energie mitschwingt und wieder aufwärts in sie hineingesogen wird. Diese Erfahrung spiralförmigen Mitschwingens und Verschmelzens, die ich besonders in Zeiten stiller Meditation mache, scheint mich bis auf die atomare Ebene meines Daseins zu durchdringen.

Zu dem Zeitpunkt, an dem die beiden Kundalini-Energien miteinander verschmelzen, werden die Chakren und die feinstofflichen Körper mit der geläuterteren, mächtigeren Energie des Kundalini-Wirbels vereinigt. Es bleibt genügend Chakra-Energie übrig, um uns auf der physischen Ebene zu erhalten, doch verlieren die Chakren ihre vorherrschende Rolle und Bedeutung. Übrig bleibt die beständige Erfahrung des durch den Kundalini-Wirbel fließenden und pulsierenden reinen Pranas. Der Kundalini-Wirbel wird zur Hauptenergiequelle des physischen Systems. Wenn die Kundalini erwacht, ist das Kronen-Chakra keine untergeordnete Eintrittspforte mehr, sondern die wichtigste Energiequelle des Systems. Das gesamte System existiert nun auf einer höheren Ebene der FOEF-Organisation und liefert uns ein Modell, mit dem wir den Vorgang der Wiederauferstehung erklären können. Möglicherweise erklärt es auch den Passus in Johannes 20, 17, in dem Jesus zu Maria Magdalena sagte: „Halte mich nicht fest, denn ich bin noch nicht zum Vater aufgestiegen", und die Stellen Johannes 20, 19 und 20, 26, in denen Jesus durch die verschlossenen Türen der Häuser seiner Schüler trat, um sie mit Frieden zu segnen. Möglicherweise waren Jesu FOEFs auf einer so hohen Ebene organisiert und war seine physische Struktur schon fast in eine ätherische umgestaltet worden, daß er den nächsten Schritt tun konnte: seinen Körper mit Hilfe seines Bewußtseins völlig ätherisch zu machen. Dies würde ihm ermöglichen, durch verschlossene Türen zu gehen. Indem er sein Bewußtsein in den Wirbel hinabprojizierte, konnte er die Stoffe in die FOEFs hinaufziehen, die er benötigte, um seinen Körper erneut zu strukturieren und zu erschaffen – so wie er es brauchte, um dem Willen Gottes zu dienen. Dies ist eine theoretische Erweiterung der gesamten Wirbel- und FOEF-Aspekte unseres neuen Ernährungsparadigmas.

Transzendenz nach der Verschmelzung der beiden Kundalini-Energien

Seit meinem 40tägigen Fasten fühle ich mich, als ob ich ständig eine pulsierende Kappe auf dem Kopf hätte und mein Kronen-Chakra beziehungsweise der obere Teil der Kappe aufgeschnitten worden wäre, so daß die göttliche Energie in großen Mengen hineinfließen kann. Muktananda bezog sich meiner Meinung nach auf dieses ständige pranische Pulsieren im Kronen-Chakra, als er hin und wieder in öffentlichen Vorträgen davon sprach, daß er durch den Sushumna-Kanal atme. Ich bin auch der Ansicht, daß Da Love Ananda (Da Free John) sich auf eine von ihm selbst erfahrene transzendente Veränderung bezieht, daß auch in ihm der zentrale Energiewirbel vorherrscht und die grundlegende Energie der Chakren mit diesem zentralen Wirbel vereinigt wurde, wenn er berichtet, daß er das Gefühl hatte, der oberste Bereich seines Kronen-Chakras sei abgeschnitten worden und der Lebensstrom (eine andere Bezeichnung für die Kundalini) sei nicht länger an die Chakren als eine notwendige Struktur gebunden.[3] Diese Erfahrung des aufgeschnittenen Kronen-Chakras und des pulsierenden kosmischen Pranas ist eine unmittelbare innere und äußere transzendente, harmonische Verbindung zur reinen kosmischen Schwingung. Sie ist eine weitere Erinnerung an unsere wahre formlose Realität. Es ist die höchste Nahrung, durch die wir Transzendenz erreichen. Sie ist der Leckerbissen der spirituellen Ernährung. Dies ist die von Gott stammende Nahrung, die Energie Gottes in Form von Gott. Der eins gewordene Kundalini-Wirbel wird so sehr vom kosmischen Prana energetisiert, daß wir uns in leuchtende wirbelförmige Lichtkörper verwandeln. Auf dieser Grundlage können wir die verborgene Bedeutung des 2. Buch Mose 34, 28 und 29 verstehen. „Und er war dort mit dem HERRN vierzig Tage und vierzig Nächte; er aß weder Brot, noch trank er Wasser ... Und als Mose mit den beiden Tafeln der Gebote in seiner Hand vom Berge Sinai herabstieg, wußte er nicht, daß die Haut seines Angesichtes strahlte, während der HERR mit ihm sprach."

Transzendenz ist der evolutionäre Prozeß, durch den die wirbelförmige Energie der Kundalini uns immer mehr umgestaltet. Die grobe Materie unseres Körpers wird in ein geläutertes, höher organisiertes und energetischeres FOEF umgewandelt. Das ist die physische Entsprechung der Umgestaltung unseres Bewußtseins in das liebevolle Bewußtsein der Einheit mit allem, was ist. Schließlich führt uns dieser Prozeß dahin, daß unsere Form völlig im formlosen Wesensgrund Gottes aufgeht. Vom Zeitpunkt des Erwachens der Kundalini an werden wir immer ätherischer, doch sogar nach der völligen Verschmelzung der Kundalini-Energien bleibt genug von unserem physischen Körper und dem Chakra-System übrig, so daß wir in der Welt funktionieren können. Da es mir jenseits dieses Punktes an Erfahrung mangelt, kann ich darüber hinaus nicht viel sagen. Dies ist der Prozeß der Transzendenz, der die körperliche Transzendenz von Tukaram, Elia, Enoch und Jesus erklärt. Wir verfügen über ein unglaubliches spirituelles Potential. Diese physische Transzendenz ist nicht notwendigerweise das Ziel spirituellen Lebens, auch wenn es die völlige Freiheit darstellt, Gottes Willen zu folgen. In jedem Fall ist es – was auch immer geschehen mag – genug, einfach nur zu sein ...

Zusammenfassung von Kapitel 23

1. Transzendenz ist die Erweiterung von Regeneration. Sie ist der evolutionäre Prozeß, durch den die FOEF-Struktur des Körpers auf eine höher strukturierte und energetischere Ebene gehoben wird. Dabei wird die physische Materie des Körpers in Richtung auf einen ätherischen Zustand hin umgestaltet. Transzendenz ist die physische Parallele zur Umgestaltung unseres Bewußtseins.

2. Der Prozeß der Transzendenz beginnt mit dem Erwachen der Kundalini.

3. Der zentrale Kundalini-Energiewirbel ist der wesentliche Mechanismus, mit dem die Energien von dichteren Zuständen in weniger dichte Zustände hinaufgezogen werden. Nach dem Erwachen der Kundalini ist genug Energie vorhanden, um diese Funktion in Gang zu setzen.

4. Wenn wir sehr energetische, leichte und biogene Nahrungsmittel essen, fließt dem Kundalini-Wirbel mehr Energie zu, so daß er uns aktiver von einem materiellen in einen ätherischen Zustand transformieren kann.

5. Je näher unsere Ernährung an reines Prana herankommt, desto weniger dicht wird unser physisches System. Das fördert den Prozeß der Transzendenz.

6. Schwerere Nahrungsmittel und Fleisch verlangsamen die Umdrehungsgeschwindigkeit des Energiewirbels und den Prozeß der Transzendenz.

7. Mentaler und emotionaler Streß verlangsamen den Vorgang ebenfalls.

8. Zu dem Zeitpunkt, an dem die beiden Kundalini-Energien völlig zu einer zentralen Energie verschmelzen, wird der Kundalini-Wirbel das Hauptenergiezentrum des Körpers. Er zieht Energie aus den Chakren auf seine höhere Ebene „spiraliger" Transzendenz.

9. Anschließend ist nur noch so viel Energie in den Chakren, wie benötigt wird, um den physischen Körper zu erhalten.

10. Wenn dieser Kundalini-Wirbel einmal das wichtigste Energiesystem für den Organismus geworden ist, wird das reine Prana, das durch das Kronen-Chakra ins System gelangt, die wichtigste Energiequelle des Systems. Bei einigen mag es die einzige Quelle sein. Diese Menschen ernähren sich unmittelbar vom Nektar Gottes. Dies ist die höchste Form spiritueller Ernährung.

24

Zeit der Integration: eine individuelle Annäherung an eine entwicklungsfördernde Ernährungsweise

Der Zweck einer individuellen Ernährungsweise

Wenn wir für uns selbst eine Ernährungsweise entwickeln wollen, müssen wir wissen, was wir wollen. Ein Architekt würde auch kein Haus entwerfen, ohne im Sinn zu haben, welchen Zweck das Haus erfüllen soll. Genauso müssen wir eine Vorstellung davon haben, was wir von unserer Ernährung erwarten, um das unbewußte Herunterschlingen von Nahrung zu überwinden. Sechs Ziele, deren Erreichen die Ernährungsweise unterstützen kann, wurden in diesem Buch herausgearbeitet:

1. Sie kann uns bei unserer spirituellen Entfaltung im Kontext von rechtem Leben, rechter Beziehungen, Meditation und Liebe helfen.
2. Sie kann unsere Fähigkeit steigern, die kosmischen, höheren und evolutionären Energien, die jetzt auf unserem Planeten entstehen, sowie die intensiveren Energien, die durch unsere eigene spirituelle Entwicklung freigesetzt werden, zu assimilieren, zu speichern, zu leiten und zu übertragen. Dies erhöht unser Energiepotential für das Erwachen der Kundalini oder intensiviert die Energie der bereits erwachten Kundalini, die als spiritualisierende Kraft in unserem Körper-Geist-Seele-Gefüge wirkt.
3. Sie kann helfen, unseren Körper als physischen Aspekt der Seele und als Tempel der Seele zu erhalten, zu reinigen und zu ehren, so daß unser Geist klar bleibt und unser Körper den Anforderungen des spirituellen Prozesses völliger Körpererleuchtung gewachsen ist.
4. Sie kann regelmäßig unsere einzelnen Chakren und die Chakren als System ins Gleichgewicht bringen und unserer Meditation unmittelbar zugute kommen.
5. Wir können den Vorgang, eine spirituelle Ernährungsform zu entwickeln – was wir als die Kunst der spirituellen Ernährung bezeichnen –, selbst als spirituelle Praktik betreiben.
6. Und wir können eine Ernährungsform entwickeln, die regelmäßig unsere Nahrung ehrt und ihren Wert als wichtigste Schnittstelle zwischen uns

und der Natur bestärkt. Eine solche Ernährungsweise harmonisiert unsere Beziehung zu der Natur und ihren universellen Gesetzen und schafft in uns eine Harmonie mit den ökologischen Aspekten von Nahrung und Frieden auf unserem Planeten.

Individuelle Ernährung

Es gibt viele Faktoren, die bei der Entwicklung einer individuellen Ernährung eine Rolle spielen: unsere Dosha-Konstitution, das Prinzip der biochemischen Individualität, die Jahreszeiten, das politische und soziale Klima um uns herum, unser Alter, wie lange wir täglich meditieren, wieviel wir uns körperlich bewegen, die Unvorhersehbarkeit unserer täglichen Bedürfnisse, wie es um unsere Verdauung und allgemeine Gesundheit bestellt ist, wie entgiftet wir zum gegenwärtigen Zeitpunkt sind und wovon wir uns augenblicklich ernähren. Aus diesem Grund haben vom Computer erstellte Ernährungssysteme wenig Wert. Es gibt jedoch ein effektiv arbeitendes Computersystem, das uns Antworten in Form unseres Appetits, unseres Geschmacks, unserer Nahrungsbedürfnisse und -abneigungen, unserer Instinkte, Impulse und unserer Intuition gibt. Dieser Computer ist unsere innere Sensitivität. Wie bei jedem anderen Computer müssen wir lernen, bewußt mit ihm zu arbeiten. In diesem Computer sind die Daten aus unserer unmittelbaren Erfahrung darüber, was, wann, wie und wieviel wir essen, am wichtigsten. Es gibt keine Standard-Ernährung, die für jeden richtig ist. Bücher wie dieses können nur als Richtlinien dafür dienen, wo wir mit unseren persönlichen Forschungen anfangen können. Um dies effektiv zu tun, müssen wir unser eigenes Labor werden, in dem wir sowohl Forscher als auch Versuchsperson sind.

Wie bei jedem anderen Experiment müssen wir die Zahl der Variablen beschränken, um klare Daten zu bekommen. Vier der grundlegenden Variablen sind die Zeit, zu der wir essen, die Umgebung, in der wir essen, wieviel wir essen und was wir essen.

Es ist wichtig, immer zu den gleichen Zeiten zu essen. Regelmäßigkeit hilft dem Körper, seine Lebensvorgänge an diese Zeiten anzupassen. Einige Menschen empfehlen, nicht zu frühstücken, mittags viel und abends eine mittlere Menge zu essen. Andere, zum Beispiel bestimmte Buddhisten, essen nach 16 Uhr nichts mehr. Ich lernte einmal einen französischen Heiler kennen, der ein uraltes System entdeckt hatte, welches besagte, daß man morgens eine große Mahlzeit zu sich nehmen solle, mittags ebenfalls viel essen könne und wunderbar gesund bleibe, solange man nach 14 Uhr weder etwas esse noch trinke. Er hatte Hunderte von Fallgeschichten parat, die diese Thesen unterstützten. Die meisten Systeme stimmen darin überein, daß sich die Zeit zwischen 12 und 14 Uhr mittags am besten dafür eignet, die Hauptmahlzeit oder vielleicht sogar die einzige Mahlzeit des Tages zu sich zu nehmen. In dieser Zeit sind die Pitta- oder Verdauungskräfte am stärksten. Bei mir ist es so, daß es mir schwerer fällt, morgens für Dehnübungen, Atemübungen und Meditation aufzustehen, wenn ich mehr als ein ganz kleines Abendbrot oder zu spät noch esse (eine Stunde vor Sonnenuntergang). Drei oder vier Stunden später jedoch, wenn ich fertig meditiert habe, ist mein Körper hungrig und möchte ein paar Früchte oder manchmal auch Früchte mit eingeweichten Nüssen oder Samen. Möglicherweise würde man das Kapha-Typen generell nicht empfehlen, doch funktioniert es bei mir wunderbar. Der Schlüssel zu den richtigen Essenszeiten ist, nicht auf Expertenmeinungen zu hören, sondern zu lernen, dann zu essen und zu trinken, wenn wir hungrig oder durstig sind. Folglich sollten wir auch nicht essen oder trinken, wenn wir nicht hungrig oder durstig sind. Wir müssen selbst herausfinden, wann und wieviel wir zu einer bestimmten Tageszeit essen sollten. Wir können die allgemeinen Empfehlungen bezüglich Zeiten und Mengen als Ausgangspunkt für eigene Experimente heranziehen.

Eine stabile mentale und emotionale Umgebung ist für eindeutige Informationen ebenfalls wichtig. Dadurch, daß wir nicht essen, wenn wir emotional aufgebracht sind, daß wir vor den Mahlzeiten meditieren und in einer ruhigen, stillen Umgebung essen, tragen wir zur Beständigkeit der emotionalen Faktoren bei, welche die Verdauung beeinflussen.

Ein weiterer wichtiger Faktor ist, wieviel wir essen. Dieser Faktor bedarf als Bestandteil der Kunst der spirituellen Ernährung besonderer Aufmerksamkeit. Unabhängig davon, was wir essen, werden wir keine klaren Informationen über diese spezielle Art von Nahrung erhalten, wenn wir übermäßig viel davon essen. Wir sollten zwischen den Mahlzeiten genügend Zeit für eine vollständige Verdauung lassen, damit wir die gesamte Verdauung der Nahrung beobachten können. Es ist gut, mindestens vier bis fünf Stunden Zeit zwischen den Mahlzeiten verstreichen zu lassen, es sei denn, wir leiden unter Hypoglykämie. Wie gut ein spezielles Nahrungsmittel ist, geht weit über seinen unmittelbaren Geschmack hinaus. Es muß uns während des gesamten Prozesses der Verdauung, der Assimilation, der Energetisierung und der Ausscheidung guttun. Es muß den ganzen Tag über gut für uns sein. Einige Veränderungen unserer Ernährung täuschen, da sie uns

Kapitel 24

anfänglich ein gutes Gefühl vermitteln; nach ein paar Monaten stellt sich jedoch heraus, daß sie uns vergiften. Viele Menschen fühlen sich zum Beispiel mit der traditionell gegen Hypoglykämie verordneten stark eiweißhaltigen Ernährungsform zuerst wohl, doch rufen sie mich häufig zwei Monate später an und bitten mich, ihnen zu helfen, eine andere Ernährungsform zu finden, weil sie sich so vergiftet fühlen. Auch eine Fleischdiät, die auf lange Sicht sicherlich schädlich ist, kann uns anfänglich ein gutes Gefühl vermitteln, da sie den unangenehmen Entgiftungsprozeß umkehrt, den wir möglicherweise erleben, und die Harnsäure, die von ihrer Struktur her dem Kaffee sehr ähnlich ist, vorübergehend stimulierend wirken kann. Man sagt, Gandhi habe seine Ernährung nur alle vier Monate umgestellt, um die Langzeitwirkungen jeder Ernährungsveränderung beobachten zu können.

Die unmittelbaren sinnlich erfahrbaren Auswirkungen, die uns eine Rückmeldung darüber geben, ob wir das falsche Nahrungsmittel oder die falsche Menge davon essen, sind so grundlegende Dinge wie ein voller Magen, Gasentwicklung und Blähungen durch Fäulnis- und Gärungsprozesse, gesteigerte Schleimproduktion, ein träger Geist und das Gefühl des Genervtseins. Auf dieser Ebene sind die Informationen, die wir bekommen, nicht besonders subtil, sofern wir bereit sind, aufmerksam zu sein. Auf der Ebene des feineren Empfindens im Rahmen unserer spirituellen Entwicklung gibt es einige wertvolle Zusatzkriterien. Es ist sinnvoll, das zu essen, was unsere Erfahrung des liebevollen Einsseins mit Gott verstärkt. Behindert unsere Nahrung den energetischen Fluß im Körper nicht, so daß wir uns ganz auf dieses Einssein konzentrieren können, sind wir auf dem richtigen Weg. Essen wir zu viel und das Falsche, wird zu viel Energie für die Verdauung und die Assimilation der Nahrung benötigt. Das zieht Energie von unserer Konzentration auf das Einssein ab. Wenn das liebevolle Einssein vor, während oder nach einer Mahlzeit blockiert ist, so ist das eine Rückmeldung, daß wir auf dem falschen Weg sind. Wenn unsere Fähigkeit, die Meditation aufrechtzuerhalten, steigt, ist diese Ernährungsweise für uns passend. Erleben wir bei der Zubereitung oder dem Verzehr der Nahrung eine größere Harmonie mit den Kräften der Natur, ist dies ein Zeichen, daß wir uns richtig ernähren. Wenn wir unserer Erfahrung nach immer bessere Supraleiter werden, ist das ein positives Feedback. Ist unsere Erfahrung der Bewegung der Kundalini im Körper blockiert, ist dies eine Rückmeldung, daß wir unser Programm nochmals überdenken müssen. Ganz allgemein gesprochen, ist unsere Ernährungsweise dann unangemessen, wenn sie den Fluß des Prana in unserem Körper behindert (ob die Kundalini nun erwacht ist oder nicht). Körper und Geist fühlen sich dann so träge und unklar an, daß wir unsere Aufmerksamkeit nicht mehr auf das Göttliche gerichtet halten können.

Selbstwahrnehmung und eine individuelle Ernährungsweise
Wenn unser Bewußtsein sich erweitert, verändern sich die physischen Bedürfnisse unseres Körpers. Es ist wichtig, wahrnehmen zu können, wann man seine Ernährung umstellen muß, um im Einklang mit seiner spirituellen Entwicklung zu bleiben. Der Schlüssel hierfür ist Intuition, die von subtilen Veränderungen im Geschmack, von Reaktionen auf Beschaffenheit und Mengen und von einem Appetit auf unterschiedliche Nahrungsmittel geleitet wird. Dazu müssen wir frei genug sein, zwischen unmittelbaren Bedürfnissen und sekundären Reaktionen zu unterscheiden, die von Eßgewohnheiten, Egobedürfnissen und dem Druck anderer abhängig sind. Diese Entscheidungen, weniger oder anders zu essen, sollen uns nichts vorenthalten, sondern uns lehren, in Harmonie mit unserer evolutionären Entfaltung zu essen. Das ist die Kunst spiritueller Ernährung.

Die Kunst spiritueller Ernährung besteht darin, sich selbst im Zusammenhang mit den in diesem Buch erörterten grundlegenden Richtlinien und im Kontext eines gänzlich spirituellen Lebens zu erforschen. Es bedeutet, die richtige Ernährung für sich selbst zusammenzustellen. Dazu müssen wir nicht funktionale Muster loslassen, die mit Nahrung zu tun haben. Bei vielen von uns hängt Nahrung mit psychologischen Auslösern zusammen. Ich liebte als Kind zum Beispiel den Kirschkuchen meiner Mutter. Über die Jahre hinweg hat mich diese Übertragung in bezug auf Nahrung (eine psychologische Anhaftung oder Aversion einem Nahrungsmittel gegenüber aufgrund einer vorangegangenen, psychologisch damit assoziierten Erfahrung) dazu verleitet, verschiedene organisch gebackene Kirschkuchen zu bestellen, die meiner nach ihrem Verzehr empirisch festgestellten Reaktion zufolge nicht gut für mich waren. Aufgrund des negativen Feedbacks nach dem Verzehr der Kirschkuchen und der Tatsache, daß mir die Übertragung bewußt war, hat mein Verlangen nach Kirschkuchen aufgehört. Hochtrabender ausgedrückt: Ich habe mein Verlangen nach Kirschkuchen transzendiert, es hat keine Macht mehr über mich. Durch diesen Prozeß der Selbsterforschung vermögen wir die Signale auszusortieren, die keine ernährungsbezogene Grundlage haben. Dabei werden wir uns der zugeführten subtilen Energien, der Übertragungen bezüglich Nahrungsmitteln und der

Auswirkungen des Essens bewußter. Wenn wir immer auf die Gesamtheit unserer Nahrungs- und Energiebedürfnisse ausgerichtet sind, können wir unsere Ernährung so verändern, daß sie mit unserem Entwicklungsprozeß harmoniert. So haben wir die Freiheit, unsere Ernährung auf jeder spirituellen Entwicklungsstufe neu zusammenzustellen, um die immer gesünder und bewußter werdenden Zustände zu unterstützen.

Ein Teil dieser Ernährungsumstellung scheint bei der Entfaltung unseres Bewußtseins spontan vor sich zu gehen. Darauf weist eine Untersuchung hin, die ich zusammen mit MSH-Mitarbeitern im Jahr 1986 durchführte. Sie entwickelten ein Programm namens „Synchronicity, the Recognitions Experience" (Sychronizität, die Erfahrung des Wiedererkennens; d. Ü.), bei dem es um eine Beschleunigung der Bewußtseinserweiterung mittels holographisch programmierter Audio-Kassetten geht. Die Umfrage wurde von einer Gruppe von 110 Menschen ausgefüllt, die zwischen drei und achtzehn Monate lang an dem Programm teilgenommen hatten. Die wesentliche Entdeckung war, daß sich 63 Prozent der Befragten bewußt waren, sich in einem gewissen Ausmaß gesünder zu ernähren. Die Mehrzahl der Ernährungsumstellungen sah so aus, daß weniger Junk food und andere biosaure Nahrungsmittel gegessen wurden und dafür gesündere Nahrungsmittel in die etablierten Ernährungsstrukturen aufgenommen wurden. Acht Prozent der Befragten beschrieben in aller Deutlichkeit, daß die Hauptveränderung darin bestand, weniger zu essen, und sieben Prozent waren Vegetarier geworden. Bevor sie mit dem Programm angefangen hatten, hatten 47 Prozent Alkohol, Kaffee oder Tabak zu sich genommen. Der Umfrage zufolge hatten 35 Prozent ihren Verbrauch dieser Gifte eingeschränkt. Das Recognitions-Programm lehrte formal nichts über Ernährung, und die Menschen wußten vorher nicht, daß eine Untersuchung durchgeführt werden würde. Meinem Gefühl nach werden wir von den höheren evolutionären Kräften ganz natürlich in Richtung Gesundheit gezogen. Die Kunst der spirituellen Ernährung besteht darin, diese natürliche Umstellung bewußt zu fördern.

Wenn wir uns so an richtige Ernährung herantasten, daß wir uns selbst erforschen und eine ausgefeilte Selbstwahrnehmung kultivieren, dann wird daraus eine eigenständige spirituelle Praktik. Sie stellt einen Teil der Fähigkeit zur Selbstwahrnehmung dar, die wir benötigen, um ein rechtes Leben zu entwickeln, das sich in Harmonie mit all unseren weltlichen Funktionen wie Arbeit, Spiel, Familie und unserer sozialen Verantwortung in der Welt befindet.

Das vorübergehende Entgiftungsphänomen

Wenn wir anfangen, uns gesünder zu ernähren, setzt eine Ausscheidung der im System gespeicherten Toxine ein. Da wir einen gemeinsamen Ernährungs- und Umwelthintergrund haben, kann man sicherlich sagen, daß wir alle zu einem gewissen Grad vergiftet sind. Vereinfacht, aber zutreffend kann man den Prozeß der Entgiftung mit Hilfe der Analogie der Diffusion verständlich machen. Im Prozeß der Diffusion fließen die Stoffe von Gebieten höherer Konzentration zu Gebieten niedrigerer Konzentration. Nährstoffe und Toxine fließen aus dem Darm ins Blut und in die Lymphbahnen. Wenn sie höher konzentriert sind als die Toxine in den Zellen, diffundieren sie in die Zellen und fallen sogar als Kristalle aus oder werden an intrazelluläre Proteinkomplexe gebunden, wodurch die Zelle versucht, sie aus dem Verkehr zu ziehen. Wenn wir die Giftmenge im Körper vermindern, indem wir eine reinigende Ernährungsform einhalten oder fasten, verändern sich die Konzentrationen, und es sind weniger Toxine im Blut als innerhalb der Zellen. Folglich werden die Giftstoffe den Gesetzen der Diffusion gemäß aus den Zellen heraus ins Blut und ins Lymphsystem gezogen. Dies entspricht im wesentlichen dem Prozeß, der in der Wendt-Doktrin beschrieben wird, bei dem die mit Proteinen verstopften Basalmembranen sich langsam wieder reinigen, wenn man sich proteinarm ernährt. Die aus den Zellen kommenden Gifte werden über die Ausscheidungsorgane, zum Beispiel die Nieren, die Lunge, die Haut und den Darm, aus dem Körper ausgeschieden.

Während der Beseitigung der Giftstoffe sind so viele Toxine im Blut und in der Lymphe, daß wir uns vielleicht nicht gut fühlen oder gut riechen. Viele Menschen geraten, wenn sie zu schnell entgiften, in eine Heilkrise, in der sie krank zu werden scheinen. Nach der Definition von Dr. J. H. Tilden ist Krankheit einfach ein kritischer Vergiftungszustand des Blutes.[1] Zu dieser Krise kommt es gewöhnlich dann, wenn der Körper einen Punkt erreicht, an dem ihm genug Lebenskraft zur Verfügung steht, um sich der Gifte zu entledigen. Die Krise kann drei Tage oder mehrere Wochen lang dauern. Aus meiner klinischen Erfahrung kann ich sagen, daß die unangenehmen Empfindungen, die eine große Heilkrise hervorruft, minimiert werden, wenn man langsam über mehrere Jahre hinweg entgiftet, statt zu versuchen, es in ein paar Monaten zu tun. Wir erholen uns schneller von einer Heilkrise, wenn wir täglich Einläufe machen, uns viel ausruhen, alkalisierende Flüssigkeiten wie zum Beispiel Gemüsesäfte zu uns nehmen und ganz allgemein

Kapitel 24

eine positive Einstellung bewahren. Wenn die Heilkrise vorüber ist, pendeln wir uns auf einer Ebene des Wohlbefindens ein, die dem entspricht, wie wir uns gerade ernähren. Auf jeder neuen Reinheitsstufe erfahren wir einen stärkeren Fluß der Energie, der Liebe und des Lichtes in unserem System, und es steht uns mehr Energie zur Verfügung, um uns auf das transzendentale Bewußtsein zu konzentrieren, das für unsere spirituelle Entwicklung so wichtig ist.

Obwohl Ernährung unser zentrales Thema ist, läßt sich das Problem der Toxämie nicht mit Ernährung allein lösen. Dr. Tilden weist darauf hin, daß jede mentale oder physische Gewohnheit, die unsere Nervenenergie (Enervation) herabsetzt, dazu führt, daß sich Giftstoffe aufbauen. Das kommt daher, daß Enervation die natürliche körperliche Entgiftung verlangsamt oder unterbindet und daher zu einer Akkumulation von Giften im System führt.[2] Schlechte Ernährung ist für das System einer der Hauptstreßfaktoren, doch um wirklich zu entgiften und einen harmonischen Gesundheitszustand zu erreichen, müssen wir ein rechtes Leben führen, das uns völlig eins mit dem Göttlichen sein läßt. Zu einem guten Entgiftungsprogramm gehört auch eine Veränderung unseres Lebensstils, damit wir Zeit haben zu meditieren, uns körperlich zu betätigen, uns auszuruhen und genug Sonne, frische Luft und Freude in unserem Leben haben. All diese Faktoren erhöhen zusammen mit der richtigen Ernährung die Energie der FOEFs in unserem Körper. Dadurch steigt auch die von Dr. Tilden erwähnte Nervenenergie, und das Organisationsniveau des Körpers wächst, so daß er angemessen funktionieren und sich auf natürliche Weise entgiften kann.

Es ist wichtig zu verstehen, daß Giftstoffe zu den ganz normalen Stoffwechselprodukten zählen. Bei körperlichen Übungen entsteht zum Beispiel Milchsäure, und beim Verstoffwechseln von Eiweißen fallen Schwefel- und Phosphorsäure an. Solange Körper und Geist volle Lebenskraft besitzen, werden diese normal anfallenden Toxine sogleich ausgeschieden, ohne daß Toxine abgelagert werden. Es geht darum, nicht übermäßig viel Zeit mit der Vermeidung von Giftstoffen zu verbringen, sondern ein angemessenes Gleichgewicht im Körper herzustellen, in dem die Gifte gleich beseitigt werden, wenn sie ins System gelangen. Manchmal sind wir schneller als das System und werden zu sauber. Werden zum Beispiel die Basalmembranen zu durchlässig (wie die eines Babys), so daß alle Fremdproteine wie die aus der verschmutzten Luft ungehindert in unser System gelangen und dort Sensibilisierungsreaktionen hervorrufen, ernähren wir uns nicht richtig, egal wie rein unsere Ernährung sein mag. Wenn wir unsere weltlichen

Rollen nicht angemessen erfüllen können oder zu stark auf die Umweltverschmutzung reagieren, um das liebevolle Einssein mit dem Göttlichen zu erfahren, ist es wichtig, unsere Reinheitsvorstellungen loszulassen und die notwendigen Ernährungsumstellungen vorzunehmen. Die entscheidende Richtlinie ist, die Ernährungsform zu finden, die den Fluß der spirituellen Energie in unserem System, die liebevolle Energie des Einsseins und gleichzeitig unsere Funktion in der Welt am meisten fördert. In der Kunst spiritueller Ernährung befassen wir uns nicht mit dem Ideal der reinsten Ernährung, sondern mit der Ernährung, die für unsere Lebenssituation die angemessenste ist.

Übergangsdiät

Die Strukturen der Regenbogen-Ernährung lassen sich auf alle Ebenen der Ernährung anwenden. Ein weiterer Grundsatz jeder Art von Ernährung sollte sein, zu lernen, die richtige Menge zu essen, die unser System energetisch auflädt und unsere augenblickliche Stufe der Einheit mit dem Göttlichen aufrechterhält. Wenn wir anfangen, unsere Ernährung umzustellen, sollten wir bei unseren augenblicklichen Eßgewohnheiten ansetzen. Es ist förderlich für unsere Verdauung, wenn wir die Anzahl der Mahlzeiten auf drei täglich beschränken und zwischendurch nur Säfte oder hin und wieder Obst zu uns nehmen – es sei denn, wir leiden unter Hypoglykämie. Es wirkt sich unmittelbar positiv auf die Verdauung aus, wenn wir unsere Nahrung gut kauen und eine friedvolle, freudige Atmosphäre zum Essen und Verdauen schaffen – vom Beginn der Mahlzeit bis etwa 10 bis 15 Minuten danach. Wir können unsere Ernährung stufenweise umstellen. Wir könnten nur eine Jahreszeit im Jahreszyklus für eine Stufe benötigen, aber auch mehrere Jahre. Die Verantwortung, die Geschwindigkeit für die Übergänge festzulegen, liegt bei uns. Ich verwende das Wort Übergang, weil wir uns auf allen Ebenen von Körper, Geist und Seele in einem Übergangsstadium befinden. Das Wort Übergang macht es möglich, einen ständigen und bewußten Wandel im Leben zu erfahren. Es hält uns die Türen zur Weiterentwicklung offen.

Ernährungsumstellung: Stufe I

Dieser Übergang führt uns weg von biosauren Nahrungsmitteln. Das bedeutet, keine verarbeiteten, bestrahlten, gestreckten Nahrungsmittel, keine Fast foods oder Junk foods mehr zu uns zu nehmen, wie zum Beispiel weißen Zucker, Weißbrot, Süßigkeiten, Instant-Gerichte, gängige alkoholfreie Getränke wie Fanta, Cola etc., sowie auf alle Arten von Fleisch, die mit

Nitriten und Nitraten behandelt wurden, auf pasteurisierte Milch und Käse, in raffinierten Ölen Gebackenes, auf Nahrungsmittel, die Zusätze enthalten, und auf Alkohol zu verzichten. Statt dessen essen wir rotes Fleisch, Geflügel, Eier und Fisch, von naturgemäß aufgewachsenen Tieren, sowie organisch angebaute Gemüse, Körner, Hülsenfrüchte, Nüsse, Samen und unpasteurisierte Milchprodukte. Es ist eine Veränderung, die uns wegführt von einer tamasischen Ernährung hin zu ganzheitlichen, natürlichen und organisch angebauten Nahrungsmitteln. In dieser Zeit können wir damit beginnen, ein Bewußtsein der Nahrungsmittelkombinationen und des Säure-Basen-Gleichgewichts zu entwickeln. Wir brauchen Zeit für diese Stufe. Es ist erforderlich, herauszufinden und darüber nachzudenken, was in Nahrungsmittel hineingetan wurde. Wir müssen lernen, wo wir gesunde Nahrungsmittel einkaufen können. Auf dieser Stufe verspüren wir möglicherweise das Bedürfnis, uns zweimal im Jahr jeweils eine Woche lang fleischlos zu ernähren, das heißt fleischfrei zu fasten.

Ernährungsumstellung: Stufe II

Auf dieser Stufe hören wir auf, rotes Fleisch zu essen, und nehmen mehr Früchte und Gemüse in unsere Ernährung auf. Diese sind deshalb so wichtig, weil sie basenbildende Mineralstoffe enthalten, die dem System helfen, ein neues Gleichgewicht zu finden und sich von der Säureproduktion des roten Fleisches zu entgiften. Möglicherweise wollen wir auf dieser Stufe jeweils einmal im Frühling und im Herbst fasten, wobei wir zur Reinigung nur Früchte, Gemüse und deren Säfte zu uns nehmen. Diese Stufe kann ein Teil eines Übergangs sein, der sich eine Jahreszeit lang an Stufe I anschließt – es kann aber auch Jahre dauern, bis dieser Übergang abgeschlossen ist. Wenn Sie über diesen Übergang nachdenken, sollten Sie nicht vergessen, daß Fleisch eingesetzt wird, um die spiritualisierenden Aktivitäten der Kundalini einzudämmen.

Ernährungsumstellung: Stufe III

Dies ist eine Stufe, auf der wir völlig aufhören, jede Art von rotem Fleisch, Geflügel, Fisch und jede Art von Meeresfrüchten, tierischem Leben oder Eiern zu essen. Obwohl Eier leichtere Proteine enthalten als Fleisch, haben sie immer noch tierische Schwingungen. Sie gehören zum Übergang zwischen Stufe II und III. Auf Stufe III werden wir Laktovegetarier oder Vegetarier. Zu dieser Stufe gehören rohe Milchprodukte, Körner, Nüsse, Samen, Hülsenfrüchte, Gemüse, Früchte, Algen sowie eingeweichte und gekeimte Körner,

Hülsenfrüchte, Nüsse und Samen. Die beiden bekanntesten Ernährungsformen, die annähernd die erste Phase dieser Stufe darstellen, sind die makrobiotische Ernährungsform und Paavo Airolas laktovegetabile Ernährungsform, wobei letztere die grundlegende Ernährung der besonders gesunden und langlebigen Völker dieses Planeten ist. Airola empfiehlt, möglichst viele Körner, Nüsse und Samen, Gemüse und Früchte zu essen. Zusätzlich können diejenigen, die Milch vertragen, rohe Milchprodukte von gesunden, natürlich aufgewachsenen Kühen wie Yoghurtkulturen, Kefir und andere Sauermilchprodukte zu sich nehmen. Airola empfiehlt zwei Teelöffel kaltgepreßte Öle und einige Nahrungsmittelergänzungen wie Kelp, Hefe, kaltgeschleuderten Honig und niedrigdosierte organische Mineralstoffe und Vitamine. In seinem Buch „How to Get Well" wird diese Ernährungsform wunderbar beschrieben.[3]

Man kann Nahrungsmittelergänzungen einsetzen, um Mangelzustände auszugleichen, Mangelzustände zu vermeiden und um sich antioxidativ gegen die Umweltverschmutzung zu schützen. In hohen Konzentrationen können sie wie ein Medikament wirken und die Heilung des Systems stimulieren. Hochkonzentriert können sie auch wie Stimulanzien wirken, die den Alltagsstreß im System kompensieren. Auf Stufe I und II verwenden Menschen oft hochdosierte Multivitamine als Stimulanzien, um ihre nervlich belastende Ernährung und ihren ebensolchen Lebensstil auszugleichen. Auf Stufe III können wir auch die eine oder andere Nahrungsmittelergänzung zu uns nehmen, doch fangen wir auf dieser Stufe an, uns auf die feinen Unterschiede zwischen organischen und synthetischen Vitaminen und auf unsere innere Harmonie einzustimmen. Fast alle Vitamine werden synthetisiert. Man kann die wenigen natürlichen Vitamine und Mineralstoffe auf dem Markt heraussortieren, indem man auf eine niedrige Dosierung achtet. Natürliche B-Vitamine sind normalerweise nicht höher dosiert als 10 mg B_1, B_2 und B_6. Vom theoretischen Standpunkt der FOEFs aus betrachtet haben synthetische Vitamine genau wie die natürlichen kristalline Strukturen, doch haben sie schwache FOEFs und werden daher schlechter an den entsprechenden Orten gebunden. Um eine Verbindung herzustellen und im Körper wirksam zu werden, entziehen sie unseren eigenen FOEFs Energie. Zuerst fühlen wir uns aufgrund ihrer höheren Konzentration stimuliert. Dieser stimulierende Effekt kann bei einigen monate- oder jahrelang anhalten. Wenn wir jedoch über einen langen Zeitraum hohe Dosierungen synthetischer Vitamine und Mineralstoffe zu uns genommen haben, verlieren unsere FOEFS allmählich ihre Energie, und das System gerät aus dem Gleichgewicht. Je gesünder wir werden, um so weniger Nahrungsmittelergänzungsstoffe benötigen wir auch. Deshalb empfehle ich – mit Ausnahme von ein bis zwei Gramm Vitamin C – auf Stufe III konzentrierte Nahrungsmittel als Ergänzung der normalen Kost zu essen, zum Beispiel Hefe für B-Vitamine und Mineralstoffe wie Chrom und Kelp oder eßbare Rotalgen für Mineralien. Da diese Rotalgen viel mehr Kalium und weniger Natrium enthalten als Kelp und darüber hinaus auch noch lila sind, kann man sie gut zum Abendessen verzehren. Es ist empfehlenswert, die Rotalgen einzuweichen, damit das Meersalz abgewaschen wird. Wenn wir Hefe zu uns nehmen, sollten wir auch 250 mg Kalzium nehmen, um den hohen Phosphorgehalt auszugleichen. Wir bekommen reichlich Vitamin E und Lezithin aus gekeimten Nüssen, Samen und Bohnen, so daß wir sie nicht als Nahrungsmittelergänzung benötigen. Je mehr wir uns auf Stufe IV zubewegen, um so mehr sind wir aufgrund der gestiegenen Fähigkeit unseres Körpers, Nährstoffe aus der Nahrung aufzunehmen, und aufgrund der höheren Qualität unserer Nahrung in der Lage, die konzentrierten Nahrungsmittelergänzungen auf ein Minimum zu beschränken. Möglicherweise gibt es ein Vitamin oder einen Mineralstoff, der von unserem Körper aufgrund seiner individuellen Biochemie nicht so gut aus der Nahrung aufgenommen werden kann. Ich habe zum Beispiel herausgefunden, daß ich etwas zusätzliches Kalzium brauche. Wir müssen sehr genau darauf achten, ob irgendwelche Vitamin- oder Mineralstoffmangelzustände auftauchen, wenn wir unsere Ernährung umstellen oder fasten.

Vegetarier haben oft Angst davor, einen Vitamin-B_{12}-Mangel zu erleiden. Es ist ein Gerücht, daß nur Fleisch Vitamin B_{12} enthält. Vitamin B_{12} ist auch in Milch, Eiern, altem Käse, Bierhefe, Sonnenblumenkernen, Kelp, Bananen, Erdnüssen, bestimmten Traubensorten, rohen Weizenkeimen, Pollen und fermentierten Nahrungsmitteln enthalten.[4, 5] Die gesunde Darmflora ist eine weitere Quelle von B_{12}. Wenn wir unser Essen kochen, zerstören wir 89 Prozent des Vitamin B_{12}. Klinisch habe ich festgestellt, daß die Hauptursache von Vitamin-B_{12}-Mangel die schlechte Aufnahme ist.

Eine andere Ebene von Nahrungsergänzung empfehle ich sogar noch auf Stufe IV. Dazu gehören drei Nährstoffzusätze, die mehr auf der energetischen als auf der physischen Ebene wirken. Das eine sind die Zellsalze. Sie steigern unsere Fähigkeit, die grundlegenden Mineralstoffe ins System aufzunehmen. Ich empfehle im monatlichen Wechsel jeweils einmal im Monat ein spezielles Zellsalz wie in Kapitel 11 beschrieben einzunehmen. Zellsalze können auch über längere Zeiträume eingenommen werden, um spezielle Mineralstoffmängel zu beheben. Mit dieser Methode arbeite ich auch daran, meinen zusätzlichen Kalziumbedarf zu beheben. Eine weitere Gruppe von Ergänzungsstoffen sind Edelsteinelixiere und Blütenessenzen. Sie versorgen die FOEFs unmittelbar mit Energie, die möglicherweise aus dem Gleichgewicht geraten oder energiearm sind. Sie können ihre Wirkung auch auf der physischen Ebene entfalten und sind daher bei Absorptionsschwierigkeiten und anderen disharmonischen Zuständen im Körper einsetzbar. Sie tragen dazu bei, emotionale oder mentale Blockaden oder Gifte im System zu beseitigen, damit wir völlig energetisiert werden können. Auf den feinstofflicheren spirituellen Ebenen können sie uns für den vermehrten Einstrom der kosmischen Prana-Energie öffnen und dazu beitragen, die Chakren ins Gleichgewicht zu bringen. Der dritte Ergänzungsstoff, der meiner Erfahrung nach sehr wirksam ist, ist eine spezielle blaugrüne Alge. Die lateinische Bezeichnung ist Aphanae-Klamathomenon flos-aquae, auch bekannt unter der Bezeichnung blaugrünes Manna. Die Alge wächst in dem reinen und hochgradig strukturierten Wasser des Klammath-Sees, dessen Wasser aus unterirdischen Quellen stammt. Diese spezielle Art ist die einzig mir bekannte, die nicht erhitzt wird, um Bakterien zu töten, da das Erntegebiet der Alge so sauber ist. Es hat ein sehr starkes FOEF-Feld, das den Geist, ganz allgemein den Körper und das Immunsystem regeneriert. Bei etwa 70 bis 80 Prozent der Menschen, die diese Alge verwenden, aktiviert sie besonders die geistigen und die Gehirnfunktionen. Blaugrünes Manna hat sich für einige Menschen als Segen entpuppt, die viel mental arbeiten und neue Energie zum Meditieren benötigen. Ich habe vor kurzem ein einleitendes Papier im „Journal of the Orthomolecular Medical Society" veröffentlicht, das darüber berichtete, daß durch diese Algen ein Fall von Alzheimer-Krankheit fast rückgängig gemacht wurde und die Weiterentwicklung eines zweiten Falls verhindert werden konnte.[6] Ich glaube, daß dies darauf zurückzuführen ist, daß das blaugrüne Manna die FOEFs kräftigt, die für die Denk- und Gehirnfunktionen zuständig sind. Diese drei Arten von Nahrungsergänzung können während der Umstellungsphasen von Stufe IV nützlich sein.

Die standardgemäße makrobiotische Ernährungsform von Michio Kushi besagt, daß jede Mahlzeit aus 50 Prozent gekochten Körnern bestehen soll. Zu fünf Prozent sollen wir uns von Suppen, besonders von Miso ernähren, jede Mahlzeit sollte Gemüse beinhalten, wovon zwei Drittel gekocht sein sollten, insgesamt 20 bis 30 Prozent, und zehn bis fünfzehn Prozent der Nahrung sollten gekochte Bohnen und Algen sein.[7] Die makrobiotische Ernährung versucht, ein möglichst 50:50prozentiges Yin-Yang-Gleichgewicht in der Ernährung herzustellen. Diese Ernährungsweise ist komplex, und man braucht etwas Übung, um das System zu beherrschen und die Speisen richtig zuzubereiten. Der Hauptunterschied zwischen dieser und der Ernährungsform von Paavo Airola ist der, daß Airola empfiehlt, etwa 80 Prozent Rohkost und mehr rohe Nüsse und Samen zu essen. Er schlägt auch vor, man solle nur eine Körnermahlzeit täglich und ein paar rohe Milchprodukte zu sich nehmen.

Auf der dritten Stufe arbeiten wir auf ein Yin-Yang-Gleichgewicht, ein Säure-Basen-Gleichgewicht und proteinarme Ernährung hin und erweitern unser Bewußtsein für Nahrungsmittelzusammenstellungen. Wir lernen, wie man vegetarische Speisen zubereitet, wann und wieviel wir essen sollten. Unser Bewußtsein erweitert sich um die Fertigkeit, Körner und ähnliches zum Keimen zu bringen, und um die Bedeutung verjüngender Nahrungsmittel. Die fortgeschrittene Stufe III stellt im wesentlichen eine Verschiebung von 60 Prozent zu 80 Prozent bioaktiven (rohen) und biogenen (lebensspendenden) Nahrungsmitteln dar. Gleichzeitig reduzieren wir die biostatischen (gekochten) Nahrungsmittel von 40 auf 20 Prozent. Zu den gekochten Nahrungsmitteln gehören normalerweise Kartoffeln, Körner und harte Gemüse wie Brokkoli und Blumenkohl. Die biogenen Nahrungsmittel, zum Beispiel eingeweichte und gekeimte Nüsse, Samen und Hülsenfrüchte, machen etwa 20 bis 30 Prozent der Nahrung aus. Auf dieser Stufe erforschen wir, was für uns funktioniert und was nicht. Hier könnten wir beginnen, zweimal im Jahr jeweils sieben Tage nur mit Säften zu fasten. Für viele Menschen dauert diese Phase sehr lange oder ist die Ernährungsform, für die sie sich dauerhaft zur Erhaltung ihres Körpers entscheiden. Wählt man die reinste und fortgeschrittenste Version dieser Ernährungsform, die 80 Prozent rohe und biogene und 20 Prozent biostatische Nahrungsmittel enthält, wird man im Lauf der Jahre allmählich entgiftet. Dadurch steigt langsam die Fähigkeit des Körpers, als Supraleiter für die kosmische Energie zu fungieren, und die reinigende Aktivität der Kundalini wird unterstützt und genährt. Diese Ernährungsform ist für unser spirituelles Leben völlig angemessen und fördert es.

Ernährungsumstellung: Stufe IV

Diese Stufe bezeichnet den Unterschied zwischen einer Ernährung, die unsere spirituelle Entwicklung fördert, und einer Ernährung, durch die das Potential des Erwachens unserer Kundalini steigt beziehungsweise die spiritualisierende Kraft der bereits erwachten Kundalini zunimmt. Letzteres stellt an sich schon eine intensive spirituelle Praktik dar. Der Unterschied zwischen Stufe III und Stufe IV ist ein ähnlicher wie der zwischen Wandern, Joggen und anderen aerobischen Übungen, die sich eignen, den Tonus des Herz-Kreislauf-Systems zu erhöhen und dieses in einem guten Zustand zu halten, und einem intensiven Training als Vorbereitung für einen sportlichen Wettkampf von Amateuren. Die fortgeschrittenere Stufe IV gleicht wiederum mehr der Vorbereitung für eine Olympiade als für einen sportlichen Wettkampf unter Amateuren. Wir sind spirituelle Athleten, die für die planetarische Bewußtseinstransformation trainieren – gleichzeitig werden wir selbst transformiert. Stufe IV setzt bei einer völlig vegetarischen Ernährungsform aus Körnern und bioaktiven Nahrungsmitteln wie rohen Samen, Nüssen, Gemüsen und Früchten ein. Nun kommen mehr lebensspendende Nahrungsmittel hinzu, wie zum Beispiel alle Arten von eingeweichten und gekeimten Körnern, angefangen bei Weizensprossen, Sprossen von Samen, Nüssen, Hülsenfrüchten und Gräsern bis hin zu Weizengrassprossen. Je mehr wir uns entgiften und je mehr die yinartige Erweiterung unseres Bewußtseins fortschreitet, um so mehr nehmen die yangartigen, säurebildenden gekochten Körner ab, bis wir gar keine mehr essen. Der Prozentsatz der biogenen und bioaktiven Nahrungsmittel nimmt progressiv zu. Da die Nährstoffe nun einfacher in die Zellen gelangen können, wird die Gesamtmenge der Nahrung, die wir zu uns nehmen, ganz von selbst abnehmen. Die Entwicklung geht weiter, bis wir uns etwa von 40 bis 45 Prozent biogenen Nahrungsmitteln, 55 bis 60 Prozent Rohkost und von 5 Prozent nicht durchgekochten harten Gemüsen ernähren. Die genannten Werte sind Durchschnittswerte. Es kann Zeiten geben, in denen wir uns zu 100 Prozent von Rohkost ernähren und zu 66 Prozent von Früchten, zum Beispiel im Sommer. Jeder von uns muß selbst herausfinden, was für ihn die optimalen Prozentsätze sind. Ich kann bezüglich der täglichen Energie und des liebevollen Einsseins mit Gott keinen Unterschied zwischen einer 100prozentigen und einer 95prozentigen Rohkostdiät feststellen. Es mag einen Unterschied in bezug auf die höchste körperliche Lebenserwartung geben, doch legen wir darauf nicht unser Hauptaugenmerk. Durch diese fünf Prozent bleibt uns eine gewisse soziale Flexibilität erhalten, und wir laufen auch nicht Gefahr, uns in dem Reinheitskonzept der 100 Prozent zu verstricken.

Im Rahmen der Weiterentwicklung unserer Ernährung essen wir immer mehr Obst, bis wir bei etwa 35 bis 40 Prozent angelangt sind. Obst ist wichtig, weil es 70 bis 90 Prozent strukturiertes Wasser enthält, das dazu beiträgt, Gifte zu lösen und mehr Nährstoffe in die Zellen zu transportieren. Früchte und biogene Nahrungsmittel sind die Nahrungsmittel, die am meisten Sauerstoff enthalten und daher unsere Gesundheit fördern. Und wir können sie essen, ohne unsere Pflanzenfreunde zu töten. Je saftiger unsere Ernährung durch Früchte ist, um so weniger Flüssigkeit müssen wir darüber hinaus noch trinken. Ich will damit nicht sagen, daß wir uns nur noch von Früchten ernähren sollten, da unsere Basalmembranen sonst zu durchlässig werden würden, als daß wir in unserer verschmutzten Umwelt überleben könnten. Es ist wichtig, immer mehr biogene Grünpflanzen zu uns zu nehmen wie junges Weizengras, junge Buchweizen und junge Sonnenblumen, da sie möglicherweise die verjüngendste Energie auf dem Planeten enthalten.

Dies ist die Ernährungsform für die „Amateursportler". Sie wirkt sich sehr energetisierend und stärkend auf unsere FOEFs aus. Man kommt durch sie in einen ausgezeichneten stabilen Gesundheitszustand, die Vitalität steigt, und man kann die Erfahrung des liebevollen Einsseins mit Gott leicht aufrechterhalten. Die Körper, Geist und Seele umfassende Erfahrung der Seligkeit des Lichtes und der Liebe wird verstärkt. Da diese Ernährungsweise den Fluß des Pranas in das und durch das System steigert, wird die kritische Energiemenge für das Erwachen der Kundalini sehr viel wahrscheinlicher erreicht. Ist die Kundalini bereits erwacht, wird durch diese Ernährungsform die reinigende und spiritualisierende Aktivität der Kundalini noch vorangetrieben.

Im Gegensatz zu anderen Ernährungsformen kann man dieser sehr leicht folgen. Ich bin selbst auf dieser Stufe angelangt und verbringe nur wenig Zeit damit, mir Gedanken über meine Ernährung zu machen oder Essen zuzubereiten. Ich arbeite lediglich ein paar Minuten täglich mit meiner Sprossenaufzucht, mit dem kleinen Garten der jungen Weizengras-, Buchweizen- und Sonnenblumenpflänzchen (alles im Haus) und im Garten draußen, um etwas zu ernten. Diese Aufmerksamkeit auf den Garten erinnert mich ständig an meine Verbundenheit mit dem zyklischen Geschehen der Natur. Auf diese Weise ernähre ich mich schon seit ein paar Jahren. Mein Körper ist dadurch hinreichend zu einem Supraleiter transformiert worden, so daß der volle Fluß des Pranas auf dem Weg in mein System und im System selbst nur noch geringfügig behindert wird. Das scheint auch bei anderen der Fall zu sein, die sich auf die gleiche Art ernähren. Obwohl ich heute dünner bin als in der Zeit, in der ich Football spielte, hat sich mein Gewicht im Normbereich stabilisiert, der von der Lebensversicherung nach

Größen- und Gewichtsdurchschnitten ermittelt wurde. Das kommt teilweise daher, daß diese Ernährungsweise uns – gemessen an den empfohlenen Tagesrationen, die vom amerikanischen Landwirtschaftsministerium ermittelt wurden – mehr Nährstoffe liefert, als wir benötigen.

Die Hippokrates-Ernährung von Ann Wigmore ähnelt der von mir empfohlenen Ernährungsform sehr, die Nahrung wird jedoch phantasievoller zubereitet, und es wird mehr Gewicht auf grüne und andere frische Säfte und auf fermentierte Nahrungsmittel gelegt. Ann Wigmore verglich ihre Ernährungsform von den Nährstoffwerten her mit den empfohlenen Tagesrationen. Sie entdeckte, daß ihre fast zu 100 Prozent aus Rohkost bestehende Ernährung sechsmal soviel Vitamin C, zweimal so viele B-Vitamine, zehnmal mehr Vitamin A, siebenmal mehr Eisen, zweimal soviel Kalzium und die empfohlene Menge an Vitamin B_{12} enthielt.[8] Sie fand heraus, daß die von ihr empfohlene Ernährungsweise auf der grobstofflichen Ebene fast doppelt soviel Protein und nur halb so viele Fette enthielt. Es ist wichtig, nicht zu vergessen, daß wir während des Prozesses unserer Transformation zunehmend weniger feste Nahrung benötigen, um den physischen Körper in angemessener Weise zu erhalten. Wenn wir den besagten empfohlenen Tagesrationen daher zu viel Aufmerksamkeit schenken, verfehlen wir den Zweck der Kunst der spirituellen Ernährung. Ich erwähne Ann Wigmores Daten nur, weil ich auch bei denjenigen, die noch in materiellen Ernährungsbegriffen denken, keinen Zweifel an der Zulänglichkeit dieser Art von Ernährung lassen möchte.

Ann Wigmores Buch „The Hippocrates Diet and Health Program" und Viktoras Kulvinskas' Buch „Leben und Überleben – Kursbuch ins 21. Jahrhundert" erörtern beide sehr detailliert und klar, wie man die biogenen Nahrungsmittel, von denen ich sprach, anbauen und zubereiten kann. Ich bin auch dafür, grüne und frische Säfte zu verwenden, doch bei vielen Menschen geht dieser Schritt über das hinaus, was sie bereit sind, regelmäßig in ihrem Leben zu tun. Obwohl sie für die Gesundheit gut sind, ist nicht klar, ob es für unsere vorrangig spirituelle Orientierung notwendig ist, täglich grüne Säfte zu trinken. Allerdings empfehle ich die aus Samen zubereiteten fermentierten Speisen, weil sie eine zusätzliche Quelle für leicht assimilierbare und geschmackvolle Proteine darstellen. Wenn wir die Protein- und Fettmenge erhöhen, indem wir biogene Samenkäse, eingeweichte Samen und Nüsse, Avocados und Bananen essen, können wir an Gewicht zunehmen. Ein Teil der Kunst der spirituellen Ernährung besteht darin, zu lernen, diese Nährstoffe so anzupassen, daß wir unsere physischen Funktionen optimal erhalten und genug Kraft haben, um unsere weltliche Arbeit zu verrichten. Im Anhang wird die Zubereitung einiger Nahrungsmittel eingehender beschrieben.

Der „olympische" Teil von Stufe IV ist das Fasten. Wir fasten einen Tag pro Woche oder drei Tage hintereinander einmal im Monat und zusätzlich viermal im Jahr für jeweils zehn Tage, normalerweise zum Wechsel der Jahreszeiten. Möglicherweise fasten wir auch mindestens einmal während unserer Entwicklung 40 Tage lang. Wie schon im Kapitel über das Fasten besprochen, sind dies Zeiten, in denen wir vermehrt meditieren und uns weltlicher Aktivitäten enthalten. Das Fasten ist eine mächtige spirituelle Praktik, die sich förderlich auf den Transformationsprozeß auswirkt. Fasten verbunden mit vermehrter Meditation ist die effektivste Art, unser System in einen Supraleiter für die Kundalini-Energie zu verwandeln. Nachdem wir mit diesem Fasten-Programm eine gewisse Reinheitsstufe erreicht haben, fasten wir nicht mehr, um uns zu reinigen. Wenn wir uns an die 40prozentige biogene und 95prozentige Rohkost-Ernährung halten, ist unser Körper in der Lage, sich in einer Geschwindigkeit zu reinigen, die der inneren Toxinproduktion durch Stoffwechselprozesse und der Belastung durch die Umweltverschmutzung entspricht. Dann kann man sich entscheiden, weniger zu fasten oder ganz damit aufzuhören, oder das Fasten weiterhin einzusetzen, um den Fluß der Kundalini und die transzendente Transformation zu fördern.

Abschließender Ausblick

„Denn das Reich Gottes ist nicht Essen und Trinken, sondern Rechtschaffenheit und Frieden und Freude im heiligen Geist" (Römer 14, 17).

Keine Ernährungsweise wird spirituelle Früchte tragen, wenn wir sie nicht in den Zusammenhang von rechtem Leben, Liebe, rechter Gesellschaft und Meditation einbetten. Obwohl wir ein esoterisches Verständnis von Ernährung haben, haben wir es doch mit einem grundlegenden und sehr praktischen Lebensvorgang zu tun, nämlich mit dem Essen von Nahrung. Eine Ernährungsweise ist keine Religion und keine Suche nach der Wahrheit, sie ist einfach ein Bestandteil des rechten Lebens. So gesehen ist es nur angemessen, die Kunst der spirituellen Ernährung einzusetzen, um die richtige Ernährungsweise für sich zu entwickeln. Es ist eine Übung im Zusammenhang von Übungen und Praktiken, durch die wir einen Zugang zu dem schaffen, was uns wichtig ist: Harmonie und das liebevolle Einssein mit Gott. Optimale Gesundheit ist nicht das Ziel, sondern ein Nebenprodukt dieses Ziels. Für einige von uns ist spirituelle Ernährung auch eine Übung in Selbst-Bewußtheit, die unser Verständnis des rechten Lebens vertieft. Für andere ist sie darüber hinaus eine mächtige spirituelle Praktik, die Ernährung, Fasten und Meditation umfaßt und unsere spirituelle Entfaltung beschleunigt, indem sie die Menge des kosmischen Pranas erhöht, die in die feinstofflichen und den physischen Körper einfließt. Je mehr das universale Prana in uns zunimmt, um so mehr steigt das Bewußtsein unserer Erleuchtung. Spirituelle Ernährung ist ein Ansatz, bei dem es um die Erleuchtung des ganzen Menschen geht und der die Spiritualisierung des Körpers wie die des Geistes und der Seele einbezieht.

Rechte Ernährung ist ein Ausdruck unserer natürlichen Übereinstimmung mit den Gesetzen der Natur, so wie sie von dem Einen Gott manifestiert werden. Wenn wir uns nach diesen Gesetzen ausrichten, fördert das unsere Gesundheit und unser spirituelles Leben. Eine spirituell angemessene Ernährung ist sowohl Ursache als auch Folge unseres Seinszustandes. Da eine richtige Ernährung Ausdruck unseres Seins und unserer inneren Harmonie ist, paßt sie nicht so gut zu uns, wenn wir uns nach Ernährungsregeln von anderen oder gar nach Rezepten richten. Die einzige Richtlinie, der wir folgen sollten, ist die umsichtige und intelligente Anwendung der Kunst spiritueller Ernährung. Richten sollten wir uns bei der Entwicklung unserer Ernährungsweise im wesentlichen nach unserer inneren Erfahrung der Kundalini-Bewegung oder einfach danach, daß sich unser Körper-Geist-Gefüge während und nach dem Essen sowie den ganzen Tag über energetisch und gut fühlen sollte. Wenn wir so an Ernährung herangehen, ist das angewandter gesunder Menschenverstand in bezug auf unser persönliches Harmonieempfinden. Aus diesem Grund habe ich die Details der Ernährung eher offengelassen und mich auf die Grundsätze konzentriert.

Das unmittelbare transzendente Bewußtsein unserer wahren Natur als Licht, Liebe und die nicht-dualistische Wahrheit Gottes übersteigt jede Ernährungspraktik, jedes Reinheits- und Ernährungsbewußtsein. Im ganzen Alten Testament war Nahrung ein Opfer an Gott. Es war ein uraltes Symbol für das Einssein mit Gott. „Was auch immer ihr daher eßt und trinkt, tut alles zu Gottes Ehre." (1. Korinther 10, 31) Daher leben wir im bewußten Zustand als ein Liebesopfer an Gott, und wir ernähren uns vor allem von dieser Liebe. Auf diese Weise werden wir zu dieser Liebe.

Zusammenfassung von Kapitel 24

1. Sechs Ziele, die wir bei der Entwicklung einer persönlichen Ernährungsweise verfolgen können, wurden wiederholt.

2. Es gibt so viele wichtige Faktoren, die bei der Zusammenstellung einer persönlichen Ernährungsweise eine Rolle spielen, daß es nur einen Computer gibt, der in der Lage ist, alle aufeinander zu beziehen, und das ist unsere innere Sensibilität. Um effektiv damit umzugehen zu können, müssen wir unser eigenes Labor werden.

3. Indem wir die Zeiten, zu denen wir essen, die physische und emotionale Umgebung, in der wir essen, die Menge, die wir essen, und was wir essen als Gewohnheit stabilisieren, können wir bewußt beginnen, uns selbst in Ernährungsfragen zu erforschen.

4. Unser „Feedback-System" auf der grob materiellen Ebene ist, ob wir uns nach dem Essen den ganzen Tag lang gut fühlen oder ob wir negative Wirkungen wie Gasentwicklung, Aufgeblähtsein und Übelkeit von einer Ernährungsweise erfahren, die für uns nicht geeignet ist.

5. Auf einer feinstofflicheren Ebene merken wir dadurch, daß wir vor, während oder nach einer Mahlzeit nicht ungehindert in liebevoller Einheit mit dem Göttlichen sein können, daß wir uns falsch ernähren.

6. Die Art, sich zu ernähren, ist nicht statisch. Sie muß sich auf eine Weise entwickeln, daß sie unsere spirituelle Evolution unterstützt und unsere Harmonie aufrechterhält.

7. Die Kunst der spirituellen Ernährung ist der Prozeß, bei dem wir Selbstversuche durchführen, um die grundlegenden Richtlinien der spirituellen Ernährung im Zusammenhang eines gänzlich spirituellen Lebens zu überprüfen. Es geht darum, die richtige Ernährung zusammenzustellen, indem wir unter anderem nicht funktionale Eßgewohnheiten, zum Beispiel Übertragungen, loslassen.

8. Ein Teil dieser Ernährungsumstellungen findet spontan statt, während sich unser spirituelles Leben weiterentwickelt.

9. Ein Herangehen an die richtige Ernährungsweise, die mit Selbstversuchen und der Entwicklung einer ausgeprägten Selbsterkenntnis verbunden ist, wird selbst zu einer spirituellen Praktik.

10. Wenn wir uns mit unserer Ernährung reinigen, gehen wir möglicherweise durch einen Entgiftungsprozeß, der mild oder schwerwiegend verlaufen kann, je nachdem, wie rasch wir voranschreiten.

11. Die Art, wie in der Regenbogen-Ernährung die Nahrungsaufnahme strukturiert wird, läßt sich auf jede Ernährungsstufe anwenden. Man kann auch auf jeder Ernährungsstufe lernen, die richtige Nahrungsmenge zu essen, um in Harmonie mit allen Ebenen unserer Nährstoff- und spirituellen Bedürfnisse zu sein.
12. Es gibt vier wichtige Stufen bei der Umstellung der Ernährung.
13. Auf Stufe I entfernen wir alle biosauren Nahrungsmittel aus unserer Ernährung, essen aber Fleisch von natürlich-biologisch aufgewachsenen Tieren.
14. Auf Stufe II lassen wir alles rote Fleisch weg.
15. Auf Stufe III ernähren wir uns vegetarisch, das heißt ohne Fisch, Geflügel, Meeresfrüchte und Eier. Anfänglich kann es bedeuten, daß wir uns laktovegetarisch oder makrobiotisch ernähren. Am Ende von Stufe III sind wir auf einem Niveau angelangt, wo wir uns zu 80 Prozent von Rohkost und zu 20 Prozent von gekochten Nahrungsmitteln ernähren, wobei wir 20 bis 30 Prozent biogene Nahrungsmittel zu uns nehmen. Diese Ernährungsweise ist unserem spirituellen Leben völlig angemessen und fördert es.
16. Stufe IV ist eine Ernährungsweise, die sowohl unsere spirituelle Entwicklung beschleunigt, als auch selbst eine spirituelle Praktik ist. Sie besteht zu 95 Prozent aus Rohkost, wobei wir 40 bis 45 Prozent biogene Nahrungsmittel, 55 bis 60 Prozent Früchte und Gemüse und bis zu 5 Prozent gekochte Gemüse zu uns nehmen. Zu dieser Stufe gehört auch, daß wir einmal pro Woche einen Tag lang oder einmal im Monat drei Tage lang fasten und viermal im Jahr – den Jahreszeiten entsprechend – jeweils zehn Tage lang fasten.
17. Keine Ernährungsweise wird spirituelle Früchte tragen, wenn sie nicht im Zusammenhang eines rechten Lebens, rechter Gesellschaft, von Liebe und Meditation steht.
18. Unsere Ernährungsweise ist ein Ausdruck unserer natürlichen Übereinstimmung mit den Gesetzen der Natur, wie sie von dem einen Gott manifestiert werden. Indem wir uns auf diese Gesetze einstimmen, fördern wir unsere Gesundheit und unser spirituelles Leben.
19. Unsere Ernährungsweise ist sowohl Ursache als auch Folge unseres Seinszustandes.

Epilog

Während ich dieses Buch schrieb, wurde mir klar, daß ich nicht über spirituelle Ernährung, die Regenbogen-Ernährung oder das Erwachen und die Evolution der Kundalini schrieb. Ich erkannte, daß dieses Buch als Teil der aufsteigenden Spirale planetarischen Bewußtseins erscheint, das sich darauf vorbereitet, einen Quantensprung zur Erleuchtung der Massen zu tun. Unser fehlerhaft funktionierendes, selbstzentriertes Bewußtsein wird zu einem neuen planetarischen Bewußtsein transformiert, das in der liebevollen Einheit mit Gott zentriert ist und die Einheit aller Menschen der Erde als einen Körper des einen allumfassenden Selbstes erkennt. Wir sind fast bereit, auf individueller und planetarischer Ebene unsere dysfunktionalen Gewohnheiten aufzugeben, wie Nahrung zu verschwenden trotz des Hungers in der Welt, Ressourcen zu horten trotz der Armut in der Welt, wie individuelle Gewalt, Terrorismus, Feindseligkeit zwischen Individuen und Krieg zwischen Nationen. Die historische Phase der persönlichen Erlösung und Erleuchtung geht in eine neue historische Phase der Massenerlösung und -erleuchtung über, in der wir das Potential haben, als einheitliche planetarische Gruppe unsere individuelle und kollektive göttliche Natur zu erkennen (das, was wir schon die ganze Zeit über sind).

Dieses Buch ist eine Vorlage für einen Teil der bewußten Technologie und evolutionären Prozesse, die wir auf individueller wie auf kollektiver Ebene anwenden oder erfahren können. Der transformierende Prozeß, der aus richtiger Ernährung, rechtem Leben, rechter Gesellschaft, Meditation und Fasten in freudiger Einheit mit dem Göttlichen besteht, ist ein Weg, auf dem wir uns absichtlich und bewußt dafür entscheiden, in Übereinstimmung mit dem Plan der individuellen und kollektiven Entwicklung zu handeln. Auf diesem Weg treffen wir die Wahl, im Prozeß der Evolution synchron zum Willen Gottes zu handeln. Die Pläne sind nicht neu. Sie standen stets allen Menschen zur Verfügung, doch haben nur wenige sie sich zunutze gemacht. Gottes Gnade war immer auf diesem Planeten gegenwärtig. Die Pläne oder Lehren sind in ihrer Anwendung universell und zeitlos in ihrer Weisheit. Sie wurden von den Essenern bereits mehrere Jahrhunderte vor dem Erscheinen Jesu und auch von den alten Ägyptern praktiziert. Sie werden im Zend-Awesta Zarathustras, in den Lehren Buddhas, Mohammeds, Lao Tses, des Yoga, des Hinduismus und der Pythagoreer praktiziert; sie werden vom tibetischen Rad des Lebens und im mosaischen Gesetz gelehrt. Gottes universelle Gesetze und evolutionäre

Epilog

Pläne bleiben unverändert und sind heute genauso anwendbar wie früher. In den abgeschieden lebenden Gemeinden der Essener wurden drei große Persönlichkeiten – Jesus, Johannes der Täufer und Johannes der Apokalyptiker – ausgebildet, um die Welt über diesen Bewußtseinssprung zu unterrichten und sie darauf vorzubereiten. Diese Lehren wurden den Menschen gegeben, um das Öffnen der Türen zu den höheren Stufen des Gottesbewußtseins zu beschleunigen. Der einzige Unterschied zwischen damals und heute besteht darin, daß diese Lehren und die transformatorischen Prozesse heute allmählich auf breiter Basis von der Öffentlichkeit angewandt werden. Dieses Buch ist ein kleiner Ausschnitt eines Teils dieses ewigen und einfachen Wissens. Ich habe mich entschieden, Ihnen einige meiner Transformationserfahrungen als Teil eines persönlicheren und detaillierteren Ausdrucks der Lehren zu schildern. Diese Lehren helfen uns, uns als kleine holographische Einheiten des Gottesbewußtseins zu entwickeln, die fähig sind, in großem Umfang mit dem kosmischen Bewußtsein zu resonieren, um den ganzen Planeten auf eine höhere Ebene zu bringen.

Auf jeder evolutionären Stufe kommt es zu mehr Synergie. Am Anfang zog es das Atom zum Atom, dann die Zelle zur Zelle. Dann verschmolz die menschliche Kundalini in die Einheit des Kronen-Chakras, wodurch die rechte und die linke Gehirnhälfte und das männliche und das weibliche Bewußtsein synchronisiert werden. Dies ermöglicht eine nicht-dualistische Welterfahrung, in der es keine Trennung zwischen den Menschen gibt. Dieses Bewußtsein macht es möglich, daß Menschen sich zu Menschen hingezogen fühlen und Gesellschaftssysteme mit Gesellschaftssystemen synchronisiert werden, weil die Menschen erkennen, daß sie alle Teile desselben göttlichen Körpers sind. Wir stehen kurz vor einem Quantensprung, der über eine gesellschaftliche Synergie laufen wird, die in der Liebe des Bewußtseins zentriert sein wird, daß wir alle eins sind. Das ist unsere Bestimmung. Dieses Buch ist eine Einladung an uns alle, viel Spaß dabei zu haben.

Anhang I
Zubereitung von biogenen Nahrungsmitteln

Warum wir Samen einweichen

Wenn wir aus den Samen keine Sprossen machen wollen, weichen wir sie ein. Samen und Nüsse werden eingeweicht, weil das Wasser die Samen aktiviert, mit ihrem Keimungsprozeß anzufangen. Das Wasser wäscht auch die Enzymhemmer, die Phytate (die die Aufnahme von Zink und anderen Mineralstoffen blockieren), die Oxylate (die die Aufnahme von Kalzium behindern und zu steifen Gelenken führen können) und andere den Stoffwechsel hemmende Substanzen aus den Samen heraus, die eine vorzeitige Keimung des Samens verhindern sollen. Das Wasser aktiviert auch die Keimungsenzyme, die die vorverdauende Keimung einleiten, um Proteine in freie Aminosäuren, Fette in Fettsäuren und Stärke in einfache Kohlenstoffe aufzubrechen.

Empfehlungen für das Einweichen

Sesamsaat, Kürbiskerne, Sonnenblumenkerne, Alfalfasamen, Chia (Samen einer wilden Salbeiart), Flachs und Hafer müssen mindestens sechs Stunden lang eingeweicht werden. Mandeln, andere Nüsse, Hülsenfrüchte, Bohnen, Weizen, Reis, Hirse und Roggen müssen mindestens 12 Stunden einweichen. Die Nüsse und Samen, die am leichtesten in diesen Rezepten zu verwenden sind, sind Sonnenblumenkerne, Kürbiskerne, Sesamsaat und Mandeln.

Sprossen

Am leichtesten lassen sich Alfalfa-Sprossen ziehen. Man nimmt ein Ein-Liter-Einmachglas mit einer breiten Öffnung und füllt drei gehäufte Teelöffel Alfalfa-Samen hinein. Füllen Sie dann Wasser in das Glas, bis es etwa zehn Zentimeter über den Samen steht. Weichen Sie die Samen über Nacht acht Stunden ein. Um die Samenhüllen zu entfernen, können Sie sie einfach abschöpfen, wenn sie an der Oberfläche schwimmen. Gießen Sie dann das Wasser durch einen gelöcherten Deckel oder ein Drahtsieb ab. Spülen Sie die Samen dreimal mit frischem Wasser, bis das abgegossene Wasser klar ist. Lassen Sie die Samen abtropfen, und lagern Sie sie 24 Stunden lang, bis die Samen anfangen zu keimen. Setzen Sie sie während des Wachsens dann dem Sonnenlicht aus. Ein schiefes Gestell, wie zum Beispiel eins zum

Abtropfen von Geschirr, ist ein gutes Abtropfsystem für die Gefäße, in denen die Samen keimen. Spülen Sie die Samen während der ersten drei bis fünf Tage des Keimprozesses ein- bis zweimal täglich. Sie können schon vom zweiten Tag des Keimens an gegessen werden und sind zwischen dem fünften bis siebten Tag am besten. Sie können sie im Kühlschrank lagern. Viele Menschen lassen gerne ein Gemisch verschiedener Samen in demselben Behälter keimen, weil dadurch verschiedene Geschmacksrichtungen möglich sind. Mungbohnen, Linsen, Bockshornkleesamen, Radieschen und Klee werden gern zusammen gegessen.

Empfehlungen für die Zubereitung von Samen- und Nußmilch

Wenn die Samen oder Nüsse eingeweicht sind, vermischen Sie sie gleich im Verhältnis 1:1 mit Wasser (eine Tasse Wasser auf eine Tasse Samen). Zermahlen Sie die Samen im Mixer, und geben Sie dabei langsam das Wasser hinzu. Wir können sie auch acht Stunden keimen lassen, bevor wir sie vermischen. Möglicherweise wird durch diese zusätzliche Keimzeit ihre Wirksamkeit erhöht, doch spielt das für die Verdaulichkeit und die biogene Qualität des Nahrungsmittels keine Rolle. Wenn die grundlegende Samen- oder Nußmilch hergestellt ist, fügen Sie die untergeordneten Zutaten hinzu, die zur kulinarischen Qualität beitragen und geeignet sind, unsere speziellen körperlichen Bedürfnisse nach Gleichgewicht zu erfüllen. Zum Frühstück kann man der Mischung zum Beispiel Bananen, eingeweichte Feigen oder andere Früchte hinzufügen. Diese Mischung kann so gegessen oder über Früchte gegossen werden. Die eingeweichten und gekeimten Samen reagieren im Körper alkalisch und lassen sich mit allen Obstsorten gut kombinieren. Um Salatsoßen und Gemüsesoßen herzustellen, kann man Gemüse, Kräuter oder Gewürze hinzufügen. Ingwer und Cayennepfeffer heizen auf und reinigen. An heißen Tagen kühlen uns Gurke und Dill. Als Mittagssalatsoße mag ich am liebsten eine Gurken-Dill-Kürbiskern-Soße. Eine Vielzahl von Gemüsesorten wie Zucchini oder rote Bete oder sogar Sprossen tragen zum Geschmack und zur Beschaffenheit bei. Kombinationen mit Avocado sind auch sehr gut. Entdecken Sie verschiedene Kombinationen, und haben Sie Spaß dabei.

Bei Sesamsaat ist es am besten, die ungeschälten Samen zu verwenden, weil die Samen so frisch bleiben. Weichen Sie sie über Nacht ein, lassen Sie sie abtropfen und mixen Sie sie zwei Minuten lang mit Wasser. Der Mixer entfernt die Hüllen. Trennen Sie die Hüllen von der Milch, indem Sie sie durch ein feinmaschiges Käsetuch oder eine Sprossentüte aus

Plastik gießen. Die übrigbleibende Flüssigkeit ist die Samenmilch. Sie kann jetzt mit anderen Zutaten vermengt oder so, wie sie ist, getrunken werden.

Die Zubereitung von Samenkäsen

Ein Samenkäse wird hergestellt, indem man die Samensoße acht bis zehn Stunden lang bei einer Temperatur zwischen Zimmertemperatur und etwa 40 °C fermentieren läßt. Ich mache den Käse gerne geschmackvoller, indem ich Kräuter und Gewürze wie Curry und Dill hinzufüge. In der Luft enthaltene Laktobazillen gelangen in die Samensoßen und setzen die Fermentierung in Gang. Man kann auch ein bißchen Samenkäse von der letzten Produktion hinzufügen, um den Prozeß zu fördern. Beide Möglichkeiten funktionieren anscheinend gleich gut. Die Fermentierung verdaut die Proteine immer weiter vor, und zurück bleiben viel Vitamin B_{12} und andere B-Komplex-Faktoren. Je mehr sich der Samenkäse dem Reifezustand nähert, um so mehr Molke sammelt sich unten im Gefäß und um so mehr Käse oben im Gefäß an. An einem zitronenartigen Geruch erkennt man, daß der Käse reif ist. Gießen Sie die Molke ab, indem Sie in der Nähe des Glasrandes ein Loch in den Käse bohren und den Inhalt des Glases vorsichtig durch einen Sprossenbeutel gießen. Drücken Sie den Beutel vorsichtig, um auch die restliche Molke herauszupressen. Wenn Sie zu fest drücken, kann der Beutel platzen und der Käse herauslaufen. Sollte das geschehen, fühlen Sie sich dadurch getröstet, daß Sie nicht der erste sind, dem das passiert. Drücken Sie, bis der Samenkäse möglichst trocken ist, und hängen Sie ihn dann zwei bis sechs Stunden zum Trocknen auf. Lagern Sie ihn im Kühlschrank, wo er bis zu drei Tagen gut bleibt. Man kann ihn mit Salat oder mit süßen oder säuerlichen Früchten servieren.

Samenjoghurt stellt man auf ähnliche Weise her, doch erntet man ihn bereits nach vier bis sechs Stunden, bevor sich die Molke vom Käse trennt.

Der Anbau von Weizengras

Die Anweisungen für Weizengras gelten auch für andere junge Grünpflanzen wie Sonnenblumen und Buchweizen. Weichen Sie organische Winterweizenkörner zwölf Stunden lang ein, und lassen Sie sie weitere zwölf Stunden lang keimen. Bereiten Sie eine Lage von 2,5 cm Humus vor, streuen Sie die Weizenkörner darauf und bedecken Sie sie mit einer dünnen Schicht Erde. Eine Tasse Weizenkörner füllt ein 25 x 35 cm großes Tablett. Lassen Sie sie bei Zimmertemperatur und indirektem Sonnenlicht wachsen, und halten Sie die Erde feucht. Wenn die Sprossen etwa 18 bis 25 cm hoch gewachsen sind, können sie geerntet werden. Schneiden Sie die Pflänzchen beim Ernten so nah wie möglich an der Erde ab, da die Konzentration der Nährstoffe in Erdnähe am höchsten ist. Streuen Sie die Jungpflänzchen auf den Salat, oder machen Sie Saft aus ihnen. Das Gras kann eine Woche lang gelagert werden, der Saft beginnt jedoch schon nach einer halben Stunde schlecht zu werden.

Die Zubereitung von Salaten und Suppen

Eine Vielzahl von Salatsoßen und Suppen kann mit dem Mixer aus rohen Zutaten hergestellt werden. Sie können Avocado als Grundlage nehmen und dann eine einzige weitere Zutat, zum Beispiel Karottensaft, Gurke, Tomate, Zitronensaft, eine Vielzahl verschiedener Gemüse oder sogar Sprossen hinzugeben. Tun Sie Kräuter und Gewürze wie Ingwer, Knoblauch, Dill, Koriander und Basilikum hinein.

Eine einzigartige Suppe, die Sie im Rahmen der Regenbogen-Ernährung abends essen können, ist eine Tasse in Scheiben geschnittener roter Bete gemischt mit einer Avocado. Fügen Sie noch etwas Rotalgen und Wasser hinzu, bis die Suppe die richtige Beschaffenheit hat. Die Avocado gleicht den Geschmack der roten Bete aus.

Für diejenigen, die Verdauungsprobleme haben, hat es bislang gut funktioniert, aus ganzen Salaten Suppen zu machen. Sie werden leichter verdaut, und wir kommen in den Genuß ihrer biologisch aktiven Enzyme.

Diese Form der Nahrungszubereitung ist kreativ, gesund, geht schnell und ist – was am wichtigsten ist – einfach. Wir müssen keinen komplizierten Rezepten folgen, sondern richten uns einfach nach unserer inneren Sensitivität. Es ist etwas für spielerische, kreative Nicht-Köche.

Weitere Einzelheiten finden Sie in den Büchern: „The Hippocrates Diet" von Ann Wigmore und „Leben und Überleben – Kursbuch ins 21. Jahrhundert" von Viktoras Kulvinskas.

„Ein König, der nicht über seine eigene Ernährung herrscht, wird sein Reich kaum in Ruhe und Frieden regieren können."
(Anonym, Regimen Sanitatis Salernitanum, 11. Jh.)

Anhang II
Meditation

Die Bedeutung von Meditation

Meditation ist ein normaler Bestandteil unseres Lebens. Wenn wir uns darauf konzentrieren, ein Auto zu fahren, Sport zu treiben oder einem Vortrag zu lauschen, meditieren wir. Meditation ist der Vorgang, unsere Aufmerksamkeit auf ein Objekt zu richten. Wenn wir unsere Aufmerksamkeit nach innen, auf das Licht Gottes, auf das Selbst richten statt auf ein äußeres Objekt, tun wir das, was formal als Meditation angesehen wird. Wenn wir unsere Konzentration richten, halten unsere Gedanken inne, die Zeit steht still, und das Licht des göttlichen Selbst in uns scheint als vollkommener Augenblick in unseren Wachzustand hinein. Viele von uns haben diese „vollkommenen" Augenblicke schon erlebt, wenn wir einen wunderschönen Sonnenuntergang beobachteten oder wundervolle Musik hörten. Der einzige Unterschied zwischen diesen sporadischen Augenblicken der Meditation und formaler Meditation liegt darin, daß das Selbst nichts Vergängliches ist und wir unsere Fähigkeit, uns auf das Selbst zu konzentrieren, erhöhen, wenn wir täglich meditieren. Der Zweck der Sache ist, die Zeit zu verlängern, die wir mit dem Göttlichen in Kontakt sind. Wenn wir stärker mit dem Selbst in Verbindung stehen, fangen wir an, über uns selbst anders zu denken. Uns wird bewußt, daß wir und die ganze Schöpfung in Gott eins sind. Wenn wir dies verstehen, fangen wir an, alles zu verstehen, wie es ist. Das ist das Wissen, das wir durch die Meditation erlangen. Die Erfahrung dieser Wahrheit ist oft das Gegenteil dessen, was uns beigebracht wird, nämlich daß wir Sünder, zu nichts gut oder böse sind. Einige werden durch dieses Wissen grundlegend verwandelt, andere fürchten sich möglicherweise davor, ihre alten Muster aufzugeben. Wir meditieren nicht, um Gott zu erreichen, sondern um uns des Gottes in uns bewußt zu werden. In Psalm 46, 11 heißt es: „Sei still und erkenne, daß ich Gott bin." Dies ist das liebevolle Einssein mit Gott.

Eine Meditationstechnik

Das Schwierigste am Meditieren ist, zu lernen, wie man mit dem Verstand umgeht. Es ist der Verstand, der uns vom Einssein mit Gott ablenkt. Wir müssen daher lernen, uns weder auf unsere Gedanken zu konzentrieren, noch gegen sie anzukämpfen. Am besten versuchen wir, sie als Teil des

Spiels des Verstandes zu beobachten, statt uns mit ihnen zu identifizieren; sie sind weder real, noch sind wir unsere Gedanken. Es ist, als ob wir uns einen Film anschauen und dabei immer wissen, daß wir uns einen Film anschauen. Unser wahres Selbst ist die weiße Leinwand des Bewußtseins, auf der sich der Film abspielt. Es ist wichtig, den Gedanken keinerlei Energie dadurch zu geben, daß man gegen sie angeht oder sie beurteilt. Es kommen viele ungewöhnliche Erfahrungen beim Meditieren hoch, und das beste ist, sie vorüberziehen zu lassen, damit unser System von ihnen gereinigt wird.

Eine weitere kraftvolle Technik bei der Arbeit mit dem Verstand ist die Verwendung eines Mantras. Das Wort Mantra bedeutet: das, was uns schützt – besonders vor unserem Verstand. Es gibt viele Mantras, aber ich kann Ihnen diejenigen vermitteln, die ich gelernt habe. Das erste ist „Om Namah Shivaya", was soviel bedeutet wie: „Ich verbeuge mich vor dem Gott in mir." Es ist einer der vielen Namen Gottes. Es ist wichtig, die Bedeutung des Mantras zu kennen, da unser Bewußtsein von dem durchdrungen wird, was wir denken. Durch die Wiederholung dieses Mantras rufen wir den Gott in uns. In dem Sinn, daß wir Gott wissen lassen, daß wir einen Kontakt zu ihm herstellen wollen, ist es ein Gebet. Zu meditieren heißt, auf Gottes Antwort in der Stille unseres Herzens zu lauschen. Wir können dieses Mantra während der Meditation im Geiste so schnell oder so langsam, wie wir möchten, wiederholen oder es auch mit unserem Atem koordinieren. Mit dem Atem läßt sich am besten das universelle Mantra „So Ham" (Ich Bin, Der Ich Bin) chanten. Das „So Ham"-Mantra, das es in vielen Religionen gibt, stellt den natürlichen Ton und Rhythmus des Atems dar. Im 2. Buch Mose 3, 14 bekam Mose zum Beispiel „Ich Bin, Der Ich Bin" als Name Gottes genannt. Beim Einatmen denken wir „Ham" und beim Ausatmen „So". Der stille Raum zwischen dem Einatmen auf „Ham" und dem einsetzenden Ausatmen auf „So", in dem der Verstand still ist, ist der Raum des Selbstes. Dieser stille Raum kann beim Meditieren immer größer werden. Wenn wir einen Punkt erreichen, an dem unser Verstand zur Ruhe kommt, ist es Zeit, das Mantra loszulassen und einfach im Bewußtsein Gottes zu sein.

Es ist wichtig, daß wir zum Meditieren eine bequeme Stellung finden, damit wir für die Dauer der Meditation stillsitzen können. Die meisten Menschen glauben, daß man zum Meditieren nur mit gekreuzten Beinen auf einem Kissen oder einem Bänkchen sitzen kann, doch ist es auch wunderbar, aufrecht und mit beiden Füßen auf dem Boden auf einem Stuhl zu sitzen. Jede Position, in der der Verstand zur Ruhe kommen kann, ist in Ordnung. Die beste Zeit zum Meditieren ist morgens vor dem Frühstück, wenn die Welt noch still ist. Jedoch ist jede Zeit die richtige Zeit, wenn wir gut meditieren können. Je regelmäßiger wir meditieren, um so einfacher wird es. Viele fangen mit 20 Minuten an und verlängern dann auf eine Stunde. Schließlich – wenn wir eins geworden sind mit dem Wissen der Meditation – wird jeder Moment unseres Lebens zu einem liebevollen Einssein mit Gott.

Über den Autor

Dr. Gabriel Cousens ist zugelassener praktischer Arzt, Psychiater und Familientherapeut und setzt Ernährung, Naturheilkunde, Homöopathie und Akupunktur zusammen mit spirituellem Bewußtsein beim Heilen von Körper, Geist und Seele ein. Er ist Autor der Bücher *Ganzheitliche Ernährung und ihre spirituelle Dimension*, *Conscious Eating** und *Sevenfold Peace*. Dr. Cousens ist ein zertifizierter Essener-Lehrer und gemeinsam mit seiner Frau Nora Vize-Direktor der Tree-of-Life-Seminare, in deren Rahmen, Workshops über spirituelle Ernährung, bewußtes Essen, spirituelle Fasten-Retreats und „Null-Punkt-Prozeß"-Workshops gehören. Darüber hinaus ist Dr. Cousens Reiki-Meister, und man kann bei ihm Reiki-Zertifikate erwerben. Seine Seminare sollen den Menschen ein direktes Verstehen des siebenfältigen Friedens und des Lebensbaumes der Essener vermitteln. Dr. Cousens hat diese Seminare bereits in allen Teilen der USA, in Kanada, in West- und Osteuropa abgehalten. Dr. Cousens ist regelmäßig als Autor und Kolumnist in den Bereichen Gesundheit und Ernährung für mehrere amerikanische Gesundheitsmagazine tätig.

Dr. Cousens wurde 1943 in Chicago geboren. Er graduierte vom Amherst College, wo er Kapitän des ungeschlagenen Footballteams war, zu einem All New England Lineman gewählt wurde und einer von elf nationalen Hochschulathleten war, die in die Nationale Football Ruhmeshalle aufgenommen wurden. Im Jahre 1969 erhielt er von der Columbia Medical School seinen Doktortitel, 1973 schloß seine psychiatrische Assistenzzeit ab. Er arbeitete drei Jahre lang im öffentlichen Gesundheitsdienst der Vereinigten Staaten und hat auf den Gebieten der Biochemie, Schulgesundheit, klinische Pharmakologie, Hypoglykämie und Alzheimer Krankheit Artikel veröffentlicht. Er war der oberste Gesundheitsberater der Sonoma County Operation Headstart und Berater des Ministeriums für geistige Gesundheit im Bundesstaat Kalifornien. Er wurde im Who's Who in California geführt. Dr. Cousens und seine Frau Nora sind seit 1967 verheiratet und haben zwei erwachsene Kinder.

Gabriel und Nora Cousens sind nach Patagonia, Arizona, umgezogen, wo sie gerade ein Zentrum für lebendige Nahrung, Gesundheit und Verjüngung in den Bergen Arizonas aufbauen. Dort können Menschen persönliche Heilung erfahren und einen neuen Lebensstil praktizieren – gemäß den Vorstellungen von Körper, Geist und Seele, wie sie in den Lebensbaum-

---

* Das Buch *Conscious Eating* wird ab Sommer 1996 unter dem Titel *Bewußt Essen* im gleichen Verlag vorliegen. Siehe auch die Vorankündigung am Ende dieses Buches.

Über den Autor

Seminaren vermittelt und in Dr. Cousens' drei Büchern dargestellt werden. Das Zentrum wird voraussichtlich im September 1996 eröffnet. Im Augenblick betreut Dr. Cousens Klienten im Lebensbaum-Verjüngungszentrum. Auch das ayurvedische Pancha-Karma-Reinigungsprogramm wird bereits durchgeführt. Informationen über das Zentrum können Sie unter folgender Adresse anfordern:

Tree of Life Foundation,
P.O. Box 1080,
Patagonia, AZ 85624
USA.

Anmerkungen

Einführung

1. Callahan, Philip, *Tuning into Nature*, Old Greenich CN: Devin-Adair Press, 1975.
2. Dossey, Larry, *Space, Time, and Medicine*, Boulder, Colorado: Shambhala Publications Inc., 1982.
3. *The Teachings of Bhagavan Sri Ramana Maharshi in His Own Words*, herausgegeben von Arthur Osborne, Madras, Indien: veröffentlicht von T.N. Venkataraman, 4. Auflage 1977.

Kapitel 1
Warum wir ein neues Ernährungsparadigma brauchen

1. Kervan, C.L. und Abehsera, M., *Biological Transmutations*, New York: Swan House Publishing Co., 1972.
2. Ebenda
3. Ebenda
4. Ebenda
5. Ebenda
6. Ebenda
7. Szent-Györgyi, *Introduction to Submolecular Biology*, London: Academic Press, 1960.
8. Kervan, C.L. und Abehsera, M., *Biological Transmutations*, New York: Swan House Publishing Co., 1972.
9. Williams, Roger, *Biochemical Individuality*, Austin: University of Texas Press, 1956.
10. Kervan, C.L. und Abehsera, M., *Biological Transmutations*, New York: Swan House Publishing Co., 1972.
11. Brewer, Richard und Hahn, Erwin, in: *Scientific American*, Band 251, Dez. 1984, Seiten 50-57.
12. Kervan, C.L. und Abehsera, M., *Biological Transmutations*, New York: Swan House Publishing Co., 1972.

Kapitel 2
Die Grundlagen des neuen Ernährungsparadigmas

1. Vogel, Marcel: persönliches Gespräch, 1986.
2. Beardon, T.E., *The New Tesla Electromagnetics and the Secrets of Electrical Free Energy*, Millbrae, CA: Tesla Book Co., 1982.
3. Trombley, Adam: persönliches Gespräch, 1986.
4. Department of Defense Program Solicitation for F/Y, 1986 AF 86-77.
5. Callahan, Philip, *Tuning into Nature*, Old Greenich CN: Devin-Adair Press, 1975.
6. Beardon, T.E., *Toward a New Electromagnetics*, Part III: Clarifying the Vector Concept, Millbrae, CA: Tesla Book Co., 1983.
7. Sheldrake, Rupert, *Das schöpferische Universum*, Ullstein Verlag, 1993.
8. Toben, Robert, *Space, Time, and Beyond*, New York: E.P. Dutton and Co., Inc., 1975.
9. Friedman, H.L., Krishman, C.V. und Jolicoeur, C., „Ionic Interactions in Water", in: *Annals of the New York Academy of Sciences* 204, 1972, Seiten 77-99.
10. Clegg, James, „Metabolism and the Intracellular Environment: The Vicinal Water Network Model", in: *Cell Associated Water* (herausgegeben von W. Drost-Hansen und James Clegg), New York: Academic Press, 1979, Seiten 363-413.
11. Cope, Freeman, „Structured Water and Complexed Na+ and K+ in Biological Systems Water Structure at the Water-Polymer Interface", in: *Proceedings of American Chemical Society Symposium*, herausgegeben von H.H. Jellinek, New York: Plenum Press, 1972, Seiten 14-17.

12. Ling, Gilbert, „Water Structure at the Water-Polymer Interface", in: *Proceedings of American Chemical Society Symposium*, herausgegeben von H.H. Jellinek, New York: Plenum Press, 1972, Seiten 4-13.
13. Hansen, J. Yellin, „W. NMR and Infraspectroscopic Studies of Stratum Corneum Hydration", in: *Proceedings of American Chemical Society Symposium*, herausgegeben von H.H. Jellinek, New York: Plenum Press, 1972, Seiten 19-28.
14. Clegg, James, „Metabolism and the Intracellular Environment: The Vicinal Water Network Modell", in: *Cell Associated Water* (herausgegeben von W. Drost-Hansen und James Clegg), New York: Academic Press, 1979, Seiten 363-413.
15. Ebenda
16. Ebenda
17. Hazelwood, Carlton, „A View of the Significance and Understanding of the Physical Properties of Cell Associated Water", in: *Cell Associated Water* (herausgegeben von W. Drost-Hansen und James Clegg), New York: Academic Press, 1979, Seite 165.
18. Mikesell, Norm, „Cellular Regeneration", San Jose, CA: herausgegeben von Psychic Research Newsletter, 1985, Seiten 1-10.
19. Ebenda
20. Bachechi, Orie, *When Light Touches Many Changes Take Place*, Albuquerque, New Mexico: Kiva, Inc., 1984.
21. Ebenda

――――――― Kapitel 3 ―――――――
Ungewöhnliche Phänomene und wie das neue Paradigma sie erklärt

1. Nisargadatta, Maharaj/Frydman, Maurice, *Ich bin ...*, Gilda Peters-Remscheid, 2. Auflage 1992.
2. Hotema, Hilton, *Higher Consciousness*, Mokelumne Hill, CA: Health Research, 1962.
3. Yogananda, Paramahansa, *Autobiographie eines Yogi*, O.W. Barth/Scherz Verlag.
4. Chia, Mantak, *Tao – Geheimnisse der Liebe*, W. Dahlberg Verlag, 1986.
5. Ebenda
6. Airola, Paavo, *Worldwide Secrets for Staying Young*, Phoenix, Arizona: Health Plus, 1982.
7. Ebenda
8. Hotema, Hilton, *Higher Consciousness*, Mokelumne Hill, CA: Health Research, 1962.
9. Murthy, T.S. Anantha, *Maharaj*, San Rafael, CA: Dawn Horse Press, 1972.
10. Zevin, Rabbi S.Y., *A Treasury of Chassidic Tales*, New York, NY: Mesorah, 1981.
11. Ebenda
12. Yogananda, Paramahansa, *Autobiographie eines Yogi*, O.W. Barth/Scherz Verlag.
13. Ebenda
14. Ebenda
15. Ebenda
16. Ebenda
17. Ebenda
18. Burkus, J., *Terese Neumanaite*, Chicago: Suduvos Press, 1953.
19. Chia, Mantak, *Tao – Geheimnisse der Liebe*, W. Dahlberg Verlag, 1986.
20. Yogananda, Paramahansa, *Autobiographie eines Yogi*, O.W. Barth/Scherz Verlag.
21. Lo'ez, MeAm, *The Torah Anthology*, New York, NY/Jerusalem: Maznaim, 1977.
22. Ebenda
23. Ebenda
24. Székely, Edmond Bordeaux, *The Essenes by Josephus and His Contemporaries*, U.S.: International Biogenic Society, 1981.

25. Murthy, T.S. Anantha, *Maharaj*, San Rafael, CA: Dawn Horse Press, 1972.
26. Ebenda
27. Airola, Paavo, *Worldwide Secrets for Staying Young*, Phoenix, Arizona: Health Plus, 1982.
28. Ebenda
29. Wallace, R.K., „Effects of the TM and TM Sidhi Program on the Aging Process", in: *International Journal of Neuroscience*, 16 (1), 1982, Seiten 53-58.
30. Little, W.A., „Superconductivity at Room Temperature", in: *Scientific American*, 212, 1965, Seite 21.
31. „Melanin as Key Organizing Molecule", in: *Brain Mind Bulletin*, Los Angeles, CA: Interface Press, August 1983, Seiten 1-8.
32. McClare, C.W.F., „Resonance in Bioenergetics", in: *Annals of the New York Academy of Sciences*, 227, 1974, Seiten 74-91.
33. Yogananda, Paramahansa, *Autobiographie eines Yogi*, O.W. Barth/Scherz Verlag.
34. Ebenda
35. *The Lost Books of the Bible and The Forgotten Books of Eden*, New York, NY: World, 1972.
36. Wilber, Ken, *Quantum Questions*, Boulder, Colorado: Shambhala, 1984.

────────── Kapitel 4 ──────────
Die Frage der Assimilation

1. Steiner, Rudolf, *Agricultural*, London, N.W.J.: Bio-Dynamic Agricultural Association, 1977.
2. Vogel, Marcel: persönliches Gespräch, 1986.
3. Schmidt, Gerhard, *The Dynamics of Nutrition*, RI: Bio-Dynamic Literature, 1980.
4. Ebenda

5. Nisargadatta, Maharaj/Frydman, Maurice, *Ich bin . . .*, Gilda Peters-Remscheid, 2. Auflage 1992.

────────── Kapitel 5 ──────────
Das System der Chakren

1. Motoyama, Hiroshi und Brown, Rande, *Chakra-Physiologie*, Braunschweig: Aurum Verlag, 1990.
2. Joy, William Brugh, *Wege der Erfüllung*, Interlaken, Schweiz: Ansata Verlag, 1993.
3. Bagley, L., „New Method for Locating Acupuncture Points and Body Field Distortions", in: *American Journal of Acupuncture*, Band 12, Nr. 3, Juli-Sept. 1984, Seiten 219-228.
4. Neff, Dio, „The Great Chakra Controversy", in: *Yoga Journal*, Berkeley, CA: California Yoga Teachers Association, Nov.-Dez. 1985, Seiten 42-45.
5. Motoyama, Hiroshi und Brown, Rande, *Chakra-Physiologie*, Braunschweig: Aurum Verlag, 1990.
6. Joy, William Brugh, *Wege der Erfüllung*, Interlaken, Schweiz: Ansata Verlag, 1993.
7. Motoyama, Hiroshi und Brown, Rande, *Chakra-Physiologie*, Braunschweig: Aurum Verlag, 1990.
8. Joy, William Brugh, *Wege der Erfüllung*, Interlaken, Schweiz: Ansata Verlag, 1993.
9. Murphy, Michael und White, Rhea A., *The Psychic Side of Sports*, Menlo Park, CA/London/Amsterdam/Don Mills, Ontario/Sydney: Addison-Wesley, 1978.
10. Colton, Ann Ree, *Kundalini West*, Glendale, CA: Arc Publishing, 1978.

────────── Kapitel 6 ──────────
Die feinstofflichen Körper

1. Bruder Charles, MSH: persönliches Gespräch, 1986.

Anmerkungen

Kapitel 7
Die Kundalini

1. Jung, Carl und Hauer, J., *Kundalini Yoga*, unveröffentlichtes Manuskript von 1932.
2. Krishna, Gopi, *Kundalini – Erweckung der geistigen Kraft im Menschen*, Scherz Verlag, 1983.
3. Muktananda, *Kundalini: The Secrets of Life*, New York: SYDA Foundation, 1979.
4. Ebenda
5. Katz, R., „Education for Transcendence: Lessons from the !Kung Zhu/Twasi", in: *Journal of Transpersonal Psychology*, Band 2, 1973, Seiten 136-155.
6. Luk, C., *The Secrets of Chinese Meditation*, New York, NY: Samuel Weiser, 1972.
7. Rohrbach, P., *The Search for St. Therese*, New York, NY: Dell, 1963.
8. Sannella, Lee, *Kundalini – Psychose oder Transzendenz?*, Essen: Synthesis Verlag, 1989.
9. Ebenda
10. Ebenda
11. Ebenda
12. Muktananda, Swami, *Kundalini: The Secrets of Life*, New York: SYDA Foundation, 1979.
13. Ebenda

Kapitel 8
Nährstoffe: die Vielfalt und der Eine

1. *The Lost Books of the Bible and The Forgotten Books of Eden*, New York, NY: World, 1972.
2. Wurtman, Richard J., „The Effects of Light on the Human Body", in: *Scientific American*, Band 233, Nr. 1, Juli 1975, Seiten 68-77.
3. Brody, Jane E., „Surprising Health Impact Discovered for Light", in: *Science Times*, New York, NY: The New York Times, 13. Nov. 1984.
4. Ebenda
5. Ebenda
6. National Institute of Mental Health, *Biological Rhythms in Psychiatry and Medicine*, Seiten 120-132.
7. Ebenda
8. Downing, John: persönliches Gespräch, 1986.
9. Wurtman, Richard J., „The Effects of Light on the Human Body", in: *Scientific American*, Band 233, Nr. 1, Juli 1975, Seiten 68-77.
10. National Institute of Mental Health, *Biological Rhythms in Psychiatry and Medicine*, Seiten 120-132.
11. „Melanin as Key Organizing Molecule", in: *Brain Mind Bulletin*, Los Angeles, CA: Band 8, Nr. 12/13, 11. Juli/1. August 1983, Seiten 1-8.
12. Ebenda
13. Levine, Stephen, „Oxygen, Bioelectricity and Life", in: *American Chiropractor*, Juli 1986, Seiten 1-8.
14. Levine, Stephen, „Oxygen Immunity, Cancer, and Candida", vorgetragen vor der Society of Environmental Medicine, Clearwater, Florida: Oktober 1986, Seiten 1-10.
15. Babior, B.M., „The Role of Active Oxygen in Microbial Killing by Phagocytes", in: *Pathology of Oxygen*, herausgegeben von A.P. Antoe, New York, NY: Academic Press, 1982.
16. Levine, Stephen und Kidd, Paris, *Antioxidant Adaption: Its Role in Free Radical Pathology*, San Francisco, CA: Biocurrents Press, 1985.
17. Ebenda
18. Heritage, Ford, *Composition and Facts About Food*, Mokelumne Hill, CA: Health Research, 1968.
19. Kamen, Betty, „Vitamin O: The Oxygen Nutrient", in: *Let's Live*, Band 54, Nr. 7, Juli 1986, Seiten 1-8.
20. Asai, Kazuhiko, *Miracle Cure, Organic Germanium*, Japan: Japan Publica-

tions, Inc., 1980.
21. Ebenda
22. Leadbeater, Charles W., *Die Chakras*, Freiburg: Hermann Bauer Verlag, 1994.
23. Chia, Mantak, *Das Tao — Yoga der Liebe*, Interlaken, Schweiz: Ansata Verlag, 1990.
24. Kornfield, Jack, „The Sex Lives of Gurus", in: *The Yoga Journal*, Band 63, Juli/August 1985, Seiten 26-28 und 66.
25. *The Teachings of Bhagavan Sri Ramana Maharshi in His Own Words*, herausgegeben von Arthur Osborne, Madras, Indien: veröffentlicht von T.N. Venkataraman, 4. Auflage 1977.
26. Dubrov, A.P., *The Geomagnetic Field and Life*, New York, NY: Plenum Press, 1978.

Kapitel 9
Die Regenbogen-Ernährung
---

1. Hunt, Roland, *The Seven Keys to Colour Healing*, Rochester, KY: C.W. Daniel Co. Ltd., 1971.

Kapitel 10
Der menschliche Kristall
---

1. Vogel, Marcel: persönliches Gespräch, 1986.
2. Rein, Glen, „Biological Crystals", vorgetragen beim Ersten Internationalen Kristall-Kongreß in San Francisco, Juni 1986.
3. Bassett, Andrew C., „Biophysical Principles Affecting Bone Structure", in: *The Biochemistry and Physiology of Bone*, New York, NY: Academic Press, 1971, Seiten 1-76.
4. Bassett, Andrew C., „Biological Significance of Piezoelectricity", in: *Calc. Tiss., Res.* 1, 1968, Seiten 252-272.
5. Bassett, Andrew C., „Biophysical Principles Affecting Bone Structure", in: *The Biochemistry and Physiology of Bone*, New York, NY: Academic Press, 1971, Seiten 1-76.
6. Bassett, Andrew C., „Biological Significance of Piezoelectricity", in: *Calc. Tiss., Res.* 1, 1968, Seiten 252-272.
7. Ebenda
8. Bassett, L.S., Tzitzikalakis, G., Pawluk, R.J. und Bassett, C.A.L., „Prevention of disuse osteoporosis in the rat by means of pulsing electromagnetic fields", in: *Electrical Properties of Bone and Cartilage — Experimental Effects and Clinical Applications*, herausgegeben von C.T. Brighton, J. Black und S.R. Pollack, New York, NY: Grune and Stratton, 1979, Seiten 605-630.
9. Bassett, C. A. L. u. a., „Modification of Fracture Repair with Selected Pulsing Electromagnetic Fields", in: *The Journal of Bone and Joint Surgery*, Band 64-A, Nr. 6, Juli 1982, Seiten 888-895.
10. Bassett, Andrew C., „Biophysical Principles Affecting Bone Structure", in: *The Biochemistry and Physiology of Bone*, New York, NY: Academic Press, 1971, Seiten 1-76.
11. Bassett, C.A.L., „Pulsing Electromagnetic Fields: A New Approach for Surgical Problems", in: *Metabolic Surgery*, herausgegeben von Dr. Henry Buchward und Dr. Richard L. Varcho, New York, NY: Grune and Stratton, 1978, Seiten 255-306.
12. McClare, C.W.F., „Resonance in Bioenergetics", in: *Annals of the New York Academy of Sciences*, 227, 1974, Seiten 74-91.
13. *Liquid Crystals and Ordered Fluids*, herausgegeben von J.F. Johnson und R.S. Porter, New York, NY: Plenum Press, 1970.
14. Mikesell, Norm, „Structured Water: Its Healing Effects on the Diseased State", San Jose, CA: PRI, 1985, Seiten 1-10.

Anmerkungen

15. Rapp, P.R., „An Atlas of Cellular Oscillators", in: *Journal Exp. Biol.*, Nr. 81, 1979, Seiten 281-305.
16. Gurudas, *Heilung durch die Schwingung der Edelsteinelixiere*, Urania Verlag, 1989.

--- Kapitel 11 ---

Bioenergetische Assimilation

1. Rein, Glen, „Biological Crystals", vorgetragen beim Ersten Internationalen Kristall-Kongreß in San Francisco, Juni 1986.
2. Ebenda
3. Vogel, Marcel: persönliches Gespräch, 1986.
4. Gurudas, *Heilung durch die Schwingung der Edelsteinelixiere*, Urania Verlag, 1989.
5. Bassett, Andrew C., „Biophysical Principles Affecting Bone Structure", in: *The Biochemistry and Physiology of Bone*, New York, NY: Academic Press, 1971, Seiten 1-76.
6. Bassett, Andrew C., „Biological Significance of Piezoelectricity", in: *Calc. Tiss.*, Res. 1, 1968, Seiten 252-272.
7. Bassett, Andrew C., „Biophysical Principles Affecting Bone Structure", in: *The Biochemistry and Physiology of Bone*, New York, NY: Academic Press, 1971, Seiten 1-76.
8. Lipton, Bruce, „Liquid Crystal Consciousness: The Cellular Basis of Life", vorgetragen beim Ersten Internationalen Kristall-Kongreß in San Francisco, Juni 1986.

--- Kapitel 13 ---

Rohe und gekochte Nahrungsmittel

1. Howell, Edward, *Food Enzymes for Health and Longevity*, Woodstock Valley, CT: Omangod Press, 1946.
2. Wigmore, Ann, *The Hippocrates Diet*, Wayne, NJ: Avery Publishing Group Inc., 1984.
3. Howell, Edward, *Food Enzymes for Health and Longevity*, Woodstock Valley, CT: Omangod Press, 1946.
4. Ebenda
5. Ebenda
6. Schroeder, Henry A., *The Trace Elements and Man*, Old Greenwich, CT: 1975.
7. Howell, Edward, *Food Enzymes for Health and Longevity*, Woodstock Valley, CT: Omangod Press, 1946.
8. Ebenda
9. Ebenda
10. Ebenda
11. Pottenger, F.M., „The Effect of Heat Processed Foods and Metabolized Vitamin D Milk on the Dento-Facial Structure of Experimental Animals", in: *American J. Orthodontics and Oral Surgery*, Aug. 1946, Seiten 467-485.
12. Kouchakoff, Paul, „The Influence of Cooking Food on the Blood Formula of Man", in: Proceedings: First International Congress of Micro Biology, Paris: 1930.
13. Kulvinskas, Viktoras, *Leben und Überleben – Kursbuch ins 21. Jahrhundert*, München: F. Hirthammer Verlag, 6. Auflage 1992.
14. Ebenda
15. Airola, Paavo, *Are You Confused?*, Phoenix, Arizona: Health Plus, Publishers, 1974.
16. Székely, Edmond Bordeaux, *Das Friedensevangelium der Essener, Schriften der Essener Buch 1*, Südergellersen: Verlag Bruno Martin, 1987.
17. Howell, Edward, *Food Enzymes for Health and Longevity*, Woodstock Valley, CT: Omangod Press, 1946.
18. Kulvinskas, Viktoras, *Leben und Überleben – Kursbuch ins 21. Jahrhundert*, München: F. Hirthammer Verlag, 6. Auflage 1992.

19. McCluskey, C., „The Little-Finger Test", in: *The Lancet,* 29. Dez. 1973, Seite 1503.
20. Székely, Edmond Bordeaux, *The Chemistry of Youth,* U.S.: International Biogenic Society, 1977.
21. Székely, Edmond Bordeaux, *The Essenes by Josephus and His Contemporaries,* U.S.: International Biogenic Society, 1981.
22. Székely, Edmond Bordeaux, *The Chemistry of Youth,* U.S.: International Biogenic Society, 1977.
23. Székely, Edmond Bordeaux, *The Essene Way of Biogenic Living,* U.S.: International Biogenic Society, 1978.
24. Howell, Edward, *Food Enzymes for Health and Longevity,* Woodstock Valley, CT: Omangod Press, 1946.
25. Ebenda
26. Wigmore, Ann, *The Hippocrates Diet,* Wayne, NJ: Avery Publishing Group Inc., 1984.
27. Székely, Edmond Bordeaux, *The Chemistry of Youth,* U.S.: International Biogenic Society, 1977.
28. Ebenda
29. Ebenda
30. Ebenda
31. Airola, Paavo, *How to Get Well,* Phoenix, Arizona: Health Plus, Publishers, 1974.
32. Kulvinskas, Viktoras, *Leben und Überleben – Kursbuch ins 21. Jahrhundert,* München: F. Hirthammer Verlag, 6. Auflage 1992.

Kapitel 14
Soll man viel oder wenig Eiweiß essen?

1. Airola, Paavo, *Are You Confused?,* Phoenix, Arizona: Health Plus, Publishers, 1974.
2. Ebenda
3. Ebenda
4. Ebenda
5. Kulvinskas, Viktoras, *Leben und Überleben – Kursbuch ins 21. Jahrhundert,* München: F. Hirthammer Verlag, 6. Auflage 1992.
6. Airola, Paavo, *How to Get Well,* Phoenix, Arizona: Health Plus, Publishers, 1974.
7. Ebenda
8. Ebenda
9. Wendt, L., Wendt, T. und Wendt, A., „Proteintransport und Proteinlagerung in der Ätiologie und der Pathogenese von Arteriosklerose", in: *Ernährungswissenschaften,* Dietrich Steinkopff Verlag, 1975, Seiten 1-38.
10. Levine, Stephen und Kidd, Paris, *Antioxidant Adaption: Its Role in Free Radical Pathology,* San Francisco, CA: Biocurrents Press, 1985.
11. Airola, Paavo, *Are You Confused?,* Phoenix, Arizona: Health Plus, Publishers, 1974.
12. Airola, Paavo, *How to Get Well,* Phoenix, Arizona: Health Plus, Publishers, 1974.
13. Kulvinskas, Viktoras, *Leben und Überleben – Kursbuch ins 21. Jahrhundert,* München: F. Hirthammer Verlag, 6. Auflage 1992.
14. Airola, Paavo, *Are You Confused?,* Phoenix, Arizona: Health Plus, Publishers, 1974.

Kapitel 15
Sein oder Nichtsein: Vegetarier oder Fleischesser

1. Scharffenberg, John A., *Problems with Meat,* Santa Barbara, CA: Press, 1979.
2. Ebenda
3. Airola, Paavo, *Are You Confused?,* Phoenix, Arizona: Health Plus, Publishers, 1974.
4. Ebenda
5. Ebenda

6. Schmidt, Gerhard, *The Dynamics of Nutrition*, RI: Bio-Dynamic Literature, 1980.
7. Swank, Roy und Pullen, Mary-Helen, *The Multiple Sclerosis Diet Book*, New York, NY: Doubleday and Company, Inc., 1977.
8. Schmidt, Gerhard, *The Dynamics of Nutrition*, RI: Bio-Dynamic Literature, 1980.
9. Ebenda
10. Ebenda
11. Shim, Dr. Kin (Hg.), *A Cancer Journal for Clinicians*, 24, Nr. 3, 189, 1974, Seiten 188-189.
12. Ebenda
13. Kulvinskas, Viktoras, *Leben und Überleben – Kursbuch ins 21. Jahrhundert*, München: F. Hirthammer Verlag, 6. Auflage 1992.
14. Cott, Allan, *Fasting: The Ultimate Diet*, Toronto, New York, London, Sydney: Bantam Books, 1981.

---------- Kapitel 16 ----------
Das ayurvedische Tridosha-System und das Zusammenstellen einer individuellen Ernährung

1. Thakkur, Chandrashekhar G., *Das ist Ayurveda*, Freiburg: Hermann Bauer Verlag, 1993.
2. Ebenda
3. Hass, Elson M., *Staying Healthy with the Seasons*, Millbrae, CA: Celestial Arts, 1981.
4. Lad, Vasant, *Das Ayurweda-Heilbuch*, Aitrang: Windpferd Verlag, 9. Auflage 1995.
5. Ballentine, Rudolph, *Diet and Nutrition*, Honesdale, PN: The Himalayan Intl. Institute, 1982.

---------- Kapitel 17 ----------
Ausgewogene Ernährung

1. Airola, Paavo, *How to Get Well*, Phoenix, Arizona: Health Plus Publishers, 1974.
2. Morishita, Kieichi, *Krebs ist nicht unheilbar*, Mahajiva Verlag, 1988.
3. Ebenda
4. Kulvinskas, Viktoras, *Leben und Überleben – Kursbuch ins 21. Jahrhundert*, München: F. Hirthammer Verlag, 6. Auflage 1992.
5. Airola, Paavo, *How to Get Well*, Phoenix, Arizona: Health Plus, Publishers, 1974.
6. Ebenda
7. Aihara, Herman, *Säuren & Basen*, Mahajiva Verlag, 1992.
8. Ebenda
9. Heritage, Ford, *Composition and Facts About Food*, Mokelumne Hill, CA: Health Research, 1968.
10. Hass, Elson M., *Staying Healthy with the Seasons*, Millbrae, CA: Celestial Arts, 1981.
11. Airola, Paavo, *How to Get Well*, Phoenix, Arizona: Health Plus Publishers, 1974.
12. Heritage, Ford, *Composition and Facts About Food*, Mokelumne Hill, CA: Health Research, 1968.
13. Ebenda
14. Aihara, Herman, *Säuren & Basen*, Mahajiva Verlag, 1992.
15. Ebenda
16. Ebenda
17. Ebenda
18. Kushi, Michio, *Die makrobiotische Hausapotheke*, Ost-West-Bund, 1990.
19. Székely, Edmond Bordeaux, *Das Friedensevangelium der Essener, Schriften der Essener Buch 1*, Südergellersen: Verlag Bruno Martin, 1987.

---------- Kapitel 18 ----------
Bewußtsein und Ernährung

1. Schmidt, Gerhard, *The Dynamics of Nutrition*, RI: Bio-Dynamic Literature, 1980.

2. Ebenda
3. Argus-Courier, 3. September 1986.
4. Saraswati, Srimat Swami Shivananda, *Yoga Therapy*, Calcutta: Sree Gopal Press, 1978.
5. Ebenda
6. Ebenda
7. Airola, Paavo, *How to Get Well*, Phoenix, Arizona: Health Plus, Publishers, 1974.
8. Hawkins, David und Pauling, Linus, *Orthomolecular Psychiatry*, San Francisco, CA: W.H. Freeman and Co., 1973.
9. Ebenda
10. Pfeiffer, Carl C., *Nährstofftherapie bei psychischen Störungen*, Heidelberg: Haug Verlag, 1993.
11. Ebenda
12. *Diet Related to Killer Diseases*, V. Anhörung vor dem gewählten Ausschuß des US-Senates für Ernährung und menschliche Bedürfnisse, U.S.: 22. Juni 1977.
13. Mandell, Marshall und Scanlon, Lynne Waller, *5-Day Allergy Relief System*, New York, NY: Pocket Books, 1979.
14. Ebenda
15. Airola, Paavo, *Hypoglycemia: A Better Approach*, Phoenix, Arizona: Health Plus, 1977.
16. Buckley, Robert E., „Hypoglycemic Symptoms and the Hypoglycemic Experience", in: *Psychosomatics*, Band X, Jan./Feb. 1969, Seiten 7-14.
17. Airola, Paavo, *Hypoglycemia: A Better Approach*, Phoenix, Arizona: Health Plus, 1977.
18. Lesser, M., Proceedings, World Congress of Biological Psychiatry, Buenos Aires: 1977.
19. Fariss, B., „Prevalence of Post-Glucose-Load Glycosuria and Hypoglycemia in a Group of Healthy Young Men", in: *Diabetes*, Band 23, 1974, Seiten 181-191.
20. Airola, Paavo, *Hypoglycemia: A Better Approach*, Phoenix, Arizona: Health Plus, 1977.
21. Ebenda
22. *Diet Related to Killer Diseases*, V. Anhörung vor dem gewählten Ausschuß des US-Senates für Ernährung und menschliche Bedürfnisse, U.S.: 22. Juni 1977.
23. Schauss, Alexander, *Diet, Crime and Delinquency*, Berkeley, CA: Parker House, 1980.
24. Yaryura-Tobias, J.A. und Neziroglu, B.A., „Aggressive Behavior, Glucose, and Brain Dysfunction", *Diet Related to Killer Diseases*, V. Anhörung vor dem gewählten Ausschuß des US-Senates für Ernährung und menschliche Bedürfnisse, U.S.: 22. Juni 1977, Seiten 193-199.
25. Székely, Edmond Bordeaux, *Das Friedensevangelium der Essener, Schriften der Essener Buch 1*, Südergellersen: Verlag Bruno Martin, 1987.

Kapitel 19
Fasten und spirituelles Leben

1. Cott, Allan, *Fasting: The Ultimate Diet*, Toronto, New York, London, Sydney: Bantam Books, 1981.
2. Ebenda
3. Székely, Edmond Bordeaux, *The Essenes by Josephus and His Contemporaries*, U.S.: International Biogenic Society, 1981.
4. *Essene Science of Fasting*, gechannelt von Kevin Ryerson.
5. Székely, Edmond Bordeaux, *Das Friedensevangelium der Essener, Schriften der Essener Buch 1*, Südergellersen: Verlag Bruno Martin, 1987.
6. Kaplan, Aryeh, *Gems of Rabbi Nachman*, Jerusalem, Israel: Chaim Kramer, 1980.
7. *Mathew the Poor – The Communion of Love*, Vorwort von Henri J.M. Nouwen,

Crestwood, New York, NY: St. Vladimir's Seminary Press, 1984.
8. Airola, Paavo, *How to Keep Slim, Healthy and Young with Juice Fasting*, Phoenix, Arizona: Health Plus, 1974.
9. Ebenda
10. Ebenda
11. Ebenda
12. Gurudas, *Heilung durch die Schwingung der Edelsteinelixiere*, Band I, Urania Verlag, 1989.
13. Gurudas, *Heilung durch die Schwingung der Edelsteinelixiere*, Band II, Urania Verlag, 1989.
14. Gurudas, *Flower Essences and Vibrational Healing*, Albuquerque, New Mexico: Brotherhood of Life, 1983.
15. *Essene Science of Fasting*, gechannelt von Kevin Ryerson.

———————— **Kapitel 20** ————————
Die wichtigste Regel für spirituelle Ernährung: Iß dich niemals satt!

1. Hoffman, Edward, „The Father of Holistic Healing", in: *East West Journal*, April 1986, Seiten 26-29.
2. Airola, Paavo, *How to Get Well*, Phoenix, Arizona: Health Plus, Publishers, 1974.
3. Székely, Edmond Bordeaux, *Das Friedensevangelium der Essener, Schriften der Essener Buch 1*, Südergellersen: Verlag Bruno Martin, 1987.
4. Kramer, Penny, „Health and Longevity: What Centenarians Can Teach Us", in: *Yoga Journal*, Berkeley, CA: Goodfellow Publishers, Sept./Okt. 1983, Seiten 26-30.
5. McCay, C.M., „Life Span of Rats", in: *Arch. Biochem.*, Band 2, 1943, Seiten 469-476.
6. Kulvinskas, Viktoras, *Leben und Überleben – Kursbuch ins 21. Jahrhundert*, München: F. Hirthammer Verlag, 6. Auflage 1992.
7. Howell, Edward, *Food Enzymes for Health and Longevity*, Woodstock Valley, CT: Omangod Press, 1946.
8. Székely, Edmond Bordeaux, *Essene Science of Fasting and The Art of Sobriety*, U.S.: International Biogenic Society, 1981.
9. Cornaro, Luigi, *Discourses on the Sober Life*, Mokelumne Hill, CA: Health Research, 1942
10. Székely, Edmond Bordeaux, *Essene Science of Fasting and The Art of Sobriety*, U.S.: International Biogenic Society, 1981.

———————— **Kapitel 21** ————————
Die Chemie von Streß, Alchemie und Meditation

1. Hawkins, David und Pauling, Linus, *Orthomolecular Psychiatry-Treatment of Schizophrenia*, San Francisco, CA: W.H. Freeman and Co., 1973.
2. Levine, Stephen und Kidd, Paris, *Antioxidant Adaption: Its Role in Free Radical Pathology*, San Francisco, CA: Biocurrents Press, 1985.
3. Ebenda
4. Ebenda
5. Ebenda
6. Ebenda
7. Ebenda
8. „Science, Consciousness and Aging", Proceedings of the International Conference, West Germany: MERU, 1980, Seiten 6-80.
9. Ebenda
10. Ebenda
11. Murthy, T.S. Anantha, *Maharaj*, San Rafael, CA: Dawn Horse Press, 1972.
12. Lao Tse, *Tao Te King*, aus der Übersetzung ins Englische von Gia-Fu Feng und Jane English, New York, NY: Vintage Books, 1972.
13. Hubbard, Barbara Marx, *Manual for Co-Creators of the Quantum Leap*, Gainesville, Florida: New Visions, 1984.

14. Székely, Edmond Bordeaux, *The Essenes by Josephus and His Contemporaries*, U.S.: International Biogenic Society, 1981.
15. Ebenda
16. Hertz, O.R. und Joseph, H., *Pirke Aboth*, New York, NY: Benjamin House, Inc.
17. Kirschner, H.E., *Nature's Seven Doctors*, Riverside, CA: H.C. White Publications, 1972.
18. Ebenda
19. Ebenda
20. Ebenda
21. Singh, Renu Lal, *Right Life: Teachings of the Shivapuri Baba*, England: Coombe Springs Press, 1984.

---------- Kapitel 22 ----------

Evolution und höchste Blüte der Kundalini

1. Tirtha, Swami Vishnu, *Devatma Shakti*, Darya Ganj, Delhi: Swami Shivom Tirth, 1974.
2. Muktananda, *Kundalini: The Secrets of Life*, New York: SYDA Foundation, 1979.
3. Tirtha, Swami Vishnu, *Devatma Shakti*, Darya Ganj, Delhi: Swami Shivom Tirth, 1974.
4. Singh, Renu Lal, *Right Life: Teachings of the Shivapuri Baba*, England: Coombe Springs Press, 1984.
5. Nisargadatta, Maharaj/Frydman, Maurice, *Ich bin ...*, Gilda Peters-Remscheid, 2. Auflage 1992.
6. Lao Tse, *Tao Te King*, aus der Übersetzung ins Englische von Gia-Fu Feng und Jane English, New York, NY: Vintage Books, 1972.
7. Murthy, T.S. Anantha, *Maharaj*, San Rafael, CA: Dawn Horse Press, 1972.
8. Kaplan, Aryeh, *Gems of Rabbi Nachman*, Jerusalem, Israel: Chaim Kramer, 1980.
9. Kapleau, Philip Roshi, *Die drei Pfeiler des Zen*, Scherz Verlag, 1979.

10. Newbrough, John Ballou, *Oahspe*, Montrose, Colorado: Essenes of Kosmon, 1935.

---------- Kapitel 23 ----------

Ernährung, Kundalini und Transzendenz

1. Newbrough, John Ballou, *Oahspe*, Montrose, Colorado: Essenes of Kosmon, 1935.
2. Ebenda
3. Da Free, John, *The Dawn Horse Testament*, San Rafael, CA: The Dawn Horse Press, 1985.

---------- Kapitel 24 ----------

Zeit der Integration: eine individuelle Annäherung an eine entwicklungsfördernde Ernährungsweise

1. Tilden, J.H., *Toxemia Explained*, U.S.: Keats Publishing, Inc., 1981.
2. Ebenda
3. Airola, Paavo, *How to Get Well*, Phoenix, Arizona: Health Plus, Publishers, 1974.
4. Kulvinskas, Viktoras, *Leben und Überleben – Kursbuch ins 21. Jahrhundert*, München: F. Hirthammer Verlag, 6. Auflage 1992.
5. Wigmore, Ann, *The Hippocrates Diet*, Wayne, NJ: Avery Publishing Group Inc., 1984.
6. Cousens, Gabriel, „Treatment of Alzheimer's Disease", in: *Journal of Orthomolecular Medical Society*, Band VIII, Nr. 1 und 2, 1985, Seiten 9-10.
7. Kushi, Michio, *Die makrobiotische Hausapotheke*, Ost-West-Bund, 1990.
8. Wigmore, Ann, *The Hippocrates Diet*, Wayne, NJ: Avery Publishing Group Inc., 1984.

Neuerscheinung September 1996

Bewußt Essen

von

Dr. Gabriel Cousens

Dieses in Amerika als spirituelle Bibel des Vegetarismus gehandelte und in mehrfacher Auflage erschienene Folgewerk Cousens ist das umfassendste Buch über Vegetarismus, Verjüngung und Gleichgewicht, das zur Zeit auf dem Büchermarkt erhältlich ist. Der Leser wird auf sehr anschauliche Weise noch tiefer in das Gebiet einer wirklich ganzheitlichen Ernährungsform eingeführt, die den Körper heilt, geistige Klarheit erzeugt und die Seele stärkt. Wer das Buch „Ganzheitliche Ernährung" kennt, wird die vielen zusätzlichen Informationen zu einzelnen Nahrungsmitteln, zum Umgangmit Umweltbelastungen und die praktischen Hilfen zur Erforschung des eigenen Körpers sowie zur Erstellung eines individuellen Diätplans sehr zu schätzen wissen. Nicht zuletzt wegen der Hinweise zur Nahrungsmittelzubereitung und der vielen köstlichen Rezepte, die nicht nur gesund sind, sondern auch unsere spirituelle Verbindung zum Göttlichen intensivieren, ist dies ein Buch, das unser aller Zukunft bereichern wird.

„Nur wenige Menschen haben ein so umfassendes Verständnis davon, wie sich eine gesunde vegetarische Ernährungsweise auf unser physisches, emotionales, psychologisches und spirituelles Leben auswirkt und können es darüber hinaus mit einer solchen Leichtigkeit und Klarheit der breiten Öffentlichkeit vermitteln wie Dr. Gabriel Cousens."

Harvey und Marilyn Diamond,
Autoren von „Fit fürs Leben"